STEFAN BOLLMANN

Frauen und Bücher

*Eine Leidenschaft mit Folgen*

STEFAN BOLLMANN

# Frauen und Bücher

*Eine Leidenschaft mit Folgen*

Deutsche Verlags-Anstalt

»Lesen ist sexy.«
*Jeanette Winterson*


»Romane sind wie ein zweites Leben.«
*Orhan Pamuk*

# INHALT

Vorwort
*Als das Lesen weiblich wurde*

## TEIL 1
## *Die Leselust beginnt*
### Das 18. Jahrhundert

## TEIL 2
## *Die Macht des Lesens*
### Das 19. Jahrhundert

TEIL 3

*Bücherfrauen*

Das 20. Jahrhundert

# Als das Lesen weiblich wurde

»Lesen ist mein Lebensglück«, bekennt Elke Heidenreich in einem Interview. Worin das Glück bestehen könnte, beschreibt die Schriftstellerin und Feministin Jeanette Winterson:»Ein Buch gibt mich nicht wieder, es definiert mich neu.«

»Ich möchte lesen, bis ich schwarz werde«, erklärt Virginia Woolf 1897, im Alter von neunzehn Jahren, ihrem älteren Bruder Thoby. Der studiert zu dieser Zeit in Cambridge, während sie sich zu Hause durch die väterliche Bibliothek frisst.

Fünfzig Jahre zuvor jubelt die Dichterin Elizabeth Barrett Browning:»Und wie ich es schlagen hörte/Unter meinem Kissen, im Dunkel des Morgens,/Eine Stunde bevor die Sonne mich lesen ließ!/Meine Bücher, mein Herz!«

»Ich lese nie Romane; ich habe Besseres zu tun«, lässt Jane Austen Anfang des 19. Jahrhunderts einen Mann in einem ihrer Romane sagen und fällt damit das Urteil über ihn. Gnade finden vor ihren Augen nur diejenigen ihrer Figuren, die sich zum Roman bekennen. Und das sind in der Mehrzahl Frauen.

»Ich vertrockne seit einiger Zeit, weil alle meine Bücherquellen sich verstopfen«, klagt Caroline Schlegel-Schelling, 1786 wohnhaft in dem Provinzstädtchen Clausthal, wohin ihre erste Ehe sie geführt hat. Der Brief geht an die Schwester in Göttingen, die regelmäßig eine Bücherbotin mit frischem Lesefutter zu ihr schickt.

Anna Louisa Karsch, eine der ersten deutschen Dichterinnen, aufgewachsen in prekären, bildungsfernen Verhältnissen, wie wir das heute nennen würden, erinnert sich: »Ich versteckte meine Bücher unter verschwiegenen Schatten eines Holunderstrauchs und suchte von Zeit zu Zeit mich in den Garten zu schleichen, um meiner Seele Nahrung zu geben.« Ihre Mutter hatte ihr das Lesen verboten, angeblich weil sie befürchtete, ihre Tochter würde darüber verrückt werden, in Wirklichkeit aber weil sie die Heranwachsende im Haushalt brauchte. Das war um 1730.

Sieben Zeugnisse lesender Frauen aus annähernd drei Jahrhunderten. Spielend ließen sie sich vermehren. Auch Männer haben von ihrer Liebe zum Lesen gesprochen, aber selten so lebensnah, so sprühend vor Lebendigkeit wie die Frauen. Ist Lesen weiblich?

Fest steht: Frauen lesen mehr als Männer und anderes als Männer. Mehr und am liebsten Romane, mehr und am zweitliebsten Biographien – Bücher also, die vom Leben handeln, egal ob Fiktion oder nicht. Frauen lesen, um zu leben, nicht selten auch, um zu überleben. Im Lesen riskieren sie Gefühle, versetzen sie sich in fremde Figuren und Welten, entdecken sie ihre eigene Wahrheit. Und das geht seit nun dreihundert Jahren so. Die Leseforscherin Maryanne Woolf spricht von »*deep reading*«, von vertieftem Lesen, im Gegensatz zu einem Lesestil, der auf Informationen und Fakten aus ist. Die Geschichte, wie es dazu kam, dass die Frauen diese Art des Lesens für sich entdeckten, und die vielen weiblichen Lese und Lebensgeschichten, die dadurch möglich wurden, erzählt dieses Buch.

Harmlos der Beginn. Zum Beispiel so: Ein Studienabbrecher mit dem zum Spott einladenden Namen Klopstock fährt im Sommer 1750 in einem Boot über den Zürichsee. Er ist der Mittelpunkt einer Gesellschaft junger Leute und trägt seine Gedichte vor. Besonders die anwesenden jungen Frauen bringt er mit seinen Oden und Gesängen schier um den Verstand. So ist die Dichterlesung entstanden – bis heute ein gleichermaßen literarisches und erotisches Ereignis für ein vornehmlich weibliches Publikum.

Schon ein Jahrzehnt zuvor hat Samuel Richardson, ein Londoner Drucker Anfang fünfzig, mit seinen Romanen *Pamela* und *Clarissa* die Frauenherzen höher schlagen lassen. *Pamela* handelt vom sozialen Aufstieg durch Liebe, *Clarissa* vom existenziellen Niedergang ebenfalls durch Liebe. Täglich erreichen den Autor Briefe seiner entzückten Leserinnen. Zusammen mit seinen wohltemperierten Antworten bewahrt er sie in einem imposanten Schrank auf, den er seinen Besuchern aus dem In- und Ausland voller Stolz zeigt. Die Leselust der Frauen hat von Anbeginn an mit Liebeshunger zu tun – das sehen die Kritiker, die die grassierende »Vielleserei« und »Lesewut« für einen versteckten Angriff auf die Fundamente der bürgerlichen Moral und Ehe halten, schon ganz richtig.

Doch hinter dem Bedürfnis nach Liebe steckt mehr – der Wunsch nach Freiheit und Unabhängigkeit. Paris im Jahr 1789 ist nicht nur die Stadt des Sturms auf die Bastille, es ist auch die Stadt der lesenden Frauen. So bezeugt es ein deutscher Reisender: »Jeder – hauptsächlich aber die Frauen – hat dort ein Buch in der Tasche. Man liest im Wagen, auf der Promenade, im Theater, in den Pausen, im Café, im Bad.« Manche Neuerscheinungen lösen eine derartige Nachfrage aus, dass der Verleiher jedes Buch kurzerhand in drei Teile zerschneidet. Lösen Bücher womöglich Revolutionen aus?

So vermutet man auch in London, zu dieser Zeit die größte Stadt der Welt, wo man die Geschehnisse auf dem Kontinent aufmerksam verfolgt. Mary Wollstonecraft arbeitet gerade an ihrer Schrift zur *Verteidigung der Rechte der Frau* und verfasst zugleich als erste Frau professionell Literaturkritiken. Ihr Spezialgebiet: Frauenromane, die England damals überfluten. Bekannt wird sie vor allem durch ihre schneidenden Verrisse: Sie findet die meisten der von Frauen geschriebenen Bücher einfach unsäglich klischeehaft – kein Stoff für Leserinnen, die ihr Leben in die eigene Hand nehmen wollen.

Von den Romanen Jane Austens, die bald darauf zu erscheinen beginnen, hätte sie das sicher nicht gesagt. Die unscheinbare Austen, eine fleißige Leserin Wollstonecrafts, macht aus Fragen der weiblichen Partnerwahl Weltliteratur. Lesen, insbesondere Romanlektüre, sieht sie als zeitgemäßen Weg der Frauen zu mehr Unabhängigkeit.

Weltliteratur schreibt kurz darauf auch Wollstonecrafts Tochter Mary Shelley. Im völlig verregneten Sommer des Jahres 1816 erfindet sie in einer Literatenrunde am Genfer See die Figuren des Dr. Viktor Frankenstein und des von ihm geschaffenen Monsters. Die namenlose Kreatur ist ein exemplarischer Außenseiter und eigentlich ein empfindsamer Mensch, der Romane liest – mit Vorliebe Goethes *Die Leiden des jungen Werthers*, jenes Buch, das seit seinem Erscheinen die Leserinnen in ganz Europa zu Tränen rührt. Ist Dr. Frankensteins liebeshungriges Geschöpf in Wirklichkeit eine Frau?

Schon bald zeigt das Jahrhundert sein Janusgesicht. Die lesende Frau beginnt Karriere zu machen – als Erzieherin, Lehrerin, gar als Bestsellerautorin, wie etwa Eugenie John,

Vorleserin in fürstlicher Anstellung, die als E. Marlitt für die Familienzeitschrift *Die Gartenlaube* millionenfach gelesene Fortsetzungsromane schreibt. Gleichzeitig aber schreitet auch die Dämonisierung der Leserin fort. Das Jahrhundert zeigt sich besessen von der Idee, Romanlektüre sei der direkte Weg zum Ehebruch, natürlich nur im Fall der Frau. Emma Bovary, Anna Karenina und noch Effi Briest sind die prominentesten literarischen Täterinnen (und zugleich Opfer) dieser männlichen Zwangsvorstellung.

1910 dann ist endlich Schluss mit dem langen viktorianischen 19. Jahrhundert. Das jedenfalls meint Virginia Woolf, wenn sie schreibt, irgendwann im Dezember 1910 habe sich der menschliche Charakter verändert. Das neue Jahrhundert kommt zu diesem Zeitpunkt langsam in die Pubertät. Bald machen sich erste Verhaltensauffälligkeiten bemerkbar: Junge Menschen ziehen etwa vom Londoner Nobelstadtteil Kensington ins heruntergekommene Bloomsbury, homosexuelle Literaten begegnen Frauen auf Augenhöhe, man lebt, liebt und arbeitet in wechselnden Zusammensetzungen an wechselnden Orten. Ein junges Schriftsteller-Ehepaar legt sich eine handbetriebene Druckerpresse zu, auf der es nachmittags Avantgardeliteratur in Kleinstauflagen herstellt. Und insbesondere die Frauen lesen, bis sie »schwarz« werden.

Die Entwicklung ist nicht mehr aufzuhalten: Lesende Frauen werden Verlegerinnen, sie gründen Buchhandlungen und sorgen für den illegalen Druck verbotener Romane, die wie der *Ulysses* von James Joyce hochliterarisch, doch voller Obszönitäten sind. In den 1950er Jahren lässt sich Marilyn Monroe, die das Image der blonden und dümmlichen Sexbombe leid ist, dabei fotografieren, wie sie in dem schmutzigen Buch liest, das es inzwischen zu einer Ikone der Hoch-

kultur gebracht hat. Da befruchten sich zwei Welten, die
zusammengehören, und auch die Literatur profitiert von der
Ausstrahlung, die durch die im Badeanzug lesende, mit ihren
Reizen keineswegs geizende Marilyn auf sie fällt: Lesen ist sexy.
Seit den 1960er Jahren erobert die lesende Frau die Welt
und die Medien, was zunehmend dasselbe ist. Ein anfangs
belächeltes, verspottetes, pathologisiertes Verhalten erfährt
eine Aufwertung ohnegleichen. Den Frauen passt das Kleid
der Leserin wie angegossen. Von der Männergesellschaft auf
randständige Plätze verwiesen, entspricht es ihrer Art, an der
Welt teilzuhaben, ohne sich ins Getümmel zu stürzen; sich ein
Urteil über die Gesellschaft zu bilden, indem man sie aus den
Augenwinkeln heraus betrachtet. Jetzt, in den 1960er Jahren,
mit der zweiten Welle der Emanzipation der Frauen und dem
Vormarsch der Medien, gewinnt diese indirekte Art und Weise,
sich der Welt zu bemächtigen, an Boden. Insbesondere Susan
Sontag, die Intellektuelle aus New York, macht die Strate-
gie, Außenseiterpositionen aufzuwerten und sie in den Rang
innovativer Formen zu erheben, zu ihrem Markenzeichen.
Was Marilyn Monroe für den Sex hat sie für den weiblichen
Intellekt geleistet: ihn unübersehbar gemacht.

Und heute? Leserinnen, wohin man schaut: nicht nur
auf Parkbänken und in U-Bahnen, auch und gerade in den
Medien und im Internet, wo Frauen weltweit eine ungeheure Anzahl von Webseiten betreiben, auf denen sie ihre
Lieblingsbücher vorstellen und Neuerscheinungen empfehlen.
Als Fernsehthema ist »Lesen« so lange attraktiv, wie die entsprechende Sendung eine weibliche Handschrift trägt. Ist das
nicht mehr der Fall, zappen die Zuschauer weg. Unter dem
Namen Fanfiction findet in jüngster Zeit eine neue Form
literarischer Texte rasante Verbreitung, in denen Leser ihre

Lieblingsbücher fortschreiben. Die überwältigende Mehrheit der Verfasser ist weiblich. Die Heldin des weltweit millionenfach verkauften Bestsellers *Shades of Grey* ist natürlich eine passionierte Leserin. Gerade dort, wo wir uns immer mehr Freiheiten herausnehmen, spielt die lesende Frau nach wie vor die Rolle der Grenzgängerin. Lesen, bis zum 18. Jahrhundert eine männliche, mit Tradition, Gelehrsamkeit und Religion verbundene Lebensform, ist restlos weiblich geworden.

# TEIL 1

## *Die Leselust beginnt*

### Das 18. Jahrhundert

In deutscher Sprache beginnt die Epoche der Leselust im Sommer des Jahres 1750. Es ist der hohe Mittag des Jahrhunderts der Aufklärung. In der Hauptrolle sehen wir Friedrich Gottlieb Klopstock, einen damals sechsundzwanzigjährigen jungen Mann, der zwei Jahre zuvor sein Studium abgebrochen hat, um sich ganz der Dichtung zu verschreiben. Erst einmal hat er eine Stelle als Hauslehrer angetreten – zwecks Gelderwerb, aber auch weil er dadurch seiner Cousine Marie nahe sein kann, in die er sich unsterblich verliebt wähnt und die als »Fanny«, »Daphne« oder »Laura« durch seine Oden geistert. Womit wir bei den schönsten Nebenrollen dieser deutschen Premiere in Sachen Leselust wären: lauter hoffnungsvolle Mädchen und junge Frauen.

1

MAGDEBURG UND ZÜRICH, 1750

*Die Erfindung der Dichterlesung*

Friedrich Gottlieb Klopstock war mit seinem Nachnamen geschlagen. Seine Mitschüler im Internat Schulpforta fühlten sich bei »Klopstock« unwillkürlich an das Züchtigungsmittel erinnert, das mit unschöner Regelmäßigkeit auf sie niedersauste, und zahlten ihm das mit Hänseln heim. Vielleicht war es auch diese Demütigung, die schon den Schüler davon träumen ließ, der größte Dichter deutscher Sprache zu werden, dessen Name landauf, landab in aller Munde sein sollte. Noch der alte Goethe vergisst in seiner ein Menschenalter später entstandenen Autobiographie nicht zu erwähnen, wie sehr man sich darüber wunderte, wie ein »so vortrefflicher Mann so wunderlich heißen könne«. Doch ließ die wundervolle Poesie, die dem Kopf dieses Mannes entsprang, die wunderliche Bedeutung seines Namens in der Tat in Vergessenheit geraten. »Klopstock« wurde zum Synonym für eine neue Verbindung von Lesen und Leben, für ein Verständnis des Lebens nach dem Vorbild der Literatur. Im 1774 erschienenen Roman *Die Leiden des jungen Werthers* bedarf es dann nur noch des Aussprechens dieses Namens, damit die junge Frau und der junge Mann, erhitzt durch den Tanz und während draußen ein nächtliches Gewitter vorüberzieht, einander ihre Herzen offenbaren. Und es ist kein Zufall, dass es die jungen Frauen sind, über deren Lippen, einem Seufzer gleich, das Codewort kommt: »Klopstock!«

Der so hieß, war ein *poète à femmes*, kein Casanova zwar, aber ein Mann, der die Frauen liebte und durch seine Dichtung in sich verliebt zu machen verstand. Gemeinsame Klopstock-Lektüre, bei schönem Wetter auch im Freien, war in den Jahrzehnten zwischen 1750 und 1790 das Mittel der Wahl zur Anbahnung einer Liebesbeziehung. Klopstock war der perfekte Kuppler; seine Lektüre hat zahlreiche Liebes- und Ehebünde gestiftet. Nur Leserinnen und Leser, die mit der deutschen Literatur nicht vertraut waren, stutzten bei der Vokabel nach wie vor. Klopstock? Eine polnische Leserin des *Werthers*, die Fürstin Lubomirska, schlug vergeblich in ihrem Wörterbuch nach, um dann von ihrem deutschen Koch dahingehend aufgeklärt zu werden, Klopstock sei eine Art von sehr delikatem Roastbeef, das auf gut Deutsch eigentlich Klopffleisch genannt werden müsse. Diese Anekdote erzählte die Fürstin ihrer deutschen Besucherin, der Schriftstellerin Elisa von der Recke, im November 1803; der 1724 geborene Klopstock war da gerade einige Monate tot, und Goethe hatte seine Jugendsünde längst bereut. In dem Maße, wie der Stern des Dichters mit den Jahrzehnten wieder sank, kam den Menschen die buchstäbliche Bedeutung seines Namens erneut in den Sinn. Heinrich Heine lässt 1844 in *Deutschland, ein Wintermärchen* die Hamburger Stadtgöttin Hammonia reimen:»Dort auf der Kommode steht noch jetzt/Die Büste von meinem Klopstock,/Jedoch seit Jahren dient sie mir/Nur noch als Haubenkopfstock.« Der einstige Dichter für junge Frauen war da nicht einmal mehr ein alter Hut, geschweige denn sein Name eine Losung für frisch Verliebte.

Mit dem Dichten begann Klopstock im Internat. Im streng geregelten Tagesablauf der Erziehungsanstalt war es ihm auch Ersatz für die fehlende körperliche Bewegung, die er, als Knabe auf dem Lande aufgewachsen und viel sich selbst überlassen, so geliebt hatte: durch die Gegend stromern, in Teichen baden, immer zu Waghalsigkeiten aufgelegt. Klopstocks Dichtung will laut gelesen, will vorgetragen sein; sie verschafft dem Geist und der Stimme Bewegung. Ihr Verfasser wie ihre Hörer streiften mit ihr die Zwänge institutionalisierter Gelehrsamkeit und auch die Konventionen bürgerlichen Wohlverhaltens ab. Das gilt gerade auch für sein Hauptwerk, den *Messias*, diese aus dem Geiste der Heldenepik geborene Feier der Erlösung der Menschheit, die Klopstock noch während seiner Internatszeit konzipierte. Drei Jahre später, da war Klopstock schon Theologiestudent in Leipzig, wurden die ersten drei Gesänge des *Messias* in den *Neuen Beyträgen zum Vergnügen des Verstandes und des Witzes* anonym veröffentlicht. Das zwanzig Gesänge umfassende Großepos mit über zwanzigtausend Versen beschäftigte Klopstock fünfundzwanzig Jahre lang und wurde eigentlich nie fertig; bis ins hohe Alter feilte er am Text und nahm Änderungen vor. Ihn interessierte weniger das Resultat als der Schaffensprozess selbst. Und der vollzog sich nicht in der Gelehrtenstube, sondern eigentlich ständig, insbesondere wenn er in irgendeiner Weise in Bewegung war: zu Pferde, zu Wagen, in Gesellschaft, beim geliebten Schlittschuhlaufen – einem damaligen Trendsport. Der Schwung, die schwebende Leichtigkeit und tänzerische Dynamik des Eislaufens haben sich in Metrum und Rhythmus seines Dichtens niedergeschlagen. Und so sollten seine Werke auch vom Publikum aufgenommen werden: nicht in beschaulicher, einsamer und stiller Lektüre, sondern in Gesellschaft, wenigstens zu zweit, gerne aber auch in Gruppen von Gleichgesinnten und -gestimmten, hörbar deklamierend, womöglich im Freien, im Auf-und-ab-Gehen.

Der in seine Cousine Marie verliebte jugendliche Klopstock machte selbst in seinem *Messias* wenig Unterschied zwischen der Liebe Gottes und der erotischen Liebe. Beides war ihm heilig und die Erwiderung der Liebe seitens eines Mädchens fast so etwas wie ein Gottesbeweis. Wen wundert es da, dass er in tiefe seelische Verzweiflung geriet, als er merken musste, dass seine wohlsituierte Cousine nicht nur die übliche weibliche Zögerlichkeit an den Tag legte, sondern den unbegüterten Poeten schlicht verschmähte.»Ach! gieb sie mir, die leicht zu geben, Gieb sie dem bebenden, bangenden Herzen«, flehte Klopstock daraufhin 1748 in einer langen Ode »An Gott«. Als die Ode drei Jahre später publiziert wurde, merkte der Aufklärer Gotthold Ephraim Lessing in einer Rezension dazu betont nüchtern an:»Was für eine Verwegenheit, so ernstlich um eine Frau zu bitten.«

Klopstocks Gefühl nach aber stand beinahe alles auf dem Spiel: nicht nur seine Liebesfähigkeit, sondern auch seine dichterische Berufung, an die er seine Existenz gebunden hatte. Der einflussreiche Literaturtheoretiker, Kritiker und Professor für Helvetische Geschichte Johann Jakob Bodmer, anfangs ein großer Förderer des Heißsporns Klopstock, erkannte den Ernst der Situation. Er ging so weit, in einem langen Brief die kalte Cousine an ihre Pflicht als »irdische Muse« zu erinnern: Sie solle den Poeten »mit den zärtlichsten Empfindungen« beseelen, ihn »mit großen Gedanken« anfüllen, anstatt »das göttliche Gedicht an seinem Wachstum zu verzögern«. Ob dieser Brief die Adressatin je erreichte, ist nicht verbürgt. Jedenfalls erwärmte sich die Cousine auch daraufhin nicht. Auf Betreiben ihres Bruders ging sie einige Jahre später eine Heirat mit einem Bankier und Fabrikbesitzer namens Streiber ein.

Klopstock hingegen rückte, wenn auch mit Widerstreben, von der Vorstellung ab, das Heil von Welt und Dichtung und obendrein sein eigenes Glück von der Gegenliebe eines einzigen Mädchens abhängig zu machen. Auslöser dafür war eine Einladung des wohlhabenden Kaufmanns Heinrich Wilhelm Bachmann nach Magdeburg. Bachmann, ein bekennender Liebhaber der Wissenschaften und Künste, hatte ein großes Anwesen auf der Elbinsel Großer Werder, mit einem bezaubernden Garten, in dessen Häuschen die Gäste auch wohnen konnten. Dort ist im Sommer 1750 eine kleine Gesellschaft versammelt, handverlesene Gäste, die, wie sich alsbald herausstellt, allesamt Bewunderer von Klopstock und seiner Dichtung sind. Es sei »eine ungemein süße Sache«, schreibt Klopstock, kaum aus Magdeburg zurück, an seine Cousine Marie, »wenn man von liebenswürdigen Leserinnen zugleich geliebkoset und zugleich verehrt wird«. Natürlich möchte er mit dieser Schilderung ihre Eifersucht wecken. Doch es steckt mehr dahinter.

Klopstock wird von den versammelten Gästen förmlich genötigt, aus seinem *Messias* vorzulesen, »mitten in einem Ringe von Mädchen, die entfernter wieder von Mannspersonen eingeschlossen wurden«. Besonders die Figur des zerknirschten Teufels Abadonna aus seiner Dichtung löst bei den anwesenden Mädchen und Damen zärtliche Mitleidsgefühle aus. Sie empfehlen den Reuevollen dem besonderen Schutz des Dichters; er solle ihm doch bitte die Seligkeit schenken. Der Hofprediger Sack macht sich zum Wortführer des weiblichen Versöhnungswunsches. Doch Klopstock lässt sich kein Versprechen abringen, das ihn seiner poetischen Freiheit berauben würde. Stattdessen setzt er seine Lesung mit einem weiteren Fragment aus dem *Messias* fort, das für alle

Anwesenden erkennbar die eigene unglückliche Liebeserfahrung widerspiegelt. Die Zuhörer spüren, dass Klopstock seine ganze Leidenschaft und sein ganzes Elend in die vorgetragenen Verse gelegt hat. Schon bald können sie die Tränen nicht mehr zurückhalten. Ein Teilnehmer schreibt später, dass sie nicht nur weinen mussten, sondern beinahe zerflossen. Sie lassen sich ins Weinen fallen, weil etwas Inkommensurables sie in den Versen des Dichters anrührt, auf das sie keine andere Antwort wissen. Dichtung wird zum Medium der Mobilisierung von Gefühlen, insbesondere solchen, die ans Unsagbare und Erhabene rühren.

Eine der anwesenden Damen, die Frau des Hofpredigers Sack, besitzt Abschriften seiner noch ungedruckten Oden. Es sind natürlich gerade jene, die von seiner unerwiderten Liebe erzählen.»Man bat, alles bat mich, ich sollte, ich sollte insonderheit zwo davon selbst vorlesen«, schreibt Klopstock, als würde er ob dieses Anliegens noch nachträglich ins Stottern geraten, und stößt einen tiefen Seufzer aus:»Wie hätte ich das aushalten können.« Schließlich trägt sie der fünf Jahre ältere Dichter Johann Wilhelm Ludwig Gleim vor. Klopstock verbirgt sich währenddessen»hinter den Reifröcken und Sonnenschirmen« der Damenwelt. Das Ergebnis: erneut Tränen. Klopstock sieht in die schwimmenden Augen um ihn herum, als blickte er auf die elysischen Gefilde des Paradieses. Nicht der Beifall, sondern die gemeinschaftlich dargebrachten Tränen sind das wahre Brot des Künstlers.

Das sind Szenen, zu denen es noch hundert Jahre zuvor schwerlich gekommen wäre. Um 1650 trafen sich Männer und Frauen aus den besseren Kreisen zum ersten Mal auf Augenhöhe, um Literatur zu rezitieren und zu zelebrieren.

Das geschah in großstädtischen schöngeistigen Zirkeln wie etwa dem des Pariser Hôtel Rambouillet. Dort hatte sich Catherine de Vivonne, die Frau des reichen Marquis de Rambouillet, in ihren Privatgemächern so etwas wie einen eigenen, exklusiven Hof geschaffen. Das Spektrum der literarischen Unterhaltungen reichte seinerzeit von Reimspielen und Stegreifdarbietungen über ein literarisches Duell in Sonetten bis hin zu reichlich spezialistischen Kontroversen über Fragen des sprachlichen Stils. Großer Beliebtheit erfreuten sich auch literarische Travestien: Die Salongäste schlüpften in die Rolle eines Romanhelden, etwa aus Honoré d'Urfés berühmtem Roman *Die Schäferin Astrea,* und erzählten dessen »Erlebnisse« nach.

Konversationsthema Nummer eins der Zusammenkünfte aber war die Liebe. Man führte Debatten über Fragen wie »Ist Schönheit zur Entstehung von Liebe notwendig?«, »Lässt sich die Ehe mit der Liebe vereinbaren?« oder auch »Welche Auswirkung hat das Fehlen von Liebe?«. In Tränen ausgebrochen aber wäre seinerzeit keiner der Anwesenden – so wenig, wie man sich zu einer Dichterlesung im Freien versammelt hätte. Dafür sorgten schon gesellschaftliche Konventionen, die bei aller Freizügigkeit im Einzelnen den Ausdruck persönlicher Gefühle unterbanden, das Bedürfnis danach gar nicht erst aufkommen ließen. Die literarischen Werke, die zur Sprache kamen, nahm man wohl ernst, aber es war der Ernst eines Gesellschaftsspiels, in dem der Einzelne eine bestimmte Rolle innehatte, und nicht der Ernst einer Literatur, die das Leben durchdringen und verändern sollte.

Gleichwohl verbindet die Szene im Magdeburger Garten mit jenen, die sich ein Jahrhundert zuvor in Paris zugetragen haben, dass Literatur als eine Form von Geselligkeit betrachtet wird. Es geht um eine Gemeinschaftserfahrung, in der Frauen nicht wie bei anderen gesellschaftlichen Anlässen eine untergeordnete, vielmehr eine geradezu exponierte Stellung besitzen. Im Paris des 17. Jahrhunderts versammelte sich die Gesellschaft nicht nur in den Räumlichkeiten einer Frau, die mit frischen Blumen und duftenden Kerzen dekoriert waren; im Zentrum der Aufmerksamkeit standen des Öfteren auch die literarischen Werke von Frauen, etwa die Schlüsselromane Madeleine de Scudérys, die subtile Porträts der Anwesenden in literarischer Verkleidung enthielten. Einem ihrer Werke hatte sie die in Frankreich bis heute sprichwörtliche *Carte de Tendre,* die Karte der zarten Liebe, beigegeben, die Sexualität und Liebe aus weiblicher Sicht neu zu definieren versuchte.

Dagegen scheint die Dichterlesung auf der Elbinsel fast ein Rückschritt in Sachen Frauenbeteiligung zu sein; nur zu deutlich steht hier ein Mann mit seinem Werk im Mittelpunkt. Wir dürfen jedoch nicht unterschätzen, wie wichtig das weibliche Publikum für die Durchsetzung eines Dichters wie Klopstock war. Die Zeitgenossen haben dies sehr genau registriert. Der Publizist und Satiriker Gottlieb Wilhelm Rabener, der auch der deutsche Swift genannt wurde, urteilte schon 1749: »Herrn Klopstocks Messias ist unter uns getreten, und wir kennen ihn nicht.« Die »Pharisäer, Schriftgelehrten und Obersten des Volkes«, so Rabener weiter, würden nicht an ihn glauben. Mit den »Pharisäern« waren die Theologen, mit den »Schriftgelehrten« die damaligen Wissenschaftler und Gelehrten, mit den »Obersten des Volkes« der Adel und die Höfe gemeint. Klopstock bekam Ignoranz und Ablehnung dieser drei sozialen Gruppen zu spüren, aus denen sich seinerzeit die gute Gesellschaft der Belesenen und Gebildeten in Deutschland zusammensetzte. Der verkannte Dichter wurde, so Rabener, nur von einer Gruppe wirklich und unvoreingenommen erkannt und verstanden: den Frauen. Im Ton der Zeit heißt das: »Unser Frauenzimmer rächet den Verfasser an der pedantischen Gleichgültigkeit unsrer gründlichgelehrten Männer, und den abgeschmackten Vorurteilen unsrer Kunstrichter von Profession.« Klopstock dichtete auf eine neue Weise, und er wandte sich an ein neues Publikum: die Unbelesenen, die Frauen und die jungen Leute sowie insbesondere an eine Schnittmenge aus den Genannten: die ungebildete und noch unverheiratete junge Frau.

Nur einige Tage nach seiner Rückkunft aus Magdeburg bricht Klopstock zu einer längeren Reise in die Schweiz auf. Die Einladung dazu stammt von Bodmer und ist schon im Vorjahr erfolgt. Der ständig in Geldverlegenheiten steckende Klopstock hat sie gerne angenommen, sich von Bodmer aber ein Darlehen über 300 Reichstaler erbeten, unter anderem um die Reisekosten zu bestreiten. Die Zurückzahlung eines großen Teils dieser Summe sei ihm schon bald möglich, er erwarte Honorare aus der Drucklegung des *Messias*. Als Klopstock das verspricht, sind ihm diese Einnahmen jedoch keineswegs sicher. Das mag die Unterwürfigkeit erklären, mit der er gegenüber seinem zukünftigen Gastgeber auftritt: »Meine körperliche Gegenwart muss in Ihrem Hause beinahe unmerklich sein«, schreibt er an Bodmer, als wollte er Franz Kafkas demütige Leisetreterei hundertfünfzig Jahre vorwegnehmen. Um dann aber unvermittelt die Frage anzuschließen: »Wie weit wohnen Mädchens Ihrer Bekanntschaft von Ihnen, von denen Sie glauben, dass ich einigen Umgang mit ihnen haben könnte?« Erklärend fügt er hinzu: »Das Herz des Mädchens ist eine große, weite Aussicht der Natur, in deren Labyrinthen ein

Dichter oft gegangen sein muss, wenn er ein tiefsinniger Wisser sein will.« Und zuletzt geheimnisvoll, von Mann zu Mann: »Nur dürften die Mädchens ja nichts von meiner Geschichte wissen; denn sie möchten sonst, vielleicht sehr ohne Ursache, zu zurückhaltend werden.«

Der Konflikt ist programmiert; es ist, noch vor dem Sturm und Drang, der erste Generationenkonflikt in der deutschen Literatur, exemplarisch für die vielen, die ihm folgen werden. Bodmer erwartet einen fleißigen, ganz in seinem Werk aufgehenden, gelehrigen Bewohner des Elfenbeinturms, und es kommt ein geselliger, gut aussehender und zu Scherzen aufgelegter Jüngling, dem Poesie vor allem Erlebnis bedeutet, der keine Party auslässt und mit seinem Charme die Mädchenherzen erobert. Schon bald ist er der Mittelpunkt der Züricher Gesellschaft. Der Arzt Dr. Hans Caspar Hirzel und der Kaufmann Hartmann Rahn laden ihm zu Ehren eine gemischte Gesellschaft aus jungen Männern und gleich vielen, in der Regel unverheirateten Damen zu einer »Lustschifffahrt« auf dem Züricher See ein. Das ist im sittenstrengen Zürich etwas Außerordentliches, nur durch die Anwesenheit des berühmten Dichters zu rechtfertigen, wodurch der Ausflug einen zusätzlichen Reiz gewinnt. »Die Hausherrin unseres Doktors wird für den Helden des Festes bestimmt sein und wird versuchen, ihm ihre Reize so abwechslungsreich wie möglich darzubieten«, heißt es in dem an Klopstock gerichteten Schreiben. Die einigermaßen frivole Begründung für diese Maßnahme: Sie soll davor schützen, dass Klopstock mit den anderen jungen Frauen anbändelt. Gelingt es Madame Hirzel, den Dichter an sich zu binden, »um so besser für sie; erreicht sie das nicht, um so besser für unsere Mädchen«. Keine Frage, dass Klopstock ohne Zögern zusagt, sehr zum Verdruss

seines Züricher Gastgebers Bodmer. Dieser kommt gar nicht
erst mit; eine Spaßbremse wie ihn kann man an diesem Tag,
der Besonderes verspricht, aber auch nicht gebrauchen. Die
Bootsfahrt auf dem Zürichsee ist dann der Anfang vom Ende
der Freundschaft zwischen dem Theoretiker der Literatur und
dem überschwänglichen Poeten.

Der Ausflug dauert von fünf Uhr in der Früh bis zehn Uhr
abends, Sonnenaufgang und Sonnenuntergang eingeschlossen
sowie ein Frühstück im Landhaus der Eltern eines Teilnehmers,
Mittagessen in einem Gasthof, bei dem man auch gehörig dem
Wein zuspricht, und ein Picknick auf einer Halbinsel, wo die
Gesellschaft den Sonnenuntergang genießt. Natürlich rudern
die jungen Damen und Herren nicht selbst; dafür sind Schiffer,
für das leibliche Wohl Bedienstete zuständig. Die Vertraulich-
keit der Ausflugsgesellschaft wächst mit der Fröhlichkeit, erns-
tere Themen wie die Erziehung der Kinder weichen Scherzen,
Gesang und Gelächter. Was die literarischen Darbietungen
angeht, greift Klopstock auf das bewährte Programm zurück,
das ihm schon auf der Elbinsel neben Tränen die verliebten
Blicke der an seinen Lippen hängenden Zuhörerinnen eingebracht hat. Dieses Mal aber versteckt er sich nicht mehr
hinter den Sonnenschirmen und Röcken, sondern inszeniert
sich selbstbewusst als Mittelpunkt der illustren Schar. Die dem
Dichter als Herzensdame erkorene Frau Hirzel, deren »viel-
sagende« blaue Augen er einer Erwähnung für wert befindet,
stimmt im Laufe des Ausflugsvergnügens »Doris« an, ein leicht
anzügliches Rokoko-Gedicht. Klopstock wird ihr beizeiten
dennoch untreu, weil es ihm die siebzehnjährige Mademoiselle Schinz mit ihren unvergleichlich schwarzen Augen mehr
angetan hat. Die ganze Zeit über weicht er nicht von ihrer
Seite und küsst sie immer wieder.

Die leidenschaftlichen Empfindungen, von denen Klopstocks Verse handeln, lösen in Verbindung mit seinem Verhalten bei den Ausflüglern anfangs Verlegenheit aus. Doch dann unterbricht einer aus der Gesellschaft das Schweigen und meint, nirgends habe er noch »die platonische Liebe so prächtig geschildert gesehen«. Mit dieser »gelehrten Anmerkung« handelt er sich indes den heftigen Widerspruch des jungen Dichters ein, der behauptet, »ganz eigentlich die zärtlichste Liebe« im Auge gehabt zu haben. Diese schätze er »ungleich höher« als die platonische Freundschaft. In seinem *Messias* liebe der Mann das Mädchen »ganz und gar«. Dr. Hirzel berichtet diese Szene in einem Brief, in dem er den Ausflug Revue passieren lässt und die Reaktion der Anwesenden auf Klopstocks erotische Weltsicht festhält: »Wir stimmten ihm aus vollem Herzen bei, und Platon war nicht unser Mann. Die süßesten Gefühle waren in uns rege und beseelten die Unterhaltung.«

Auch Klopstock hat in einem Brief an seinen Vetter, den Bruder der angehimmelten Cousine, ein Resümee des Ausflugs gezogen. Es ist so schlicht wie aufschlussreich: »Ich kann Ihnen sagen, ich habe mich lange nicht so ununterbrochen, so wild und so lange auf Einmal, als diesen schönen Tag gefreut.« Diese unbändige, über den Augenblick hinaus anhaltende Lebensfreude ist dann auch das eigentliche Thema von Klopstocks berühmter Ode »Der Zürchersee«, die unmittelbar nach dem Ausflug entsteht. »Da, da kamest du, Freude! Volles Maßes auf uns herab«, heißt es in dem Gedicht. Das Pfingstwunder, das Klopstock hier feiert − wir würden es heute etwas nüchterner eine Dichterlesung oder, noch nüchterner, eine Autorenlesung nennen. Denn genau das ist es, was Klopstock in den Magdeburger und Züricher Tagen des Sommers 1750

kreiert hat. Von diesen unbeschwerten Anfängen fällt bis heute
einiger frivoler Glanz auf unsere Literaturhäuser: Dichterkult,
zu Scherzen Anlass gebende Geselligkeit und intimes Verstehen mischen sich in dieser Veranstaltungsform auf ununter-
scheidbare Weise. Deren Mittelpunkt ist nach wie vor, dass der
Autor oder die Autorin dem Werk die eigene Stimme leiht.
Das ist keineswegs nur eitle Selbstdarstellung oder gar Prostitution aufseiten der Verfasser und Verehrung oder Voyeurismus
aufseiten der Zuhörer. Wer einen Autor persönlich erlebt hat
und danach seine Texte liest, weiß, bis zu welchem Maße der
Rhythmus und Duktus seines Sprechens, kurz seine unver-
wechselbare Stimme, sich in dem von ihm Geschriebenen
wiederfinden. Im guten Fall, wenn der Autor vorzutragen versteht, ist er der beste, der authentischste Vorleser seiner Texte,
und für den Zuhörer wird danach bei der eigenen stummen
Lektüre die Stimme des Autors stets mitklingen. Wie wir den
Schilderungen Klopstocks und seiner Zeitgenossen entnehmen können, ist für eine Dichterlesung darüber hinaus charakteristisch, dass Frauen in beträchtlicher Zahl im Publikum
vertreten sind, wenn nicht sogar den Löwenanteil ausmachen.
Daran ändert sich auch nichts, wenn der Autor eine Frau ist –
im Gegenteil.

Allerdings ist der Kontakt zwischen Autor und Lesern
inzwischen nicht mehr ganz so auf Intimität gestimmt wie
noch vor gut zweihundertfünfzig Jahren. Zwar werden die
Augen der Zuhörer auch heute zuweilen noch feucht – Küsse
mit dem Autor beziehungsweise der Autorin hingegen werden zumindest während der Veranstaltung selten getauscht. An
deren Stelle ist die Widmung getreten, die sich die Zuhörerschaft nach der Lesung, geduldig wartend und einzeln vor-
tretend, abholt, nachdem das Buch zuvor erworben wurde.

Dem Trend zur Professionalisierung der Dichterlesung hat Klopstock bereits selbst Vorschub geleistet. Vom Erfolg seiner sommerlichen Auftritte motiviert, institutionalisierte er später in Hamburg solche Lesungen und gründete eine Lesegesellschaft. Per Satzung war verfügt, dass die Frauen den Männern hinsichtlich Anzahl und Entscheidungsbefugnis überlegen waren. Einmal wöchentlich fand ein Leseabend statt; die Damen wählten reihum den Text aus, der dann von einem Schauspieler, manchmal auch nur von Klopstock darin geübten Gymnasiasten zum Vortrag gebracht wurde. Und der Dichter nahm mittlerweile nicht nur Tränen und Küsse, sondern auch Eintrittsgeld entgegen. Er habe jemanden gesprochen, der dabei gewesen sei, schreibt Georg Christoph Lichtenberg an Johann Andreas Schernhagen:»Es soll ganz überaus ätherisch da zugehen bis auf das Geld, das Seine Exzellenz K. dafür zieht.« Klopstock schrieb zwar keine einzige seiner Dichtungen für den Broterwerb, dennoch gelang es ihm durch diese und andere Maßnahmen, etwa Subskriptions-Projekte, an die 10000 Reichstaler zu erwirtschaften, immerhin ein Fünftel seines Einkommens zu Lebzeiten.

Klopstocks sich herumsprechender Erfolg mit Lesungen brachte auch andere auf ertragreiche Geschäftsideen: So begann der Organist und Publizist Christian Friedrich Daniel Schubart, ein vehementer Kritiker des Lebenswandels von Adel und Klerus, 1774 mit öffentlichen Deklamationen aus dem *Messias* und verlangte Eintritt, 24 Kreuzer pro Person. Schon bald war der Andrang so groß, dass er seine Wohnstube mit einem öffentlichen Platz vertauschen musste. Dort stieg die Anzahl seiner Zuhörer schnell auf einige Hundert, was ihm dann pro Vorlesung 50 bis 60 Taler einbrachte.»Da konnt' ich meinen Kindern manche Wohltat erweisen und manch gutes

Glas Wein auf Ihre Gesundheit trinken«, berichtete er dem eigentlichen Urheber seines neuen Wohlstands. Aber auch Drucker und Raubdrucker profitierten, denn die Vorlesungen stimulierten den Absatz der Messiade gehörig. Allerdings mache er seine Sache, wie Schubart gegenüber Klopstock angab, auch ziemlich gut. »Klopstock! Klopstock! scholls von allen Lippen, wenn eine Vorlesung geendigt war.« Der Dichter wird es gerne gelesen haben, dass selbst der beste Deklamator gegen die emotionale Bindung der Zuhörer an ihn, den Autor, nichts auszurichten vermochte, sondern seinen Ruhm nur noch vermehrte.

Betrachtet man das Porträt, das der Schweizer Maler Johann Caspar Füssli von Klopstock während seines Züricher Aufenthaltes angefertigt hat, so blickt uns ein herausfordernder junger Mann an, der sich der Wirkung seiner Person fraglos bewusst zu sein scheint. Vor kurzem hat ihn die Nachricht erreicht, dass ihm der dänische König eine Pension bewilligt, damit er in Muße seinen *Messias* vorantreiben und vollenden kann. Bedingung für die Auszahlung ist allerdings, dass er sich in Kopenhagen aufhält, was ihm, insbesondere von Zürich aus, zu nahe am Nordpol zu liegen scheint, wo sich die Musen bekanntlich nicht gerne niederlassen. So hält sich seine Reiselust in Grenzen; es geht sogar das Gerücht, er sei in der Schweiz ein Kaufmann geworden und wünsche sich dort zu verheiraten. So berichtet es jedenfalls Klopstocks Leipziger Studienfreund Nikolaus Dietrich Giseke seiner Jugendfreundin, der zu diesem Zeitpunkt dreiundzwanzigjährigen Hamburger Kaufmannstochter Margareta Moller, genannt Meta, als diese ihn nach Klopstock fragt. Buchstäblich auf der Toilette hat sie dessen *Messias* entdeckt und auch angefangen zu lesen. Eine Freundin hatte aus den betreffenden Seiten der *Neuen Beyträge zum Vergnügen des Verstandes und des Witzes* Schlangenwickler gemacht, sogenannte Papilotten, um Locken ins Haar zu drehen. Die belesene und gebildete Meta, die Französisch, Englisch, Italienisch und sogar Latein beherrscht, klebt die Streifen wieder zusammen und fängt bei der Lektüre sofort Feuer. »Ist mehr von diesem göttlichen Gedicht zu haben, und wer ist der Verfasser?« Sechs Wochen später weiß Giseke Genaueres zu berichten: »Klopstock geht nach Kopenhagen, kommt durch Hamburg, ist kein Kaufmann, nun sollen Sie ihn sehen.«

Giseke, momentan Erzieher in Braunschweig, trifft sich dort mit seinem Duzfreund Klopstock, der auf der Durchreise ist. »Höre Klopstock, du musst in Hamburg ein Mädchen besuchen, die heißt Mollern.« Klopstock, ganz gegen seine Gewohnheit: »Ich gehe nicht nach Hamburg, um Mädchen zu sehen, nur den Dichter Hagedorn will ich sehen.« – »Ach, Klopstock, das Mädchen musst du sehen, sie ist so ganz anders als andere, sie liest den *Messias* mit Entzücken, sie kennt dich schon und erwartet dich.« Er beschreibt ihm Meta, ihre großen hellen, kritischen Augen, ihre Offenheit und Unabhängigkeit. Klopstock wird nachdenklich. Giseke setzt nach: »Verlieb Dich bloß nicht in sie, sie ist schon verlobt.« Jetzt hat er ihn: »Gib mir ihre Adresse.«

Kaum in Hamburg angelangt, wird nach Meta Moller geschickt, wann Herr Klopstock seine Aufwartung machen könne. Meta macht gerade zusammen mit ihrer Schwester die Wäsche. Dennoch kommt ihre Antwort ohne jedes Zögern: »Gleich gleich gleich mag, muss Herr Klopstock kommen.« Die Schwester ist entsetzt: »Besinne dich doch, wo willst du ihn empfangen, nur das Zimmer hier ist geheizt, und es ist voller Wäsche.« Beherzt rafft Meta die ganze Wäsche zusammen, und drei Minuten später ist die Stube geräumt.

Und schon ist Klopstock da. Die Schwester sitzt derweilen im unbeheizten Nebenzimmer, denkt, so lange wird die Visite schon nicht dauern. Doch geschlagene zwei Stunden muss sie frierend in der Kälte verbringen. Nach einer Stunde kommt Meta herein, um ein Buch zu holen. »Wie gefällt er dir?« – »O, das ist ein rarer rarer Junge, ich habe ihn schon für morgen Mittag eingeladen, gleich nachher musst du Hagedorn und unsere besten Freunde dazu bitten.«

Nach einer anderen Fassung der Geschichte überrascht Klopstock Meta mit der Ankündigung seines Besuchs, als diese noch gar nicht angekleidet ist. Geschwind steckt sie die Haare hoch, streift ein Negligé über und verbirgt ihre Blöße notdürftig mit einem Schultertuch. Sie hofft, dass der Verfasser des *Messias* nicht allzu sehr auf Äußerlichkeiten sieht, und ist dann frappiert von seinem Anblick. Zwar teilt sie keineswegs das Vorurteil, dass ein ernsthafter Dichter finster und mürrisch daherkommen, schlecht gekleidet sein und keinerlei Manieren haben müsse. Aber dass der Verfasser des *Messias* ein derart gut aussehender junger Mann ist, geht doch über ihr Vorstellungsvermögen.

Am nächsten Mittag hat Klopstock nur Augen für Meta. Er, der angeblich allein wegen des sechzehn Jahre älteren, hoch angesehenen Friedrich von Hagedorn nach Hamburg gekommen ist, wird zwar neben diesen gesetzt, bittet Meta aber gleich, an seiner anderen Seite Platz zu nehmen. Fortan hat die Runde den Eindruck, Klopstock sei gar nicht anwesend, so sehr ist er mit der jungen Frau ins Gespräch vertieft. Die Gesellschaft weiß gar nicht, was sie von solchem Verhalten denken soll. Der vermeintliche Bräutigam Metas, der auch eingeladen ist, verlässt die Runde noch während des Essens.

Danach treten die beiden ans Fenster. Klopstock fragt Meta, ob sie seine Elegie »Dir nur, liebendes Herz« kenne.

Das ist zwar der Fall, aber aus Furchtsamkeit, es nicht hinreichend zu tun, lautet Metas Antwort:»Nein.« Ein guter Grund, sich ins Nachbarzimmer zurückzuziehen. Meta beginnt das Gedicht laut vorzulesen, doch aufsteigende Tränen hindern sie daran, fortzufahren. Klopstock übernimmt und ergreift dabei ihre Hand. Er liest nun einen Abschnitt aus dem *Messias*. Als sich Metas Schwester zu ihnen gesellt, fragt Klopstock, ob er dafür nicht einen Kuss verdient habe. Die Schwester bestätigt das. Meta, ganz schamhafte junge Dame, wehrt ab: Sie küsse keine Mannsperson. Statt sich darüber hinwegzusetzen, beginnt Klopstock, ganz nach Intellektuellenmanier, dagegen zu argumentieren. Meta denkt bei sich:»Warum küsst der Affe dich denn nicht? Du kannst ihm den Kuss ja nicht geben.«

Obwohl er längst anderweitig verabredet ist, bleibt Klopstock an diesem Tag bis neun Uhr abends. Schließlich fragt er Meta, ob sie sich vorstellen könne, irgendwann zu ihm nach Kopenhagen zu kommen. Sie erwidert:»Durchaus.« Er:»Aber Sie würden zu sehr frieren.« – »Wenn ich Ihr Feuer bei mir hätte, wohl nicht«, meint sie unter Lachen.»Ach, Sie haben genug eigenes Feuer«, sagt Klopstock. Und jetzt küsst er sie. Noch auf dem Schiff nach Kopenhagen schreibt er ihr den ersten Brief. Ihre Schwester, der sie den Brief zeigt, sagt gleich:»Das ist eine Liebeserklärung an Dich.« Meta kennt die Geschichte mit der Cousine und hegt Zweifel: Doch ehe sie Klopstock selbst schreiben kann, treffen schon zwei weitere Briefe ein,»nicht so mystisch, sondern hell und klar«, wie ihre Schwester meint. Bei Klopstocks nächstem Aufenthalt in Hamburg wird gegen den Willen von Metas Stiefvater Verlobung gefeiert, zwei Jahre darauf die Hochzeit. Doch schon 1758 stirbt Meta Klopstock nach einer Totgeburt.

Woher kennen wir alle diese intimen Einzelheiten, die Unterredungen, die Lektüren, die Küsse? Festgehalten sind sie in den Briefen, die seinerzeit zwischen den jungen Leuten hin- und hergingen, auch herumgereicht und im kleinen Kreis vorgelesen wurden. Sehr freimütig tauschten sie sich darin über ihre Erlebnisse und Wünsche gerade auch in Liebesdingen aus. Manches mag davon stilisiert sein; in einigen Details widersprechen sich die Darstellungen, in anderen ergänzen sie sich. Die lockere, dem Flirt und der Frivolität zugeneigte Atmosphäre geben sie indes gut wieder. Die Anknüpfung von Beziehungen war in diesen neuen Zirkeln eng verbunden mit der gemeinsamen Lektüre von Literatur und dem Austausch darüber. Es ging weniger um die Frage, ob und inwiefern sich aus Literatur etwas lernen lässt, und sei es fürs Leben, als um das Erlebnis und die Feier des Augenblicks: Lektüre ließ die Zeit vergessen, die Gefühle strömen und die Körper zueinanderfinden. Kurz, Lesen war ein Mittel der Entfesselung von Emotionen. Es war aber auch der Königsweg für Frauen, um sich in das neu entstehende, ungezwungene Miteinander einzubringen und jenseits von Aussehen und Heiratsmarkt dort eine Rolle zu spielen. Die Lektüre von Literatur verlieh den Frauen eine Stimme und einen sozialen Status. Und der war nicht gänzlich, aber doch weitgehend unabhängig von ihrer Herkunft, der Zugehörigkeit zu einer bestimmten gesellschaftlichen Schicht und akademischer, für Frauen in der Regel unerreichbarer Bildung. Lesen verschaffte ein Stück Unabhängigkeit und eröffnete neue Wege, das Leben zu genießen.

*Die Tür geht auf – und ins Zimmer tritt der Verführer.*
*Er hat es auf das am Tisch sitzende unschuldige Mäd-*
*chen abgesehen, das gerade einen Brief an seine Eltern*
*beginnt. Das ist die erste Szene aus Samuel Richard-*
*sons Jahrhundertroman* Pamela, *erschienen 1740. Ein*
*Roman war seinerzeit etwas aus dem Leben und auf*
*dem Umweg des Lesens auch wieder fürs Leben. Keine*
*andere Literaturgattung erreichte die Leserin so unmit-*
*telbar in ihrer Privatsphäre, keine andere gewährte ihr*
*einen derart tiefen Einblick in die Gefühlsregungen*
*und die geheimen Gedanken der Heldinnen und*
*Helden.*

## 2

## LONDON, 1756

### *Was für schöne Briefe: Liebe und der Roman*

Im Herbst 1756 besucht Bernhard von Hohorst, Militär, Gelegenheitsdichter und Onkel von Klopstock, den Romanautor Samuel Richardson in London. Es ist kaum ein Jahr her, dass von Hohorst wegen einer Schlägerei mit einem Leutnant unter Arrest gestanden hat. Per Kriegsgerichtsurteil wurde er im Dezember 1755 aus dem dänischen Militärdienst entlassen und seines Offiziersrangs enthoben. Im Sommer 1756 trifft er in London ein, wo er mehrere Monate bleibt, bevor er im Jahr darauf in preußische Dienste tritt und nach der Teilnahme an zwei Schlachten des Siebenjährigen Krieges im Spätsommer 1757 an einer fiebrigen Erkrankung verstirbt. Ein Männerschicksal, wie es seinerzeit häufiger vorkam.

Es ist von Hohorsts Absicht, dem Dichterneffen in London gefällig zu sein. Der Besuch bei Richardson dient auch dem Zweck, den Romancier als Schirmherrn und Multiplikator für die Verbreitung des *Messias* in England zu gewinnen. Richardson ist zu diesem Zeitpunkt der berühmteste und meistgelesene europäische Schriftsteller. Seine Briefromane *Pamela oder Die belohnte Tugend* (1740), *Clarissa oder Die Geschichte einer jungen Dame* (1747/48) und *Die Geschichte des Sir Charles Grandison* (1753/54) haben den Autor bereits zu Lebzeiten unsterblich gemacht. Alle drei sind jeweils kurz nach ihrem Erscheinen ins Französische, Deutsche und in andere europäische Sprachen übersetzt worden. Klopstock hat *Clarissa* noch in der

Schweiz zu lesen begonnen, in der Übertragung des Göttinger Professors Johann David Michaelis, des Vaters von Caroline Michaelis, der späteren Ehefrau von Schlegel und Schelling, die erst 1763 zur Welt kommen wird. Unter dem Eindruck der Lektüre von Richardsons Roman hatte Klopstock seine Ode »Die tote Clarissa« verfasst. Von Hohorst hat eine Prosaübersetzung der Ode angefertigt und überreicht sie nun Richardson als Gastgeschenk. Ein guter Auftakt für einen nicht ganz uneigennützigen Besuch.

Richardson ist im Oktober 1756 mit siebenundsechzig Jahren bereits ein älterer Herr, der noch knapp vier Jahre zu leben hat. Seine großen Romanerfolge liegen indes gar nicht lange zurück, da er erst im Alter von fünfzig mit dem Romaneschreiben begonnen hat. Von Hohorst macht dem Autor, dessen »große blaue feurige schalkhafte geistige Augen« ihm in Erinnerung bleiben werden, freundliche Komplimente: Viele seiner Verwandten und Freunde, darunter auch Meta, hätten sich seine Romanfiguren als Tugendvorbilder auserkoren. Einigermaßen zwanglos kommt man auf den *Messias* zu sprechen. Richardson geht zu einem der Schränke, mit denen das Zimmer vollgestellt ist. Er zieht einen Brief aus Deutschland hervor, der eine ins Englische übersetzte Inhaltsangabe der ersten drei Gesänge von Klopstocks Großgedicht enthält. Von Hohorst zeigt sich beglückt, berichtet Richardson vom Fortgang der Handlung und beeilt sich, ihm das anzutragen, was er die »Censur« nennt und was wir wohl als Redaktion der englischen Ausgabe verstehen dürfen. Richardson jedoch lehnt dieses »Anerwünschen« ab, wie von Hohorst gegenüber seinem Neffen einräumen muss, stattet seinen Gast aber mit einem Empfehlungsschreiben für seinen Freund Edward Young aus, dessen 1742 bis 1745 entstandenes Werk *Klagen oder*

*Nachtgedanken über Leben, Tod und Unsterblichkeit* seinerzeit die Lieblingsdichtung des gebildeten Europa war.

Als der Besuch sich dann schon dem Ende zuneigt, fällt von Hohorsts Blick auf einen anderen Schrank voller gehefteter Manuskripte, und er fragt den berühmten Autor, ob es sich wohl um die Originale seiner Romane handele. Daraufhin enthüllt er ihm, es seien lauter Briefe von Leserinnen, verschiedensten Alters und aus den unterschiedlichsten Gesellschaftsschichten, die er seit dem Erscheinen des ersten Bandes der *Pamela* erhalten habe. Eine der ersten Zuschriften stammte von der irischen Dichterin Mary Barber. Zwei enthusiastische Schreiben, die er wenig später bekam, waren mit »Six Ladies of Reading« unterzeichnet. Richardson hatte sich die Mühe gemacht, beinahe jedes Schreiben zu beantworten. In einigen Fällen ergab sich daraus ein Briefwechsel, zumal der Autor seine Leserinnen geradezu einlud, ihm ihre Lektüreerlebnisse mitzuteilen – und das keineswegs nur aus Sympathie. Richardson hatte die Angewohnheit, Passagen, die seinen Leserinnen nicht gefielen oder die sie nicht in seinem Sinne verstanden, für die nächste Auflage neu zu schreiben. Außerdem erschienen Romane damals in Fortsetzungen, und Richardson war ständig auf der Suche nach Material – Motiven, Wendungen, weiblichen Eigentümlichkeiten. Es kam vor, dass er ganze Absätze der ihm zugeschickten Briefe beinahe wortwörtlich in das augenblicklich entstehende Werk übernahm. So eng war auch auf Autorenseite das Band zwischen Leben und Literatur geknüpft.

Die Neugierde seines Besuchers aus Deutschland bemerkend, ist Richardson gleich bereit, von Hohorst einige der Briefe vorzulesen. Die unerwartete Lektüre der Korrespondenz des Schriftstellers mit seinen Leserinnen wird zum eigentlichen Höhepunkt des Besuches. Tief beeindruckt schreibt

von Hohorst an seinen Neffen im fernen Kopenhagen: »Was
waren das für schöne Briefe; und wie unbeschreiblich schön
waren die Antworten.«

Samuel Richardson war bis zu seinem fünfzigsten Geburtstag ein selbstständiger Buchdruckermeister in Londons Fleet
Street. Wohl war sein Name einmal auf einer schwarzen Liste
»unerwünschter Drucker« aufgetaucht, und es wurde ihm auch
ein ausgezeichneter Riecher für die Trends im rasch expan-
dierenden Buchmarkt nachgesagt, aber insgesamt war sein
Leben bislang durchaus unauffällig verlaufen. Die Entstehungs-
geschichte seines ersten Romans ist legendär: 1739 machten
ihm zwei seiner buchhändlerischen Teilhaber den Vorschlag,
einen schmalen Band mit Musterbriefen zu verfassen, der auf
die Bedürfnisse junger Damen vom Land abgestellt war, die
Briefe schreiben wollten (oder mussten), darin aber keine
Übung besaßen. Derartige Briefsteller, wie sie in Deutschland
genannt wurden, waren in den Niederlanden schon seit Mitte
des 17. Jahrhunderts, in den umliegenden Ländern seit der
Jahrhundertwende sehr gefragt. Man kann sie sich so ähnlich wie die heutigen Leitfäden zur erfolgreichen Bewerbung
vorstellen, die mit Vorlagen und ausformulierten Anschreiben
versehen sind. Der Vergleich ist auch insofern passend, als die
Fertigkeit, höflich und in einer guten, natürlichen Schreibart
Briefe zu verfassen, damals über den Zugang zur Gesellschaft
und über eine Anstellung entscheiden konnte.

Während der Arbeit an dem Briefsteller kam Richardson
die Idee zu einem Roman, dessen Hunderte von Seiten er mit
fliegender Feder zwischen November 1739 und Januar 1740
niederschrieb, hochgradig motiviert von seiner Frau und ihren
Freundinnen, die den Fortgang der Geschichte mit angehal-

tenem Atem verfolgten. Zeitweise brachte er täglich, ohne seine übrige Arbeit zu vernachlässigen, dreitausend Wörter und mehr zu Papier. Doch hören wir Richardson selbst:

*Ich schrieb zwei oder drei Briefe zur Unterrichtung attraktiver Mädchen, die sich bei fremden Leuten verdingen mussten, wie sie den Fallen entgehen können, die man ihrer Tugendhaftigkeit stellt – und auf einmal stand mir Pamela vor Augen … Anfangs dachte ich kaum an einen, geschweige denn zwei Bände … Geschrieben in einem leichten und natürlichen Ton, der zur Einfachheit der Geschichte passte, schätzte ich, könnten sie eine neue Art zu schreiben begründen, die bei jungen Leuten womöglich eine neue Art des Lesens in Gang setzte, welche sich von dem Pomp und dem Prunk der alten Romanschreiberei unterschied. Und die Abkehr vom Unwahrscheinlichen und Phantastischen, von dem die Romane im Allgemeinen voll sind, könnte, so dachte ich weiter, dazu dienen, die Sache der Religion und der Tugend zu befördern.*

Ergebnis war der Briefroman *Pamela oder Die belohnte Tugend. Vertrauliche Briefe eines schönen jungen Frauenzimmers an seine Eltern.* Der Erfolg stellte sich prompt ein und nahm ungeheure Ausmaße an, weit über England hinaus. Die Zahl der Nachahmer war, wie später beim *Werther,* Legion. Bei der zeitgenössischen Damenwelt galt es als sträfliche Unterlassung, *Pamela* nicht zu kennen. Die Schriftstellerin Anna Barbauld erzählt, in Ranelagh, einem öffentlichen Vergnügungspark im Londoner Stadtteil Chelsea, sei es üblich gewesen, dass Frauen ihre Ausgabe der *Pamela* demonstrativ bei sich trugen, um aller Welt zu zeigen, dass auch sie zu den Leserinnen des Buches zählten. Selbst eine Vertreterin der traditionellen adligen Lebens- und

Denkart wie die damals prominente Lady Mary Wortley Montagu vermochte sich dem Sog der Lektüre nicht zu entziehen, obwohl ihr die neue Richtung im Grunde nicht passte: Pamelas Ehetriumph, so meinte sie, »war große Mode in Paris und Versailles und ist noch immer das Vergnügen der Dienstmädchen aller Nationen«. Gerade bei einem Publikum, das an Literatur bislang nicht interessiert war, stieß der Roman auf eine erstaunliche Resonanz, und das noch Jahrzehnte nach Erscheinen, als sich das Interesse der literarischen Kreise längst abgekühlt hatte. »*Pamela* war der erste Roman überhaupt, den *wir* lasen«, berichtet etwa ein Richard Griffin, der 1825 eine Anthologie mit Leseproben von Romanschriftstellern herausgab und jeweils mit einleitenden Bemerkungen versah.

*Wir waren gerade Schuljungen, als unsere Großmutter von einer unerträglichen Langeweile dazu getrieben wurde, den Roman in Fortsetzungsbänden aus der Bücherei zu entleihen. Sie (eine gute Frau) war keine Romanleserin – um nichts in der Welt hätte sie einen Roman gelesen, aber wie hätte sie auch vermuten sollen, dass sich hinter dem Titel* Pamela *oder Die belohnte Tugend so etwas verbarg ... Sie glaubte jedes Wort, das sie las, so wie sie es bei der Bibel tat: und an den Winterabenden, nach dem Tee, las sie das Buch der versammelten Hausgemeinschaft laut vor, Seite um Seite, vollkommen erfüllt von dem, was sie las, indem sie jeden Absatz in sich aufnahm und kommentierte. Und sie machte niemals eine Pause, es sei denn, sie stieß auf einen prickelnden Abschnitt des seine Leser verhexenden Autors, bei dem ihre Stimme versagte – dann zitterten ihre Lippen und sie konnte nicht fortfahren, weil ihr das Herz überquoll.*

Um Tugendhaftigkeit ging es in *Pamela* durchaus – insofern lag auch Richard Griffins Großmutter mit ihrer Erwartung nicht völlig falsch. Allerdings auf ungewöhnliche, um nicht zu sagen unmoralische Weise; denn während die vollständige Titelfügung eine religiös grundierte Sittsamkeitslehre vermuten lässt, erzählt Richardson die Geschichte vom amourösen und sozialen Aufstieg einer Tochter aus einer verarmten Familie mit dem Allerweltsnamen Pamela Andrews. Als die Handlung einsetzt, ist sie fünfzehn Jahre alt und seit drei Jahren in den Diensten der adligen Mrs B., welche soeben verstorben ist. Noch auf ihrem Totenbett hat sie Pamela, die bei ihr Schreiben, Nähen und Rechnen gelernt hat, der Obhut ihres Sohnes anvertraut. Der aber entpuppt sich rasch als ein junger, verantwortungsloser Libertin, der sie mit Geschenken und Komplimenten, schließlich auch mit Gewalt zu seiner Geliebten machen will.

Pamelas Drama wird erfahrbar in einer Flut von Briefen, die von ihrem einsamen Schreibpult in ihr Elternhaus wandern – nur die wenigsten sind Antwortbriefe ihrer Eltern. Pamelas Briefe sind expressiv und emotional, aller Floskelhaftigkeit und Konvention entkleidet; sie sind in direkter Reaktion auf die vorfallenden Ereignisse geschrieben und bieten dem Leser einen unmittelbaren Einblick in ihre Gefühle und Gedanken. Stets entstehen sie direkt aus der Situation heraus. Deutlich wird das bereits an dem ersten Brief Pamelas an ihre Eltern. In dem Augenblick, da Pamela den Brief falten will, tritt Mr B. unerwartet ein. Pamela versteckt den Brief in ihrem Ausschnitt, was dem jungen Mann, der längst ein Auge auf sie geworfen hat, nicht entgeht. Er erkundigt sich, lässt sich den Brief zeigen und liest ihn. Nachdem Mr B. gegangen ist, schildert sie ihren Eltern in einem Postskriptum diese Szene, und ihr erregter Ton verrät dem Leser etwas von dem Verlangen, das sie bei dem ihr noch fremden Mann gespürt hat, aber auch von der gefährlichen Zuneigung, die bei ihr selbst aufkeimt. Als Pamela schließlich ihre Stellung aufgibt, um zu ihren Eltern zurückzukehren, lässt Mr B. sie auf eines seiner Landgüter entführen. Auch dort setzt er seine Eroberungsversuche fort, die Pamela aber von Mal zu Mal mit Schlagfertigkeit und entwaffnender Naivität zu durchkreuzen versteht. Der Höhepunkt seiner frustrierenden Fehlschläge ist eine versuchte Vergewaltigung. Dafür verkleidet er sich als Hausmädchen und findet so Einlass in ihr Schlafgemach, wo sie das Bett mit der hinterlistigen Hauswirtschafterin Mrs Jewkes teilen muss. Und während Mrs Jewkes sie festhält, macht sich Mr B. über die inzwischen Sechzehnjährige her, die erst schreit und dann ohnmächtig wird, was ihn innehalten lässt. Das wiederholt sich ein weiteres Mal, bis er schließlich von ihr ablässt, ohne sie um ihre Unschuld gebracht zu haben.

Nicht wenige Leserinnen und Leser reagierten auf derartige Szenen neben dem unvermeidlichen Voyeurismus mit Ratlosigkeit. Sollte man nun Richardsons Roman für seine Moralität preisen oder handelte es sich um verschleierte Pornographie? Noch D. H. Lawrence, der Autor von skandalumwitterten Romanen wie *Lady Chatterleys Liebhaber*, hat von der merkwürdigen Verbindung von »imprägnierter Reinheit und Unterwäsche-Erotik«, von Prüderie und Lüsternheit in *Pamela* gesprochen (bezeichnenderweise ist es Pamelas Aufgabe als Dienstmädchen, sich um die Kleidung und Wäsche des jungen Herrn zu kümmern). In Richardsons Roman wirkt das Sexuelle umso erregender, je mehr es mit Heimlichkeit und Moralität umgeben ist, und Pamelas tugendhafter Widerstand steigert in Mr B.s Augen nur ihre Attraktivität.

48

Da ihr untersagt ist, Briefe abzuschicken, versteckt Pamela sie im Garten, unter einem Rosenstrauch. Mrs Jewkes beobachtet sie und händigt die konfiszierten Briefe ihrem Verführer aus. Der aber ist hingerissen von so viel Aufrichtigkeit und natürlicher Intelligenz und verwandelt sich schon während der Lektüre vom Saulus zum Paulus in Sachen Geschlechtsliebe. Von Reue ergriffen, lässt er seine Gefangene entkommen und wirbt von Stund an als ein ernsthaft Liebender um das Mädchen. Die nicht abgeschickten Briefe sind hier ein Verführer der besonderen Art: Ihre Lektüre bewirkt eine Metamorphose zum Guten und zur echten Liebe. Gegenüber der weiblichen Sprache des Herzens ist auch der Wüstling machtlos: Er erkennt, dass sein bisheriges Verhalten einem Rollenmodell folgte, das gar nicht seinen wahren Gefühlen entsprach. Und auch Pamela wird bewusst, dass hinter ihrer Abneigung gegenüber dem Mann, der sie mit allen Mitteln in eine sexuelle Abhängigkeit zwingen wollte, schon von dem Augenblick an, da er sie zum ersten Mal sanft berührte, eine unaussprechliche Faszination verborgen war. So werden die beiden trotz des großen Standesunterschieds zum guten Schluss ein Ehepaar.

Insbesondere für alle Dienstmädchen, die den Roman lasen, musste das Happy End von *Pamela* eine frohe Botschaft sein; denn deren Heiratsaussichten waren gleich null, wenn sie ihre Anstellung nicht irgendwann aufgaben und an ihren Herkunftsort zurückgingen. Eine Heirat mit einem Angehörigen der Familie ihres Arbeitgebers hingegen war extrem unwahrscheinlich – das große Glück, von dem sie kaum zu träumen wagten. Die Wirklichkeit sah eher so aus, dass sie zum Opfer der Verführungskünste des Hausherrn oder seines Sohnes wurden, der sie spätestens fallen ließ, sobald er sie geschwängert hatte. So konnten sie Richardsons Roman sogar einen konkreten Ratschlag entnehmen: allen Avancen ihrer Vorgesetzten Widerstand zu leisten, und zwar nicht in erster Linie um der Tugend der Keuschheit willen, vielmehr weil es ihrer Selbstachtung und Freiheit diente – um sich Handlungsspielräume offen zu halten, die ihnen ansonsten unweigerlich verloren gingen.

Das aber war eine Botschaft, die weit über das Dienstbotenmilieu hinausging und auch die Bürgerfrauen, ja, die Aristokratin erreichte: Der Roman vermittelte ihnen, dass es darauf ankam, den Herausforderungen des Lebens mit mentaler Stärke zu begegnen, und sei diese nur vorgetäuscht. Und dazu schien sogar eine Frau in der Lage zu sein, die sich in einem Abhängigkeitsverhältnis befand, das so viel bedrückender und so viel aussichtsloser war als das eigene, etwa das der Ehefrau, die gezwungen worden war, eine unerwünschte Heirat einzugehen. Um zu erreichen, was sie wollte, brauchte Pamela, dieses Allerweltsmädchen, lediglich die Waffen einzusetzen, die auch einer Frau ohne große Bildung zur Verfügung standen: Geistesgegenwart, entwaffnende Naivität, Scharfsinn, Beharrlichkeit, Empathie. Sie musste dazu noch nicht einmal jenen Liebesverzicht leisten, der in anderen Erfolgsromanen der Epoche eine so entscheidende Rolle spielte.

Dennoch, und nicht weiter verwunderlich, fand die Fabel vom Aufstieg des Dienstmädchens keineswegs nur Beifall. Schon kurz nach Erscheinen berichtete ein Zeitgenosse, dass es »insbesondere unter den Damen zwei verschiedene Parteien, *Pamelisten* und *Antipamelisten*«, gebe, deren Ansichten darüber auseinandergingen, »ob das Jungfräulein ein Exempel wäre, nach dem die Damen sich richten sollten, oder eine geriebene Heuchlerin, die die Kunst versteht, einen Mann zu ködern«. Letzteres war gleichermaßen die Meinung eines Autorenkollegen wie einer Autorenkollegin von Richardson: Henry Fielding parodierte die seiner Auffassung nach berechnende Moral von Richardsons Heldin in gleich zwei Romanen: ein Jahr nach Erscheinen des Originals in *Shamela* und 1742 dann in *Die Geschichte der Abenteuer von Joseph Andrews und seines Freundes Mr Abraham Adams* (1742), und begründete auf diese Weise den modernen komischen Roman. Eliza Haywood, berühmt-berüchtigt durch ihren Roman *Love in Excess* (1719), publizierte 1741 eine *Antipamela*. Deren Heldin trägt den sprechenden Namen Serena Tricksy und ist, anders als ihr Vorbild, eine keineswegs attraktive, stattdessen jedoch resolute und von sich selbst überzeugte Person, die nur eines im Sinn hat: sich einen Ehemann zu angeln um des sozialen Aufstiegs und des schnöden Mammons willen.

Das war im London der ersten Hälfte des 18. Jahrhunderts ein durchaus heißes Thema. Das Erste, was Mr B. tut, um sich die junge Pamela gefügig zu machen, besteht darin, ihr Zugang zur Bibliothek und zum Kleiderschrank seiner verstorbenen Mutter zu verschaffen. Neben der Lektüre derselben Romane war die Art, sich zu kleiden, der zweite entscheidende Hinweis darauf, dass sich die Standesunterschiede zwischen Herrschaft und Dienerschaft zu verwischen begannen. Der Kaufmann und Schriftsteller Daniel Defoe hatte sich zum Sprachrohr all derjenigen gemacht, die in der unangemessenen Kleidung des Dienstpersonals eine Bedrohung für den gesellschaftlichen Status quo sahen. Bei einer Einladung zu einer Abendgesellschaft hatte er nach einem Blick in die Runde zuerst der bestgekleideten Frau seine Reverenz erwiesen und dabei statt der Hausherrin das Kammermädchen umarmt! Dieser Fauxpas sollte Defoe noch lange anhängen und veranlasste ihn zu einer Reihe von Pamphleten gegen nivellierende Bekleidungsgewohnheiten.

Defoe war wie viele seiner Zeitgenossen der Ansicht, die Ursache des Übels läge in den zu hohen Löhnen der Bediensteten. Doch das war nur die eine und keineswegs die ausschlaggebende Hälfte der Wahrheit. Die entscheidende Ursache war, dass zunehmend mehr Dienstmädchen über die Romanlektüre Zugang fanden zu einer Welt der Gefühle und des Gebarens, welche ursprünglich ausschließlich die ihrer Herrschaften war. Die Romane zeigten ihnen, wie die Gesellschaft funktioniert und wie man seinen Platz darin finden und eben auch verändern konnte. Sie färbten aber auch auf ihre Vorstellungen ab, die sie sich von der Welt und der Gesellschaft machten. Wenn sich die Dienstmädchen wie die Frauenfiguren in den Romanen oder wie die Damen auf den Bildern in den aufkommenden Frauenmagazinen kleideten, so hatten sie gerade dies mit ihren Vorgesetzten gemeinsam. Die Wunschbilder, an denen sie sich orientierten, waren ohne Ansehen der Herkunft dieselben; auch insofern übte die Romanlektüre eine egalisierende Wirkung aus. Der neue, psychologische Roman, wie ihn Richardson begründete, war von Anfang an gerade keine standesspezifische Lektüre. Er negierte die traditionellen Bindungen und Gegensätze, indem er bei seinen Leserinnen Gefühle und Vorstellungen entfesselte, deren Erfahrung und Mitteilung für Vornehme und Geringe gleichermaßen erregend waren.

Doch hatten die Kritiker und Parodisten überhaupt recht? Näher besehen besteht die eigentliche »Stärke« von Richardsons Pamela nämlich gar nicht in Aufstiegswillen und Durchtriebenheit. »Aus welchem Grunde, bitteschön, kann er mich denn unter die Güter zählen, die zu seinem Eigentum gehören?«, empört sie sich, als Mr B. sie auf seinem Landsitz festhält. »Hat er denn ein anderes Recht an mir als ein Räuber an einer gestohlenen Sache?« Mrs Jewkes, die Pamela auf Mr B.s Befehl hin überwacht, nennt solche Fragen »pure Rebellion« und erhebt dagegen Einspruch. Wäre sie an der Stelle des Herrn, sollte dessen Eigentumsrecht an dem jungen Ding nicht lange zweifelhaft sein. Pamelas Rebellentum zeigt sich kaum im Handeln, da bleibt sie passiv. Es artikuliert sich aber in aufmüpfigen Reden und dann im Schreiben der Briefe, die diese Reden festhalten. Ihr Triumph ist erst in zweiter Linie die Eheschließung mit dem ihr an Macht und Status überlegenen Mr B. In erster Linie ist es ein Triumph der rebellischen freien Rede (und Schreibe) eines jungen Mädchens über die Macht und die Autorität der anderen Figuren, die ihr in allen anderen Belangen haushoch überlegen sind. So konnte der Roman auch als eine Rhetorikschule für junge Frauen gelesen werden, die sich nicht alles bieten (und sagen) lassen wollten in einer Welt, die sie mit Geringschätzung behandelte.

Richardson war ein Frauenbeobachter und Frauenversteher. Der Ruf, als Mann sehr außergewöhnlich zu sein, sollte ihn überdauern. »Wäre er eine Frau gewesen, hätte sein Charakter kaum Rätsel aufgegeben, dann hätten wir ihn in die Rubrik gescheite Klatschtante einordnen können«, heißt es in dem Porträt des schon genannten Richard Griffin: »Aber nach Lage der Dinge ist er eine Anomalie in der Literatur; es wird uns immer in Erstaunen versetzen, wie ein Gentleman mit Frau und Familie derart interessanten Weiberkram wie *Clarissa* und *Pamela* verfassen konnte.« Richardsons Einfühlungsvermögen in das andere Geschlecht zeigte sich auch an der liebevollen Genauigkeit, mit der er die häusliche Umgebung seiner Heldinnen beschrieb. Seine Romane erhalten dadurch den Anschein von Lebensnähe und alltäglicher Realität. Die Leserinnen wussten das zu schätzen, während es ihm den Spott der männlichen Leser eintrug, wie etwa jenes Kaffeehausbesuchers, der sich fragte,»warum uns der Autor nicht die genaue Zahl von Stecknadeln mitgeteilt hatte, die Pamela mit sich führte, als sie sich auf den Weg nach Lincolnshire machte«. Dieser Vorwurf der Belanglosigkeit verkennt, was Richardsons Detailbesessenheit leistet. Wir schlüpfen dadurch nämlich, wie ein gewisser Lord Francis Jeffrey 1804 in der *Edinburgh Review* feststellte,»unsichtbar in die häusliche Zurückgezogenheit seiner Figuren, wir hören und sehen alles, was unter ihnen gesprochen und getan wird«, mit der Folge, dass wir für sie »wie für unsere persönlichen Freunde und Bekannten« zu empfinden beginnen – eine Form der Einfühlung, die für den modernen psychologischen Roman verbindlich ist (und auch für dessen»Nachfolger«, die literarische Fernsehserie, wie sie beispielsweise die BBC produziert und in eigenen Schöpfungen, jüngst *Downton Abbey*, publikumswirksam weiterentwickelt). Richardson war ein so einfühlsamer wie mitfühlender Autor, und genau das schätzten seine Leserinnen.

Kein Wunder also, dass Richardson häufig Post von ihnen bekam. 1748 erhielt er einen anonymen Brief, dessen Verfasserin gerade *Clarissa oder Die Geschichte einer jungen Dame* las. In dramatischer Weise beschrieb der Brief die Lektüre der ersten vier Bände (von insgesamt sieben) des neuen Romans:

*Hätten Sie mich sehen können, hätte ich gewiss Ihr Mitleid erregt. War ich allein, legte ich das Buch aus der Hand, ergriff es wieder, ging auf und ab, ein Strom von Tränen rann über*

*mein Gesicht, ich trocknete sie, las erneut, kaum drei Zeilen,*
*warf das Buch in die Ecke, schrie: Entschuldigung, guter Herr*
*Richardson, ich kann nicht weiterlesen – Sie haben mehr*
*getan, als ich ertragen kann; ich warf mich auf die Couch.*

Auf diese Weise – überwältigt von den hervorgerufenen Gefühlen – wurden seinerzeit Romane gelesen, wie viele Zeugnisse belegen, die von derart heftigen Tränenströmen sprechen, dass die Buchseiten angeblich noch zwei Tage später feucht waren. Die Briefeschreiberin befürchtete, dass der neue Roman, anders als *Pamela*, auf eine fürchterliche Katastrophe zusteuerte. Sie flehte den Autor an, die Titelheldin vor »Vergewaltigung, Ruin und Zerstörung« zu bewahren. Sollte er ihre Bitte nicht erfüllen, so drohte sie ihm, würde sein neuer Roman Zustimmung nur bei »neidischen alten Jungfern, lamentierenden Junggesellen und tyrannischen Eltern« finden.

Doch Richardson tat ihr den Gefallen nicht: Das Paar dieses Buches, das junge, tugendhafte Bürgermädchen Clarissa Howe und der junge, charmante, aber gewissenlose junge Aristokrat Robert Lovelace, hatte in seinen Augen keine Chance, noch irgendwie zusammenzukommen; zu groß waren die Abgründe, die sich, verursacht nicht zuletzt durch das Verhalten der Familie Clarissas, zwischen ihnen aufgetan hatten. Nichtsdestoweniger begann auf diese Weise einer der umfangreichsten und warmherzigsten Briefwechsel zwischen einem Autor und einer Leserin.

Dorothy Bradshaigh, wie die Briefeschreiberin hieß, stammte aus dem Landadel, war um die vierzig und eine keineswegs untypische Leserin ihrer Zeit. Sie war mit freien Stunden gesegnet und verwendete unendlich viele davon auf Lektüre, die stets von großen Emotionen begleitet war. Der Roman und

*Die Romane des 18. lebten im 19. Jahrhundert fort, ebenso die seiner-*
*zeit festgelegten Geschlechtscharaktere, wie dieser Kupferstich zeigt.*
*Er entstand annähernd neunzig Jahre nach dem Erscheinen von*
*Richardsons Roman, nach einem Gemälde von Charles Landseer*
*(1799–1879). Für seine Darstellung Clarissas hat er den Moment*
*gewählt, in dem die von Lovelace vergewaltigte Frau von dessen*
*Freund John Belford im Gefängnis entdeckt wird, wo man sie wegen*
*Geldschulden festhält. Auf dem Pult, vor dem sie auf einem Kissen*
*ins Gebet versunken kniet, liegt die aufgeschlagene Bibel, dahinter*
*Papier und Feder, um Briefe zu schreiben.*

die zahllosen Briefe, die sie Richardson schrieb, müssen ihre Hauptbeschäftigung für Wochen, ja, Monate gewesen sein. Der Briefwechsel von Autor und Leserin liest sich wie ein eigener Briefroman. Lesen und Leben wurden hier beinahe deckungsgleich. Solange die Lektüre sich hinzog, lebte die Leserin mit den Figuren des Romans förmlich zusammen. Deren Innenleben mag ihr in vieler Hinsicht vertrauter gewesen sein als das der Menschen in ihrer unmittelbaren Umgebung. Auch heute begleitet das Personal der Telenovelas und Soap-Operas die Zuschauer manchmal über Jahre hinweg, mit dem Effekt, dass ihnen die »Fernsehfreunde« zumindest nicht weniger wirklich erscheinen als ihre »richtigen« Freunde. In seinen Antwortschreiben versuchte Richardson, der mitfühlenden und häufig verstörten Leserin von *Clarissa* begreiflich zu machen, dass ihre Feinfühligkeit keine Schwäche darstellte, sondern ein Zeichen von wahrer Menschlichkeit war: die beste Voraussetzung nicht nur fürs Lesen, sondern auch fürs Schreiben von Romanen und nicht zuletzt für eine bewusste Lebensführung.

Gegen Ende seines Lebens bat Samuel Richardson seine Brieffreundin Lady Bradshaigh um ihre Exemplare von *Pamela* und *Clarissa*. Die passionierte Leserin seiner Bücher hatte ihre Ausgabe der *Clarissa* mit Hunderten Randbemerkungen versehen. Der Autor wollte sie für eine Neuausgabe auswerten und auf diese Weise von den spontanen Reaktionen seiner fleißigsten Leserin profitieren; seine eigenen Anmerkungen zu ihren Hinweisen und Einwänden sind so ausführlich, dass die Druckseiten manchmal von ihrer beider Handschriften wie eingerahmt erscheinen. Die dritte Auflage von *Clarissa* zeigte dann in der Tat, dass ihn manche Einwände Lady Bradshaighs überzeugt hatten. Ihr Beharren darauf, dass der Roman ein glückliches Ende nehmen sollte, fand in seinen Augen aber auch jetzt noch keine Gnade. Lady Bradshaigh wollte der nach damaligen Maßstäben entehrten Frau wenigstens im Roman zu einem guten Leben verhelfen – durch die Adoption eines Kindes. Richardson hingegen hielt an seiner Meinung fest, dass es, einmal vom Weg abgekommen, kein Zurück mehr gab.

Der Konflikt des Autors und seiner engagierten Leserin schlug sich auch in der Widmung der von ihr benutzten Ausgabe des Romans nieder. Richardson hatte sie Lady Bradshaigh geschenkt und auf dem Vorsatzblatt aller sieben Bände in blasser Handschrift vermerkt: »From the Author«. Dorothy Bradshaigh aber überschrieb die ohnehin schwer lesbare Widmung alle sieben Male mit ihrem Besitzervermerk: »Do. Bradshaigh«. Wenigstens auf diese Weise wollte sie das Buch zu ihrem geistigen Eigentum machen.

Die Leserinnen des 18. Jahrhunderts waren keineswegs die passiven Rezipientinnen, für die sie viele Männer hielten – jene gefährdete Spezies, die der Aufsicht und Bevormundung bedurfte, um nicht Opfer der Lektüre und der dadurch ausgelösten Wünsche und Phantasien zu werden. Die Intensität und Emotionalität, mit denen die Frauen seinerzeit insbesondere Romane lasen, hatten damit zu tun, dass sie das einzige Medium waren, in dem die sie unmittelbar angehenden Lebensfragen zur Sprache kamen. Die Romane waren Liebes- und Leidenschaftsversprechen, und natürlich liegt es aus heutiger Sicht nahe, sie für diese Einseitigkeit zu kritisieren und ihre Behauptung, dass es im Leben auf die große Liebe und auf sonst nichts ankomme, als Ideologie zu entlarven. Doch das ist eine retrospektive Betrachtung, aus dem Abstand von über zwei Jahrhunderten und durch die Brille der vielen Theorien, von der Psychoanalyse bis hin zu den Gender Studies, die in der Zwischenzeit formuliert wurden. Für die damals lebenden Frauen hingegen waren die Romane ein so befreiendes wie unersetzliches Medium der Selbstverständigung: Hier kamen ihre Gefühlsregungen und Herzensanliegen, ihre Art zu empfinden und zu denken zur Sprache, und die Leserinnen machten sich diese Sprache zu eigen: ein erster Aufbruch hin zu Selbstbewusstsein und Emanzipation. Viele Übersetzungen des 18. Jahrhunderts gehen auf Leserinnen zurück, die auf Romane stießen, die sie auch anderen Leserinnen zugänglich machen wollten.

Ein Jahr nach Bernhard von Hohorsts Besuch beim großen Richardson fasst auch Meta Klopstock sich ein Herz und schreibt dem verehrten Schriftsteller einen Brief – den ersten, den sie je auf Englisch verfasst hat. Schon als sie seine *Clarissa* (»oh! the heavenly book!«) ausgelesen habe, habe sie ihm schreiben und ihn um die Geschichte einer männlichen Clarissa – sprich eines empfindsamen jungen Mannes – bitten wollen, aber sich nicht getraut. Mit der *Geschichte des Sir Charles Grandison* habe Richardson diesen Roman auch ohne ihr Zutun geschrieben, und inzwischen bringe sie den nötigen Mut auf, ihm zu schreiben: »Mag sein, weil ich heute Klopstocks Frau bin …, damals aber war ich nur eine alleinstehende junge Frau.« Und Richardson antwortet ihr nicht nur, sondern bittet sie sogar um eine kurze Schilderung ihrer Bindungen, ihrer Beschäftigungen, ihrer Verwandtschaft. Woraufhin ihm Meta Klopstock zwei Tage vor ihrem dreißigsten Geburtstag in schwärmerischen Worten die Geschichte ihrer Liebe zu Klopstock erzählt. »Sie wollten wissen, was mich betrifft? Liebe, mein Herr, die Liebe ist alles, was mich betrifft!« In einer glücklichen Nacht habe sie den *Messias* gelesen. »Es ergriff mich. Am nächsten Tag fragte ich einen seiner Freunde, wer ist der Autor dieses Gedichts? Und es war das erste Mal, dass ich Klopstocks Namen hörte. Ich glaube, ich liebte ihn sofort.« Eine eheliche Verbindung der unabhängigen und vermögenden Kaufmannstochter mit einem gleichermaßen vermögenden Kaufmannssohn hätte mehr als nahegelegen. Meta aber wollte einen Dichter – eine männliche Clarissa! Und sie eroberte Klopstock, den deutschen Starautor aller empfindsamen Leserinnen, der sie in Anlehnung an Clarissa zärtlich »Clärchen« nannte. Nicht nur der *Messias*, das Werk Klopstocks, sondern auch die Romane Richardsons hatten ihre Ehe gestiftet.

Man erkennt an solchen Details noch einmal, wie Romane damals gelesen wurden: nicht als literarische Kunstwerke, sondern als Botschaften aus dem Leben an das Leben, im Fokus die Leidenschaft. Der riesige Erfolg Richardsons erklärt sich daraus, dass er dieser Lesehaltung wie kein anderer zeitgenössischer Autor entgegenkam, ja, sie geradezu heraufbeschwor. Ein Briefroman besteht aus einer Folge von Briefen. Jeder einzelne ist ein dramatischer Situationsbericht, gänzlich abgestellt auf die Perspektive dessen, der gerade schreibt. Die Handlung addiert sich aus diesen Augenblicksäußerungen. Das ist wie im richtigen Leben, wo wir auch nicht wissen, wie es weitergeht, und es keinen allwissenden Erzähler gibt. Diese Technik oder besser Kunstlosigkeit ruft den Eindruck des Dramatischen in Richardsons Romanen hervor. Selbst auf den heutigen Leser bleibt sie nicht ohne Wirkung.

Indem der Roman sich der verbreiteten und beliebten Form des brieflichen Austauschs bediente, verwandelte er sich all jene Eigenschaften an, die als Merkmale einer verfeinerten Briefkultur galten: eine zuvor unbekannte Feinheit der Analyse von Gefühlsregungen, eine Genauigkeit der Beobachtung und innige Vertrautheit mit allen sozialen Abstufungen und, am Wesentlichsten, die intime Bekanntschaft mit den Leidenschaften des Herzens. Mit dem Briefroman wurde die Kunst des Romans die Kunst der Nuance. Die zeitgenössischen Leserinnen und Leser dürften die Briefe der Romanhelden kaum anders als die in den eigenen Kreisen zirkulierenden Freundschafts- und Liebesbriefe gelesen haben. Einen Roman aufzuschlagen bedeutete gewissermaßen, eine geheimnisvolle Schachtel mit unbekannten Briefen zu öffnen, die von einer oder von mehreren Personen geschrieben waren. Je mehr Absender, umso komplexer war das Geschehen, umso perspektivenreicher die Darstellung und umso größer auch die Romankunst des Autors. Wie von Geisterhand waren die Briefe in der Schachtel bereits in die richtige Reihenfolge gebracht. Und indem man sie nacheinander las, erhielt man auf unwiderstehliche Weise Einblick in Gefühle und Motive, die jeden Einzelnen von uns umtreiben und auf diese Weise die Geschichten hervorbringen, die wir dann später als unsere eigenen Lebensgeschichten begreifen lernen.

*In Goethes* Die Leiden des jungen Werthers *wird
wenig geliebt, dafür viel gelesen. Zum Auftakt reicht
ein Dichtername aus dem Munde einer Frau, um eine
verwirrende Leidenschaft in Gang zu setzen. Später
kommt es zu regelrechten Leseexzessen, die in sich
vereinigenden Tränenströmen, theatralischen Umarmungen und wilden Küssen gipfeln, aber auch den endgültigen Abschied von der Geliebten bedeuten. Am Schluss
liegt ein Buch in der Nähe eines Toten: das bürgerliche
Trauerspiel* Emilia Galotti *von Gotthold Ephraim
Lessing. Demonstrativ aufgeschlagen ist es an der
Stelle, wo der Vater seine Tochter auf deren Flehen hin
eigenhändig erdolcht.* Werthers Leiden *sind auch eine
Geschichte der Leselust und ihrer Verstrickungen.*

# 3

## WETZLAR, 1776

## *Der Werther-Effekt*

Die Stube ist eng, getünchte, bilderlose Wände, niedrige
Decke, solide, doch abgewohnte Möbel, eine hausbackene
Atmosphäre – bieder und ohne Reiz. Es ist morgens, die Frau
steckt noch im Nachtgewand. Der Mann stellt die Bassgeige,
auf der er gerade gespielt hat, zur Seite. Er ist ein im Dienst der
Stadt stehender Berufsmusiker, eher Handwerker als Künstler.

Unruhig geht der Mann in dem kleinen Zimmer auf und
ab. Er macht sich Sorgen um seine Tochter. Die Sache wird
ernst. Das Techtelmechtel mit dem Major bringt das Mädchen
ins Gerede und bedroht den guten Ruf der Familie. Sein Vater
scheint von der Sache Wind bekommen zu haben – kurz und
gut, er wird dem jungen Mann sein Haus verbieten müssen.

Die Sorge für das Wohl der Familie und dafür, dass hier
alles mit rechten Dingen zugeht, fällt in seine Verantwortung.
Er hätte die Tochter zur Rede stellen, den jungen Mann zum
Schweigen bringen – oder, besser noch, gleich alles dem
Herrn Papa erzählen sollen. Der junge Major wird mit einem
Rüffel davonkommen, und alles Unheil trifft den Bassgeiger.

Die Frau versucht, den Unmut des Mannes zu beschwich-
tigen: »Wer kann dir was anhaben?« Ist ihr Mann, der Musikus
Miller, nicht angesehen in der Stadt? Die Schüler jedenfalls
reißen sich um Stunden bei ihm. So auch der Major.

Der Mann wird deutlicher, redet sich in Rage, seine Sprache legt gewaltig an Derbheit zu. Was bitte soll bei dem Ver-

kehr der beiden miteinander herauskommen? Nehmen kann der junge Herr das Mädchen nicht, jedenfalls nicht zur Frau. Wer weiß, mit wie vielen er es zuvor getrieben hat. Vermutlich wird er seiner Tochter etwas anhängen, ihr womöglich ein Kind machen, und sie kriegt dann keinen anderen mehr ab oder findet gar Gefallen an der Sache und prostituiert sich auf Teufel komm raus. Schließlich sei das Mädchen attraktiv, schlank, gut gebaut. Den Männern sei doch egal, was die Weiber im Kopf haben, Hauptsache, sie haben einen geilen Arsch. Und wenn der junge, leichtsinnige Kerl erst Witterung aufnehme, gebe es kein Halten mehr – »ich verdenks ihm gar nicht. Mensch ist Mensch«. Das weiß er.

Die Mutter wagt einen Einwurf: Vergesse er denn ganz die hübschen Briefchen, die »der gnädige Herr« schreibt? Daran sehe man doch sonnenklar, dass es ihm nur um »die schöne Seele« zu tun sei.

Das weiß der Vater besser: »Wer einen Gruß an das liebe Fleisch zu bestellen hat, darf nur das gute Herz Boten gehen lassen.«

Doch die Frau gibt nicht auf. Später wird sie noch all die schönen, geldwerten Geschenke ins Feld führen, die der junge Herr gemacht hat, und sich daraufhin von ihrem Mann die Bezeichnung »infame Kupplerin« einhandeln. Doch erst einmal erwähnt sie die prächtigen Bücher, die der Herr Major immer mitbringt. »Deine Tochter betet auch immer daraus.«

Da pfeift der Stadtmusikant: »Betet!« Die Alte kapiert aber auch gar nichts. Dem vornehmen Herrn sei doch nur die einfache und direkte Sprache, die hier in der Familie nun mal gesprochen werde, zu vulgär und zu roh, um seine hochtrabenden Gefühle darin auszudrücken. Deshalb schleppe er Romane an, um sie künstlich aufzupeppen. Und das Mädel sei ganz wild auf das dumme, ganz und gar unwirkliche Zeug, das ihr Blut in Wallung bringe wie spanische Fliegen.

Oder, in der originalen Sprache des vierundzwanzigjährigen Friedrich Schiller aus der Eingangssequenz seines »bürgerlichen Trauerspiels« *Kabale und Liebe* aus dem Jahr 1784:

> *Die rohen Kraftbrühen der Natur sind ihro Gnaden zartem Makronenmagen noch zu hart. – Er muss sie erst in der höllischen Pestilenzküche der Bellatristen künstlich aufkochen lassen. Ins Feuer mit dem Quark. Da saugt mir das Mädel überhimmlische Alfanzereien ein, das läuft dann wie spanische Mucken ins Blut und wirft mir die Handvoll Christentum noch gar auseinander, die der Vater mit knapper Not so noch zusammenhielt. Ins Feuer sag ich.*

Da verliebt sich ein gerade zwanzigjähriger Mann in ein sechzehnjähriges Mädchen und wirbt um sie, indem er ihr jene Bücher zu lesen gibt, die ihm sagen, was er fühlt. Statt ihr geradeheraus seine Liebe zu erklären, teilt er ihr seine Empfindungen auf einem Umweg mit, der jedoch direkt zu ihrem Herzen führen soll – vielleicht nachdrücklicher, als er es mit eigenen Worten vermöchte. Und sie erkennt über der Lektüre seine Gefühle als die ihren wieder und beginnt seine Liebe zu erwidern.

Aus adligem, wohlhabendem Haus, kann sich der junge Mann die teuren Neuerscheinungen leisten, die in den letzten Jahren aufgrund der regen Nachfrage und trotz des sich rasch vermehrenden Angebots stark im Preis gestiegen sind. Sie hingegen, ohne eigenes Geld, ist bislang nicht mit belletristischen Werken in Berührung gekommen. Zu Hause gibt es außer der Bibel nur eine Handvoll vom vielen Gebrauch zerfledderter Gebet- und Predigtbücher mit Erbauungstexten – und natürlich die Noten für den Vater. Kein Wunder, dass die Mutter meint, die prächtigen Bände seien zum Beten da; dass man Bücher auch mit klopfendem Herzen lesen, ja, sie verschlingen kann, entzieht sich ihrer Kenntnis.

Anders die Tochter, seitdem sie Ferdinand kennt. Wenn Luise in Schillers Drama ihren ersten Auftritt hat, heißt es ausdrücklich, dass sie ein Buch unter dem Arm trägt. Und obwohl sie gerade aus der Kirche nach Hause kommt, handelt es sich offenkundig nicht um ein Gesangbuch, sondern um einen von Ferdinands Romanen. Wie wir aus Lebenszeugnissen der damaligen Zeit wissen, war es unter jungen Leuten eine verbreitete Angewohnheit, während des Gottesdienstes unter der Kirchenbank Romane zu lesen, die höchst profan und in den Augen der Kirche schändlich waren. Nicht selten dienten Gesangbücher oder die Bibel auch dazu, die Romanlektüre vor den Augen der anderen, seien es nun Eltern oder Lehrer, zu verbergen. Bevor sie ihrem Vater einen »Guten Morgen« wünscht, legt Luise jedenfalls das Buch nieder, als handelte es sich um eine Waffe. Für den Vater liegt in dem »gottlosen Lesen«, wie er es nennt, neben der Beziehung zu Ferdinand die ganze Bedrohung, die er von seiner Tochter abwenden will – vergebens, wie ihm von Anfang an schwant. Daher seine Wut.

Der Musikus Miller gehört zu jenen Vätern, die sich den Verlust der töchterlichen Unschuld nur als Werk der Verführung vorstellen können. In seinem schlichten Weltbild hat der Gedanke keinen Platz, dass Unschuld und Naivität nicht etwas sind, deren Bewahrung sich um jeden Preis lohnt – etwa um den, nie geliebt zu haben, was besonders damals, in Zeiten der Konvenienzehe, etwas anderes war, als verheiratet zu sein. Auffällig oft treffen wir in der Literatur des 18. Jahrhunderts auf unschuldige Mädchenfiguren, die den Machenschaften rücksichtsloser Verführer zum Opfer fallen oder sich auf ihre Weise dagegen zu behaupten wissen. Bis Anfang des 18. Jahrhunderts galten in der Regel die Frauen als das lustvollere Geschlecht: Eva verführt Adam. Nun dreht sich dieses Verhältnis um: Unwissenheit in sexuellen Dingen und Passivität erfahren bei Frauen zunehmend höhere Wertschätzung, auch seitens der Frauen selbst. Der Mann hingegen mit seinem angeblich ausgeprägteren Sexualtrieb schlüpft in die Rolle des Verführers und gefällt sich auch darin. Reste dieser Einstellung halten sich bis heute.

Lektüre, so meinte man, spielte bei der Bedrohung der weiblichen Unschuld eine entscheidende Rolle; nicht erst der konkrete Liebhaber, sondern bereits die von der Liebe handelnden Romane würden das süße Gift der Lust in die Mädchenherzen träufeln. Der realen Verführung geht die Verführung der Einbildungskraft voraus, oder, wie in diesem Fall, mit ihr Hand in Hand. Mit der Eingangsszene seines Schauspiels hat Schiller diesem Klischee, das insbesondere Theologen und Pädagogen im Mund führten, dramatische Wucht verliehen und es zugleich als Argument der autoritären Vaterwelt entlarvt, unter der keineswegs nur die Söhne zu leiden hatten.

Für diesen Zusammenhang steht das Bild der »spanischen Mucken«, von denen Luises Vater sagt, dass sie das Blut in Wallung bringen – so wie auch die »Alfanzereien«, die Schwindeleien der Romane. Bei den »Mucken« (von französisch *mouche*, Fliege) handelte es sich eigentlich um geflügelte Käfer, denen im getrockneten und zermahlenen Zustand potenzsteigernde Wirkung nachgesagt wurde. »Spanische Mucken« hießen seinerzeit auch die bei Hofe gebräuchlichen, insbesondere von Damen verwendeten Schönheitspflästerchen; sie waren mit dem Reizgift getränkt und wurden gegen Warzen eingesetzt, sollten darüber hinaus aber eine erotisierende Wirkung ausüben. Schon eine geringe Überdosierung ließ aus dem Lustgift indessen eine tödliche Waffe werden; dementsprechend kam es auch bei Hinrichtungen und Meuchelmorden zum Einsatz. Die väterliche Wutrede hat ihren Höhepunkt also in einem Bild, das Liebe und Tod in Verbindung bringt – eine Vorausdeutung auf das tragische Ende der in *Kabale und Liebe* erzählten Liebesgeschichte, das mit Gift herbeigeführt wird, aufgelöst in Limonade. Die Limonade zubereiten wird Luise, Ferdinand anschließend ohne ihr Wissen Gift beimischen; denn er glaubt sich von seiner Geliebten betrogen. Dabei ist Luise das Opfer einer Kabale, einer Intrige, geworden, die der »Romankopf« Ferdinand, wie ihn sein Vater nennt, nur nicht durchschaut.

Nun würde man natürlich gerne wissen, was das denn für Romane waren, mit denen Ferdinand Luises Herz gewonnen und denen ihr Vater von Anfang an eine gefährliche Wirkung zugetraut hat. Das Stück sagt darüber nichts. Immerhin wissen wir von Schiller selbst, dass er sich »in dem entscheidenden Alter von 14 bis 24 ausschließlich nur aus modernen Quellen genährt« hat. Die griechische und lateinische Literatur hingegen wurde von ihm stark vernachlässigt, wenn nicht gänzlich ignoriert. Das war zu dieser Zeit, zumindest für Männer, durchaus nicht üblich und verstieß gegen alle Lektüreempfehlungen, die auf so etwas wie einen Bildungskanon abstellten. Lediglich Frauen war das Bekenntnis gestattet, alles zu lesen, was ihnen unter die Finger kam. Während sich das männliche Leseverhalten an traditionellen Mustern orientierte, die sich seit der Renaissance kaum verändert hatten, gab es für Frauen solche Vorgaben schlichtweg nicht. Sie waren bei der Wahl ihrer

Lektüre darauf angewiesen, was sie aufschnappten – die Tipps
von Freundinnen oder etwa die Geschenke eines Liebhabers.

Schiller war auch hierin ein durch und durch moderner
Autor, dass er seine Anregungen in erster Linie aus der Gegenwartsliteratur schöpfte. Dazu zählte ebenfalls ein Roman, dessen Gedankenwelt und Sprache nicht nur ihn selbst, sondern
die gesamte Literatur der Zeit nachhaltig geprägt hat. Mit
Sicherheit gehörte er zu Ferdinands Lieblingsbüchern, die
dann auch Luise las: *Die Leiden des jungen Werthers* von Schillers
späterem Freund Johann Wolfgang von Goethe.

Heute genügt ein Aufruf im Internet, um spontane Treffen
aus welchem Anlass auch immer zu organisieren. Im Jahr 1776
war das weitaus schwieriger, erforderte mehr Aufwand und
persönliche Kontakte. Dafür war die Zahl der infrage kommenden Beteiligten aber auch überschaubarer, die Einwoh-
nerschaft eines Ortes oder einer Stadt wesentlich geringer.

Doch eins nach dem anderen: Die freie Reichsstadt Wetzlar hatte vor rund zweihundertfünfzig Jahren gut fünftau-
send Einwohner, wovon allein neunhundert sich wegen des
dort ansässigen Reichskammergerichts in der Stadt aufhielten.
Zeitweise kamen noch einige Hundert hinzu, da die schlep-
pende Arbeit der Behörde und Korruptionsgerüchte zur
Anordnung einer »Visitation« geführt hatten – heute würden
wir von einer Evaluation sprechen. Die Stadt war also voll
von Leuten, die dort ihre Zelte nur für eine befristete Zeit
aufgeschlagen hatten. Das trug zu einer lockeren Lebensart
bei, die »freier und angenehmer« war »als in dem übrigen
Deutschland«. So berichtet es jedenfalls August Siegfried von
Goué, ein Freimaurer und Schriftsteller, der nichts anbrennen
ließ. Alles atme Liebe. Man bekomme Weiber und Mädchen

zu Gesicht, ohne dass gleich die dazugehörigen Männer oder Eltern aufkreuzten. Auch sei erstaunlich, wie man hier die Liebe bezeichne. Wo man andernorts davon spreche, einer Dame den Hof zu machen, sage man hier, den Knopf machen. »Ein Liebhaber wird also ein Knopfmacher genannt.«

Womit wir bei Goethe wären, der im Mai 1772 Quartier in Wetzlar bezog, vorgeblich um als Praktikant am Reichskammergericht einen weiteren Teil des väterlichen Ausbildungsplanes zu absolvieren. In Wirklichkeit war er dort vor allem als »Knopfmacher« unterwegs und schuf sich so die Voraussetzungen dafür, den *Werther* schreiben zu können. Bekanntlich verliebte sich Goethe, kaum einen Monat in Wetzlar, während eines bis zum Morgengrauen währenden Festes in die achtzehnjährige Charlotte Buff, die allerdings, wie er erfahren musste, bereits ein heimliches Verlöbnis mit Johann Christian Kestner eingegangen war. Kestner war Anfang dreißig, acht Jahre älter als Goethe und das, was man einen gefestigten Charakter nennt. Die sich anbahnende Ménage à trois führte zu allerlei Verwicklungen und schließlich zur unangekündigten Abreise Goethes aus Wetzlar nach einem Aufenthalt von gerade einmal vier Monaten. Er hinterließ zwei wehmütige Abschiedsbriefe, den einen an Kestner, den anderen an Lotte.

Damit Goethe den *Werther* schreiben konnte, musste aber noch ein weiteres, entscheidendes Ereignis hinzukommen. Am 30. Oktober nahm sich eine flüchtige Bekanntschaft von ihm wie von Kestner, der fünfundzwanzigjährige Jurist Karl Wilhelm Jerusalem, das Leben, ausgerechnet mit zwei Pistolen, die er sich von Kestner geliehen hatte, und wohl aus einem ähnlichen Grund wie dem, der zu Goethes vorzeitiger Abreise geführt hatte, nämlich der mehr oder weniger unerwidert gebliebenen Liebe zu einer bereits vergebenen Frau.

Als Goethe sich im November noch einmal für einige Tage im engen Kontakt mit Kestner und Lotte in Wetzlar aufhielt, dürfte der Suizid Jerusalems das beherrschende Thema nicht nur ihrer Gespräche gewesen sein. Wohl auch um sich zu entlasten, fertigte Kestner einen ausführlichen schriftlichen Bericht über die Vorgeschichte und den Hergang von Jerusalems Selbstmord an, aus dem Goethe später etliche Einzelheiten und ganze Wendungen in seinen Roman übernahm. So ist die sogenannte Werther-Uniform – blauer Rock mit gelber Weste –, die damals große Mode wurde und die sogar Goethe selbst 1775 auf seiner Reise in die Schweiz wie auch in Weimar getragen haben soll, aus dem Bericht Kestners über den toten, so gekleideten und in einer Blutlache liegenden Jerusalem in den Roman gelangt. Die Pistolen, mit denen sich Jerusalem aus dem Leben schoss und um die er Kestner in einem Briefchen ersucht hatte, woraufhin der sie ihm durch einen Bediensteten schicken ließ, gehen in Goethes Roman hingegen noch durch die Hände der Geliebten. So schon in dem einzigen der Nachwelt überlieferten, nicht näher datierbaren Entwurf Goethes zum *Werther*, der seine Keimzelle darstellen dürfte: »Sie sind durch ihre Hände gegangen, sie hat den Staub davon geputzt, ich küsse sie tausendmal, sie hat euch berührt … Und sie reicht dir das Werkzeug, Sie, von deren Händen ich den Tod zu empfangen wünschte und ach nun empfange.«

Als *Die Leiden des jungen Werthers* dann fast zwei Jahre später erschien und binnen kurzem ein überwältigender Publikumserfolg wurde, lag es natürlich insbesondere in Wetzlar nahe, den Text als Schlüsselroman zu lesen. »Es ist ein Spektakel mit dem Buch«, schreibt Hans Buff, einer von Charlottes jüngeren Brüdern, an seinen Schwager: »Zwei Exemplare sind hier in

der ganzen Stadt und jedermann will es lesen! Einer stiehlt
es dem andern, so gut er kann. Gestern Abend lasen der Papa,
Caroline, Lene, Wilhelm und ich in einem Exemplar, welches
wir uneingebunden von Gießen hatten; jedes Blatt ging durch
fünf Hände.« Andere berichten über Ströme von Tränen, die
bei der Lektüre flossen. Ein Leser wundert sich, »wie das
Ding durch Leib und Leben geht, in jeder Ader zuckt«. Auch
Männer lesen das Buch einander vor. Von dem Schriftsteller
Wilhelm Heinse ist bezeugt, dass er nach der Lektüre umher-
schwankte »wie ein Rohr, in einer so wahrhaften Entäußerung
seiner selbst, dass es einen jammerte«. Nicht wenige lesen
das Buch gleich mehrere Male hintereinander weg. Auguste
Stolberg verschlingt es eigener Aussage nach so häufig, dass
sie »ihren« *Werther* bald auswendig weiß. Im *Magazin der deutschen Kritik* wurde 1775, ein Jahr nach Erscheinen, anonym
eine Schilderung veröffentlicht, die den Vorgang der *Werther*-
Lektüre beinahe unmissverständlich mit einem imaginären
Geschlechtsverkehr bis hin zum Orgasmus gleichsetzt: »bis
vom Nektartaumel Himmel und Erde schwankten«.

Goethe hatte Jerusalems Geschichte, und das meinte ganz
konkret Kestners Bericht über seine letzten Tage und seinen
Tod, die eigenen Empfindungen geliehen, wie er das selbst
ausdrückte, und daraus ein wunderbares Ganzes gemacht. Dass
die inzwischen verehelichten Kestners darüber alles andere
als amüsiert waren, ist nur zu begreiflich, insbesondere weil
Werthers Briefe den Verlobten Lottes als »elendes Geschöpf«
erscheinen lassen, wie Kestner sich gegenüber Goethe völlig
zu Recht mokierte: »Musstet Ihr ihn zu so einem Klotze
machen?« Und er hat auch direkt eine Erklärung parat, wozu
das dient: Der Verlobte des Mädchens wird abgewertet, damit
im Kontrast desto mehr Glanz auf den Liebhaber fallen kann.

Für die nicht direkt Betroffenen hingegen verschmolzen das vom Hörensagen bekannte Ereignis von Jerusalems Selbstmord, das Gerücht über einen wahren Kern der im *Werther* erzählten Liebesgeschichte und die Fiktion des Briefromans zu einem Amalgam von Literatur und Leben, wie es die Welt bislang nicht gekannt hatte. Niemand wusste etwas Genaues, aber alle Welt redete davon. Und es verwundert nicht, dass das zu Verwechslungen führte: Jerusalem, so hieß es etwa, habe sich aus Liebe zur Tochter des Amtsmanns Buff, also zu Charlotte, getötet; andererseits galt seine letzte Ruhestätte auf dem Wetzlarer Friedhof fortan als Werthers Grab. Besucherinnen der Stadt ließen sich auf das kleine Zimmer führen, in dem Jerusalem seinem Leben ein Ende bereitet hatte, und erkundigten sich nach dem Haus, in dem Lotte gewohnt hatte. Es dauerte nicht lange, da setzten förmliche Prozessionen zu »Werthers Grab« ein, die stark rituelles Gepräge aufwiesen.

So verabredeten sich im Frühling 1776, eineinhalb Jahre nach dem Erscheinen des Romans, Wetzlarer Bürger und Besucher der Stadt, unter ihnen auch einige Literaturtouristen, zu einer Feier für das unglückliche Opfer der Empfindsamkeit und der Liebe. Wie Friedrich Christian Laukhard, der Chronist dieses Geschehens, ausdrücklich vermerkt, handelte es sich dabei nicht etwa um lauter junge Bengel, wunderliche Narren und andere Gecken, um verträumte Backfische, rotäugige Cousinchen und vierzigjährige Tanten, sondern um »Männer von hoher Würde und Damen von Stand«. Man traf sich bei einbrechender Dämmerung und begann die Feier mit einer öffentlichen Lesung aus Goethes Roman. Teile der Zuhörerschaft stießen immer wieder tiefe Seufzer aus, ihre Gesichter glühten, viele schluchzten in einem fort. Einige Male unterbrochen wurde die Lesung durch Lieder und Gesänge, die alle

gemeinsam anstimmten. Darunter war ein »Dank für Werthers
Leiden«, der das Büchlein als Seelenarzt feierte und dessen
unfreiwillig komische Zeilen einige zum Lachen brachten:

> *Genommen hab' ich die Balsamtropfen*
> *Sie schmeckten so süß; doch – halfen sie nicht;*
> *Denn ach! Bei Liebeskranken ist Hopfen*
> *Und Malz verloren – durch ein Gesicht!*

Ein anderes Lied wendete sich direkt an Lotte und sollte ihr
wohl zur Tröstung dienen. Hatte sie doch ihren Geliebten
verloren, einerlei, ob es sich nun um Jerusalem oder Werther
handelte – und nach dessen Tod hatte ihr Verlobter endlich
ein Einsehen bewiesen und sie freigegeben:

> *Weine nicht! – ich habe sie gefunden,*
> *Diese Ruhe, nach dem langen Streit,*
> *Und geheilet hat der Tod die Wunden*
> *Und geleitet mich zur Seligkeit.*

Kurz vor Mitternacht formierten sich die Anwesenden zu
einer Prozession und setzten sich Richtung Friedhof in Bewegung. Jeder Beteiligte trug ein Wachslicht, alle waren schwarz
gekleidet und hatten ihr Gesicht hinter einem Trauerflor verborgen. Wer zu dieser späten Stunde dem Zug auf der Straße
begegnete, musste ihn wohl für eine Prozession höllischer
Geister halten und schlug das Kreuzeichen. Als endlich alle
auf dem Kirchhof angekommen waren, bildete man einen
Kreis um das Grab und stimmte die Werther-Hymne des Frei-
herrn von Reitzenstein an, die »Lotte bei Werthers Grab«
überschrieben ist, alle aber nur nach ihrem ersten Vers nannten:

*Ausgelitten hast du – ausgerungen*
*Armer Jüngling! Deinen Todesstreit;*
*Abgeblutet die Beleidigungen*
*Und gebüßt für deine Zärtlichkeit.*

Nachdem die vielen Strophen des Liedes samt den neuesten
Zusatzstrophen bewältigt waren, ergriff ein Redner das Wort,
hielt eine Lobrede auf den Verblichenen und bewies beiläufig,
dass der Selbstmord – aus Liebe, versteht sich – entgegen
anderslautenden Glaubenssätzen erlaubt sei. Hierauf wurden
Blumen auf das Grab geworfen, noch einmal wurden tiefe
Seufzer laut, und danach wanderten die Versammelten in die

*Darstellungen von Lotte an Werthers Grab waren seinerzeit über die*
*Grenzen Deutschlands hinaus als Wandschmuck sehr beliebt. Ein*
*Schattenriss mit diesem Motiv hängt noch 1789 in der Marburger*
*Wohnung der verwitweten Caroline Böhmer, spätere Schlegel und*
*Schelling. Hier eine englische Version des Motivs aus dem Jahr 1783.*

Stadt zurück, »mit einem Schnupfen – im Herzen«, wie Laukhard ironisch anmerkt. Die nächtliche Feier wurde einige
Tage später wiederholt; als aber der Magistrat der Stadt sehr
deutlich ankündigte, im abermaligen Wiederholungsfall tätlich
einzuschreiten, unterblieb die Fortsetzung.

»Und all die Torheit hat das sonst in seiner Art meisterhafte
Büchlein des Herrn von Goethe verursacht«, schließt Laukhard seinen Bericht und spricht, ohne es zu ahnen, dem Dichter aus dem Herzen, dem angesichts des unmittelbar nach
der Veröffentlichung einsetzenden »Werther-Fiebers«, wie
die Zeitgenossen das nannten, das eigene Produkt zusehends
unheimlich wurde. *Werther* war Kultlektüre, nicht die erste
in der Geschichte des Lesens, aber doch eine, die Wellen bislang unbekannter Höhe und Intensität schlug, sozusagen ein
Tsunami der Gefühle.

Werthers Welt ist eine Ansammlung von Anschauungen,
Stimmungen und Befindlichkeiten, die den Lesern des Buches
zum Großteil bekannt waren. Die große Kunst von Goethe
bestand darin, sie zu einer Liebesgeschichte verarbeitet zu haben,
die so authentisch und frisch daherkam, dass sie sich las, als
wäre das alles, was man doch längst fühlte und wusste, eine
Eingebung des Augenblicks. Zu diesem Zweck wandte Goethe
einen Kunstgriff an, den er sich bei Rousseau, aber auch bei
Richardson abgeschaut hatte: Er verdichtete das Seelendrama
seines Helden in unvergesslichen Szenen und Bildern: die Brot
schneidende, sich mütterlich um ihre Geschwister sorgende
Lotte; das mitternächtliche Gewitter nach dem Ball, wenn
Werther und Lotte ans Fenster treten, sie ihre Hand auf die sei-
nige legt und nur einen Namen sagt: »Klopstock!«; die Lektüre
auf dem Sofa, das Buch zu Boden geglitten, wenn der kniende

Werther Lotte mit Umarmungen und Küssen bestürmt, während sie den rechten Arm mit dem Tuch in der Hand emporreißt, halb Hilfe erflehend, halb sich der Lust ergebend; schließlich der sterbende Werther, in voller Montur im Bett liegend, den Kopf verbunden, um ihn herum lauter Männer: Albert, der Arzt, der Amtmann, an der Wand Lottes Schattenriss, auf dem Pult Buch und Brief, auf dem Boden Pistole und Blutlache.

Die größte Aufmerksamkeit zog ein Phänomen auf sich, das erst zweihundert Jahre später einen Namen bekam, dann aber gleich einen wissenschaftlichen: der sogenannte Werther-Effekt. Danach besteht ein ursächlicher Zusammenhang zwischen der Berichterstattung über einen Suizid und der Steigerung der Suizidfälle in der Bevölkerung. 1974, pünktlich zum zweihundertsten Geburtstag von Goethes Roman, wurde dieser Zusammenhang zum ersten Mal belegt. Der Soziologe David Philipps wertete dafür die Titelseiten der *New York Times* zwischen 1947 und 1967 aus. Sein Fazit: Je prominenter die Person war, über deren Selbsttötung berichtet wurde, desto höher die Zahl der Nachahmungstäter.

Nun war der *Werther* ein Roman, aber durch die allen Lesern bekannte Verarbeitung der Geschichte von Jerusalem war der Realitätsvorbehalt der Fiktion außer Kraft gesetzt. Das Suggestive des Briefromans verstärkte diesen Eindruck noch. Der Rat der Universitätsstadt Leipzig jedenfalls reagierte prompt: Er untersagte die Verbreitung von Goethes Buch mit der Begründung, es sei eine Empfehlung des Selbstmordes. Seitdem hält sich hartnäckig das Gerücht, der *Werther* habe eine regelrechte Selbstmordepidemie ausgelöst. Wirklich belegt sind jedoch gerade einmal ein knappes Dutzend Fälle, auf die das Etikett »Werther-Selbstmord« irgendwie passt, und das europaweit und in einem Zeitraum von annähernd sechs Jahrzehnten.

In der Regel beruhten die Fälle auf dem Hörensagen. Stieß man auf einen Selbstmörder in Werther-Tracht, schien der Fall klar zu sein. Einige kennzeichneten ihre Tat als Suizid in der Nachfolge von Goethes Helden, indem sie den Roman aufgeschlagen neben sich liegen ließen. Bei einer Nonne, die einen Selbstmordversuch beging, fand man *Werthers Leiden* im Einband ihres Gebetbuches versteckt. Der Jurist und Historiker Renatus Karl Freiherr von Senckenberg berichtete, der *Werther* sei »tägliches Lesebuch« der jungen Frau gewesen, die Nonne nur wider Willen war. »Zu stark durch die reizenden Schilderungen dieses Buches gerührt, fängt sie an, trotz aller Gelübde zu lieben. Aber die Unmöglichkeit, ihren Gegenstand zu besitzen, greift ihre Nerven zu sehr an. Sie fällt in ein hitziges Fieber und phantasiert nichts als Liebe und Werther.«

In der Tat war *Werther*-Lektüre reine Nervensache. Dieses Buch ging seinen Leserinnen und Lesern nicht nur unter die Haut, es traf sie im Glutkern ihrer Existenz. Darin war es repräsentativ für die viel gelesenen Romane der Zeit. Deren Leser und Leserinnen waren geradezu süchtig nach jenem Zustand der Übererregtheit, begleitet von fiebriger Unruhe, keuchendem Atem, Tränenergüssen, Schlaflosigkeit und schlussendlich einer gewissen Schlaffheit, den die damalige medizinische Literatur als Symptom einer überhitzten Einbildungskraft beschreibt. Aufgrund ihrer physiologischen oder nervlichen Konstitution sollten insbesondere Frauen für solche Exaltiertheiten anfällig sein.

Doch der *Werther* war mehr als ein Buch, das seine Leserinnen und Leser entflammte und in Hitze geraten ließ. Es war der erste Roman, der den Selbstmord, eine Todsünde, zu seinem zentralen Thema machte – und das, ohne ein Urteil über

Recht oder Unrecht, Moral oder Unmoral zu fällen, viel eher nach Art eines medizinischen Fallbeispiels. Im *Werther*, so der Autor selbst kurz und bündig, habe er »einen jungen Menschen« dargestellt, »der mit einer tiefen reinen Empfindung, und wahrer Penetration begabt, sich in schwärmende Träume verliert, sich durch Spekulation untergräbt, bis er zuletzt durch dazutretende unglückliche Leidenschaften, besonders eine endlose Liebe zerrüttet, sich eine Kugel vor den Kopf schießt«. (Penetration meinte seinerzeit nicht Geschlechtsverkehr, wozu es in dem Buch gar nicht kommt, sondern durchdringenden Verstand, Scharfsinn.)

Das trennte Goethes Romanerstling auch von Rousseaus Briefroman *Julie oder Die Neue Héloïse* – dem großen französischen Romanbestseller des 18. Jahrhunderts. Auch dort geht es um eine unmögliche Liebe. Allerdings erfolgt der Liebesverzicht erst, nachdem die beiden Liebenden, die blutjunge Julie und ihr Hauslehrer Saint-Preux, schon mindestens einmal das Bett geteilt haben. Als Julie standesgemäß Herrn de Wolmar heiratet, ist Saint-Preux dem Selbstmord nahe. Doch es kommt anders: Von seinem englischen Freund Milord Edouard lässt er sich zu einer mehrjährigen Reise in die französischen Kolonien überreden – und darin liegt, noch mehr als in der sexuellen Erfüllung, der entscheidende Unterschied zu Goethes Buch. Werthers Ende ist kein Ereignis, das auch hätte unterbleiben können, sondern die Grundidee des gesamten Romans, auf die das Geschehen vom ersten Satz an ausgerichtet ist und unerbittlich zuläuft. Das führte dazu, dass die christliche Orthodoxie Goethes Buch als »verfluchungswürdige Schrift« und »Pestgeschwür« denunzierte und auf diese Weise Vätern wie dem von Luise die nötige rhetorische Munition lieferte, um gegen die Vorlieben ihrer Kinder zu wettern.

Unter den Selbstmordfällen, die mit dem *Werther* in Verbindung gebracht werden, war die Zahl der Frauen signifikant hoch, obwohl der Held des Romans männlichen Geschlechts ist. Allerdings weist er viele Züge auf, die damals wie auch heute noch als typisch weiblich angesehen wurden: Feinfühligkeit, Empathie, Naturverbundenheit, Leselust, Schwärmerei. So lud er auch Leserinnen zur Identifikation ein, weil sie in ihm ihre eigenen Gefühle so plastisch dargestellt fanden. Selbst wenn viele Leserinnen und Leser des 18. Jahrhunderts keineswegs mehr ausschließlich die Bibel lasen, betrachteten sie weiterhin jedes Buch, gerade auch Romane, als handelte es sich um heilige Schriften. Sie hielten die Literatur für unbedingt wahr und erhofften sich von ihrer Lektüre Aufschluss darüber, wie sie ihr Leben einrichten und bewältigen sollten. Klappten sie das Buch schließlich zu, dann beseelt von dem Wunsch, so zu leben – so tugendhaft, so lebendig, so gefährlich – wie die »heiligen« Gestalten, von denen sie soeben gelesen hatten.

Dem jungen Goethe war dieses Leseverhalten an der eigenen Schwester Cornelia aufgefallen. Im Alter von fünfzehn Jahren schwärmte sie für die Romane von Richardson, insbesondere für *Die Geschichte des Sir Charles Grandison*. »Alles würde ich darum geben, um in einigen Jahren, wenn auch nur ein wenig, der hervorragenden Miss Byron zu gleichen ... Dieser Wunsch bewegt mich Tag und Nacht!«, hielt Cornelia, stellvertretend für die Mehrzahl der Leserinnen des Romans, in ihrem Tagebuch fest. Harriet Byron wird zu guter Letzt die Gemahlin von Charles Grandison, dem sensiblen Mann und einem Ausbund an Tugendhaftigkeit. Cornelia hat aber auch den Preis für diese Identifikation benannt: In dem Maße, wie sie sich an Esprit und Schönheit einer erdichteten Figur zu messen begann, wurde ihr die eigene Unzulänglichkeit als

Frau nur umso bewusster: »Sie nachahmen? Ich Närrin – kann ich das? Ich würde mich schon glücklich schätzen, wenn ich auch nur den zwanzigsten Teil vom Geist und der Schönheit dieser Dame besäße.« Cornelias früher Tod nach jahrelangen Depressionen hatte auch damit zu tun, dass sie einen Maßstab für ihr Leben entwickelt hatte, gegenüber dem sie ihr wirkliches Leben als Scheitern betrachtete.

1771, drei Jahre vor *Werthers Leiden,* war anonym ein deutscher Briefroman erschienen, als dessen Herausgeber zwar mit Christoph Martin Wieland ein renommierter Schriftsteller fungierte, dessen Verfasser, wie alle Welt bald wusste, aber in Wahrheit eine Frau war, eine literarische Debütantin fortgeschrittenen Alters: Marie Sophie von La Roche, eine Generation älter als Goethe, die Großmutter Bettina von Arnims und Clemens Brentanos. *Die Geschichte des Fräuleins von Sternheim* war wie gemacht für die Erwartung, in den Romanen eine Anleitung zum tugendhaften, zum besseren Leben zu finden, wie das Zeugnis von Karoline Flachsland belegt: »Mein ganzes Ideal von einem Frauenzimmer!«, schwärme sie ihrem Verlobten Johann Gottfried von Herder vor: »Sanft, zärtlich, wohltätig, stolz und tugendhaft. Und betrogen. Ich habe köstliche, herrliche Stunden beim Durchlesen gehabt.« Doch auch hier meldet sich das frustrierende Gefühl, dem herbeiphantasierten Frauenideal hoffnungslos unterlegen zu sein: »Ach, wie weit bin ich noch von meinem Ideal von mir selbst weg. Welche Berge stehn getürmt vor mir. Ach! Ach, ich werde im Staub und in der Asche bleiben.« Der kokette Ton der jungen Frau, die sich für den Verlobten als naive Seele zu inszenieren weiß, verrät uns jedoch, dass wir uns um ihr Heil keine Sorgen zu machen brauchen.

Die besonders unter jungen Frauen verbreitete Leseerwartung, in einem Roman Leitbilder fürs eigene Leben zu finden, blieb auch dann noch intakt, wenn Musterhaftigkeit und Orientierungswert eines Buches wie im Falle von Goethes Erstlingsroman äußerst fragwürdig waren. Das zeigt sehr gut die *Werther*-Lektüre der Freifrau Elisabeth von der Recke, von der an anderer Stelle bereits die Rede war. Im Alter von fünfzehn war sie 1771 mit dem siebzehn Jahre älteren Kammerherrn Baron von der Recke verheiratet worden, einem Landwirt und Liebhaber der Jagd, der die Rauheit seiner ehemaligen militärischen Umgangsformen auch im häuslichen Verkehr nicht ablegte. »Bei einer Frau taugt Folgsamkeit mehr als Verstand«, war seine Ansicht. Die empfindsame und seit ihrer Kindheit zur Schwermut neigende junge Frau führte an der Seite des gänzlich anders gearteten Gatten eine unglückliche Existenz. 1772 schreibt sie an eine Freundin: »Großmama sagt: ›Weiber werden durch Lesen zum Narren, die Bücher sind nur für Männer gemacht!‹ – recht als hätten wir keine Seele, als wären die Weiber nur ein Stück Fleisch!« Kein Wunder also, dass sie für den nur unwesentlich älteren Gymnasiallehrer David Hartmann zu schwärmen begann, als er ihr den Hof machte. Hartmann wurde von den Zeitgenossen »tiefdringendes Genie« zugesprochen; er soll ein Verehrer im *Werther*-Stil gewesen sein. Gemeinsam lasen die beiden jungen Menschen Goethes Roman. Dennoch widerstand sie der Versuchung, sich über Gebühr mit Lotte zu identifizieren und dem Drängen Hartmanns nachzugeben. Später tadelte sie an Goethes Frauengestalt, dass sie dem verliebten Werther zu stark entgegengekommen sei. Sie selbst jedenfalls entfernte den verliebten (und wohl auch geliebten) Vorleser rasch aus ihrer Nähe. Die Abneigung, die sie daraufhin gegen Lotte entwickelte, ging so weit, dass sie sich als Autorin den Vornamen Elisa zulegte, während ihr Rufname Charlotte war und sie ihre Briefe häufig mit Lotte unterzeichnet hatte.

Da Goethes Roman ihr keine moralisch akzeptable Lösung des Problems bot, lehnte sie ihn kategorisch ab. Entweder ein Roman taugte als Vorbild fürs Leben oder er taugte nichts, so wohl ihre Meinung.

Solange es sich um Romane wie *Pamela* oder auch Rousseaus *Julie oder Die Neue Héloïse* handelte, ließ sich die Erwartungshaltung, die Leserinnen wie Cornelia Goethe oder Elisa von der Recke an ein Buch hatten, unter Einhaltung moralischer Standards noch einigermaßen umsetzen. Zumindest boten die fiktiven Gestalten einen Orientierungsrahmen, wie zu leben sei. Im Fall der *Clarissa* stieß diese Vorstellung der Vermittlung von Lesen und Leben aber schon an ihre Grenzen: Sollte man, wenn einem derart Schlimmes wie ihr widerfahren war, sich tatsächlich ins Sterben schicken, um die Verfehlung abzubüßen? Oder war Clarissas Schicksal nicht vielmehr ein warnendes Beispiel, wie es einem erging, wenn man sich in Sachen Sittsamkeit nur die geringsten Konzessionen und Nachlässigkeiten erlaubte? Vollends in eine Krise geriet der Wunsch nach Orientierung mit Goethes *Werther*, und der Autor dürfte seine höhere Freude daran gehabt haben. Zwar gab es unzählige Versuche von Leserinnen und Lesern, mit der Provokation des Endes der Hauptfigur per Suizid irgendwie ein Auskommen zu finden. Sie liefen letztlich alle darauf hinaus, das Paar, das sich aus guten Gründen nicht gefunden hatte, in den Himmel zu heben. Doch irgendwie blieb dabei ein ungutes Gefühl zurück. In Wirklichkeit hatte Goethe einen Roman geschrieben, der dem Vorhaben, ihn als Lebensratgeber zu nutzen, beträchtlichen Widerstand leistete. Es war ein Roman, der sich frei machte von pädagogischen Ambitionen und als Kunstwerk Unabhängigkeit reklamierte. Auch in diesem Sinne war der *Werther* pure Rebellion.

Lässt sich die Biographie eines Menschen anhand seiner
Lieblingsbücher erzählen? So, dass wir nachvollziehen
können, wie er oder sie im Spiegel der Literatur das
eigene Ich ausbildet? Der Schriftsteller Graham Greene
hat den Moment, in dem ein Leser auf der Suche nach
seiner Identität auf ein Buch trifft, das ihm dafür entscheidende Hinweise gibt, einen »gefährlichen Augenblick« genannt. Die fragliche Biographie müsste sich
demnach aus lauter solchen gefährlichen Augenblicken
zusammensetzen. Wir machen die Probe an einer der
berühmtesten deutschen Frauen des 18. Jahrhunderts:
Caroline Schlegel-Schelling.

# 4

CLAUSTHAL, 1786

*Lesen, um zu leben: Caroline Schlegel-Schelling*

»Mamsell Michaelis ist – ein wenig wild.« Was steckt dahinter, wenn 1779 ein solcher Satz über eine Sechzehnjährige gesagt wird, noch betont durch den vielsagenden Gedankenstrich? Verbringt sie ihre Zeit mit Jungen, klettert sie auf Bäume und trägt am liebsten Hosen? Das alles kaum. Zwar werden Caroline Michaelis und ihre jüngere Schwester drei Jahre später dabei erwischt, als sie auf einem Spaziergang mit einem Studenten Rast in einem Heuschober machen, aber mit dem erotischen Techtelmechtel, das ihnen von einer so empörten wie schadenfrohen Göttinger Gesellschaft sofort angedichtet wird, ist es nicht weit her. Caroline, die älteste Tochter aus der zweiten Ehe des Göttinger Professors Johann David Michaelis, ist eine »wilde Hummel«, wie man seinerzeit sagte, weniger weil sie über die Stränge schlägt – das tut eher die besagte Schwester – als wegen ihres vorlauten Mundwerks und ihres frühreifen, an Arroganz grenzenden Gebarens, zumal in der Öffentlichkeit.

In einer Stadt wie Göttingen, in der trotz der renommierten, weit über die Grenzen Deutschlands hinaus bekannten Universität drei Viertel der Bevölkerung noch Analphabeten sind, sticht die brünette Caroline durch ihre Leselust und ihren Bildungseifer hervor. Anfangs erhält sie zu Hause Unterricht von einem Privatlehrer, einem Studenten der Theologie, später, vom elften bis zum vierzehnten Lebensjahr, besucht sie ein

Mädchenpensionat in Gotha. Sie spricht und schreibt fließend Englisch und Französisch, lernt Italienisch. Die damals modernen Klassiker wie Alexander Pope, David Hume, John Milton und Edward Young liest die Tochter des anglophilen Gelehrten im Original und exzerpiert sie auch fleißig; bald wird sie sich an Übersetzungen der Lustspiele Carlo Goldonis versuchen. Zudem ist sie eine begeisterte und begabte Vorleserin. Ihre warme Altstimme fesselt die Zuhörer. Laut der Schwester Luise liest sie zum Weinen schön. Die beinahe körperliche Erregung, die die Literatursprache auf sie ausübt, überträgt sich auf ihre Zuhörer. Neben den zeitgenössischen Romanen gilt ihre große Liebe dem Theater. Wenn eine Wanderbühne in dem »ganz erträglich eingerichteten« Göttinger Theater Station macht, sitzt Caroline, sooft es ihr möglich ist, im Publikum.

Mit der ein Jahr älteren Juliana von Studnitz unterhält sie einen Briefwechsel in einem gestelzten, nicht immer fehlerfreien, aber flüssigen Französisch. Häufig wiederkehrendes Thema ist der aktuelle Lektürestoff; schon früh erweist sich Caroline als eine kritische Leserin. Die ewige Leier trivialer Liebesromane, etwa der des viel gelesenen Johann Martin Miller − »Liebe unglücklich Liebende«, äfft sie seinen Stil nach −, stört sie schon mit fünfzehn sehr. Ihre Urteile sind niemals zimperlich, selbst wenn sie einmal, was selten genug vorkommt, rückhaltlos bewundert. Öfter flüchtet sie sich in Spott, wie er in der Enge einer Kleinstadt gedeiht, wo man sich die anderen auf Distanz halten muss, um die eigene Person zu entwickeln. Ihren Freundinnen, die meisten davon ebenfalls Göttinger Professorentöchter, sowie ihrer Schwester wirft Caroline immer wieder vor, sich in ihrem Fühlen und Trachten zu sehr an rührseligen Liebesromanen zu orientieren. Sie selbst glaubt sich hingegen frei von solchen Anwandlungen: »Fern von mir sei jede romanhafte Idee!« Das ist natürlich Selbsttäuschung: Wo andere die Romane nachleben wollen, neigt sie dazu, das Leben zum Roman zu stilisieren – statt es überhaupt erst einmal zu leben. Man soll nicht spekulieren, aber zweihundert Jahre später geboren, hätte es die Professorentochter wahrscheinlich zu einer angesehenen Rezensentin in einem der führenden deutschen Feuilletons gebracht.

Was die Bibliothek des Vaters, eines Orientalisten und Theologen, an Gegenwartsliteratur nicht hergibt, beschafft sich die junge Frau leicht anderweitig. Die bis 1763 von ihrem Vater und seitdem von Professor Christian Gottlob Heyne, dem Vater der Freundin Therese, geleitete Universitätsbibliothek befindet sich direkt gegenüber dem Elternhaus. Deren Bibliothekare sind den charmanten Göttinger Professorentöchtern und ihrer Leselust durchaus gewogen. Zudem hat die Universitätsstadt eine andernorts unbekannte Dichte von Leihbibliotheken und Buchhandlungen aufzuweisen. In Göttingen erscheint seit 1769 der *Göttinger Musen-Almanach*, in dem die Dichter aus Goethes Generation, die sich teilweise zum Göttinger Hainbund zusammengeschlossen haben, jährlich Einblick in ihre Werkstatt geben. Im *Almanach* auf das Jahr 1774 sind unter anderem Bürger, Claudius, Goethe, Herder, Hölty, Klopstock, die Grafen Stolberg und Voß mit Beiträgen vertreten. Der *Almanach* sowie andere Anthologien und literarische Magazine stellen für viele Köpfe der Gegenwartsliteratur ein wichtiges Sprungbrett dar, das ihre Bekanntheit gerade bei der jungen, weiblichen Leserschaft fördert.

Caroline ist aber nicht nur eine verständige, sie ist auch eine wilde Leserin. In die Zeit ihrer Jugend fällt ein radikaler Wandel im Leseverhalten. In auffälliger Weise steigt die Zahl

insbesondere weiblicher Leser an, die zu belletristischen Neuerscheinungen greifen. Statt einen kleinen Kanon vertrauter
und normativer Texte, allen voran die Bibel, ein Leben lang
wiederholt zu lesen, bevorzugen sie zunehmend die Gegenwartsliteratur: neue, abwechslungsreiche Stoffe zur privaten
Unterhaltung, wie sie der zeitgenössische Roman bietet. Statt
ein Buch viele Male liest man nun viele Bücher einmal. Lesen,
traditionell eine kontemplative Tätigkeit, eher dem Verdauen
als dem Verschlingen gleichend, nimmt an Geschwindigkeit
zu, parallel zur Explosion der Zahl von Neuerscheinungen.
Viel zu lesen heißt auch, rasch zu lesen. Die Lektüre streift
das altertümliche Korsett der Andacht und des Studiums ab
und wird zu einer Form des individuellen Konsums, einer
Freizeitbeschäftigung. Im Jahrzehnt nach der Französischen
Revolution erscheinen auf dem deutschen Markt bereits zwei-
einhalbtausend Romantitel, genauso viele wie in den neun
Jahrzehnten zuvor. Friedrich Schlegel spricht 1797 davon, dass
der Kritiker den neuen Büchern »ungesäumt auf den Fersen
sein muss«, will er der Gefahr entgehen, Bücher zu besprechen,
die eigentlich gar nicht mehr existieren, es sei denn in der
Vergessenheit der Leihbibliotheken.

Zugleich lädt die Figur der in den Sessel versunkenen,
hingebungsvoll in ihren Roman vertieften Leserin zu vielsagenden Männerphantasien ein. Wer der Leselust frönt, verrät
in seinem äußeren Verhalten nur wenig bis nichts von dem,
was in seinem Inneren vorgeht. Stilles Lesen ist ein höflicher
Akt der Isolation, eine Weise, sich der Kontrolle durch die
Gemeinschaft zu entziehen. Welchem Leser ist schon anzusehen, was für Phantasien die Lektüre in ihm wachruft? Die
Zeitgenossen zeigen sich besorgt. Was, wenn solche von der
Romanlektüre ausgelösten Gedanken sich über den Akt des

Lesens hinaus verselbstständigen und Einfluss auf das Leben gewinnen? Das Romanlesen schult weniger den Wirklichkeits- als den Möglichkeitssinn. Und der haftet gar nicht so sehr an dem gelesenen Text selbst als an der durch die Lektüre in Gang gesetzten Einbildungskraft. Das lässt vielen Männern die weibliche Leselust zunehmend unheimlich werden. 1789, im Jahr der Revolution, stellt das *Hannoversche Magazin* in einer Art empirischen Untersuchung fest: Eine Romanleserin ist in der Lage, das Aussehen eines Romanhelden, der ihr gefällt, detailreich zu beschreiben, selbst wenn der Dichter darüber gar keine Aussagen macht. Die Folgerung daraus kleidet der Redakteur in eine bange Frage:»Dieses von ihrer Einbildungs- kraft geschaffene Bild nun, mit dem sie sich Abends niederlegt, und Morgens wieder aufsteht, ist das nicht eben so gefährlich, eben so schädlich, als ein geheimer Liebhaber?«

Angesichts solcher Ängste verwundert es nicht, dass mit der Zunahme weiblicher Lesezeit und weiblicher Leseintensität bald auch männliche Experten in Sachen Leselust auftreten, die den pathologischen Charakter dieses neuen Sozialverhal- tens durchleuchten, für dessen maximalen Ausprägungsgrad man in Deutschland den Neologismus »Lesewut« schafft. Und ebenso rasch sind die Risikogruppen identifiziert: Frauen und Jugendliche, wobei als am meisten gefährdet folgerichtig die- jenigen gelten, die beide Risikomerkmale, Weiblichkeit und Jugend, auf sich vereinigen – die Mädchen und jungen Frauen, die man in Deutschland seinerzeit Frauenzimmer nennt. »Vor ungefähr zehn Jahren lasen noch wenige Frauenzimmer, und was sie lasen, war etwa das Kochbuch, *Die Erzählung vom Kaiser Oktavianus* [ein erstmals 1535 erschienenes, auf eine christliche Sage zurückgehendes Volksbuch] – seit zehn Jahren hingegen liest fast alles. Es ist zu befürchten, das schöne Geschlecht

möchte über den Büchern vergessen, dass sie nicht nur zum
Lesen, sondern auch zum Kindergebären und Erziehen und
zur Führung der Hauswirtschaft bestimmt sind«, ist etwa 1783
in einem Frauenmagazin zu lesen. Die Geschichte des weiblichen Lesens ist in weiten Teilen der Versuch, die Freiheit des
Lesens zu beschneiden, und sie ist andererseits die Geschichte
von Frauen, die gegen die Kontrolle rebellieren, der man sie
zu unterwerfen versucht.

Carolines Vater, ein umfassend gebildeter Aufklärer, der von
1753 bis 1770 die berühmten *Göttingischen Gelehrten Anzeigen*
leitet, ist an dieser Entwicklung nicht unbeteiligt. 1747, da ist
er dreißig Jahre alt, lässt er anonym eine in Versform verfasste
Druckschrift publizieren, die für die Einrichtung einer »Universität für das schöne Geschlecht« wirbt – ein ganz und gar
außergewöhnlicher Vorschlag in einer Zeit, in der eine Zulassung von Frauen zum Studium oder gar ihre Berufung zu Pro-
fessorinnen für undenkbar gehalten wurde, weshalb die Schrift
auch fast ohne jede Resonanz bleibt. Vierzig Jahre später ist er
als Dekan der Philosophischen Fakultät an der ersten Promo-
tion einer Frau an einer deutschen Universität zum Dr. phil.
beteiligt. Die Kandidatin heißt Dorothea Schlözer, kaum
siebzehn Jahre alt. Deren Werdegang als Wunderkind, vom
Ehrgeiz des Vaters angetrieben, beobachtet die ältere Caroline
durchaus kritisch. »Man schätzt ein Frauenzimmer nur nach
dem, was sie als Frauenzimmer ist«, mokiert sie sich in einem
Brief an ihre Freundin Luise Gotter. Dorothea selbst sah das
anders und irgendwie auch gelassener. Von ihrer Umgebung
immer wieder mit dem Vorwurf konfrontiert, sie opfere ihre
Weiblichkeit der väterlichen intellektuellen Dressur, schreibt
die Fünfzehnjährige an Carolines jüngere Schwester Luise:

*Meinst Du denn, dass Kochen und Spinnen angenehmer ist,*
*als wenn ich ein historisches Collegium bei meinem Vater*
*höre? ... Liebes Mädchen, ich will Dir Vieles beichten, was*
*wir 15jährigen Mädchen sonst in der Welt nie so früh erfah-*
*ren, und auch in keinem Buche steht, was ich aber schon*
*seit mehreren Jahren unter vier Augen von guter Hand habe:*
*Weiber sind nicht in der Welt, bloß um Männer zu amüsieren.*
*Weiber sind Menschen wie Männer: eines soll das andere*
*glücklich machen.*

Mit der Zeit, als Ergebnis von Erfahrung, wird sich auch
Caroline diese Auffassung zu eigen machen. Der wesentliche
Unterschied zwischen den beiden Frauen ist ihr Weg dorthin. Der gestrenge Aufklärer Schlözer hatte seiner Tochter
strikt jede Lektüre von Belletristik untersagt. Selbst Vergil
war nur wegen seines historischen Gehalts erlaubt. Woran er
Anstoß nahm, war die Fiktion: das Gestaltete und Ausgedachte
von Literatur, die Schaffung einer zweiten Welt, die mit der
faktischen in Rivalität treten und in Konflikt geraten kann.
Genau das aber war Carolines Sache, von Kindesbeinen an,
und es wird sie zu einer zentralen Gestalt der deutschen Frühromantik, des Kreises um die Brüder Schlegel, um Novalis,
Ludwig Tieck und Friedrich Schelling machen, die ihre Berufung darin sehen, die Nüchternheit der Aufklärung hinter sich
zu lassen und das Leben und die Gesellschaft zu poetisieren,
wie es Friedrich Schlegel formuliert.

In jungen Jahren hat sich Professor Michaelis auch einen Namen
als Literaturübersetzer gemacht; die ersten deutschen Fassungen
der Richardson-Romane *Clarissa* und *Die Geschichte des Sir*
*Charles Grandison* stammen aus seiner Feder. Mit beiden Werken

macht seine Tochter frühzeitig Bekanntschaft. Wie entscheidend
die Lektüre dieser und anderer Romane für ihr Selbstverständnis war, sieht man daran, dass sie sich, den Kinderschuhen längst
entwachsen, selbst dann noch an ihnen orientiert, wenn sie
deutlich machen will, dass die dort beschworene Empfindsamkeit und Tugendhaftigkeit ihre Sache nicht länger sein können,
weil sie ihrer Entscheidung, ein unabhängiges Leben zu führen,
im Weg stehen. Was ein Roman wie der *Grandison* als eine empfindsame, tugendhafte Verbindung darstelle, sei in Wahrheit pure
Konvention, in die sie sich nicht länger zwingen lasse, schon
gar nicht von so einem Scheinheiligen wie dem Briefeschreiber,
der sich anmaße, ihr das auszutreiben, was er herablassend ihre
»Sophistereien« nennt. Der besagte Briefeschreiber ist Friedrich Wilhelm Gotter, der Gatte ihrer Jugendfreundin Luise, der
Caroline nach dem Tod ihres ersten Ehemanns unbedingt von
der Notwendigkeit einer Wiederverheiratung überzeugen will
und dafür gleich einen passenden Witwer mit Kindern ausgesucht hat. Doch »Frau Eigensinn«, wie sich Caroline scherzhaft
selbst bezeichnet, weigert sich, bleibt Witwe, dafür aber ihre
eigene Herrin, jedenfalls bis auf weiteres.

Nicht nur zur Identifikation, auch zur Distanzierung lassen
sich Romane und Romanhelden also verwenden; das ist zwar
keine originäre Entdeckung Carolines, aber dieser souveräne
Umgang mit dem Gelesenen ist ein neuer Ton in einer Zeit,
die vor allem die Extreme einer pauschalen Verwerfung der
Wahrheit der Literatur oder die unkritische Gläubigkeit daran
kennt. Durch Kritik am Handeln der Romanfiguren oder den
Auffassungen des Autors teilt Caroline anderen mit, wie sie
selbst fühlt und denkt, und verschafft sich so ein eigenes Profil.

Insbesondere Frauen traut man seinerzeit einen derart
aufgeklärten, reflektierten Umgang mit Literatur nicht zu.

Clemens Brentano, auch ansonsten nicht gerade ein Verfech-
ter weiblichen Unabhängigkeitsstrebens, versteigt sich gar zu
der Behauptung, »dass durch die Romane eine Menge unsrer
Handlungen unwillkürlich bestimmt werden, und dass Frauenzimmer besonders am Ende ihres Lebens nichts als Kopien
der Romancharaktere waren, die ihnen die Lesebibliotheken
ihres Orts dargeboten haben«. Man spürt das kulturkonser-
vative Bestreben, die faszinierende Vorstellung, die Literatur
könne Einfluss auf das Leben nehmen, in Verruf zu bringen.
Dass man Romane aber anders lesen kann als in identifika-
torischer Absicht, ja, dass eine kritische Auseinandersetzung
mit den dort geschilderten Lebensentwürfen womöglich zu
einem Zuwachs an persönlicher Freiheit führt, dieser Gedanke
kommt Brentano und vielen anderen Autoren nach ihm nicht.
Für Caroline wird er zu einer Selbstverständlichkeit.

Doch wir greifen vor. Gerade erst hat die Professorentochter
damit begonnen, die Fesseln einer behüteten Kindheit abzu-
streifen. Ahnungen davon, welche Möglichkeiten das Leben
bietet, erhält Caroline über ihre Lektüren hinaus immer dann,
wenn die große Welt in Gestalt von prominenten Besuchern
in die Enge der Kleinstadt einbricht. Ende des Jahres 1778
kommt der Weltumsegler Georg Forster nach Göttingen und
wird dort von Haus zu Haus weitergereicht. Zweieinhalb Jahre
später weilt die Fürstin Amalie von Gallitzin für längere Zeit
in Göttingen, um die Universitätsbibliothek und Vorlesungen
zu besuchen. Die von ihrem Mann, dem russischen Gesandten
Fürst Dimitri Golizyn, getrennt lebende Dreiunddreißigjäh-
rige ist mit ihren beiden Kindern im Schlepptau und ihren
weitreichenden philosophischen Interessen eine Ausnahmeerscheinung ihrer Zeit. Katholisch erzogen, war sie Hofdame

am preußischen Hof, bevor sie durch ihren Mann mit den Köpfen und Ideen der Aufklärung in Paris bekannt wurde. Mit einem bemerkenswerten Blick für das Eigenwillige ihrer Erscheinung beschreibt Caroline Amalie als

> *eine sehr gelehrte Dame, nach griechischer Art gekleidet, mit kurzen Haaren, flachen Schuhen, selten ohne Diener zu sehen, der ein Halbdutzend großer Foliobände trägt, wenn sie mit einem Gefolge von 6 bis 8 Herren am helllichten Tag in unserer Leine badet etc. Ihre Kinder sind sehr leicht angezogen, der Sohn trägt lange Hosen und ein Hemd statt anderer Kleidung, und die Tochter eine Art Nachthemd, im Rücken von oben bis unten offen, nur oben einmal zugebunden. Beide gehen barfuß, die Haare nicht abgeschnitten, aber abgeschoren. Sie sind schwarz wie die Neger. Die Fürstin ist sehr hübsch und von schönem Teint, obwohl sie ihn viel exponiert. Sie muss sehr viel Geist und Kenntnisse haben. Sie liest Homer im Original, und in Hofgeismar, woher sie gerade kommt, ließ sie sich jeden Morgen ins Bad tragen. Für die Erziehung ihrer Kinder scheint sie die Natur zum Vorbild zu nehmen, ohne sich darum zu kümmern, dass die Natur manchmal ein wenig schmutzig ist.*

Allerdings, so Caroline, gefalle die Fürstin Gallitzin »nicht als Frau«, sondern nur als »ausgefallene Erscheinung, als Absonderlichkeit«. Ein solcher Vorbehalt ist beileibe nicht nur Ausdruck einer konventionellen Denkweise; darin steckt auch ein gutes Stück Realismus eines Bürgermädchens. Wie die später in Deutschland auftauchende Ministertochter und geschiedene Diplomatengattin Anne Louise Germaine Necker, Baronin de Staël-Holstein, genannt Madame de Staël, gehört die Fürs-

tin Gallitzin zur kleinen Schar bunter Vögel aus der adligen
Oberschicht, die durch Herkunft und Begabung das Privileg
besitzen, sich männliche Tugenden zu eigen zu machen und
dabei trotzdem ganz Frau zu bleiben. Doch Aristokratinnen
wie Madame de Staël und die Fürstin Gallitzin konnten sich
die Freiheiten, die sie sich herausnahmen, auch leisten; dazu
befähigte sie ihre Herkunft, verbunden mit standesgemäßer
Bildung, einem über die Landesgrenzen hinausreichenden
Netzwerk an Beziehungen zu den höheren Kreisen und einem
steten Geldzufluss aus dem familiären Vermögen. Deshalb aber
auch taugten sie für die Mehrzahl der damaligen Frauen nicht
zum Vorbild.

Da ist der letzte der hier aufzuführenden prominenten
Besucher von anderem Kaliber, selbst wenn Caroline ihn
kaum zu Gesicht bekommt: Johann Wolfgang von Goethe.
Denn Goethe hat sich vorgenommen, in den zwei Tagen seines Göttinger Aufenthaltes alle Professoren von Rang und
Namen zu besuchen; hätte er doch sehr viel lieber hier als
in Leipzig studiert. Sehnsüchtig erwartet Caroline, dass der
Dichter des vor neun Jahren erschienenen *Werthers* auch im
Michaelishaus vorbeischaut. Natürlich hat sie das Buch längst
gelesen, das seither nichts von seiner Faszinationskraft und seiner Explosivität eingebüßt zu haben scheint. Selbst wenn die
jugendliche Caroline manche von Goethe gewählte Gegen-
stände als »sonderbar« empfindet, bewundert sie, dass das
Romanhafte bei ihm immer ganz natürlich erscheint, »wenn
man sich nur mit ein bisschen Einbildungskraft hineinphan-
tasiert«. Was auch daran liegen mag, dass er »so ganz herrlich,
so hinreißend schön schreibt«.

Doch Goethes weitläufige Besuche scheinen sich endlos
hinzuziehen, sodass sie ihn am ersten Tag seines Göttinger

Aufenthalts nur aus der Ferne sieht. Am Abend erhält der Weimarer Geheime Rat zusammen mit anderen Durchreisenden ein physikalisches Privatissimum bei Professor Lichtenberg. Am Tag darauf, einem Sonntag, ist für die jungen Damen ein Ausflug aufs Land geplant. Den ganzen Tag über spuken *Werther*-Reminiszenzen in Carolines Kopf herum. Sie bildet sich ein, sie seien hierhin gefahren, um Goethes Gegenwart zu feiern; dieser habe den Ort lieb gewonnen wie Werther das Plätzchen am Brunnen. Dann stellt sie sich vor, sie würden ihm aus der Entfernung huldigen wie Werther seiner Lotte, als er sich auf die Terrasse wirft und die Arme nach ihrem weißen Kleid ausstreckt – und es verschwindet. »Wie wir abends zu Haus ankamen, war er bei Böhmers und bei uns gewesen, und unsere Väter aßen bei Schlözer, wo Goethe war. Da ging ein Wehklagen an.«

Wenn es ein literarisches Werk gibt, dessen Lektüre für Caroline in ihrer Jugend einen »gefährlichen Augenblick« darstellt, so ist es Goethes *Werther*. Kein anderes Buch beschäftigt und prägt ihr Fühlen und Denken in ähnlicher Weise. Das sieht man schon daran, dass in ihre Briefe immer wieder Beschreibungen und Szenen aus dem Roman einfließen. Später noch, da wohnt sie als junge Witwe mit ihren beiden Kindern bei ihrem Bruder in Marburg, hängt über ihrem Bett ein Schattenriss, der Lotte an Werthers Grab zeigt. Als Leserin des *Werthers* fühlt sich die gerade Zwanzigjährige in einer privilegierten Position: Anders als die Generation der Väter ist sie in der Lage, das honorige, Respekt erheischende Auftreten des Dichters aus Weimar als das zu durchschauen, was es ist: eine zur Schau getragene Fassade, hinter der sie ganz andere Beweggründe, Leidenschaften und wohl auch Abgründe vermutet. So schließt denn ihr Bericht über die

nicht zustande gekommene Begegnung mit Deutschlands
berühmtestem Autor voller Ironie: »Jedermann ist zufrieden
mit ihm. Und alle unsere schnurgerechten Herrn Professoren
sind dahin gebracht, den Verfasser des *Werthers* für einen soli-
den, hochachtungswürdigen Mann zu halten.«

Ein solider, hochachtungswürdiger Mann ist auf jeden Fall der
zehn Jahre ältere Amts- und Bergarzt Wilhelm Böhmer, ein
Nachbarssohn, mit dem Caroline bald darauf verheiratet wird.
Fritz, der ältere Halbbruder aus der ersten Ehe ihres Vaters, hat
ihn für sie ausgesucht. Drei Jahre vor der Heirat hat Caroline
noch an eine Freundin geschrieben: Wäre sie ganz ihr »eigner
Herr« und könnte außerdem »in einer anständigen und ange-
nehmen Lage leben«, so wolle sie »weit lieber gar nicht heiraten, und auf andre Art der Welt zu nutzen versuchen«. Nun
lebt sie mit ihrem Ehemann in Clausthal, einer Bergwerksstadt
im Harz, gut sechzig Kilometer von Göttingen entfernt, und
leidet unter den dortigen, im Vergleich zu Göttingen provinziellen Verhältnissen. In den nicht einmal vier Jahren ihrer ersten
Ehe bringt sie zwei Kinder zur Welt und ist mit einem dritten schwanger, als ihr Mann sich eine Blutvergiftung zuzieht
und sie jäh zur Witwe wird. Infolge der Schwangerschaften
ist sie größtenteils ans Haus gefesselt, und auch das Privileg
eines Lebensstils, der von allen traditionellen Pflichten der
Hausfrau weitgehend entlastet war, trägt nicht gerade dazu
bei, das erwartungsvolle Leben einer jungen gebildeten Frau
mit Inhalt zu füllen – zumal in dem biederen Kleinstädtchen,
das kaum Geselligkeit, geschweige denn Amüsement bietet.
Unter dem 15. Juni 1785 notiert sie: »an der Jahresfeier des
Tages, der mich heut zwischen 4 Wände, bei einem geheizten
Ofen, wie eine Mistbeetpflanze, die Sonne und Luft nur durch

Glas genießt, verbannt«. Es ist immerhin ihr erster Hoch-
zeitstag, offensichtlich weniger Anlass zur Hochstimmung als
zur Depression. Bekannte urteilen, Caroline werde hier nicht
glücklich werden, solange sie ihre »Göttingische Natur« nicht
ablege. Der Gedanke, dass sie es mit einer jungen Frau zu tun
haben, die einfach nicht gemacht ist für eine konventionelle
Ehe, schon gar nicht unter solchen provinziellen Verhältnissen
wie in Clausthal, kommt kaum einem. Einzige Ausnahme ist
der vier Jahre ältere Friedrich Ludwig Wilhelm Meyer, den
Caroline noch aus seinen Göttinger Studententagen kennt, ein
genialer Dilettant, eminent belesen und literarisch vielseitig
begabt, vor allem aber ein *homme à femme*, in den sich viele
verlieben, so auch Carolines Schwester Lotte. Aber er ist bin-
dungsscheu und wird nie heiraten, ein Vogelfreier und in vieler
Hinsicht ein Seelenverwandter Carolines. Meyer ist auch der
Mann, von dem Therese Heyne, eine andere Göttinger Professorentochter, später bekennen wird, mit ihm habe sie zum
ersten Mal Leidenschaft erlebt – »nach allen Regeln der Leihbibliotheken«. An diesen Wunschmann gehen jetzt und in den
nächsten Jahren viele, häufig Carolines persönlichste Briefe.

Wie schon als Jugendliche versucht Caroline auch in Clausthal die unausgefüllte Zeit mit Lektüre zu vertreiben. An die
Schwester Lotte und andere Beschaffer sendet sie Briefe mit
Bücherbestellungen, verbunden mit ungeduldigen Ermah-
nungen. Eine Botenfrau schafft dann das Gewünschte, soweit
in einer Göttinger Leihbibliothek, einem Buchladen oder dem
Lesezirkel der Frau Professor Vollborth vorhanden, herbei und
nimmt die ausgelesenen Exemplare gleich wieder mit. »Ob Du
nichts zu lesen für mich hast?«, schreibt sie an ihre Schwester.

*Ich vertrockne seit einiger Zeit, weil alle meine Bücherquellen sich verstopfen … nun bitt ich Meyern [der seit 1785 Bibliothekar in Göttingen ist], erstlich um etwas Amüsantes gut zu lesen, wenn man auf dem Sofa liegt. Das muss kein Foliant sein, sondern was man mit einer Hand hält. Wohl möcht ich neuere französische Trauerspiele, kleine Romane, Memoires oder auch etwas ernsthaftres. Gott! Er muss es ja wissen. Mir ist alles willkommen, was ich noch nicht gelesen habe. Zweitens möcht ich etwas zu lesen, wenn man auf dem Sofa sitzt und einen Tisch vor sich hat, als ältere englische Geschichte aus Alfreds Zeiten, und den 4ten Teil von Plutarch (die andern hab ich gelesen) … Betreib dies ein bisschen für Deine Schwester; es ist unverantwortlich, dass man mich so gleichgültig zum Aschenbrödel werden lässt.*

Lesen im Liegen wie im Sitzen: Die junge Ehefrau will nicht nur amüsiert, sondern auch belehrt werden und ist dafür bereit, die lässige Position der in halb liegender Stellung lesenden und Besucher empfangenden besseren Dame mit der ungleich weniger komfortablen des Gelehrten zu vertauschen, der die vor ihm aufgeschlagenen Bücher studiert – das dürfen dann auch große Folianten sein, wie sie der Fürstin Gallitzin nachgetragen wurden, als sie sich in Göttingen aufhielt.

Langsam wird Carolines literarischer Geschmack experimentierfreudiger. Da wäre etwa der *Gustav Aldermann* von Friedrich Traugott Hase zu nennen, von dem sie behauptet, er bereite ihr »so manche recht vergnügte Stunde«. Hase, ein Außenseiter des damaligen literarischen Lebens, verfasste Dialogromane, die er als dramatisch bezeichnete. So wie Briefromane nur aus Briefen, bestanden sie fast ausschließlich aus Gesprächen. Erzählt wird die Geschichte eines Karrieristen,

*Da sitzt sie schon, die arme Frau,*
*Und liest in Werthers Leiden.*
*N.b. 171.!*

»*Da sitzt sie schon, die arme Frau / Und liest in Werthers Leiden.*«
*Ein solches Bild, wie Daniel Chodowiecki es 1789 in dieser Radie-*
*rung einfängt, könnte auch die junge Ehefrau Caroline Böhmer*
*abgegeben haben, als sie gelangweilt auf dem heimischen Sofa die*
*belletristischen Neuerscheinungen verschlang. In der zweiten Hälfte*
*des 18. Jahrhunderts erfreuten sich Darstellungen müßiger Frauen,*
*die zum Vergnügen lasen, zunehmender Beliebtheit. Selten waren*
*die Gemälde und Graphiken jedoch frei von moralisierenden Unter-*
*tönen. Auch diese Werther-Leserin hinterlässt, verstärkt durch den*
*Zweizeiler der Unterschrift, beim Betrachter den Eindruck, als sollte*
*ihre Lektüre nicht frei von fatalen Folgen sein.*

dessen Laufbahn steil aufwärts führt, seit er sich verbietet, den Regungen seines Herzens zu folgen. Das ist nicht gerade ein Stoff für empfindsame Seelen.

Zu Carolines Favoriten zählen ebenfalls Frauenromane, ohne dass sie überhaupt weiß, dass es sich um solche handelt. Denn die meisten von ihnen erscheinen seinerzeit unter einem männlichen Decknamen oder anonym, wie im Falle der *Amtmannin von Hohenweiler,* um die sie ihre Schwester kurz vor Weihnachten 1787 inständig bittet, um »die drei langweiligen Nichtstue Tage« hinzubringen. Am 27. Dezember berichtet Caroline ihrer Schwester dann, dass die Unterhaltung, die ihr die *Amtmannin* gewährt habe, wirklich »ein Fest« für sie war. Schade sei nur, dass sie dergleichen »immer allein verschlucken müsse«. Ihrem Mann könne sie lediglich davon erzählen, und zum Vorlesen fehlt ihr in Clausthal die passende Gesellschaft. »Da mich die alte Amtmannin schon allein so ungemein vergnügte, was wärs nun gewesen, wenn Du es mir z. B. vorgelesen hättest, in einer komfortablen Stube bei abscheulichem Wind und Wetter so recht in sich selbst gehüllt, zur Diversion etwa eine Tasse Tee!«

Allerdings möchte sie wissen, »wer denn der Verfasser wär«. Bis die Identität der Autorin enthüllt wird, dauert es noch zwei Jahrzehnte. »Alle Produkte scheinen von einem Manne, und von keinem mittelmäßigen Kopfe zu sein«, mutmaßt Schillers Freund Christian Gottfried Körner. Als 1817 die *Zeitung für die elegante Welt* dann das Inkognito lüftet, geschieht das ohne Zustimmung der mittlerweile fünfundsechzigjährigen Autorin, die ihre Werke wegen eines Augenleidens nun diktiert. Sie heißt Benedikte Naubert, hat ihr erstes Buch mit siebenundzwanzig Jahren veröffentlicht, lebt zurückgezogen in Naumburg, wo sie, geschützt vor den Augen der Öffent-

Die Dämonisierung des weiblichen Lesens diente neben seiner morali-
schen Verurteilung häufig auch dazu, »kleine Abbés, junge leichtblütige
Advokaten, dicke Finanzmänner und sonstige Leute von schlechtem
Geschmack« aufzugeilen, wie Denis Diderot die Kundschaft von
Bildern wie dem oben abgebildeten beschrieb, das Pierre-Antoine
Baudouin um 1760 malte. Das Buch ist der Leserin aus der Hand
geglitten, hin zu den anderen Dingen weiblichen Vergnügens: Schoß-
hund und Laute. Rousseau hat im Blick auf derlei Lektüre von
Büchern gesprochen, die man nur mit einer Hand liest. Masturbation
war ein zentraler Grund, warum die Lesewut gerade auch der Frauen
seinerzeit mit großer Skepsis betrachtet wurde.

lichkeit, einen Roman nach dem anderen verfasst, insgesamt bislang weit über fünfzig. Dass sie die Anonymität vorzieht, mag mit ihrer traditionellen Erziehung zu tun haben, die von tugendhaften Frauen damals ein »eingezogenes«, aufs Haus beschränktes Leben fordert. Es schützt ihre Werke aber auch davor, als Hervorbringungen einer Frau beurteilt zu werden, was in der Regel mit Geringschätzung einhergeht. Sie selbst betrachtete die »viel glücklichere Verborgenheit« als einen »Schleier vor Lob und Tadel«. Auch die bereits erwähnte Sophie von La Roche hatte ihren Roman *Geschichte des Fräuleins von Sternheim* anonym veröffentlicht, mit Christoph Martin Wieland als Herausgeber. Dieser hatte in seinem Vorwort das Buch mit dem neuen und durchaus griffigen Etikett »Frauenroman« versehen. Das war für Sophie von La Roche und ihr Werk indes nicht nur vorteilhaft. Denn es ging einher mit einer starken Einschränkung. Die Autorin habe nie daran gedacht, »ein Werk der Kunst hervorzubringen«, betonte Wieland ausdrücklich. Der moralische Nutzen gehe ihr über alles: »Gutes will sie tun, und Gutes wird sie tun.« So inaugurierte er zwar eine neue Gattung, aber mit eng gesteckten Grenzen: Ein Frauenroman ist keine Kunst, sondern lediglich moralische Unterweisung.

Anders dagegen Benedikte Naubert. Dass sie zu diesem Zeitpunkt niemand kennt, gibt ihr die Freiheit, zu schreiben, was ihr beliebt (solange es dem Publikum gefällt), ohne auf »Frauenromane« festgelegt zu sein. Ihre Spezialität werden historische Stoffe. Entscheidend wirkt sie an der Etablierung der neuen Gattung des historischen Romans mit, beeinflusst sogar eingestandenermaßen Walter Scott. In der Regel inszeniert sie eine erfundene private Geschichte vor dem Hintergrund von Weltereignissen und verwebt so historische

Kenntnisse mit zeitgenössischer Psychologie. Das gibt ihr die Möglichkeit, die Historie zur Verkleidung für Zeitkritik zu nutzen. Ebenso zukunftsweisend ist ihre Verbindung des Historischen mit dem Phantastischen. Die Romantiker haben sich davon anregen lassen; Nauberts Einfluss reicht bis in die Fantasyliteratur des 20. Jahrhunderts hinein. Doch die fleißige Autorin beherrscht auch andere als das historische Genre. Die von Caroline so geschätzte *Amtmannin von Hohenweiler* ist ein Familienroman. Die miteinander verwobenen Einzelschicksale finden ihren Mittelpunkt in der Titelheldin: einer alternden bürgerlichen Frau und Familienmutter – allein dieser Umstand schon macht das Werk in der Literatur der Zeit mit ihren zumeist jugendlichen Helden und Heldinnen einzigartig. Ihr Rückblick auf das Leben ihrer Familie ist frei von Idealisierung und falscher Empfindsamkeit. Die Amtmannin ist so grundklug wie lebenserfahren, mit einem ausgeprägten Sinn für die Realität, dabei nicht uneitel, zuweilen barsch und bissig, ein wenig geschwätzig und herrschsüchtig und vor allem ausgestattet mit den Gaben des Humors und der Selbstironie – auch das bei einer Schriftstellerin dieser Zeit eher eine Ausnahmeerscheinung.

Wie für viele Frauen ihrer Zeit ist Carolines Lektüre in den Clausthaler Ehejahren in erster Linie »Ersatz für die Welt«, wie sie selbst schreibt. Die Lust am Lesen vermittelte den Frauen nicht nur ein Stück Bildung, sondern kompensierte die den meisten von ihnen fehlende Lebenserfahrung. Neben den wenigen Gelegenheiten zur Geselligkeit und der brieflichen Kommunikation war ausschweifende Lektüre das einzige ihnen zur Verfügung stehende Mittel, an der Welt jenseits der Mauern ihres Hauses teilzuhaben und das Leben in seiner möglichen Vielfältigkeit kennenzulernen. Der sich zur selben Zeit entwickelnde Buchmarkt kam diesem Bedürfnis der Frauen entgegen, sodass sich kaum sagen lässt, was hier Ursache und was Wirkung war. Es war Wechselwirkung, eine Ko-Evolution von als Lesehunger daherkommendem weiblichem Lebenshunger und einer Literatur, die diesen Hunger stillen konnte.

Aber Caroline ist nicht einfach eine Vielleserin, auf welche die gängige Kritik zuträfe, wahllos zu verschlingen, was sie in die Finger kriegt, nur zu dem einen Zweck, sich die Zeit zu vertreiben. Caroline ist eine Frau auf der Suche nach der richtigen Verfassung ihrer Existenz. Nach drei Jahren Ehe in Clausthal und drei Geburten, dem plötzlichen Tod des Ehemanns und dem Tod des dritten Kindes sowie zahlreichen prägenden Lektüreerfahrungen nimmt sie in einem Brief an Meyer eine zukunftsweisende Standortbestimmung vor:

*Ich weiß nicht, ob ich je ganz glücklich sein kann, aber das weiß ich, dass ich nie ganz unglücklich sein werde; Sie haben mich in einer Lage gekannt, wo ich, von allen Seiten eingeschränkt, durch den Druck meines eignen Gewichts niedersank – grausam bin ich herausgerissen, doch fühle ich, dass ich es bin, denn es ist hell um mich geworden als wenn ich zum erstenmal lebte, wie der Kranke, der ins Leben zurückkehrt und eine Kraft nach der andern wiedererlangt und neue reine Frühlingsluft atmet, und in nie empfundenem Bewusstsein schwelgt.*

Dieses neue, freie Selbstgefühl, Frucht auch ihrer Leselust in den Clausthaler Jahren, wird Caroline zukünftig durch alle Lebenslagen und Schwierigkeiten hindurch begleiten. Als sie Meyer davon berichtet, lebt sie schon seit einiger Zeit wieder in ihrem Göttinger Elternhaus, hat sich aber bereits entschlossen, zu ihrem Bruder nach Marburg zu ziehen. Dort muss sie den krankheitsbedingten Verlust ihrer zweitgeborenen Tochter hinnehmen. Im August 1791 stirbt ihr Vater, das Göttinger Haus wird verkauft, die Mutter zieht nach Braunschweig. Für Caroline sind das alles Signale für den endgültigen Aufbruch in eine unabhängige weibliche Existenz. Ihre erste Station heißt Mainz, wohin Therese, Georg Forsters Frau, die junge Witwe eingeladen hat. Dort erlebt sie ihr bislang größtes und für den Fortgang ihres Lebens entscheidendes Abenteuer.

»Ich weiß nicht, wohin ich mich wenden soll, denn die heutigen Zeitungen enthalten so große prächtige Dinge, dass ich heiß von ihrer Lektüre geworden bin«, schreibt Caroline 1789 noch aus Marburg an ihre Schwester Lotte. Gemeint sind die Ereignisse der Französischen Revolution – die Erstürmung der Bastille am 14. Juli 1789, drei Tage darauf die erste Kapitulation des Königs, die Zerschlagung des Feudalsystems durch die Nationalversammlung in der Nacht vom 3. auf den 4. August, die Erklärung der Menschen- und Bürgerrechte am 26. August. Die französischen Umwälzungen halten damals ganz Europa in Atem. Nun, in Mainz, ist sie ihnen ein gutes Stück näher gerückt. Denn dort findet gerade ein einzigartiges Experiment statt: der Versuch, die Revolution auf deutschen Boden zu verpflanzen.

Beinahe jeden Nachmittag und Abend ist sie bei dem ihr noch aus Göttinger Tagen bekannten Weltumsegler Forster zu Gast, der seit 1788 Oberbibliothekar der Universität Mainz ist. Dort liest Caroline die »interessantesten Zeitungen, die seit Anbeginn der Welt erschienen sind«, und kommt mit revolutionärer Literatur in Kontakt. Sie liest Condorcet, der die

Vervollkommnungsfähigkeit, die Perfektibilität des Menschen propagiert. Unterstützt von seiner Frau Sophie hat Condorcet die »Zulassung der Frau zum Bürgerrecht« und zum Stimmrecht gefordert. »Warum sollen Menschen, weil sie schwanger werden können und vorübergehend unpässlich sind, nicht Rechte ausüben, die man niemals solchen Männern vorenthalten würde, die jeden Winter unter Gicht leiden und sich leicht erkälten?«, fragt er scharfzüngig. Der Unterschied zwischen Frauen und Männen sei in erster Linie keine Frage der Natur, sondern der sozialen Existenz. Aus der unterschiedlichen Interessenslage erklärt sich für ihn auch, dass »Frauen nicht der Vernunft der Männer, wohl aber ihrer eigenen« folgen. Obwohl Condorcet politisch zu den gemäßigten Girondisten zählt, gehen seine Ansichten und Forderungen in Sachen Gleichberechtigung weit über die der ansonsten radikaleren Jakobiner hinaus, für die *homme* (Mensch) stets *homme* (Mann) ist und bleibt.

Und Caroline liest Mirabeau. »Mirabeau hat in seinem Kerker die göttlichsten Dinge auf Stückchen Papier geschrieben, die er von gedruckten Büchern abriss«, begeistert sich Caroline. Der Graf von Mirabeau, der als Abgeordneter des Dritten Standes und brillanter, gefürchteter Redner eine wichtige Rolle während der Revolution spielt, saß als junger Mann im Kerker von Vincennes und schrieb dort Briefe an seine Geliebte, von denen Caroline findet, sie redeten »so unaufhaltsam aus der Quelle strömend zu der Seele, zu dem Herzen, zu den Sinnen«. Aus dem Gefängnis heraus bestürmt Mirabeau die Geliebte, verleiht seiner Sorge um sie Ausdruck und macht sich, ganz untypisch für seine Zeit, übers Stillen, Wickeln und Zahnen der kleinen Tochter Gedanken. Auch das ist ein Lektüretipp von Forster. Caroline weiß, dass Mirabeau

als »Bösewicht« gilt, nicht zuletzt weil er auch der Autor geist-
reicher Erotika ist, die von der Aufklärung des Geistes durch
erotische Erfahrung erzählen. Die hautnahe Sinnlichkeit von
Mirabeaus Prosa ist eine herausfordernde Alternative zur trä-
nennahen Gefühligkeit des empfindsamen Romans, von dem
sich Caroline längst abgewendet hat. Die pulsierende Prosa des
»flambeau de la Provence«, wie Mirabeau auch genannt wurde,
trägt sie spielend über jene Normen und Konventionen hinweg, die ihrer Selbstverwirklichung bislang unüberwindliche
Schranken gesetzt haben.

Hautnah erlebt Caroline die Zerschlagung der überkom-
menen Ordnung, die Wirren der französischen Besatzung und
den Taumel der Freiheit. Im Winter 1792/93 geht die deutsche Revolution in ihre entscheidende Phase, auch in privater Hinsicht. Therese Forster verlässt ihren Mann für einen
anderen und setzt sich mit ihren Kindern nach Straßburg
ab. Eine Mainzer Bürgerin, die sich im Jakobinerklub engagiert, schreibt: »Wie sehr müssen wir eine Konstitution lieben,
die uns in unsere ursprüngliche Würde wieder einsetzt!« Die
Republik berechtige sie zu der Erwartung, nicht länger »das
Spielwerk« des Privatlebens der Männer sein zu müssen, wozu
sie der Despotismus erniedrigte. Sie schließt mit der Frage:
»Aber denken die Männer ebenso?«

Und was treibt Caroline? Sie zieht mit ihrer Tochter
Auguste ganz in das Forster'sche Haus, regelt dem Strohwit-
wer, der mittlerweile Vizepräsident der von den Franzosen
besetzten Gebiete ist, den Haushalt, betätigt sich als Männer-
versteherin – und verbringt im Januar 1793 nach einem Ball
im Mainzer Redoutensaal eine leidenschaftliche Liebesnacht.
Der Erwählte aber ist kein Witwer, überhaupt kein Mann von
Erfahrung. Er ist nicht einmal Deutscher, sondern ein neun-

zehnjähriger französischer Leutnant. Schon bei ihrer Ankunft in Mainz hat Caroline bemerkt, dass die französischen Männer »im Durchschnitt schöner« seien als die deutschen. Vieles spricht dafür, dass sie in dieser Nacht zum ersten Mal in ihrem Leben sexuelle Erfüllung findet – eine Leidenschaft »nach allen Regeln der Leihbibliotheken« also, wie die mittlerweile aus Mainz verschwundene Therese einst mit Carolines Brieffreund Meyer. Und eine Liebesnacht mit Folgen: Caroline ist seitdem zum vierten Mal schwanger.

Noch ahnt sie davon nichts. Als sie vor den herannahenden preußischen Truppen im März 1793 zusammen mit ihrer Freundin Meta Forkel, deren Schwiegermutter und vier Kindern Mainz in Richtung Frankfurt verlässt, werden die Frauen verhaftet, verhört und, nachdem die Verbindung zu den Mainzer Jakobinern aktenkundig ist, im Militärgefängnis der Festung Königstein inhaftiert. Caroline gilt als Geliebte Forsters. Im Sommer erscheint sogar ein Schmähstück, das satirisch »Forsters Canapé« zum Reden bringt, auf dem Caroline und Meta es wild getrieben haben sollen – erotisch wie politisch. Der »Bürgerin Böhmer« wird dort in den Mund gelegt, »bei den Weibern« komme »*demokratisieren* und *caressieren*« [von französisch *caresser*: liebkosen, streicheln] »aus der nämlichen Quelle«. Könnten sie, »aus Alter oder andern Umständen, nicht mehr *caressieren*«, würden sie »desto ärger *demokratisieren*«. Auch für den anonymen Verfasser dieser Scharteke sind die politische und die sexuelle Revolution seiner Zeit zwei Seiten einer Medaille; der denunziatorische und frauenfeindliche Ton, in dem es geschrieben ist, bedeutet nicht, dass er auch darin unrecht hat.

Zu dem Zeitpunkt, als das Stück erscheint, hat die Mainzer Republik nach viermonatiger Belagerung durch preußische Truppen bereits kapituliert. Die in der Stadt verblie-

benen Jakobiner und ihre Angehörigen werden verhaftet.
Caroline wird erst am 5. Juli aus der Haft entlassen, gerade
noch rechtzeitig, bevor ihre Schwangerschaft zu offensichtlich wird. Deren Entdeckung, zumal sie »ein Kind des
Feindes« trägt, hätte ihren Ruf gänzlich ruiniert und ihr die
Witwenrente gekostet. Als Helfer in der Not eilt August Wilhelm Schlegel herbei. Caroline hat ihn nach Böhmers Tod
in Göttingen kennengelernt, als er noch Student war, und er
hat ihr damals bereits seine Liebe gestanden. Zusammen mit
seinem zwanzigjährigen Bruder Friedrich wird er nun zum
Beschützer, später auch zum Ehemann Carolines. In dem
kleinen Ort Lucka, unweit von Altenburg, bringt Caroline
das »Kind der Glut und Nacht«, wie sie selbst es nennt, zur
Welt. Sie schreibt: »Wenn ich die Folge vor mir sehe – kann
ich den Ursprung bereun? Eben diese brachte mich in die
verzweiflungsvolle Lage, und sie ist's nun, warum ich mir ver-
zeihe.« Das kommt noch nicht ganz heran an jene berühmte
Auskunft, die hundertfünfzig Jahre später die französische
Schauspielerin Arletty gegeben haben soll, als ihre Affäre mit
dem deutschen Luftwaffenoffizier Hans-Jürgen Soehring im
von den Nazis besetzten Paris ruchbar wurde: »Wenn mein
Herz französisch ist, mein Arsch ist international.« Aber es
ist doch deutlich auf dem Weg dorthin. Friedrich Schlegel
jedenfalls, der Caroline in Lucka betreut, die Geburt des
Kindes miterlebt und in ihr seine philosophische Muse entdeckt, schwärmt von der »politisch-erotischen« Natur Carolines und fügt noch hinzu: »doch möchte das Erotische wohl
überwiegend sein«.

Der Rest ist beinahe schon Literaturgeschichte: Gemeinsam mit den Brüdern Schlegel und ihrem Kreis trägt Caroline
in den nächsten Jahren den Impuls der Revolution in die Welt

des Geistes und der Literatur. Die Jenaer Romantik ist ohne ihre Person nicht zu denken: Neben der Revolution als historischem Ereignis und Fichtes Ich-Philosophie ist Caroline, für die nur die sinnlich erfahrene Welt zählt, der dritte entscheidende Faktor der romantischen Geselligkeit. In seinem 1799 erscheinenden Roman *Lucinde* setzt Friedrich Schlegel ihr in der Titelheldin ein literarisches Denkmal: einer Frau, die »zugleich die zärtlichste Geliebte, die beste Gesellschaft und auch eine vollkommene Freundin« ist.

*M. W. oder T. lauteten die Kürzel, mit denen sie Rezensionen aus ihrer Feder kennzeichnete. Mary Wollstonecraft, berühmt als Autorin von* Eine Verteidigung der Rechte der Frau, *war auch die erste professionelle Literaturkritikerin, die einzige Frau in einer Redaktion von Männern. Als Augenzeugin verfolgte sie, wie die politische Revolution in Paris erst siegte und dann in den Terror mündete, und entwarf ihr eigenes Konzept von Revolution aus dem Geist rebellischer Romane. Sie warb für einen Umsturz der weiblichen Lebensentwürfe und die Gleichheit von Mann und Frau in Sachen Liebe. Lesen war für sie nicht Flucht aus der Wirklichkeit, sondern Hinterfragung und Erneuerung des Lebens.*

## 5

PARIS, 1792

*Lese-Revolution: Mary Wollstonecraft*

Anfang September 1792, im vierten Jahr der Französischen Revolution, machen sich vier Londoner nach Paris auf, zwei Männer und zwei Frauen. Revolutionstourismus ist zu dieser Zeit nichts Ungewöhnliches; aus vielen Ländern Europas reisen Menschen, häufig Künstler und Intellektuelle, in die französische Metropole, um sich vor Ort einen Eindruck von den dortigen Umwälzungen zu verschaffen. Allerdings überwiegt zu diesem Zeitpunkt bereits der Rückreiseverkehr; längst ist die Revolution in ihre kritische Phase getreten: Der Terror kündigt sich an. Seit einigen Monaten befindet sich Frankreich im Krieg mit der Allianz aus Preußen und Österreich; nach einer von Auflösungserscheinungen begleiteten Niederlage der französischen Armee in Belgien drohen die Alliierten mit dem Einmarsch nach Frankreich. Und nachdem es schon im Juni zu einer Massendemonstration gegen den König gekommen ist, erstürmt das Volk nun die Tuilerien. Die königliche Familie wird gefangen gesetzt, Danton, Robespierre und Marat rufen die Volksjustiz aus.

Das ist die Situation, als am 8. September 1793 der Maler Johann Heinrich Füssli samt seiner Ehefrau Sophie, der Verleger Joseph Johnson und die Publizistin Mary Wollstonecraft ihren für sechs Wochen geplanten »Sommerausflug« nach Paris antreten, wie Letztere das Unternehmen etwas leichtfertig bezeichnet. Doch schon in Dover verlässt sie die Reiselust, als sie die neuesten Nachrichten aus Paris erreichen.

Dort ist es nach dem 2. September zu Massakern gekommen, bei denen über tausend Menschen ermordet worden sind. Als die feindlichen Truppen kurz vor Paris stehen, verbreitet sich in Paris das Gerücht, dass die Royalisten im Fall einer Invasion blutige Rache an den Revolutionären üben wollen. In einer kollektiven Psychose aus Angstgefühlen und Rachegelüsten stürmt der Mob, angestachelt vom provisorischen Exekutivausschuss, die Gefängnisse und massakriert zunächst nur die inhaftierten Revolutionsgegner, später auch gewöhnliche Gefangene. Danton als zuständiger Justizminister unternimmt nichts dagegen. Die Londoner *Times* bringt in ihrer Ausgabe vom 10. September Augenzeugenberichte von dem entsetzlichen Geschehen, darunter den folgenden von der Enthauptung der Fürstin von Lamballe, der engsten Vertrauten der Königin Marie Antoinette: »Vor ihrem Tod fügte der Mob ihr jede Beleidigung zu. Ihre Schenkel wurden zerschnitten, ihre Eingeweide und ihr Herz aus dem Leib gerissen, und zwei Tage lang wurde ihr zerfleischter Körper durch die Straßen gezogen.« Nach anderen Berichten wurde ihr Kopf auf eine Pike gespießt und vor den Fenstern des königlichen Gefängnisses triumphierend umhergetragen. »Sind das die ›Rechte des Menschen‹?«, fragt die *Times*. »Ist das die FREIHEIT der menschlichen Natur?«

Insbesondere Johann Heinrich Füssli, in England unter dem Namen Henry Fuseli bekannt, hegt daraufhin keine Sympathie mehr für die Revolution. Johann Heinrich ist der Sohn des Schweizer Malers Johann Caspar Füssli, der 1751 Klopstock während dessen Aufenthalts in Zürich porträtiert hat. Schwierigkeiten mit den Züricher Behörden wegen der Mitarbeit an einem radikalen politischen Pamphlet haben Johann Heinrich bereits 1765 nach London geführt. Dort ist »The Wild Suisse«, wie er rasch genannt wird, zunächst publizistisch tätig. Der junge Buchhändler und Verleger Joseph Johnson, mit dem er auf diese Weise in Kontakt kommt und eine Zeitlang sogar zusammenwohnt, veröffentlicht von ihm eine panegyrische Schrift über Rousseau. 1770 geht Füssli für beinahe ein Jahrzehnt nach Italien, wo er sich zum Maler ausbildet.

Als er 1779 zurückkehrt, nimmt auch die Beziehung zu Johnson wieder Fahrt auf. Dieser residiert mittlerweile in der Buchhändlerstraße St. Paul's Churchyard und betreibt dort in der Nummer 72 in einem dreistöckigen Gebäude die größte Verlagsbuchhandlung weit und breit. Sein Haus hat sich zu einem Zirkel der intellektuellen Avantgarde entwickelt – eine Art Suhrkamp-Kultur in einer Epoche, in der für die Denker, Literaten und Künstler zum ersten Mal revolutionärer Geist greifbar wird, zuerst in der langen Amerikanischen Revolution, die mit der Unabhängigkeitserklärung der Vereinigten Staaten am 4. Juli 1776 endet, und dann, geographisch näher, in der vergleichsweise kurzen Französischen Revolution. Zum »Johnson Circle«, wie er genannt wird, zählen sogar Teilnehmer an beiden Ereignissen. Der berühmteste von ihnen ist Thomas Paine, der zu den Gründervätern der USA gehört und 1792 Mitglied der französischen Nationalversammlung wird. Seit Ende der 1780er Jahre steht er in engem Kontakt mit Johnson. Paines Jahrhundertschrift, *Die Rechte des Menschen*, in der er die Französische Revolution verteidigt und ihre Ideen mit denen der Amerikanischen Revolution verbindet, soll ursprünglich in seinem Verlag erscheinen. Am 22. Februar 1791, als wenige Stunden nach Erscheinen die ersten hundert

Exemplare bereits verkauft sind, macht Johnson auf politischen Druck hin jedoch einen Rückzieher, räumt das Buch aus seinen Regalen und überlässt Rechte und Verkauf einem Buchhändlerkollegen aus der Fleet Street.

Legendär sind die Abendgesellschaften in Johnsons Haus. Hier trifft sich alles, was in London in Sachen Aufklärung und Liberalismus tonangebend ist. In einem kleinen Esszimmer mit schiefen Wänden sitzt man um einen Tisch, erfreut sich an schlichter Hausmannskost und diskutiert, vorzugsweise über die Ereignisse in Frankreich.

An den Wänden hängen zwei Werke von Füssli. Das eine zeigt den namhaften Unitarier und Naturwissenschaftler Joseph Priestley, dem wir die Beschreibung des Elementes Sauerstoff verdanken. Formell gekleidet, sitzt er mit übereinandergeschlagenen Beinen an seinem Arbeitstisch, vor sich Manuskript und Tintenfass. Der unerschrockene, ins Licht getauchte Blick ist am Betrachter vorbei auf eine imaginäre Zukunft jenseits des eigenen Schreibtischs gerichtet. Wir sehen einem Aufklärer dabei zu, wie er, des Sieges der Vernunft gewiss, durch Nachdenken die Welt verbessert. An der Wand lehnen schwere, große Foliobände, das traditionelle Format für Bücher mit bedeutungsvollem Inhalt – nicht solche handlichen, preiswerten Bücher, für die Johnson als Verleger bekannt ist.

Das zweite Bild von Füssli in Johnsons Speisezimmer ist von gänzlich anderem Charakter. »The Nightmare«, zu Deutsch »Der Nachtmahr«, aus dem Jahr 1782 hat den wilden Schweizer über die Grenzen Englands hinaus berühmt gemacht und ist bis heute sein bekanntestes Gemälde. Seinen Titel hat es von dem koboldhaften Wesen, das sich, wie der Volksglaube sagt, nachts auf die Brust des Schlafenden setzt

*Johann Heinrich Füssli, »Der Nachtmahr«, 1782.*

und bei ihm drückende Angstgefühle hervorruft. Bei Füssli
fixiert der nächtliche Dämon den Betrachter mit verschrobe-
nem Blick. Die junge, blonde Frau, auf der er hockt, ist in ein
weißes, eng anliegendes Negligé gehüllt, das mehr preisgibt, als
es verbirgt. Sie liegt mit den Füßen zum Kopfende der Couch,
die Decke ist zerwühlt, ihr Kopf hängt nach unten – eine
Pose, die Selbstvergessenheit, aber auch Hemmungslosigkeit
ausstrahlt. Im Hintergrund des Bildes stößt ein Pferdekopf
durch den Vorhangspalt; die Augen des Tiers scheinen geblendet, die Mähne weht in einem gespenstischen Wind, beinahe
meint man, ein schrilles Wiehern zu hören, als befände sich
das Pferd auf der Flucht.

»Der Nachtmahr« war *die* Publikumsattraktion der Früh-
jahrsausstellung der Londoner Royal Academy des Jahres

1782. Mit seiner herausfordernd direkten Darstellung einer
Welt, in der sich Angst, Schrecken und Lust mischen, stach es
alle anderen Bilder aus. Die Kritik war sich indessen uneins,
was dieser Geniestreich zu bedeuten habe. Der Schriftsteller Horace Walpole, immerhin der Begründer der Gothic
Novel, des Schauerromans, fand das Bild in einer Ein-Wort-
Rezension einfach nur »shocking«, und das war ohne Spaß
gesagt. Es bedurfte des moralisierenden Kommentars eines
Geistlichen, um die allen irgendwie plausible Vermutung
öffentlich zu machen, dass es auf dem Bild auch um Sexualität gehen könnte. Zielt der Pferdekopf nicht eindeutig auf
den Schoß der Schlafenden? Und ist es nicht auch Lust, die
sich in der Miene der Frau widerspiegelt? Das Buch auf dem
Nachttisch – liegt es nur versehentlich dort oder ist es die
Quelle des Albtraums, der die Frau heimsucht? Ein Klischee
besagte, dass Frauen aufgrund ihrer schwächlichen Konstitution stärker zu Albträumen neigten, besonders infolge von
Romanlektüre, aber auch wenn sie verliebt, schwanger waren
oder kurz vor ihrer Regel Geschlechtsverkehr hatten. Was hier
dargestellt würde, so besagter Vikar, seien nichts als »Träumereien des Gehirns«, und den Maler müssen man passender-
weise einen »Libertin«, einen Casanova oder sogar einen de
Sade der Malerei nennen.

Füsslis Bild lässt bis heute kaum einen Betrachter kalt. Es
ist eine Ikone der nach der Französischen Revolution herauf-
ziehenden Romantik und weist aus dem Jahrhundert seiner
Entstehung bereits ins folgende: Mary Wollstonecrafts zweite
Tochter, die Romantikerin Mary Shelley, lässt aus dem Traum-
theater des Füssli'schen Gemäldes annähernd fünfunddreißig
Jahre später eine Schlüsselszene ihres Romans *Frankenstein oder
Der moderne Prometheus* hervorgehen. Noch Sigmund Freud hat

eine Reproduktion von »Der Nachtmahr« in seiner Wohnung in der Wiener Berggasse hängen.

Was mag den einflussreichen Verleger Johnson veranlasst haben, seine Autoren und Gäste ausgerechnet unter diesen beiden so konträren Bildern dinieren zu lassen – auf der einen Seite das repräsentative Porträt des Aufklärers und ihm gegenüber die suggestive Darstellung von Mächten, von Träumen, sexuellen Phantasien, Obsessionen, Ängsten, denen die menschliche Seele hilflos ausgeliefert ist? Während sie miteinander speisen, plaudern und sich zuprosten, begegnen sie an der Wand den beiden großen Triebkräften des Zeitalters: Vernunft und Leidenschaft. Deren viel diskutierter, ungeklärter Antagonismus, so mögen sie ahnen, bestimmt auch ihr Leben – oftmals mehr, als ihnen recht ist.

Schon früh beginnt sich der Verleger Johnson für die Belange der Frauen zu interessieren und Autorinnen zu fördern. 1777 erscheint bei ihm beispielsweise ein juristischer Ratgeber, der sich ausdrücklich an ein weibliches Publikum wendet. Die wenigen Rechte, die Frauen in der damaligen Gesellschaft haben, sind ihnen häufig nicht einmal bekannt. Das Buch will diesem Missstand abhelfen, damit sich die Frauen gegen Betrug und Übervorteilung zur Wehr setzen können. So praxisorientiert kann Aufklärung sein. Mit zahlreichen Veröffentlichungen, zumeist aus der Feder von Autorinnen, begleitet Johnson auch den allmählichen Aufstieg des Kinderbuchs. Und spätestens seit 1787 sitzt in der Tat eine reale Frau regelmäßig bei seinen Abendgesellschaften mit am Tisch, mit Blick auf die beiden Bilder Füsslis; oft ist auch der Künstler selbst anwesend. Es ist Mary Wollstonecraft, deren *Gedanken über die Erziehung einer Tochter* Johnson 1785 veröffentlicht hat. Marys erste Publikation ist noch ein recht konventioneller Verhaltensratgeber für Frauen, eine Sorte Buch, für die sie selbst später nur noch Spott übrig haben wird. Mary ist damals Ende zwanzig, unverheiratet, ohne Einkünfte, ohne Beschäftigung. Mit neunzehn ist sie von zu Hause fortgegangen, in den Prominentenkurort Bath als Gesellschafterin einer wohlhabenden Witwe. Eineinhalb Jahre später kehrt sie ins elterliche Heim zurück, um ihre kranke Mutter zu pflegen; bis zu deren Tod vergehen zwei weitere Jahre. 1784 gründet sie mit einem Darlehen eine Mädchenschule, an der auch ihre beste Freundin und ihre Schwestern unterrichten. Trotz anfänglicher Erfolge rentiert sich die Schule auf Dauer nicht, es bleiben Schulden.

Eine Stelle als Gouvernante in Irland ist da ein zeitweiliger Lichtblick. Doch Mary wird das Opfer eines sozialen Konflikts, der so hartnäckig und so bedeutsam für die Situation der Frauen in der damaligen Gesellschaft ist, dass ihn Anne Brontë, die jüngste der drei Brontë-Schwestern, noch ein halbes Jahrhundert später in ihrem Roman *Agnes Grey* aus eigener Betroffenheit heraus zu Literatur verarbeitet. Aufgrund ihrer Aufgabe, der Erziehung der Kinder, fühlt sich Mary zur Familie gehörig; sie weiß, dass sie deren Mitgliedern in Sachen Bildung sogar haushoch überlegen ist. Doch belehrt man sie rasch, ihr Platz sei bei den Dienstboten – zumal dann, wenn ihre liberalen Erziehungsmethoden der Mutter der Kinder nicht zusagen. So setzt sie sich etwa über das elterliche Verbot hinweg, dass die Töchter keine Romane lesen dürfen. Nicht, dass sie der Meinung wäre, dass die gewöhnlichen Herzschmerz-Romane etwas taugten. Aber wo außer Bibellektüre und ein wenig Sprachunterricht keinerlei Bildung vermittelt wird und die gesamte »Erziehung« nur darauf aus ist, die Mädchen auf die Heirat vorzubereiten, schaden sie, so meint Mary, auch nicht.

Im Gegenteil, schlechte oder mittelmäßige Romane zu lesen ist besser, als gar nicht zu lesen. Irrige Meinungen zu haben ist immer noch besser, als gar keine zu haben. Jegliche Lektüre ist nützlich, weil sie den Geist trainiert und zum Nachdenken anregt. Romane sind lange Zeit die einzige Quelle gewesen, aus der Frauen überhaupt Wissen schöpfen konnten, wird sie wenig später in einer ihrer Schriften darlegen: Das ging so lange, »bis einige begabte Frauen lernten, die Romane zu verachten, gerade weil sie sie gelesen hatten«.

Doch ihre Arbeitgeberin hat für derlei Überlegungen, ja, für Überlegung generell wenig Sinn. Die Töchter sollen nur nicht zu viel Geist an den Tag legen, denn das verringert ihre Chancen auf eine passable Partie. Nach einem Jahr als Gouvernante kehrt Mary frustriert nach London zurück, im Gepäck einen fast fertigen Roman und im Hinterkopf den Gedanken, von ihrer publizistischen Arbeit leben zu können. Die Heldin des Romans heißt Mary wie sie selbst, und ihr Werdegang weist auch ansonsten sehr viele Ähnlichkeiten mit dem der Autorin auf. *Mary. A Fiction* erzählt die Lebensgeschichte einer jungen Frau, die es nicht schafft, den Konflikt zwischen Vernunft und Leidenschaft in einer Weise aufzulösen, die ein Leben gelingen lässt. Mit siebzehn verheiratet ihr Vater sie an einen jungen Mann, den sie kaum kennt und der sofort nach der Hochzeit für ein Jahr ins Ausland gehen muss. In dieser Zeit verliebt sie sich in einen viel älteren, in Liebesdingen erfahrenen Geigenvirtuosen, der jedoch bald darauf stirbt – in ihren Armen. Wohl hält sie ihr Eheversprechen, doch die Leidenschaft, die von ihr Besitz ergriffen hat, lässt sie an der Seite ihres Gatten dahinsiechen, und das durchaus mit grimmiger Genugtuung. »Sie dachte, dass sie einer Welt zueilte, in der man weder heiratete noch verheiratet wurde.«

Den grundsätzlichen Vorbehalt gegen die Ehe teilt die Autorin mit ihrer Heldin – doch hofft sie, für sich selbst etwas Besseres zu finden als den Tod.

Johnson wird nicht nur der Verleger von Mary Wollstone-craft, sondern auch ihr Mentor. Anfangs lässt er sie bei sich wohnen, leiht ihr Geld und kümmert sich um ihr Wohlerge-hen. Nicht etwa, weil er irgendwelche »Absichten« damit ver-bände – Frauen reizen ihn erotisch nicht –, sondern weil er als gewiefter Verleger Marys ungewöhnliche Begabung erkennt: ihre rasche Auffassungsgabe, ihre Sprachgewandtheit, ihre fixe Feder und ihren kritischen Geist. Johnson ist gerade dabei, mit dem Publizisten Thomas Christie eine neuartige Monatszeit-schrift ins Leben zu rufen, die sie *Analytical Review* nennen: ein reines Rezensionsorgan, das dem allgemeinen Publikum die wichtigsten Neuerscheinungen auf dem exponentiell wachsenden Buchmarkt »analytisch«, und das meint kritisch, vorstellt; je nach Relevanz in Form einer knappen Notiz bis hin zum Umfang eines längeren Essays. Das besondere Augenmerk der Gründer gilt dem publizistischen Treiben auf dem Kontinent, zumal in Paris am Vorabend der Revolution. Auch in Sachen Leseverhalten ist von dort Revolutionäres zu vernehmen. »Alle lesen in Paris«, berichtet 1789, im Jahr des Sturms auf die Bastille, ein Reisender: Jeder – hauptsächlich aber die Frauen – habe dort ein Buch in der Tasche.

*Man liest im Wagen, auf der Promenade, im Theater, in den Pausen, im Café, im Bad. In den Läden lesen Frauen, Kinder, Gesellen, Lehrlinge. Am Sonntag lesen die Menschen, die vor den Türen ihres Hauses sitzen; die Lakaien lesen auf ihrem Rücksitz, die Kutscher auf ihrem Bock, die Soldaten beim Posten stehen ...*

Neben Romanen kursieren philosophische und politische, aber auch pornographische Bücher, nicht zuletzt eine Unzahl von Schmähschriften und Satiren. Louis-Sébastien Mercier, der erste großstädtische Reporter, meldet in seinem zwischen 1781 und 1788 erschienenen *Tableau de Paris*, das bald auch auf Englisch vorliegt:»Es gibt Werke, die eine solche Unruhe hervorrufen, dass der Buchverleiher den Band in drei Teile zerschneiden muss, um die drängende Nachfrage der zahlreichen Leser bedienen zu können. Man zahlt dann nicht nach Tagen, sondern nach Stunden.« Machen Bücher womöglich Revolutionen?, beginnt man sich in London zu fragen. Condorcet, Thomas Paine und viele andere sehen das so und preisen in diesen Tagen die unbezwingbare Macht des Lesens.

Die *Analytical Review* wird von Johnson und Christie in der Absicht gegründet, die Pariser Leselust als eine Quelle der Revolution nach London zu importieren. Daran gemessen ist der Erfolg der neuen Zeitschrift mit tausendfünfhundert verkauften Exemplaren eher bescheiden. Aber nicht zuletzt dank Mary Wollstonecraft setzt sie Maßstäbe für die sich in dieser Zeit entwickelnde Literaturkritik. Lesen allein, so die Erkenntnis, nachdem sich die erste Euphorie angesichts der sich ausbreitenden Lesewut gelegt hat, schafft keine unmittelbaren Veränderungen. Der Inhalt der Lektüre gräbt sich in den Verstand der Leserinnen und Leser keineswegs ein wie in weiches Wachs. Etwas zu lesen heißt nicht zwangsläufig, daran zu glauben. Aber selbst wenn sich die neuen Vorstellungen nicht von allein in den Köpfen festsetzen, so verändern die neuen Lesegewohnheiten dieselben Köpfe dennoch mit der Zeit. Proportional zur Anzahl der gelesenen Bücher steigt auch die Ungläubigkeit der Leser, ihre grundsätzliche Skepsis. Menschen, die, wie aus Paris berichtet, in den alltäglichsten

Situationen lesen, die Bücher, statt sie zu studieren, gierig konsumieren und wieder beiseitelegen, die von Neuheiten erst entzückt und dann wieder enttäuscht sind, solche Leser verlieren den Respekt vor Autoritäten und entwickeln eine kritische Haltung zu dem Gelesenen, kurz, bei ihnen ist die Lektüre vom Gebrauch des eigenen Verstandes begleitet.

Dieser mündige Leser und diese mündige Leserin sind das Ideal eines Rezensionsorgans wie der *Analytical Review*. Die Zeitschrift will geeignete Kriterien entwickeln und die passende Lektüre an die Hand geben, damit sich solche Leser heranbilden können. Da die Zahl der Neuerscheinungen ständig in einem Ausmaß wächst, dass selbst ein Leben nicht dazu ausreichen würde, alles, was auf den Markt kommt, zu lesen; und da man die mit miserabler Lektüre vertane Zeit besser zur Lektüre guter Bücher nutzen kann, macht es sich eine Zeitschrift wie diese zur Aufgabe, das, was wirklich neu und bedeutend ist, zu unterscheiden von dem, was lediglich vorgibt, es zu sein.

Fortan ist Mary in der Tat »die Erste einer neuen Art«, wie sie ihrer Schwester berichtet. Nüchtern betrachtet reiht sie sich ein in die wachsende Schar der *hack writer,* der Lohnschreiber, die vom Schreiben leben müssen. Aber auch können: Es ist die Grundlage für die materielle und geistige Unabhängigkeit Marys in den nächsten Jahren. Die weit über dreihundert Rezensionen, die sie in dieser Zeit für die *Analytical Review* verfasst, machen aus ihr die erste bedeutende professionelle Rezensentin der Mediengeschichte. Die Tätigkeit des Rezensierens kommt ihrem Bildungseifer und ihrer Entdeckerfreude entgegen: Unermüdlich wühlt sie sich durch Neuerscheinungen, die sich schon damals zu Bergen türmen, liest, fasst zusammen, kommt zu einem Urteil, nicht selten einem kritischen.

Dabei bleibt sie die Pädagogin, die sie bislang gewesen ist, verlagert ihr Tun jedoch vom Bereich der Kindererziehung und des Schulunterrichts auf den abstrakteren der Unterrichtung und Kritik, letztlich auf den der »Erziehung des Menschengeschlechts«, wie es ein deutscher Aufklärer formuliert hat.

Ein Buch lesen, um sich über dessen Qualität ein Urteil zu bilden, ist ein anderes Lesen als eines, das auf Vergnügen, Identifikation oder die Erweiterung der Vorstellungskraft zielt. Es ist ein Lesen, das unwillkürlich ins Schreiben übergeht, indem auf dem Seitenrand oder einem separaten Blatt Randbemerkungen und Kommentare notiert werden. Das Lesen wird zur Aktion; wer so liest, antwortet dem Text, er ist sein Nutznießer, womöglich aber auch sein Rivale. Ein solcher Leser vergleicht das Gelesene mit anderem Gelesenem, ordnet es ein, hebt es hervor, stellt es richtig, beurteilt es, lobt es, verurteilt es vielleicht. Wenn man so will, verliert das Lesen damit seine Unschuld. Doch wie der Typus des Gelehrten oder der des Mönchs belegen, hat dieses Lesen, das mit dem Text in ein wechselseitiges Verhältnis von Frage und Antwort eintritt, eine lange Geschichte. Sie reicht sogar weiter zurück als das »naive«, das »verschlingende« Lesen. Von dem Kulturkritiker George Steiner stammt das Bonmot, ein Intellektueller sei ganz einfach »jemand, Mann oder Frau, der beim Lesen eines Buches einen Stift in der Hand hält«. Mary Wollstonecraft also schickt sich an, eine Intellektuelle zu werden.

Weit mehr als die Hälfte von Wollstonecrafts Rezensionen gelten der belletristischen Literatur. Zählt man, wie seinerzeit üblich, Reiseberichte und Biographien noch hinzu, bestreitet die Belletristik sogar das Gros der von ihr besprochenen Bücher. Unangefochten auf Platz eins befindet sich dabei die Romanliteratur, gefolgt von der Poesie, einigermaßen abgeschlagen ist die Dramatik, während Reiseberichte und Länderkunden, die sich beim lesenden Publikum aufgrund mangelnder eigener Mobilität großer Beliebtheit erfreuen, verhältnismäßig häufig auftauchen. Diese Rangfolge berücksichtigt sicherlich auch Marys eigene Interessen. Darin spiegelt sich aber ebenso ein literatursoziologischer Umstand wider: Romanleser sind seit Richardsons Bestsellern überwiegend Frauen, abgesehen von einem kleinen Anteil männlicher Jugendlicher – ein sattsam bekannter Umstand, an dem sich bis heute nichts geändert hat. Die *Blätter für literarische Unterhaltung*, eine Leipziger Literaturzeitschrift, formulieren diesen Befund 1837 dann pointiert so: »Männer lesen nicht mehr Romane, außer um sie zu rezensieren. Wer Romane schreibt, muss an die Damen denken, wenn er gelesen sein will. Sie herrschen schon jetzt.« So also sieht die Arbeitsteilung in Sachen Roman aus: Die Frau mit ihren eng begrenzten Möglichkeiten zur Lebenserfahrung liest, der Mann hingegen fühlt sich darüber erhaben, den Umweg über die Fiktion zu nehmen. Er beschäftigt sich mit Romanen höchstens in professioneller Absicht – als Rezensent. Auch darin ist Mary Wollstonecraft die berühmte Ausnahme, selbst wenn wir annehmen dürfen, dass die Männer in der Redaktion ihr die Belletristik gerade deshalb überlassen, weil sie sie mehr oder weniger für Frauenkram halten.

Und in der Tat: Die Mehrzahl der von ihr besprochenen Romane sind von Frauen geschrieben, die teilweise mit ihrem eigenen Namen hervortreten, teilweise auch anonym bleiben: »By a Lady« heißt es dann auf der Titelei. Bei uns heute ruft das Erstaunen hervor. Wir haben uns an das von der Literaturgeschichte vermittelte Bild gewöhnt, wonach der Anteil der Autorinnen bis weit ins 20. Jahrhundert lächerlich gering ist. Doch schon ein oberflächlicher Blick auf die Rezensionen

Mary Wollstonecrafts zwingt uns dazu, diese überkommene Ansicht zu revidieren. Seit den 1970er Jahren, als die zweite Welle des Feminismus unsere Kulturinstitutionen erreichte, haben Literaturwissenschaft und Verlage eine Fülle von Wiederentdeckungen vergessener literarischer Werke vorgelegt. Viele von der Literaturgeschichte unterschlagene Autorinnen wurden auf diesem Wege rehabilitiert. Doch selbst diese häufig lohnenswerten Anstrengungen vermögen die tatsächliche Fülle an Frauenromanen, wie sie für die Zeitgenossen von Mary Wollstonecraft selbstverständlich gewesen sein muss, nicht auch nur annähernd wiederzugeben. Damals herrschten, jedenfalls in Sachen Roman, die Damen in der Tat – auch als Autorinnen.

Wie aber erklärt sich dann, dass die meisten von ihnen mit der Zeit in Vergessenheit gerieten? Lesen wir dazu, was Louis-Sébastien Mercier unter dem Titel »Frauen als Autoren« in seinem *Tableau* notiert hat:

*Sobald die Frauen ihre Werke veröffentlichen, haben sie sogleich den Großteil ihres eigenen Geschlechts gegen sich und bald auch fast alle Männer. Der Mann möchte gern, dass eine Frau genügend Geist hat, um zu verstehen, aber nicht, dass sie so weit geht, mit ihm zu rivalisieren und die Gleichwertigkeit ihrer Begabung zu zeigen, während der Mann für sich täglich seinen Tribut an Bewunderung fordert.*

Diese scharfe Beobachtung eines Zeitgenossen bestätigt gleichsam vor der Zeit die Ansicht der feministischen Literaturwissenschaft: Die Verdrängung der literarischen Werke der Frauen sei das Resultat einer Strategie der Männer, die als Kritiker und von den Universitätskadern aus zu bestimmen begannen, was gute und was miserable, was ernsthafte und was lediglich unterhaltsame, was kanonische und was ephemere Literatur ist.

Die Lektüre von Marys Besprechungen der zeitgenössischen Produktion führt zu einem etwas differenzierteren Bild. »*The Happy Recovery* ist eine heterogene Anhäufung von Dummheit, Geschraubtheiten und Unwahrscheinlichkeiten«, lautet gleich der erste Satz ihrer ersten Rezension vom Juni 1788, die einem Roman »by a Lady« gilt. Eine Analyse von Romanen sei in der Regel nicht zu leisten, fährt Mary fort, der Jargon der Empfindsamkeit lasse sich nicht an Vernunftmaßstäben messen. Die Kritik müsse deshalb zum Spott greifen, mit dem Ziel der Abschreckung, um die Gedankenlosigkeit der allerschlimmsten Klischees und Vorurteile an den Pranger zu stellen. Marys Romanrezensionen der nächsten Jahre bieten ein reichhaltiges Spektrum an Verrissen, die an Aggressivität und Härte wenig zu wünschen übrig lassen. Zuweilen bestehen sie nur aus ein, zwei vernichtenden Sätzen, so etwa im Oktober 1789 zu *The Cottage of Friendship,* einem Roman aus dem Landleben, verfasst von einer Dame, die sich sinnigerweise Silviana Pastorella nennt: »Das romantische, unnatürliche Phantasiegespinst einer sehr jungen Dame, wie wir auch angesichts der geringen Lebenserfahrung vermuten … wir raten ihr, die Feder wegzuwerfen und einer nützlicheren Beschäftigung nachzugehen.« Und so könnte man immer weiter zitieren und würde doch dem grundsätzlichen Eindruck nichts hinzufügen.

Schon den Zeitgenossen drängt sich die Frage auf, ob Mary Wollstonecraft nicht allzu hart mit dem eigenen Geschlecht ins Gericht geht. Haben die verrissenen Werke nicht doch ihr spezifisches Recht, wie mehr als ein Jahrhundert später Virginia Woolf meinen wird – als tastende Gehversuche, in der Absicht unternommen, sich auf dem unwegsamen und teilweise feind-

lichen Gelände des literarischen Marktes zurechtzufinden, der
in seinen Schlüsselpositionen, den Rollen des Verlegers und des
Kritikers, nach wie vor (und zum Teil bis heute) fest in männlicher Hand ist? Haben die Unfertigkeit der Frauenromane und
ihr Hang zur stümperhaften Nachahmung erfolgreicher Vorbil-
der nicht auch damit zu tun, dass sich die Autorinnen selbst in
einer gesellschaftlich randständigen Position befinden, häufig
nicht mehr Lebenserfahrung besitzen, als in das Wohnzimmer
oder die Küche eines Bürgerhauses dringt? Es ist bezeichnend
für Mary, dass sie für derlei Überlegungen wenig Verständnis
aufbringt, sie im Gegenteil als Gefühlsduselei abtut. Ihre Sache
ist eine Kritik, die ungeachtet des Geschlechts des Verfassers
ausschließlich Qualität und Wirkung beurteilt. Dass Werke aus
der Feder von Frauen besondere Rücksichtnahme verlangen,
weil sie unter erschwerten Bedingungen entstehen, wäre ihr
wie das Eingeständnis erschienen, dass die Frauen doch nicht
für voll zu nehmen sind, weil sie, wie das gängige Vorurteil es
will, nicht nur körperlich, sondern auch geistig das schwächere
Geschlecht darstellen – *quod erat demonstrandum.*

Genau gegen diese Logik schreibt Mary Wollstonecraft
zeitlebens an, als Romanautorin, als Pamphletistin und auch
als Rezensentin. Aus eigener Erfahrung weiß sie, wie schwie-
rig es ist, sich vom konventionellen Rollenverhalten zu lösen,
das den Frauen aufgezwungen wird, und sich in einer Männergesellschaft zu behaupten. Dazu ist Unerschrockenheit erforderlich und dass man auf Sentimentalitäten nicht allzu viel
gibt, während viele Romane, selbst die von Frauen verfassten,
ein »überspanntes Gefühlsleben« zu dem einzig wahren weiblichen Charakter erklären. Daher die scharfen Geschütze, die
sie dagegen auffährt: Sie richten sich gegen eine Reduzierung
der Frau auf ihre Rolle als »gefühlsseliges Geschöpf«. Nicht

»die Träumereien des Gefühls, sondern die Kämpfe der Leidenschaft«, schreibt sie, lassen uns gegen Zwänge aufbegehren
und Grenzen überschreiten. In *Das Unrecht an den Frauen oder
Maria,* ihrem zweiten Roman, an dem sie im letzten Lebensjahr schreibt, versucht sie dieses Programm umzusetzen. Das
Geschehen verlegt sie kurzerhand an einen »Schreckensort«,
wie ihn Füssli gemalt haben könnte – einen Schauplatz von
real gewordenen Albträumen: die Irrenanstalt. Die erste Pointe
ihrer Geschichte ist, dass die Figuren, die sie dort zusammenbringt, Verrückte nur sind in den Augen einer Gesellschaft,
die Teile ihrer Mitglieder, insbesondere die Frauen, erniedrigt und beleidigt und die an ihrem Schicksal zerbrochenen
Seelen dann zu Geistesgestörten erklärt. Nicht der Insasse
der Anstalt, so Marys ganz und gar moderne Idee, ist gestört,
sondern die Gesellschaft, die ihn verrückt macht und anschließend einsperrt. Die zweite, zu ihren Zeiten weniger auffällige,
heute jedoch hervorstechende Pointe ihrer Geschichte ist, dass
sie lauter Leserinnen und Leser zusammenbringt: Menschen,
denen die Literatur letzte Zuflucht oder einziger Ausweg ist;
die sich kennen und lieben lernen, indem sie zu den Büchern
des anderen greifen und dabei dessen Charakter aus den im
Buch hinterlassenen Spuren und Notizen herauslesen.

Neben ihrer Tätigkeit als Rezensentin veröffentlicht Mary in
Johnsons Verlag Erziehungs- und Frauenratgeber und betätigt
sich auf dem heiß umkämpften Übersetzungsmarkt, wo seinerzeit noch die Maxime galt: Wer zuerst fertig ist, verkauft
auch zuerst. Mehr als die Schnelligkeit des Übersetzers zählt
nur noch sein Geschick, das Originalwerk den Marktbedürf-
nissen der Zielsprache anzupassen. Werktreue ist ebenso ein
Fremdwort wie Lizenzvertrag. Eine von Marys »Übersetzun-

gen« wird immerhin ein Bestseller: 1790 erscheint das moralische Elementarbuch des sächsischen Aufklärungspädagogen
Christian Gotthilf Salzmann auf Englisch. In demselben Jahr
holt Mary zu ihrem ersten publizistischen Coup aus: Als
Edmund Burke, seit mehr als zwanzig Jahren Abgeordneter des
Britischen Unterhauses und ein bedeutender Redner, seine
*Betrachtungen über die Revolution in Frankreich* veröffentlicht,
ist die Empörung in Johnsons Zirkel groß. Denn Burke hat
mit seinem Buch ein Manifest gegen die Revolution vorgelegt; er will sein Land vor dem Einfluss der revolutionären
Ideen schützen. Johnson muss Mary gar nicht lange überreden; sie ergreift die Gelegenheit beim Schopf und erhebt
ihre Stimme. Es sei unmöglich, ein halbes Dutzend Seiten
von Burkes Buch zu lesen, meint sie, ohne den Scharfsinn
des Verfassers zu bewundern oder entrüstet seine Spitzfin-
digkeiten und Trugschlüsse zurückzuweisen. Letzteres macht
sie zu ihrer Sache. *A Vindication of the Rights of Men* nennt
sie ihre in wenigen Wochen verfasste Gegendarstellung zu
Burkes Schrift, der ersten, die auf den Markt kommt, vor gut
drei Dutzend anderen, die noch folgen werden. *Vindication*
meint Verteidigung, aber auch Rechtfertigung. Das von Burke
angestimmte Hohngelächter über die Revolutionäre habe sie
nicht eingeschüchtert, schreibt sie in der Einleitung. Letztlich
ist ihre Schrift nichts anderes als eine besonders umfangreiche
Rezension, wie sie sie zu Dutzenden für die *Analytical Review*
geschrieben hat; genauer gesagt, es ist ein Totalverriss.

Die erste Auflage von Marys Pamphlet erscheint anonym.
Johnson hat wohl wenig Zutrauen in die Absatzchancen der
Schrift einer immer noch nahezu unbekannten Verfasserin,
die einem angesehenen Parlamentarier den Fehdehandschuh
hinwirft. Doch er soll unrecht behalten. Anfang 1791 muss

eine zweite Auflage gedruckt werden, und dieses Mal wird
ihr Name auf der Titelei genannt. Die Prominenz, die sie auf
diese Weise gewinnt, erweist sich indessen als steigerungs-
fähig. Gleich im Jahr darauf erscheint Marys zweite *Vindication*.
Burkes Frauenbild – kleine, schwache, hilfsbedürftige Wesen
von fragiler Gesundheit – hat schon in der ersten *Vindication*
ihren Widerspruch herausgefordert. Im Sommer 1792 macht
sich Mary an die Arbeit. In nur sechs Wochen wirft sie die
Schrift aufs Papier, die ihr die Aussicht auf Unsterblichkeit
sichert: *A Vindication of the Rights of Woman* - eine Verteidigung
der Rechte der Frau.

Weder Füssli noch sein provozierendes Gemälde »Der Nachtmahr« erwähnt sie in ihrer *Vindication of the Rights of Woman*.
Und doch gibt es zwischen dem Gemälde und ihrem Buch
eine enge Verwandtschaft: Beide werden von einem Thema
beherrscht, das sich Betrachter wie Leser sofort erschließt,
dessen öffentliche Diskussion aber tabu ist: die Sexualität.
»Shocking« – wir erinnern uns an Walpoles Kommentar zu
»Der Nachtmahr« – war für viele Zeitgenossen, Frauen wie
Männer, auch die Lektüre von Wollstonecrafts zweiter *Vindica-*
*tion*. Anders als der Titel es nahelegt, ist ihr großes Thema nicht
der Ausschluss der Frauen aus der öffentlichen Sphäre. Vorder-
gründig betrachtet geht es Wollstonecraft um das Recht der
Frauen auf Bildung. Die gesamte weibliche Erziehung ihrer
Zeit verfolge in der Hauptsache nur ein Ziel – »sie hübsch
erscheinen zu lassen«. Die Mädchen und jungen Frauen, so
spitzt sie die geläufige Praxis zu, würden »in Käfigen gehalten wie die gefiederte Rasse, sie haben nichts anderes zu
tun, als sich zu putzen und mit scheinbarer Erhabenheit von
Stange zu Stange zu stolzieren«. Diese Erfahrung hat sie in

dem einen Jahr ihrer Gouvernantentätigkeit bei der irischen Familie gemacht. Die Dressur dient einem einzigen Zweck: die jungen Frauen möglichst vorteilhaft zu verheiraten, mit der Konsequenz, dass sie die Käfighaltung im Elternhaus gegen die im Haus des Ehemanns eintauschen. Sie werden zum »Spielzeug des Mannes«, schreibt Mary, »als seine Rassel«, die in seinen Ohren klingelt, wann immer der Herr, die Vernunft beiseiteschiebend, Unterhaltung wünscht.

Dies führt Mary Wollstonecraft zu ihrer ersten Forderung: die Frau nicht nur als sexuelles Wesen, sondern zugleich auch als Vernunftwesen anzuerkennen. Heftig polemisiert sie gegen Rousseaus berühmten Satz, Männer seien nur zeitweise Geschlechtswesen, Frauen hingegen immer. »Frauen wären nicht immer Frauen, wenn es ihnen gestattet wäre, mehr Vernunft zu erlangen«, schreibt sie. Die Schwächen und Fehler, die man den Frauen von alters her aufgrund der Tatsache vorwerfe, dass sie Frauen seien, hätten nichts mit ihrem Geschlecht zu tun, sondern seien in Wirklichkeit Folgen der Unmündigkeit, zu der die Männer und das Heiratssystem sie verurteilen. Deshalb ruft ihre Schrift zu einer Revolutionierung der Mädchenerziehung und letztlich der weiblichen Sitten auf. Mädchen sollen die gleiche Bildung erhalten wie Jungen, Frauen die gleichen Lebenschancen haben wie Männer, eingeschlossen die Chance auf soziales Fortkommen, Eheschließungen sollen ohne Zwang erfolgen. Weibliche Unabhängigkeit im Denken und Handeln und die Ausübung der Mutterrolle sind für sie keine Gegensätze. In einer Zeit, in der es üblich war, dass die bessergestellten Frauen ihre Kinder nach der Geburt weggaben und von Fremden aufziehen ließen, plädiert sie für eine selbstbewusste, aufgeklärte Mutterschaft. Um eine gute Mutter zu sein, müsse eine Frau »Verstand und jene

geistige Unabhängigkeit haben, die wenigen Frauen eigen ist,
denen man beibringt, sich ganz auf ihren Mann zu verlassen«,
schreibt sie. Mary Wollstonecraft hat als Erste gesehen, dass die
Emanzipation der Frauen von der Mitwirkung der Männer
abhängig ist. Solange die Männer ihre väterlichen Pflichten
nicht erfüllen, argumentiert sie, sei auch von den Frauen nicht
zu erwarten, dass sie ihre Zeit statt vor dem Spiegel im Kinderzimmer verbringen. Die übermäßige Beschäftigung der
Frauen mit ihrem Aussehen hält sie für den hilflosen Versuch,
»indirekt ein wenig von der Macht abzubekommen, an der
ihnen ungerechterweise der Anteil verweigert wird«. »Ich
will allen Ernstes, dass der Geschlechterunterschied in der
Gesellschaft aufgehoben werde, außer dort, wo die Liebe das
Verhalten bestimmt«, schreibt sie. Das sei ihr »wilder Wunsch«.

Wie aber verhält es sich mit jenem Bereich, »wo die Liebe
das Verhalten bestimmt«? Soll er von der geforderten Gleichstellung der Frau mit dem Mann ausgenommen sein? Hier
nähert sich Mary Wollstonecrafts Argumentation einem heiklen
Punkt: Ihr weiter reichendes Anliegen ist es, das Prinzip der
Revolution auch auf das Verhältnis von Männern und Frauen
als Geschlechtswesen anzuwenden – die Frau als Vernunftwesen,
aber auch als eigenständiges sexuelles Wesen anzuerkennen. Wir
brauchen nicht nur eine politische, sondern auch eine sexuelle
Revolution, könnte man ihre ursprüngliche Einsicht formulieren, aus deren Geist heraus die zweite *Vindication* geschrieben
ist. Die politische Revolution sei so lange nicht abgeschlossen,
möglicherweise sogar zum Scheitern verurteilt, als sie nicht
durch eine sexuelle Revolution ergänzt werde. Aus guten Gründen vermeidet Mary es, in diesem Punkt allzu konkret zu werden. Worum es aber letztlich geht, ist klar: gleiche Freiheiten
für beide Geschlechter in Fragen der Sexualität und der Liebe.

Das meint freie Partnerwahl und gegebenenfalls deren Revision, inbegriffen die Auflösung der Ehe, wenn die Wahl des Partners etwa durch elterlichen Zwang erfolgt ist oder die Ehe einem der beiden Partner Unzumutbarkeiten aufbürdet. Diese können auch darin bestehen, dass er oder sie durch die Ehe in der Entfaltung der Persönlichkeit behindert wird. Besser ein Ende mit Schrecken als ein Schrecken ohne Ende.

Für uns heute mögen das Selbstverständlichkeiten sein, in der Zeit, in der Mary Wollstonecraft lebte, rührten solche Ansichten an das Fundament der sozialen Ordnung. Ein Leser ihrer Schrift, der Dichter James Lawrence, formulierte ihre Forderungen mit einer Direktheit, die ihr selbst nicht zu Gebote stand: »Erlaubt jeder Frau vollkommen unbeaufsichtigt von einem Mann zu leben und lasst sie in den Genuss aller Freiheiten kommen, die sich die Männer gegenwärtig herausnehmen; erlaubt ihr, von so vielen Liebhabern besucht zu werden, wie sie möchte und was auch immer ihre soziale Stellung sein möge.« Doch schon das, was sie andeutungsweise zum Thema »freie Liebe« sagt, reicht aus, um die Grenzen dessen zu überschreiten, was guter Geschmack und Toleranz zu ihrer Zeit hinzunehmen bereit sind.

Gutwillige zeitgenössische Leser und Rezensenten der zweiten *Vindication* hielten sich deshalb an das Recht auf Bildung der Frau, das in Deutschland etwa auch Theodor Gottlieb von Hippel in seiner Streitschrift *Über die bürgerliche Verbesserung der Weiber* einklagt. Darauf konnte man sich in den 1790ern gerade noch verständigen. Die eigentliche Sprengkraft von Marys Schrift hingegen wurde zwangsläufig eher von denen bemerkt, die sie empört ablehnten - etwa einem Rezensenten der Jenaer *Allgemeinen Literatur-Zeitung*, der meinte, hier werde einer »Totalrevolution in der Verfassung des weiblichen Geschlechts« das Wort geredet.

Während die zeitgenössische Intelligenz noch über Marys Thesen streitet, bricht diese drei Monate nach dem ersten gescheiterten Versuch mitten im Winter 1792 nach Paris auf. Ein zweites Mal werde sie nicht in Dover haltmachen, schreibt sie in einem Brief; »denn da ich allein fahre, heißt es *neck or nothing* – alles oder nichts«. Will man ein Ziel erreichen, so ihre Einsicht, darf man nicht nach dem ersten Rückschlag schon aufgeben, und man muss im Ernstfall bereit sein, die Sache allein durchzufechten – auch oder gerade als Frau. In der Stadt der Revolution angekommen, erwartet sie indessen eine herbe Enttäuschung. In seinen *Betrachtungen über die Revolution in Frankreich* hatte Burke bereits drei Jahre vor der Jakobinerherrschaft prophezeit, dass die Revolution in Terror umschlagen werde. Auch seine schärfste Kritikerin muss nun zugeben, dass er wenigstens darin recht behalten hat. Während Marys Pariser Aufenthalt prägt der Abgeordnete Pierre Victurnien Vergniaud ein unvergessliches Bild für die Brutalität der Ereignisse: Wie Saturn verschlinge die Revolution ihre Kinder.

Wenn aber der politischen Revolution so wenig Erfolg beschieden ist, ist es womöglich besser, auf jene andere Revolution zu setzen, die sie erst zur »Totalrevolution« ergänzt – die Revolution der Sitten und der Liebe. Sicher ist das ein guter, womöglich sogar der einzige Weg, um dem Schrecken, der in Paris um sich greift, etwas entgegenzusetzen. Jedenfalls entnehmen wir Marys Briefen, dass die Pariser Leichtlebigkeit äußerst ansteckend auf sie wirkt. Das Leben in Paris gleicht damals einem Tanz auf dem Vulkan. Und Mary beginnt mitzutanzen. Sie hört auf, ihr kastanienbraunes Haar unter Schichten von Puder zu verbergen, sodass es wie ein verblichener Lappen aussieht, und vertauscht die schwere Jacke aus dunkler

Wolle mit einer Bluse, die unter der Brust geschnürt wird, wie sie die Pariserinnen tragen.

London hat Mary auch in der Absicht verlassen, ihr privates Unglück vergessen zu können. Dieses Unglück trägt den Namen Füssli, für den sie eine beträchtliche Leidenschaft entwickelt hat, die dieser aber nur halbherzig erwidert. Nun, in Paris, ist das allgemeine Glück zwar sehr viel weniger groß, als sie erhofft hat, dafür jedoch stellt sich, zumindest anfangs, das private ein. Mary macht die Bekanntschaft von Gilbert Imlay, einem amerikanischen Geschäftsmann und Schriftsteller, der während des Unabhängigkeitskrieges aufseiten der Aufständischen gekämpft hat. Der Mann aus dem Westen und die Verteidigerin der Rechte der Frau werden in der Stadt der Revolution ein Paar. Es vergehen nur wenige Monate, da ist Mary schwanger. Imlay hingegen befindet sich inzwischen in Le Havre, wo ihn, wie er beteuert, wichtige Geschäfte festhalten. Im Januar 1794 zieht Mary ihm nach und bringt im Mai in Le Havre die gemeinsame Tochter Fanny zur Welt. Mary lebt mit Imlay zusammen und nimmt aus Rücksicht auf das Kind und auf die Leute seinen Nachnamen an, die beiden sind aber weiterhin unverheiratet. Mitte August, Imlay ist bereits nach London abgereist, neuer Geschäfte wegen, kehrt Mary mit der kleinen Fanny nach Paris zurück. Dort wartet sie bis zum April des nächsten Jahres vergebens auf die Rückkehr des Geliebten und Kindsvaters. Die ganze Zeit über schreibt sie ihm liebevolle, bittende, flehende, wunderschöne Briefe. Von bösen Ahnungen geplagt, macht sie sich schließlich nach London auf, und in der Tat: Imlay hat eine Geliebte, von der er sich trotz der Anwesenheit von Mutter und Kind nicht trennen will. Mary ist verzweifelt; so spät in ihrem Leben hat sie Liebe und Leidenschaft kennengelernt, und das soll nun das

Ende sein. Sie unternimmt einen Selbstmordversuch, reist mit ihrer einjährigen Tochter einige Monate durch Skandinavien, worüber sie ein Buch schreibt, das vielleicht ihr schönstes ist, unternimmt nach ihrer Rückkehr einen zweiten Selbstmordversuch und schlägt schließlich Imlay, den sie immer noch liebt, ein Leben zu dritt vor. Der aber verschwindet mit seiner Geliebten nach Paris, und Mary findet endlich die Kraft, sich von ihm zu lösen.

Als Erster hat William Godwin in seinen *Erinnerungen an die Autorin der Verteidigung der Rechte der Frau* von dieser Liebestragödie berichtet, die einem wie ein Roman vorkommt, allerdings keiner von der empfindsamen Sorte, die Mary sowieso nicht mochte, sondern ein Roman der Leidenschaft, jedenfalls was ihren Part, den der Frau, angeht. In Anbetracht ihrer unglücklichen Liebe und ihrer Suizidversuche nennt Godwin Mary einen »weiblichen Werther«. Die Botschaft ist klar: Nicht moralische Nachlässigkeit, sondern extreme Feinfühligkeit war der Grund dafür, dass Marys Leben derart unkonventionell verlief. So schaffte es Goethes rebellischer Jugendroman, den Mary gut kannte, noch in die Kreise der radikalen Frauenemanzipation und der Apologeten der freien Liebe. Es sollte nicht seine letzte Station sein.

Den Anarchisten William Godwin hat Mary ein Jahr vor ihrem Aufbruch nach Paris auf einem Dinner bei Johnson, dem Verleger, kennengelernt. Die beiden waren sich herzlich unsympathisch. Außer ihnen war noch Thomas Paine zugegen, bekam aber, wie es seine Art war, kaum den Mund auf. Das Gespräch drehte sich um große Männer; Mary, ganz Rezensentin und Frauenrechtlerin, sah alles von der negativen Seite und sparte nicht mit polemischen Urteilen. Godwin hingegen fühlte sich bemüßigt, die Männer zu verteidigen. Und so ging man verärgert und in gegenseitiger Abneigung auseinander. Nun, vier Jahre nach der ersten Begegnung, treffen Feministin und Anarchist einander wieder und schließen Freundschaft, welche in Liebe übergeht – anders als bei der Beziehung zu Imlay, die leidenschaftlich begann und lieblos endete. Beide sind aus Prinzip gegen die Ehe, Godwin noch vehementer als Mary. Die Institution der Ehe sei ein System gegenseitigen Betrugs, erklärt er in seinem Hauptwerk *Politische Gerechtigkeit*, eine Folge vor allem der Feigheit der Männer, die sich gegen den Verlust ihrer Frauen absichern wollten. Ihre Abschaffung bringe keinerlei Nachteile, im Gegenteil sollten Männer wie Frauen frei darin sein, Sex zu haben, mit wem und auch so lange es ihnen beliebt. Und doch heiraten er und Mary, als diese ein zweites Mal schwanger wird. Das Glück, das daraus hervorgeht, ist ein Experiment, so wie Marys gesamtes Leben von Anbeginn an ein Experiment gewesen sei, meint Virginia Woolf in ihrem bezaubernden Essay über Mary Wollstonecraft: »ein Versuch, menschliche Konventionen enger mit menschlichen Bedürfnissen in Einklang zu bringen«. Es ist auch ein kurzes Glück: Godwin und ihr sind nur wenige gemeinsame Monate beschieden. Am 10. September 1797 stirbt Mary Wollstonecraft, verheiratete Godwin, im Alter von achtunddreißig Jahren, wenige Tage nachdem sie einer zweiten Tochter das Leben geschenkt hat, am Kindbettfieber.

Die meisten Historiker sind sich einig, dass es zum Ende des 18. Jahrhunderts hin rasch wieder still wurde um die Frauen-frage. Dabei behandeln sie das Phänomen oftmals ausschließ-lich auf der Ebene der Texte, der publizierten und unter den Zeitgenossen in der Regel nur gering verbreiteten Schriften. Und in denen begannen sich die frauenfeindlichen, restaurativen Tendenzen in der Tat schon bald wieder durchzusetzen, während Bücher wie die von Theodor Gottlieb von Hippel oder Mary Wollstonecraft keine nachhaltige Wirkung ausübten und zunehmend in Vergessenheit gerieten. Angesichts dessen sieht es so aus, dass um 1800, nach einer kurzen Phase, »in der die Weiber frech geworden«, die Befürworter einer Emanzipation der Frau bald wieder ins Hintertreffen gerieten. Einen etwas anderen Eindruck erhält man bei Betrachtung der Lebensläufe. Leben wie die von Mary Wollstonecraft oder Caroline Böhmer – mit wilden Ehen, unehelichen Kindern, Scheidung und Wiederverheiratung – waren um und nach 1800 längst nicht mehr jene Ausnahmen, für die wir sie heute halten. Dass Heirat die einzige Weise für Frauen sei, um voranzukommen, wie Mary Wollstonecraft behauptete, und dass der dadurch aufgebaute Konkurrenzdruck die Frauen verdumme, stimmte schon zu dem Zeitpunkt, an dem sie dies schrieb, längst nicht mehr so pauschal. Mary war nicht die Einzige, die die Revolution, die außerhalb ihrer selbst stattfand, zu einer Wirkkraft in ihrem eigenen Leben machte. Die Schriftstellerin Emilie von Berlepsch etwa, eine Bewunderin Wollstonecrafts, bekam mehrere Kinder, ließ sich scheiden, nachdem sie entdeckte hatte, dass ihr Mann ein Verhältnis mit ihrem Kammermädchen hatte, war kurzzeitig mit Jean Paul verlobt, hatte danach diverse Liebschaften, angedichtete wie tatsächliche, unternahm eine längere Reise nach Schottland und heiratete schließlich ein zweites Mal. In ihrer Schrift *Über einige zum Glück der Ehe notwendige Eigenschaften und Grundsätze* aus dem Jahr 1791 hat sie als Lebensmaxime einer unabhängigen Frau festgehalten: »Wir müssen alleine stehen lernen! Wir müssen unsere Denkart, unsern Charakter in unsern eignen Augen so ehrwürdig machen, dass uns das

Urteil andrer in unserem geprüften und gerechten Urteil über uns selbst nicht irre machen kann.«

Der Oxforder Historiker Faramerz Dabhoiwala, Autor des Buches *The Origins of Sex. A History of the First Sexual Revolution*, vergleicht die damalige Revolutionierung der Sitten mit der sexuellen Befreiung der 1960er Jahre und kommt zu dem Schluss:

*Um 1800 hat sich eine so vollkommen neue Art des Denkens etabliert, dass man nur von einer sexuellen Revolution sprechen kann, die viel fundamentaler war als die sexuelle Befreiung der 68er. Um 1650 wurde nur eines von 100 Kindern außerhalb der Ehe geboren. 1800 waren es 25 Prozent. Jahrhundertelang war klar definiert, was natürlich und unnatürlich, richtig und falsch, privat und öffentlich ist. Dieses Weltbild wurde von der ersten sexuellen Revolution total auf den Kopf gestellt. Zeitungen, Journale, Magazine – die Medienwelt explodierte. Frauen fanden immer mehr Gehör, wenn sie in journalistischen und literarischen Texten ihre Gefühlswelt beschrieben. Die Opfer bekamen eine Stimme. Es ist die große Zeit des Romans, einer vollkommen neuen Art des Schreibens, die den Leser viel direkter ins Bewusstsein der Figuren schauen lässt als ein Drama, das auf einer Bühne aufgeführt wird. Lesen und Leben befruchteten sich wechselseitig.*

Mary Wollstonecraft hatte schon recht: Es gab Romane, darunter auch solche von Autorinnen, die der Abhängigkeit der Frau von »männlichen« Institutionen wie dem Heiratssystem Vorschub leisteten. Generell war der Geist der Romane jedoch rebellisch. Auch jenen Leserinnen, die außerhalb ihrer Lektüre kaum ein eigenes Leben hatten, vermittelten sie, was ansonsten nur das Leben lehrte. Den anderen bewiesen sie, dass sie mit ihren Gefühlen und Gedanken nicht alleinstanden. Die Romane waren Katalysatoren von Erfahrungen. Sie zeigten das Leben als ein »offenes System«, das nicht in einer Religion oder Philosophie, geschweige denn in einer Moral aufging: mit Bestimmungen und Umwegen, mit überraschenden Wendungen und unvorhergesehen Ausgängen, mit einer Herz- und einer Kopflinie, mit einer Ich- und einer Weltseite. Mit anderen Worten: Sie waren gnadenlos realistisch, so phantastisch die erzählten Begebenheiten zuweilen auch anmuteten. Beide, die Romane *und* die Revolution, deren seismische Wellen noch in Kleinstädten für durchaus wahrnehmbare Erschütterungen sorgten, stachelten den Widerspruchsgeist vieler Frauen an: Die Existenz, die sie führten, erschien ihnen auf einmal als nur eine von vielen Möglichkeiten und nicht selten als eine durchaus schlechte, zumindest verbesserungswürdige. Das Leben der Frauen, und damit auch das der Männer und Kinder, begann sich unwiderruflich zu verändern.

TEIL 2

# Die Macht des Lesens

Das 19. Jahrhundert

*Was ist ein Frauenroman? Ein Roman, der von einer Frau geschrieben wurde? Dessen Hauptfigur weiblich ist? Oder der mehrheitlich von Frauen gelesen wird? Auf die Romane Jane Austens – am bekanntesten Stolz und Vorurteil – treffen alle drei Kriterien zu. Und wie sich zeigen wird, sind sie sogar viel mehr als »nur« Frauenromane.*

## 6

STEVENTON, 1808

# Die Unabhängigkeitserklärung
## der Leserin: Jane Austen

Als die amerikanische Literaturwissenschaftlerin Patricia Meyer Spacks Anfang der 1980er Jahre nach China reiste, begegnete sie einer jungen Chinesin mit exzellenten Englischkenntnissen. Diese verriet ihr, dass sie viele englische Romane gelesen habe. Nach ihrem Lieblingsschriftsteller gefragt, lautete die spontane Antwort: Jane Austen. Die Chinesin hatte alle Romane von Jane Austen gelesen, nicht nur einmal, sondern wieder und wieder.

Patricia Meyer Spacks hielt mit ihrer Verwunderung nicht hinter dem Berg. Die Welt Jane Austens schien ihr so weit entfernt wie nur möglich zu sein von einer Gesellschaft, in der die Kulturrevolution erst in jüngster Zeit zu Ende gegangen war, einem Land, in dem Männer wie Frauen immer noch graue Kleidungsstücke trugen, die an Pyjamas erinnerten, und die meisten Menschen so redeten, als würden sie ununterbrochen aus dem Roten Buch zitieren. Zeugte es in einer solchen Umgebung nicht von überspannter Wirklichkeitsflucht, an den Gebräuchen und Sitten einer längst vergangenen kleinteiligen Welt Anfang des 19. Jahrhunderts Gefallen zu finden? Also fragte sie nach: Warum, bitte, liebte sie Jane Austen? »Oh«, kam die Antwort, »die Ironie, der Witz, die Anmut.«

Im Druck erschien der Name der heute weltweit bekannten und geliebten Romanautorin zu ihren Lebzeiten lediglich zwei Mal, und beide Male geschah das nicht auf der Titelei eines von ihr selbst verfassten Werkes. Diese trugen lediglich Vermerke wie »Von einer Dame« (»By a Lady«), so im Fall von *Verstand und Gefühl*, ihrem 1811 erschienenen Erstlingsroman, »Von der Autorin von *Verstand und Gefühl*« (bei *Stolz und Vorurteil*, ihrem zweiten Roman, 1813 veröffentlicht) oder »Von der Autorin von *Stolz und Vorurteil* usw. usw.« auf der Titelei von *Emma*, ihrem vierten und letzten zu Lebzeiten publizierten Roman aus dem Jahr 1816. Das Prestige einer Romanautorin beruhte nicht auf dem bürgerlichen Namen, sondern auf den Erfolgstiteln, deren Nennung das beste Verkaufsargument darstellte.

Bezeichnend für Jane Austens Zurückgezogenheit genauso wie für ihre Belesenheit ist es, dass die einzigen beiden uns bislang bekannten öffentlichen Erwähnungen ihres Namens im Kontext der Werke anderer erfolgten. Beide Male taucht er auf Subskribentenlisten auf; diese führen die Namen der Personen auf, die ein bestimmtes Buch vorbestellt und im Voraus bezahlt haben. Das war für Autor wie Verleger eine gute Möglichkeit, den Absatz eines Werkes einzuschätzen und noch vor der Drucklegung Geld zur Begleichung der Kosten einzusammeln. Bei der zweiten der beiden Nennungen handelte es sich um einen Band mit Predigten. Bei der ersten Subskription hingegen ging es um einen Roman der heute nur noch Literaturhistorikern bekannten, damals jedoch durchaus prominenten Frances Burney.

»AUFFORDERUNG zur Subskription einer NEUERSCHEINUNG in vier Bänden im Duodez-Format«, meldete der *Morning Chronicle* vom 7. Juli 1795: »Von der AUTORIN von

EVELINA und CECILIA: Auslieferung am oder vor dem 1. Juli 1796. Der Subskriptionspreis beträgt 1 Guinee, zahlbar zum Zeitpunkt der Vorbestellung.«

Zwei Jahre zuvor hatte Frances Burney im damals beträchtlichen Alter von einundvierzig Jahren den französischen Generaladjutanten Alexandre d'Arblay geheiratet, der vor den Auswüchsen der Französischen Revolution nach England geflohen war. Der Emigrant war mittellos und katholisch, und die Ausschreibung der Subskription für ihren dritten Roman diente in erster Linie der Aufbesserung der spärlichen Finanzen der »jungen« Familie; Frances, die allgemein nur Fanny genannt wurde, war im Dezember 1794 Mutter geworden.

Fanny Burney gelang es, annähernd elfhundert Vorbestellungen für ihr neues Buch einzusammeln, das wie die beiden ersten einen Mädchennamen im Titel trug: *Camilla, oder ein Jugendbild*. Eine Guinee im Jahr 1795, das entspricht heute etwa 125 Euro, so teuer waren Bücher damals. Demnach brachte der Autorin die Subskription ihres neuen Buches die stattliche Summe von über 100 000 Euro ein, selbst wenn man die Kosten für den Drucker und die Kommissionsgebühren des Verlages abzieht. Heute müsste ein Autor dafür bei einem Honorar in Höhe von zehn Prozent des Ladenpreises über fünfzigtausend Exemplare im Hardcover verkaufen. Das wäre dann ein ansehnlicher Bestseller, der in der Liste des *Spiegel* wahrscheinlich einige Wochen lang einen vorderen oder einige Monate lang einen mittleren Platz belegen würde. Mit den Einnahmen aus dem Buchverkauf finanzierte Madame d'Arblay den Bau eines Hauses für ihre Familie in Westhumble, das sie sinnigerweise »Camilla Cottage« taufte.

Neben der Sicherheit, ein Exemplar der ersten Auflage zu erwerben, winkte den Subskribenten, die im Vertrauen auf die Qualität der Autorin die Ausgabe von einer Guinee nicht scheuten, auch eine namentliche Erwähnung auf der Pränumeranten-Liste. Sie umfasste sage und schreibe achtunddreißig Seiten. Viel Prominenz war vertreten. Edmund Burke, ein langjähriger Bewunderer Fanny Burneys, hatte gleich zehn Exemplare im eigenen Namen vorbestellt und weitere zehn im Namen seines Sohnes, den er kürzlich verloren hatte. Weitere Subskribenten waren die Witwe des berühmten Schauspielers David Garrick sowie die große Tragödin Sarah Siddons, die prominenteste Theaterschauspielerin der Zeit. Der Name von Georgiana Cavendish, der Herzogin von Devonshire, eine der einflussreichsten Adligen ihrer Zeit, fehlte auf der Liste genauso wenig wie der des Naturalisten Sir Joseph Banks und der des Landschaftsgärtners Humphry Repton. Und natürlich waren renommierte zeitgenössische Autorinnen wie Maria Edgeworth, Hannah More und Ann Radcliffe vertreten. Eingezwängt zwischen »George Aust, Esq.« und »Mrs Ayton« war schließlich eine gewisse »Miss J. Austen, Steventon« zu finden. Die Guinee für die Subskription hatte der zwanzigjährigen Jane Austen ihr Vater spendiert.

1795 war Jane Austen eine lebenslustige junge Frau, die Geselligkeit schätzte und möglichst keine Einladung zu einem Ball oder Abendessen ausschlug. Einem Flirt war sie selten abgeneigt und verwandte viel Zeit auf ihr Aussehen. »Ich habe mein ganzes Geld für eine pinkfarbene Persianerstola ausgegeben«, schrieb sie an Cassandra, ihre zwei Jahre ältere Schwester und lebenslange Vertraute. Deshalb hoffe sie nur, dass ihr Bruder Edward die Pelze, mit denen er sie bedenken wolle, nicht gekauft habe; »denn ich werde nicht in der Lage sein, ihn zu bezahlen«.

Als die Bände von *Camilla* im Juli 1796 in Steventon eintra-
fen, waren sie kartoniert und unaufgeschnitten. Wahrscheinlich hat Cassandra, in deren Besitz sie nach Jane Austens Tod
übergingen, sie später mit einem Halbledereinband versehen.
Trotz des gewaltigen fünfbändigen Umfangs hatten die beiden
Schwestern die neue Burney im Nu verschlungen. Schon bald
war *Camilla* ein beliebtes Thema in ihren Gesprächen und
Briefen, auch weil sich das Buch wunderbar für Anspielungen
und lästerliche Bemerkungen eignete, die insbesondere Jane
so schätzte. Als sie im Sommer nach Rowling zu Freunden
fuhr, gingen Briefe an die Schwester, in denen die Schrei-
berin ihre Situation dort mit Szenen verglich, die beide aus
Burneys Roman kannten. Ihre Situation sei indes um einiges
vorteilhafter als die von Camilla, schrieb sie: »denn ich bin
glücklich hier«.

Obwohl Jane Austen ihre Bücher in Ehren hielt und
*Camilla* selbst bei ihren zwei größeren Umzügen nicht ver-
äußerte, konnte die begeisterte Romanleserin, die seit ihrem
zwölften Lebensjahr anfangs kürzere literarische Texte, später
auch erste Romane schrieb, nicht der Versuchung widerstehen, in den kostbaren Band etwas hineinzukritzeln. Auf dem
ursprünglichen Einband hat sie notiert: »Seitdem dieses Werk
in Druck ging, hat ein Umstand von einiger Bedeutung für
das Glück von Camilla stattgefunden, nämlich Dr. Marchmont ist schließlich gestorben« (wobei das letzte Wort durch
den späteren Einband verdeckt wird). Dr. Marchmont ist
eine unsägliche Figur in Burneys Roman – ein Wichtigtuer,
der sich in alles einmischt und über fünf lange Bände zum
Haupthinderungsgrund dafür wird, dass Camilla ihren Edgar
heiratet, obwohl beide sich lieben. Die spöttische Bemerkung
der jungen Jane Austen zeigt, dass bereits sie selbst von jener

Krankheit infiziert war, die alle »Janeiten« charakterisiert, wie sich die bedingungslosen Anhänger Jane Austens nach dem Titel einer Kurzgeschichte von Rudyard Kipling aus dem Jahr 1926 bis heute nennen: Sie können derVersuchung nicht widerstehen, sich mit den Romanfiguren ihrer verehrten Autorin über das Ende ihrer Bücher hinaus zu beschäftigen. Mittlerweile ist daraus unter dem Stichwort Fanfiction ein eigener Zweig der Literatur von Lesern geworden.

Im Fall von *Camilla* ging Jane Austens Identifikation eine Zeitlang so weit, dass sie die Meinung anderer zu dem Roman zu einem Prüfstein für deren Charakter machte. An einer Miss Fletcher, der sie auf einer Party begegnete, hob sie zwei sympathische Eigenschaften hervor: Sie nehme keine Sahne in den Tee und bewundere *Camilla*. Dumme oder unliebsame Menschen hingegen zeichneten sich dadurch aus, das Buch nicht zu mögen. In *Die Abtei von Northanger*, ihrem 1797 begonnenen Roman, der erst postum erscheint, wirbt ein John Thorpe um die Heldin Catherine Morland, die Romane nicht nur liebt, sondern auch die Erwartung hat, das Leben gleiche ihnen irgendwie. Thorpe, ein prahlerischer Student, dessen literarische Urteile wie auch seine sonstigen Ansichten voller Klischees undVorurteile sind, bezeichnet *Camilla* als das »alberne Buch dieser Frau, mit der so viel Rummel gemacht wird, sie ist mit diesem französischen Emigranten verheiratet«.

»Sie meinen sicher *Camilla*«, hilft Catherine seinem Gedächtnis auf die Sprünge.

*»Ja, das ist das Buch, so was Übertriebenes! Ein alter Mann, der auf der Wippe schaukelt! Ich habe in den ersten Band reingesehen und fand ihn unerträglich; ich konnte mir schon denken, was es für blödes Zeug sein musste, bevor ich das*

*Buch sah. Sobald ich hörte, sie hat einen Emigranten gehei-*
*ratet, war mir klar, ich würde es nie durchkriegen.«*
     *»Ich habe es nicht gelesen.«*
     *»Da haben Sie auch nichts versäumt, verlassen Sie sich*
*darauf; es ist der grauenhafteste Unsinn, den Sie sich vor-*
*stellen können; es handelt von nichts anderem als einem*
*alten Mann, der auf einer Wippe schaukelt und Latein lernt,*
*Ehrenwort, von nichts anderem.«*

Vorurteile gegen die Autorin (als Ehefrau eines Emigranten)
vermischen sich in Thorpes peinlichem Redeschwall mit
Unkenntnis des Textes. In *Camilla* hat die Unachtsamkeit
des älteren Mannes nämlich schreckliche Folgen: Während er
»Latein lernt«, stürzt seine achtjährige Nichte Eugenia von der
Wippe und verletzt sich dabei so schwer, dass sie zeitlebens
ein Krüppel bleibt. Und als ob das nicht reichte, sorgt die
Verletzung obendrein dafür, dass bei ihr die Pocken ausbrechen,
wodurch ihr Gesicht entstellt wird. Kein Wunder, dass der Heiratsantrag des Belesenheit vortäuschenden jungen Thorpe von
Jane Austens Heldin Catherine geflissentlich ignoriert wird.
Männer haben im vorwiegend weiblichen Romanuniversum
Jane Austens nur dann eine Chance auf Anerkennung, wenn
sie die zentrale Leidenschaft der Autorin wie ihrer Heldinnen
teilen – Romane.

     Die kleine Szene belegt aber auch, dass Jane Austen für ein
Lesepublikum schrieb, bei dem sie die Kenntnis bestimmter
Werke der Gegenwartsliteratur voraussetzen konnte. In man-
cher Hinsicht waren das genau die elfhundert Leute, deren
Namen auf den ersten Seiten von *Camilla,* mit allen ihren
Titeln versehen, ausgebreitet waren und unter die sich die
hoffnungsvolle Jungautorin mit ihrer Subskription eingereiht

hatte. »Camilla lebte im Schoß ihrer achtbaren Familie«, lautet einer der ersten Sätze von Fanny Burneys Roman. Achtbare Leute, das waren nahezu alle Leser von *Camilla*, und nahezu alle lebten sie im Schoß ihrer Familie. Wie auch Jane Austen.

Jane Austen war eine Pfarrerstochter. Ihr Vater, George Austen, stammte aus Kent und war schon mit sechs Jahren Waise. Dass er dennoch in Oxford studieren konnte, wo er auch als Geistlicher ordiniert wurde, hatte er einem wohlhabenden Onkel zu verdanken, der sich seiner annahm. Die Übertragung der Pfarre in dem Dörfchen Steventon in der Grafschaft Hampshire verdankte er einem zweiten reichen Verwandten. Und der Zukauf der Pfarre von Deane ganz in der Nähe, damit er seine wachsende Familie ernähren konnte, einem dritten. Man sieht schon hier, familiäre Beziehungen spielten bei den Austens eine entscheidende Rolle.

Das gilt auch für Jane, das siebte von acht Kindern und die zweite Tochter. Einer ihrer sechs Brüder war geistig zurückgeblieben, wohl ein Erbleiden. Alle acht Kinder aber überlebten, was in einer Zeit hoher Geburtensterblichkeit keineswegs selbstverständlich war. Und außer dem einen gingen alle sechs Söhne ihren Weg, machten zum Teil sogar steile Karrieren oder waren wie Edward vom Glück begünstigt. Nach und nach verließen sie jedenfalls das Elternhaus; James, der älteste, und Henry, Janes vier Jahre älterer Lieblingsbruder, studierten gemeinsam in Oxford. Die beiden Schwestern indes blieben im Schoß der Herkunftsfamilie, teilten sich sogar bis zu Janes Tod im Alter von einundvierzig Jahren ein Schlafzimmer. Beide blieben unverheiratet. Cassandra war einmal verlobt, aber der Erwählte, Geistlicher wie ihr Vater, starb auf einer

Reise in der Karibik an Gelbfieber. Jane hingegen war noch nicht einmal verlobt. Es muss wohl zwei Liebeleien gegeben haben, aber sie führten zu nichts. Wer das bedauert oder romantische Episoden um das wenige herumspinnt, das wir darüber wissen, mag sich fragen, was wohl aus Jane geworden wäre, hätte sie etwa Tom Lefroy, die erste ihrer beiden »Lieben«, als Rechtsanwaltsgattin nach Irland begleitet. Sicher nicht die Autorin der Bücher, die sie oder er heute schätzt und verehrt.

Im Pfarrhaus zu Steventon herrschte eine im damaligen Bildungsbürgertum verbreitete Vorlesekultur, und das nicht nur als Abendunterhaltung: »Mein Vater liest uns morgen Cowper vor, was ich mir anhöre, wenn ich kann«, berichtet Jane etwa ihrer Schwester. Im Juni 1808 lasen sie gerade *Marmion. Eine Erzählung vom Schlachtfelde von Flodden,* die neue Versdichtung des später für seine historischen Romane berühmten Walter Scott. »Sollte mir *Marmion* wirklich gut gefallen?«, schrieb sie. »Noch bin ich nicht begeistert. James liest es jeden Abend laut vor – an den kurzen Abenden, er beginnt gegen zehn und wird vom Nachtessen unterbrochen.« Manchmal wurde der Zuhörerkreis durch Cousinen und Freundinnen der beiden Schwestern oder auch durch die Privatschüler des Vaters erweitert; manchmal schlüpfte auch Jane selbst in die Rolle der Vorleserin. Sie hatten gerade den zweiten Band der *Briefe aus England* bekommen, in denen der romantische Dichter Robert Southey unter dem Pseudonym Don Manuel Alvarez Espriella ein Bild des Landes angeblich aus der Perspektive eines Fremden zeichnet: »Ich lese es laut bei Kerzenlicht.«

Es gab aber auch Missgriffe. Als solcher entpuppte sich etwa *Alphonsine, oder die mütterliche Zärtlichkeit* der französischen Hofdame Madame de Genlis, einer Vielschreiberin, die neben pädagogischen Schriften an die hundert teilweise frivole Romane verfasst hatte. »Wir waren schon nach zwanzig Seiten angewidert«, berichtet Jane wieder ihrer Schwester. »Ungeachtet der schlechten Übersetzung enthielten sie Unappetitlichkeiten, die über eine bis dato unbescholtene Feder Schande bringen.« Vorlesestunden im Schoß einer achtbaren Familie stellten besondere Ansprüche an die Auswahl der Lektüre. Die Anwesenheit von Frauen, aber auch die jederzeit mögliche Ankunft eines Besuchers machten die penible Beachtung dessen notwendig, was man die guten Sitten nannte – insbesondere in Fragen der Erotik. Kurzerhand ersetzten die Austens »das Buch durch den *Weiblichen Quichotte*, der nun unser abendlicher Zeitvertreib ist«, wie Janes Bericht fortfährt, »für mich ein hochgradiges Vergnügen, da ich das Werk genau so vorfinde, wie ich es erinnere«. Obwohl bei den Austens in erster Linie Gegenwartsliteratur vorgelesen wurde, griff man schon damals unter Umständen auf bewährte »Klassiker« zurück. Das Buch mit dem vollständigen Titel *Der weibliche Quichotte oder Arabellas Abenteuer* war bereits 1752 erschienen; die junge Charlotte Lennox erzählt darin die Abenteuer einer leidenschaftlichen Leserin, die zu viele Fantasygeschichten liest und nun hinter jedem Gärtnerburschen einen verkleideten Prinzen vermutet, der sie entführen will – ein Motiv, das Jane Austen später in ihrem Roman *Die Abtei von Northanger* aufgreift.

Gerade im Familienkreis war Wiederlesen eine gängige Praxis – lustvoll durch die Heraufbeschwörung glücklicher Momente, die beinahe kindliche Freude an der Wiederholung. Für die angehende Autorin bedeutete es darüber hinaus eine intensive Schule in Sachen Romankunst. Hierbei bildeten sich ihre Maßstäbe heraus. Die Kenntnis des Stoffes versetzte sie in die Lage, auf andere Dinge zu achten: die Sprache, den Aufbau, die Verzahnung der Handlungsstränge, die Entwicklung der Figuren, die Beziehung der geschilderten Szenen untereinander, die Dialoge, die Art, wie Pointen gesetzt werden (und gelingen oder auch misslingen), kurz auf alles, was das Handwerk des Schreibens ausmacht. Schon den zeitgenössischen Leserinnen und Lesern hat die künstlerische Gestaltungskraft von Jane Austens Romanen Bewunderung abgenötigt. Nichts ist hier dem Zufall überlassen, jede Situation verweist auf andere, keine Figur ist überflüssig, gerade auch der zeitliche Ablauf ist sorgfältig durchgearbeitet. Die Frage, ob ein Buch einer zweiten, gar einer dritten Lektüre standhält, war für Jane Austen ein entscheidendes Qualitätskriterium. Ihre eigenen Werke erfüllen es spielend.

Jane Austen wird die Angewohnheit, Romane im geselligen Familienkreis vorzulesen, ihr Leben lang beibehalten, auch dann, als sie bereits an eigenen Werken arbeitet und diese anonym veröffentlicht. Eine Tochter ihres Bruders Edward berichtete, dass ihre Tante, wenn sie zu Besuch war, in der Regel das Manuskript jenes Romans bei sich hatte, an dem sie gerade schrieb. Mit ihren älteren Schwestern schloss sie sich in einem der Schlafzimmer ein, um es ihnen vorzulesen. »Ich und die jüngeren hörten dann schallendes Gelächter durch die Tür und empfanden es als grausam, dass wir von etwas ausgeschlossen waren, was so reizend war.« Marianne, so der Name der Nichte, erinnerte sich weiter, »wie Tante Jane immer beim Kamin in der Bibliothek saß, ruhig vor sich hin handarbeitete und eine ganze Zeitlang nichts sagte; aber dann brach sie plötzlich in Lachen aus, sprang auf und lief quer durchs Zimmer zu dem Tisch, wo Federn und Papier lagen, schrieb etwas auf und kehrte zum Kamin zurück, wo sie ruhig wie vorher weiterarbeitete.«

George Austen besaß eine ansehnliche Bibliothek, die ständig durch Zukäufe erweitert wurde. Dabei fanden Janes Wünsche durchaus Berücksichtigung. »Wir haben Boswells *Reise auf die Hebriden* gekauft und werden auch sein *Das Leben des Dr. Samuel Johnson* bekommen«, schreibt die Dreiundzwanzigjährige 1798 an ihre Schwester Cassandra. Und da beim Buchhändler in Winchester noch etwas Geld liege, wollten sie auch noch die Werke des Dichters William Cowper anschaffen. Unter der Gegenwartsliteratur hatte es den Austens vor allem der Roman angetan. Anders als die meisten Zeitgenossen, die mit Verachtung auf die verhältnismäßig junge Gattung herabsahen und von dem Schund der Leihbibliotheken sprachen, die die Gemüter der Heranwachsenden verdarben, waren sie, wie Jane selbst sagte, »große Romanleser und schämten sich nicht dafür«.

Sogar vor Schauerromanen machte ihre Leselust nicht halt. Der Vater selbst entlieh 1798 aus der örtlichen Leihbibliothek *The Midnight Bell* (*Die Mitternachtsglocke*) von Francis Lathom, »A German Story«, wie der Untertitel versprach, was seinerzeit auf eine besonders hohe Gruselintensität schließen ließ. Die englischen Zeitgenossen um 1800 betrachteten die Schauerromantik insgesamt als eine typisch deutsche Erscheinung, während umgekehrt die Deutschen sie für ein besonders englisches Phänomen hielten. Die Gothic Novel, der Schauerroman, hatte 1764 mit *Das Schloss von Otranto* von Horace Walpole begonnen. Alle Ingredienzien waren hier bereits versammelt – mysteriöse Manuskripte, Ahnengalerien, Eindringlinge, verfolgte Heldinnen, edle Landleute, Eremiten, Mönche, Burgruinen. Walpoles Nachfolger bauten darauf auf; schon bald übertrafen ihre Produkte den Briefroman und den sentimentalen Roman an Popularität. Die Austens waren fleißige Konsumenten der Horror-Schocker der Minerva Press, deren Verleger Allen Lane nebenbei eine Kette von Leihbüchereien betrieb. Auf diesem Weg konnte er seine Kunden mit den grellen und sehr beliebten Produktionen seines Hauses versorgen. Bei einem ihrer längeren Besuche in London, wo ihr Bankier-Bruder Henry lebte, dürfte Jane Austen auch bei der Minerva-Bücherei auf der Leadenhall Street vorbeigeschaut und dort in dem üppigen Sortiment von Schauer- und anderer Unterhaltungsliteratur geschmökert haben. In anderen Fällen stammte der Lektürenachschub vom örtlichen Lieferanten von Minerva-Romanen.

Frauen waren nicht nur unter den Lesern, sondern auch den Autoren der Schauerromane reichlich vertreten. Das von den Männern als »sanft« apostrophierte Geschlecht entpuppte sich dabei als nicht sonderlich zimperlich. Eliza Parsons etwa schildert in *The Castle of Wolfenbach*, wie die Heldin von einem bösartigen Grafen dazu gezwungen wird, mit anzusehen, wie ihr Liebhaber zu Tode gefoltert wird. Anschließend wird sie zusammen mit dessen Leichnam, dem der Kopf abgeschlagen ist, in einer dunklen fensterlosen Kammer eingesperrt. Einer der größten Bestseller der Gattung war *Udolphos Geheimnisse* von Ann Radcliffe, 1794 erschienen. Er beeindruckte Jane Austen so sehr, dass sie ihn zur Lieblingslektüre ihrer Heldin Catherine in *Die Abtei von Northanger* machte. Bei ihrem Besuch auf einem alten Herrensitz, besagter Abtei von Northanger, erwartet die junge Catherine auf ebenso schreckliche Familiengeheimnisse zu stoßen, wie in *Udolpho* geschildert: Sollte der Hausherr nicht seine Gattin ermordet oder wenigstens in einem dunklen Verlies eingekerkert haben? Austens Roman ist eine Parodie: Er verspottet die von der Gothic Novel geschürte Erwartungshaltung, die Welt stecke voller schockierender Geheimnisse und wir alle seien Opfer irgendwelcher Verschwörungen. Schon für die Zeit um 1800 galt: In der Wirklichkeit von heute sind Gespenster nie und eingekerkerte Ehefrauen höchst selten anzutreffen. Die Schrecken der modernen Zeit, so erfährt Jane Austens Heldin Catherine, sind ganz anderer Natur. Sie haben mit Geldfragen, etwa mit finanziellen Spekulationen und ökonomischem Kalkül, mit angemaßter Macht, falsch verstandener Autorität und dem Missbrauch von Vertrauen zu tun.

Die meisten Romane, die Jane Austen im Familienkreis, zusammen mit ihrer Schwester oder alleine las, besorgte sie sich in Leihbüchereien, von denen es in England um 1790 bereits einige Hundert gab. In Deutschland und Frankreich lagen die Verhältnisse ähnlich. Entstanden war diese Einrichtung etwa zeitgleich mit dem Erscheinen von Samuel Richardsons Roman *Pamela*, also Mitte des 18. Jahrhunderts. Anders als die arrivierteren Lesegesellschaften, in denen Männer den Ton angaben und Frauen lediglich eine kleine Minderheit bildeten, nie mehr als vier oder fünf von hundert, standen die Leihbüchereien allen offen, unabhängig von Geschlecht und sozialem Status. Oft waren die Bücher, die man dort ausleihen konnte, nicht gebunden und durchs viele Lesen zerfleddert. Einige Büchereien erhoben eine Mitgliedsgebühr, bei anderen bezahlte man für jedes ausgeliehene Buch. Der mondäne Kurort Bath, in dem die Austens von 1801 bis 1806 lebten und wo der Vater 1805 starb, verfügte über drei Leihbüchereien, eine davon mit einem angeschlossenen Kaffeehaus für die Damen. Kleinere Leihbüchereien konnten nur existieren, indem sie den Verleih und Verkauf von Büchern mit anderen Angeboten und Dienstleistungen verbanden. Die Palette war groß. Das konnten etwa Arzneimittel, Tapeten (verbunden mit einem Tapezierservice), Spielkarten, ein Lotteriebüro oder ein Pianoverleih sein. Die Leihbücherei in *Sanditon*, Jane Austens letztem, unvollendet gebliebenem Roman, der nach dem Ferienort heißt, in dem er spielt, ist zugleich ein Galanteriewarenladen, der »all die nutzlosen kleinen Dinge« führt, die man als Frau nicht entbehren kann: Puderdosen, Knöpfe, Armbänder, Schnallen, Hüte, Tücher, Schals, Bänder, Fächer etc. Die Verbindung beider Geschäftszweige war insbesondere in kleinen Ortschaften nicht selten und zeigt, mit welcher Kundschaft der Betreiber einer Leihbücherei vor allem rechnete.

Vielleicht hätte diese Strategie auch »die arme Mrs Martin« befolgen sollen, die im Januar 1799 in Steventon oder der näheren Umgebung eine Leihbücherei eröffnete, wie wir aus einem Schreiben Jane Austens an ihre Schwester erfahren:

*Ich habe eine sehr höfliche Einladung von Mrs Martin erhalten, mich als Abonnentin ihrer Leihbücherei einzuschreiben, und habe dementsprechend mein, oder vielmehr Dein, Einverständnis gegeben. Meine Mutter will das Geld dafür auftreiben. Als Anreiz zu abonnieren schreibt Mrs Martin uns, dass ihre Sammlung nicht nur aus Romanen besteht, sondern aus jeder Art Literatur usw. usw. Diesen Anspruch hätte sie sich bei unserer Familie, die aus begeisterten Romanlesern besteht und sich dessen nicht schämt, sparen können. Aber ich nehme an, aus Rücksicht auf die Selbsteinschätzung der Hälfte ihrer Abonnenten war das nötig.*

Gut möglich, dass es genau dieser Anspruch war, der Mrs Martin das Genick gebrochen hat. Denn eineinhalb Jahre später ist sie, wie wir aus einem weiteren Brief erfahren, »mit ihrem Geschäft ganz und gar gescheitert«; selbst ihr Haus ist verpfändet worden. Während Romane in den Bibliotheken und Büchereien einer Großstadt wie London maximal ein Drittel der verfügbaren Titel ausmachten, betrug ihr Anteil in der Provinz siebzig und mehr Prozent. Man kann sogar sagen: Je provinzieller die Leihbücherei, desto deutlicher die Übermacht des Romans. Das ist eine Entwicklung, die Ende des 18. Jahrhunderts beginnt und sich im 19. Jahrhundert fortsetzt. Auch Emma Bovary, die wir in einem der nächsten Kapitel kennenlernen, wird ihren Lesestoff aus Leihbüchereien in der Provinz beziehen. Die Dezentralisierung des Zugangs zu Büchern und der Siegeszug des Romans sind zwei Aspekte einer einzigen Entwicklung gewesen.

Genauso wenig wie die Leserschaft war auch die Autorschaft der jungen Gattung von Männern dominiert. Wir waren diesem Phänomen schon bei den von Mary Wollstonecraft rezensierten Romanen begegnet. Während zwischen 1750 und 1780 die Zahl der von Männern verfassten Romane tatsächlich noch doppelt so hoch war wie die der »Frauenromane«, beginnt dieses Verhältnis in den späten 1780er Jahren zu kippen. Um 1800 dann war die Dominanz der Frauen schon offensichtlich, und im zweiten Jahrzehnt des 19. Jahrhunderts veröffentlichten zumindest in England in jedem einzelnen Jahr Autorinnen mehr Romane als ihre männlichen Kollegen. Die Publikation der Romane von Jane Austen erfolgte keineswegs gegen große Widerstände, wie die Legende will, sondern entsprach eher einem Trend: Romane, geschrieben von Frauen und gedacht in erster Linie für Frauen, mit weiblichen Hauptfiguren und Themen, beherrschten in dieser Phase zumindest den englischen Markt. Dieses Verhältnis beginnt sich in den 1820er Jahren wieder zugunsten der Männer zu verschieben; doch schon Mitte des Jahrhunderts gewannen Frauen, man denke in England nur an die Schwestern Brontë, an Elizabeth Gaskell oder George Eliot, und in Deutschland etwa an E. Marlitt, wieder an Terrain zurück. Im Unterschied zu anderen Bereichen der Kultur haben die Frauen auf dem Feld des modernen Romans von Anfang an sowohl als Leserinnen wie auch als Autorinnen etwas zu sagen gehabt und sogar zuweilen Triumphe gefeiert, selbst wenn Literaturkritik und die bald aufkommende Philologie davon kaum Notiz nahmen. Und einer der größten dieser Triumphe verbindet sich mit dem Namen Jane Austen.

Jane Austens Weg zur Schriftstellerin beginnt mit dem Verfassen von Lustspielen und Burlesken, die im Familienkreis aufgeführt werden. Bald knöpft sie sich auch das populäre Genre des sentimentalen Briefromans vor. *Liebe und Freundschaft*, ein Werk der Fünfzehnjährigen, travestiert auf bis heute äußerst komische Weise die Themen und Motive der Romane Samuel Richardsons und auch des *Werthers*. Vor lauter Sentimentalität fallen die Damen dort auf dem Sofa abwechselnd in Ohnmacht. In dem Komödienfragment *Das Geheimnis* hingegen flüstern sich die Figuren alles Wichtige nur zu – mit dem Ergebnis, dass man nie erfährt, worum es eigentlich geht.

Im Schatten junger Mädchenblüte, der Zeit, in der ihre gleichaltrigen Cousinen und Freundinnen bei der Lektüre von sentimentalen Liebesromanen Tränen vergießen oder sich von den Schauerromanen das Gruseln lehren lassen, tut Jane das alles auch, aber sie geht zugleich darüber hinaus: Auf ihre Leseeindrücke reagiert sie mit Schreibversuchen, die eine hohe Begabung und einen untrüglichen Sinn für Komik verraten. Statt sich von ihrer Lektüre sagen zu lassen, wie ein Leben oder wie die Liebe auszusehen habe, überzieht sie das Gelesene mit Ironie und beißendem Spott. Maßstab dafür ist, was sie in ihrer familiären Umgebung als gewöhnliches, als wirklich gelebtes Leben wahrnimmt. Und da bleibt weder vom Liebesroman noch vom Schauerroman viel übrig. Jane Austen, die mit sechzehn Mary Wollstonecraft liest, entpuppt sich hierin als ihre gute Schülerin. Zwar streitet sie fortan nicht für die Unabhängigkeit der Frau in sozialer und erotischer Hinsicht, wohl aber für die Unabhängigkeit der Frau als Leserin.

Jane Austen wird zur Romanautorin als kritische, mit einem herausragenden Sinn für Komik begabte Leserin der Romane ihrer Zeit. Selten ist der Übergang von einer Leserin zu einer Autorin so kontinuierlich verlaufen und gleichzeitig durch einen so starken Bruch hindurchgegangen wie in ihrem Fall. Einerseits stellt sich der Wechsel vom Lesen zum Schreiben bei Jane Austen unversehens und fast zwangsläufig ein. Der Familienkreis, dem sie ihre immense Belesenheit verdankt, wird nun ihr erstes Publikum und bleibt der Maßstab für die gute Gesellschaft, für die sie in ihren Romanen streitet. Andererseits rechnet sie als junge Frau mit der Literatur ihrer Zeit – von wenigen Ausnahmen, etwa *Camilla*, abgesehen – beinahe gnadenlos ab, macht Tabula rasa, um dann in einem zweiten Schritt etwas Besseres zu entwickeln, den Roman für die Belange der Leserinnen neu zu erfinden.

Nachdem Jane Austen lange Jahre mit dem Genre des Briefromans herumexperimentiert hat, ohne dass sie mit den Ergebnissen zufrieden ist, überarbeitet sie die liegen gebliebenen Werke vollständig und verstrickt ihre Figuren nun in lebhafte, so spritzige wie witzige Dialoge, statt sie wie bislang aus der Ferne Briefe miteinander wechseln zu lassen. Zugleich entwickelt sie das später dann von Gustave Flaubert zur Meisterschaft gebrachte Stilmittel der erlebten Rede, das ihre weiblichen Figuren in einem anhaltenden Gespräch mit sich selbst zeigt. Das war der entscheidende Schritt: Jane Austens Romane kennen zwar eine mehr oder minder allwissende Erzählerin; deren jeweiliger Kenntnisstand beschränkt sich jedoch stets auf den der Heldin. Aus der Perspektive ihrer Beobachtungen und Gedanken betrachten die Leserinnen und Leser die geschilderten Ereignisse, ihr folgen sie zu den verschiedenen Schauplätzen, an ihrem Innenleben nehmen sie Anteil: Was die anderen beteiligten Figuren empfinden und denken, erfahren sie beinahe ausschließlich aus ihren Worten. Daher rührt die eigentümliche Spannung der Romane Jane Austens. Obwohl sich ihr Inhalt, mit dem Titel einer Kafka-Erzählung gesprochen, oftmals auf Hochzeitsvorbereitungen auf dem Lande beschränkt, schafft die Identifikation von Leser und Heldin eine starke emotionale Bindung, sodass wir auch bei Kleinigkeiten mit Elizabeth Bennet, Fanny Price, Emma Woodhouse, Catherine Morland oder Anne Elliott mitfiebern. Denn wir sind es in gewisser Weise selbst, die hier agieren und reagieren, lieben und leiden. Jane Austens Romane sind Lehrstücke des Einfühlungsvermögens.

Die Innovation, die Jane Austen an der Form des Romans ihrer Zeit vornimmt, hat so eine klare Adresse: die Leserin. Um der Leserin willen verteidigt und erneuert Jane Austen nämlich den Roman. Nicht dessen Form, sondern dessen Nutzen und Vergnügen gilt ihre vorrangige Aufmerksamkeit. Während durch das ganze 19. Jahrhundert hindurch gerade in bürgerlichen Kreisen die weibliche Leselust weiterhin kritisch betrachtet und als eine Gefährdung der eigenen Person und als Gefahr für Familie und Gesellschaft gebrandmarkt wird, kehrt Jane Austen diese Perspektive um. Längst, so ihre Ansicht, kann es nicht mehr darum gehen, die weibliche Leselust grundsätzlich infrage zu stellen oder ihr Recht zu bestreiten. Vielmehr kommt es darauf an, sie mit der notwendigen Orientierung zu versehen, an der es ihr häufig noch fehlt. Jane Austen will die Leselust der Frauen über sich selbst aufklären. Alleinige Richtschnur dafür ist, ob die Lektüre die Unabhängigkeit des Denkens und der Lebensführung fördert. Nur darum geht es ihr.

Aus diesem Grund beschäftigt sie sich etwa in *Die Abtei von Northanger* so angelegentlich mit dem sentimentalen Liebes- und dem Schauerroman – jenen beiden Gattungen, die die Gemüter der damaligen Leserinnen stark beschäftigten. Catherine, die Heldin des Romans, ist eine passionierte Leserin, die sich unbeschwert und selbstvergessen, »mit ihrer gespannten, erregten und schaudernden Einbildungskraft«, in die zeitgenössischen Romane versenkt. Wie die Erzählerin in einer sehr persönlich gehaltenen Passage bemerkt, hat sie aus voller Absicht eine Leserin zur Heldin gemacht. Es sei eine »gängige, so engstirnige wie unkluge Gewohnheit« ihrer Kolleginnen, dass sie ihren Heldinnen kaum gestatteten zu lesen. Dadurch würden sie »genau die Werke herabsetzen, zu deren Zahl sie selbst doch beitragen, und sich dadurch mit ihren ärgsten Feinden verbinden«. Die ärgsten Feinde, dazu zählt sie jene Kritiker, die die ganze Gattung »nach Belieben in den Schmutz ziehen«:

*Wir dürfen uns nicht gegenseitig im Stich lassen; schon hat man uns Wunden geschlagen. Obwohl unsere Geistesprodukte größeres und aufrichtigeres Vergnügen bereitet haben als jedes andere literarische Genre der Welt, ist über keine andere Gattung so hergezogen worden. Aus Stolz, Dummheit oder modischem Anpassungsbedürfnis sind unsere Feinde so zahlreich wie unsere Leser.*

Das sind kämpferische, klare, aber auch ehrgeizige Worte einer damals noch jungen Autorin, mit denen sie sich direkt an ihre Leserschaft wendet. Es ist ein Appell zur Solidarisierung – gemeinsam nicht nur der geläufigen Kritik zu widerstehen, sondern auch die Romankunst auf eine Ebene zu heben, die ihren Möglichkeiten gerecht wird. Im Roman, so ihre Überzeugung, entfalten sich »die eindrucksvollsten Geisteskräfte«; in ihm werde der Welt »die umfassendste Kenntnis der menschlichen Natur, die gelungenste Darstellung ihrer Spielarten, die lebhafteste Fülle von Esprit und Humor in der gewähltesten Sprache dargeboten«.

Durchaus hohe Ansprüche: Weit entfernt davon, für Jane Austen nur irgendein Zeitvertreib zu sein, ist der Roman die zeitgemäße Form der Menschenkunde; die erste literarische Gattung, die das Interesse des Menschen am Menschen zu ihrer ureigensten Sache macht. Für die Autorin folgt daraus letztlich eine Fundamentalkritik an den zeitgenössischen Spielarten des Romans. Es ist jedoch keine verächtliche, sondern eine rettende Kritik, und es ist vor allem eine Kritik auf der Grundlage umfassender Kenntnis der zeitgenössischen Literatur. Ihr Kernpunkt lautet: Genres wie der sentimentale Roman oder der Schauerroman bleiben hinter den Möglichkeiten zurück, die ein Roman, richtig verstanden, hat. In gewisser Weise betrügen sie Leserin und Leser um das Beste, was ein Roman leisten kann, nämlich Selbsterkenntnis. Statt den Geist zu befreien und das eigene Leben zu hinterfragen, liefern diese Romane Spannungs- und Gefühlssurrogate. Gelingt es den Lesern nicht, sich aus freien Stücken oder wie im Falle von Catherine Morland durch die Hilfe eines klugen Liebhabers von solchen Hirngespinsten zu befreien, so werden sie Sklaven ihrer falschen Vorstellungen. Sie sind dann gefangen in dem, was der Schriftsteller und Philosoph Jean-Paul Sartre im 20. Jahrhundert die *mauvaise foi* nennen wird – die Unaufrichtigkeit beziehungsweise Selbstlüge. Gerade aus ihr – daran glaubt Jane Austen zeitlebens ganz fest – kann ein guter Roman aber befreien, und zwar gleichermaßen seine Autorinnen und Autoren wie seine Leserinnen und Leser.

Lesen, das hat die Leserin Jane Austen immer wieder selbst erfahren, hat mit Identifikation zu tun. Es gibt kein Lesevergnügen, ohne dass wir uns mit der fiktiven Welt des jeweiligen Buches und seiner Helden identifizieren – und seien diese noch so sehr als Antihelden charakterisiert. Letztlich wollte Jane Austen Romane schaffen, die es uns erlauben, unserer Lust an der Identifikation mit gutem Gewissen und mit Gewinn nachzugehen. Dieser Gewinn besteht darin, dass wir uns selbst besser kennenlernen und die Beweggründe unseres Handelns – etwa Gefühl und Verstand oder Stolz und Vorurteil – hinterfragen. Das gelingt aber so lange nicht, als der Roman uns in Welten entführt, die mit der unseren nichts zu tun haben. In einer ausführlichen Würdigung von *Stolz und Vorurteil* hat Walter Scott das als einer der Ersten erkannt: »statt der großartigen Szenen einer Phantasiewelt eine nicht übertriebene und treffende Darstellung dessen, was Tag für Tag um den Leser vorgeht«. Als Scott dies schrieb, hatte er zwei Jahre zuvor mit *Waverley oder Es ist sechzig Jahre her* seinen ersten historischen Roman veröffentlicht. Während Jane Austen Gesellschaftsromane schrieb, deren Stoff und Figuren der Gegenwart entsprungen sind, beschritt Scott den definitiv entgegengesetzten Weg, indem er historische Stoffe wählte und den Nervenkitzel des Schauerromans mit den Themen des sentimentalen Romans verband, und hatte damit zu Lebzeiten unvergleichlich mehr Erfolg als Jane Austen mit ihren Gegenwartsromanen der Menschenkenntnis.

Auch die Autorin von *Stolz und Vorurteil* aber wurde mit dem Vorschlag konfrontiert, einen historischen Liebesroman zu schreiben. Der Bibliothekar des Prinzregenten, ein Bewunderer ihrer Romane, versuchte ihr das nahezubringen. Unvergleichlich ihre Antwort. Sie glaube schon, schrieb sie im Frühjahr 1816, gut ein Jahr vor ihrem Tod, dass dies »profitabler und populärer wäre als die häuslichen Szenen auf dem Lande«, mit denen sie sich beschäftige. »Aber ich könnte einen Liebesroman ebenso wenig schreiben wie ein Versepos. Nein, ich muss bei meinem Metier bleiben und meinen eigenen Weg gehen, auch wenn mir Erfolg dabei nie wieder zuteilwird; auf jede andere Weise würde ich meiner Meinung nach unweigerlich scheitern.« Das ist ein bewunderungswürdiges, beinahe an Luther erinnerndes Plädoyer in Sachen Unabhängigkeit und Unbestechlichkeit – aus einer inneren existenziellen Notwendigkeit heraus, aber zum Zwecke der Freiheit von Autorin und Leserin.

Im völlig verregneten Sommer des Jahres 1816 werden
in einer Villa am Genfer See zwei literarische Figuren
geboren, die die Phantasie von Schriftstellern, Lesern
und Filmemachern bis heute beschäftigen: der Vampir
und Frankensteins Monster. Hier ist die Geschichte
ihrer Schöpfer, Dr. John William Polidori und Mary
Shelley, und die Geschichte jenes Sommers.

7

GENFER SEE, 1816

*Ein völlig verregneter Sommer:*
*Mary Shelley und das Monster*

Am 10. April 1815 brach auf der Insel Sumbawa im heutigen Indonesien der Vulkan Tambora aus. Schon einige Tage
zuvor waren auf den Nachbarinseln Explosionsgeräusche
zu vernehmen gewesen, und später war ein Ascheregen auf
Ost-Java niedergegangen. Dieses Mal aber war der Knall so
gewaltig, dass er bis ans Ohr des britischen Gouverneurs
Thomas Stamford Bingley Raffles drang, der gerade gut zwei-
tausendfünfhundert Kilometer entfernt auf Sumatra weilte. Er
glaubte, Artilleriefeuer zu hören, und ordnete Verteidigungs-
bereitschaft an.

Beobachter des unvergleichlichen Naturschauspiels be-
richteten von drei Flammensäulen, die über dem Berg empor-
stiegen und den Tambora in ein Inferno aus »flüssigem Feuer«
verwandelten. Wenig später wurden große Brocken Bimsstein
aus dem Krater ausgeworfen und gingen in der Umgebung
nieder. Pyroklastische Ströme, die an eine ins Tal stürzende
schwarze Wolke erinnerten, pulverisierten alles, was ihre Zug-
bahn kreuzte; Gebäude wurden durch die Luft geschleudert,
Dörfer vernichtet. Über zehntausend Menschen fielen dem
Ausbruch unmittelbar zum Opfer. Große Teile der Insel ver-
schwanden unter einer fast mannshohen Ascheschicht. Der
zuvor bis zu viertausenddreihundert Meter hohe Vulkan
schrumpfte um eineinhalb Kilometer.

So heftig waren die Eruptionen, dass große Mengen der ausgespuckten Gase und Ascheteilchen, begünstigt durch die Lage des Vulkans in Äquatornähe, in die globalen Windströmungen einbezogen wurden und im Laufe von einigen Monaten ihren Weg über den Globus machten. Emittierte Schwefelgase gelangten in die Stratosphäre und bildeten dort eine Aerosolschicht, die zu einer erhöhten Streuung und Absorption des Sonnenlichts führte. Infolgedessen kam es an vielen Orten der Erde zu einer Abkühlung um mehrere Grad Celsius und zu eisigen Wintern.

1816 ging als das »Jahr ohne Sommer« in die Geschichte ein. In den Vereinigten Staaten wie in Europa bekam das Jahr einen ähnlichen Spitznamen: »Eighteen Hundred and Froze To Death« − »Achtzehnhundert und erfroren«. Nordamerika verzeichnete noch im Juli und August anhaltende Nachtfröste. In Neuengland fiel Schnee. In Mitteleuropa kam es zu schweren Unwettern. Flüsse traten über die Ufer. Am stärksten betroffen war das Gebiet nördlich der Alpen. In der Schweiz war der Sommer so verregnet, dass das Getreide größtenteils nass eingebracht wurde und in den Speichern verschimmelte. Die Vieh- und Milchwirtschaft erlitt schlimme Einbußen. Die Folge waren Versorgungsengpässe, die spätestens im Jahr darauf auftraten. Die Getreidepreise stiegen um das Dreifache, nicht nur in Deutschland, sondern auch in Frankreich und England. Örtlich brachen Hungersnöte aus.

Die fünf Engländerinnen und Engländer, um die es in diesem Kapitel geht, ahnen nicht, dass der verregnete Sommer des Jahres 1816 auf einen Vulkanausbruch auf einer äquatorialen Inselkette in Südostasien zurückzuführen ist. Diesen Zusammenhang wird erst einhundert Jahre später ein Klimaforscher

herstellen. Dass die Ernte um sie herum verfault und der Brot-
preis steigt, bemerken sie zwar, doch sie haben mehr Augen
für »die schreckliche Unwirtlichkeit« der Alpenlandschaft. Sie
ärgern sich über den unablässigen Regen, der sie um die
gewünschten Ausflüge bringt und es ihnen verwehrt, auf der
Terrasse mit Blick auf den See ihren Beschäftigungen nachzugehen. Doch wenn die Sonne einmal durchbricht, so schreibt
eine der Damen nach Hause, dann bringt sie eine Hitze, wie
man es in England nicht kennt. Die vielen eindrucksvollen
Gewitter über dem Genfer See elektrisieren sie geradezu.
»Eines Nachts«, so schreibt unsere Augenzeugin, »kamen wir
in den Genuss eines Sturms, großartiger, als ich es je zuvor
gesehen habe. Der See stand in Flammen – die Kiefern des
Jura wurden sichtbar gemacht, und die ganze Landschaft war
für einen Augenblick erleuchtet, als pechschwarze Finsternis obsiegte und der Donner in furchtbaren Schlägen über
unsere Köpfe hinweg in die Dunkelheit fuhr.« Nach diesem
erhabenen Schauspiel versammeln sich die Anwesenden um
den offenen Kamin und lesen einander vor. Kein Wunder, dass
Gespenstergeschichten die bevorzugte Lektüre dieses Sommers sind, der diesen Namen so gar nicht verdient.

Eigentlich sind die Reisenden sogar zu sechst, denn mit
von der Partie ist auch »Willimäuschen«, wie er von seinen
Eltern zärtlich gerufen wird. Gerade ein halbes Jahr alt, ist
William das zweite Kind aus der Beziehung Mary Godwins,
der Tochter Mary Wollstonecrafts, mit dem Poeten Percy
Bysshe Shelley. Ein erstes Kind, Clara, ist im Februar 1815
zwei Monate vor der Zeit zur Welt gekommen und hat nur
wenige Tage überlebt. Von Kindesbeinen an war Mary mit
dem Umstand konfrontiert, dass ihre Mutter, die legendäre
Mary Wollstonecraft, die Schriftstellerin und Vorkämpferin

der Rechte der Frau, wenige Tage nach ihrer Geburt gestorben ist. Bei der Tochter ist daraus ein irreales Nähegefühl zu der berühmten Mutter entstanden. So erzählte man sich, sie habe schreiben gelernt, indem sie mit dem Zeigefinger die Inschrift am Grab ihrer Mutter nachzog. Nun, mit dem Tod des ersten Kindes, ist es erneut sie, die eine Geburt mit tödlichen Folgen überlebt. In dieser Verschränkung der Ereignisse, verbunden mit einem doppelten Schuldgefühl, ist das eine traumatische Erfahrung. Ständig suchen Mary Träume heim, in denen Clara wieder lebendig wird. Wenn sie aus ihnen erwacht, überwältigen sie Gefühle der Leere und Verzweiflung. Erst die zweite Schwangerschaft lockert die Bande der Depression, die sich um die gerade achtzehnjährige Frau zu legen begonnen haben.

Zu viert sind sie im Mai von London aufgebrochen, um den Sommer am Genfer See zu verbringen. Die Idee dazu stammte von Claire Clairmont, Mary Godwins Stiefschwester. Verwickelte Verhältnisse zeichneten diese Familie aus, die an die heutiger Patchworkfamilien erinnern. William Godwin, Marys Vater, hatte bald nach dem Tod Mary Wollstonecrafts wieder geheiratet – eine einfache, aber resolute und geschäftstüchtige Frau aus der Nachbarschaft, die zu diesem Zeitpunkt bereits von ihm schwanger war. Mrs Clairmont brachte zwei Kinder mit in die Ehe, besagte Claire und den drei Jahre älteren Charles. Godwins zweite Frau galt zwar als Witwe, in Wirklichkeit hatten ihre beiden Kinder jedoch verschiedene Väter, und verheiratet war sie mit keinem der beiden gewesen. Auch William Godwin steuerte neben Mary, der gemeinsamen Tochter mit Mary Wollstonecraft, noch ein weiteres Kind zum Flickwerk bei: Frances »Fanny« Imlay, die uneheliche Tochter seiner ersten Frau aus der Beziehung mit

Gilbert Imlay. Zusammen mit dem 1803 geborenen William, dem gemeinsamen Sohn aus der neuen Ehe, waren die Kinder also zu fünft: Fanny, die Älteste, 1794 geboren; Charles, ein Jahr jünger; Mary, drei Jahre jünger als Fanny und ein Jahr älter als Claire; und schließlich William, der Benjamin.

Der Schriftsteller Percy Bysshe Shelley, ältester Sohn eines wohlhabenden Baronets, war im Jahr 1812 in diese komplizierte Familienkonstellation hineingeplatzt. Im Jahr zuvor hatte er, selbst erst neunzehn, spontan eine Sechzehnjährige geheiratet, eine ihm kaum bekannte Internatsfreundin seiner Schwestern, angeblich um sie aus der doppelten Tyrannei ihres Vaters und der Schule zu befreien. Doch die Ehe erwies sich als wenig fesselnd, seine Frau als ihm nicht ebenbürtig. Der hochbegabte, ephebenhafte Shelley, der stets ein Buch bei sich trug, war eine romantische Frühform des *rebel without a cause*, des Rebellen ohne ersichtlichen Grund. »Ich gehe weiter, bis ich gestoppt werde, und ich bin niemals zu stoppen«, soll er gesagt haben. Ein gemeinsam mit einem Studienfreund verfasstes Pamphlet über die Notwendigkeit des Atheismus hatte zu seinem Verweis von der Universität Oxford geführt. Er war ein glühender Anhänger der Französischen Revolution, in deren drittem Jahr er auf die Welt gekommen war, darüber hinaus ein Apologet der freien Liebe und ein Idealist, der es verstand, die Wirklichkeit schön- oder schlechtzureden, je nachdem, der aber auch gleichermaßen die Gabe besaß, Verklärung in die Mienen seiner Zuhörer zu zaubern. William Godwin, in dessen Buch *Politische Gerechtigkeit* er seine Ideale formuliert fand, bombardierte er mit Verehrerbriefen und stellte dem ständig von Geldnot geplagten Versorger der siebenköpfigen Familie finanzielle Unterstützung in Aussicht. Schon bald muss der Gedanke von ihm Besitz

ergriffen haben, mit einer der beiden Töchter Mary Wollstonecrafts anzubändeln, die unter den Familienverhältnissen
und insbesondere der ungeliebten Stiefmutter litten. Shelley
war weniger ein Frauenversteher als ein Frauenbefreier: Seine
erotische Phantasie wurde von dem Verlangen angestachelt,
Frauen aus Verhältnissen der Abhängigkeit zu retten, in denen
er sie verkümmern sah. An seiner Seite sollten sie aufblühen.
Erst näherte er sich Fanny, der älteren Tochter. Mrs Clairmont
entzog sie jedoch dem Einfluss des Poeten, indem sie Fanny
für längere Zeit nach Wales schickte. Daraufhin übertrug er
sein Verlangen auf die jüngere Tochter, die sechzehnjährige
Mary. Am Grab der Mutter auf dem Friedhof von St Pancras,
wohin sich Mary Wollstonecrafts Tochter von Zeit zu Zeit
mit ihren Büchern flüchtete, erklärten sich die beiden im
Juni 1814 ihre Liebe. Einen Monat später brannte das Paar
heimlich nach Paris durch und ließ mit Harriet Shelley eine
erneut schwangere Ehefrau mit einem Baby und mit William
Godwin einen so verzweifelten wie wütenden Vater zurück.
Die sechzehnjährige, in alles eingeweihte Claire, die während
der heimlichen Treffen des Liebespaars immer vor der Laube
auf und ab spaziert war, begleitete die beiden – um ihr Französisch aufzubessern, wie sie nicht müde wurde zu betonen.

Aber das war nicht der alleinige Grund. Die launische,
labile junge Claire wurde von einem heftigen Verlangen nach
Romantik und Abenteuer getrieben. Sie hatte sich in Shelley
verliebt und muss sich vorgenommen haben, dessen Theorie von der freien Liebe umzusetzen; und da der Platz der
Geliebten an Shelleys Seite schon besetzt war, hielt sie nach
einem angemessenen Ersatz Ausschau. Diesen fand sie bald
nach der Rückkehr nach London in George Gordon Noel
Byron, bekannt als Lord Byron, den die Veröffentlichung seiner

Verserzählung *Childe Harolds Pilgerfahrt* im Frühjahr 1812 über Nacht berühmt gemacht hatte. Eine ganze Generation – die zurzeit der Französischen Revolution Geborenen – erkannte sich in dem bindungslosen, von romantischem Freiheitspathos beseelten, alle Konventionen hinter sich lassenden Weltenwanderer Childe Harold wieder, unverkennbar ein Selbstporträt des Dichters. »Eine völlig Fremde nimmt sich die Freiheit, sich an Sie zu wenden«, schrieb Claire zu Beginn des Frühjahrs 1816 an den Dichter und gestand ihm ihre Liebe »seit vielen Jahren«. Als sie mehrfach ohne Antwort blieb, offenbarte sie ihm, einen Roman zur Hälfte abgeschlossen zu haben, und erbat seinen Rat, ob sie ihr Leben der Literatur widmen oder eine Theaterlaufbahn einschlagen solle. Das war nicht geflunkert, und das dem Schreiben beiliegende Manuskript hatte sie tatsächlich selbst verfasst.

Auf diesen Brief hin stimmte Byron einem Treffen zu. Wie alle Welt wusste, war seine Ehe mit Annabella Milbanke in Auflösung begriffen. In der Folge stellte Claire eine bewundernswerte Kreativität im Ausdenken perfekter Arrangements unter Beweis, um den Lord heimlich zu treffen. Der kam auf den Geschmack und dachte nicht weiter über die Affäre nach. Schließlich war es beschlossene Sache, dass er Ende April 1816 auf den Kontinent reisen würde. »In Genf sehen wir uns wieder«, schrieb ihm Claire hinterher, stolz darauf, nun auch einen Dichter erobert zu haben wie ihre ältere Stiefschwester. Byron hielt das für Phantastereien einer verliebten Frau ohne viel Realitätssinn.

Doch als Lord Byron zusammen mit einem Dr. John William Polidori, den er extra für die Reise als Leibarzt engagiert hat, und seiner Dienerschaft am 25. Mai in Genf eintrifft und standesgemäß im Hôtel d'Angleterre in Sécheron absteigt, muss er feststellen, dass er bereits erwartet wird. Claire hatte weder Mary noch Shelley lange überreden müssen, von ihrem ursprünglichen Plan, den Sommer in Schottland zu verbringen, Abstand zu nehmen und dieses Mal *sie* zu begleiten, so wie sie das selbst zwei Jahre zuvor bei *ihrer* Flucht getan hat. Mary hatte in London bereits das Vergnügen einer Begegnung mit Byron gehabt und war unverzüglich seinem Charme erlegen. Shelley hingegen brannte seit längerem darauf, den Dichter von *Childe Harolds Pilgerfahrt* kennenzulernen. Obwohl eine Woche später als Byron in London aufgebrochen, sind Claire, Mary, Shelley und der kleine William bereits am 13. Mai hier angelangt; ihren finanziellen Möglichkeiten entsprechend haben sie die billigsten Zimmer in dem luxuriösen Hotel genommen. Von der unverhofften Wiederbegegnung anfangs peinlich berührt, macht Lord Byron rasch das für ihn Beste daraus: Er engagiert Claire als Kopistin, die seine Notizen zum dritten Gesang seiner berühmten Verserzählung ins Reine schreibt, und setzt die sexuelle Beziehung mit ihr fort.

Schon bald kehrt man dem noblen und teuren Hôtel d'Angleterre den Rücken. Mary und Shelley finden für sich, Claire, Willimäuschen und die Kinderfrau ein kleines Cottage, unmittelbar am See gelegen, mit einer eigenen Anlegestelle, was den Segler Shelley begeistert. Und auch Lord Byron bezieht zusammen mit Dr. Polidori und der Dienerschaft eine Woche später ein standesgemäßes Anwesen, die Villa Diodati, von der Shelley'schen Bleibe nur zehn Fußminuten auf einem malerischen Pfad durch die Weinberge entfernt. Es entspinnt sich ein reger Austausch, der zuweilen von neugierigen Landsleuten vom anderen Seeufer aus mit dem Fernrohr beobachtet wird. Nach einem sehr späten Frühstück pflegt

Byron im Landhaus der jungen Familie vorbeizuschauen. Ist das Wetter einmal einigermaßen trocken, unternimmt man in unterschiedlichen Konstellationen Bootsausflüge. Die Abende verbringt man meistens in Byrons Villa, auch wegen des wärmenden offenen Kamins, der dort von der emsigen Dienerschaft befeuert wird.

In den Aufzeichnungen, die wir über diese legendären Abende besitzen, wird Claire interessanterweise gar nicht erst erwähnt. Die Unterhaltungen bestreiten vor allem Byron und Shelley, die sich stundenlang über ihre Dichtungen und ihre konträren Weltanschauungen austauschen. Während Shelley der festen Überzeugung ist, die Poesie könne die Welt nicht nur erkennen, sondern auch verändern, und er im Grunde seines Herzens Anhänger von Jean-Jacques Rousseau

*Die Villa Diodati, Schauplatz des berühmten Wettbewerbs im Schreiben von Gespenstergeschichten zwischen Lord Byron, Percy Bysshe Shelley, Mary Godwin und William Polidori, hier auf einem Stich nach einem Gemälde aus dem Jahr 1816.*

bleibt, der an das Gute im Menschen glaubt, versteht sich sein Gegenüber als ein Mann der Tat; Byron ist ein Realist, Libertin und Zyniker, viel zu aufrichtig, um die Faszination zu verleugnen, die das Böse auf ihn ausübt. »Lord Byron ist ein überaus interessanter Mensch«, schreibt Shelley dieser Tage nach England; jedoch »ein Sklave der niedrigsten und gewöhnlichsten Vorurteile« und »toll wie der Wind«. Byron nennt seinen Gesprächspartner hingegen »die Schlange«, und das nicht nur wegen der Geschmeidigkeit und Lautlosigkeit, mit der der schlanke Mann sich fortbewegt (während Byron leicht hinkt), sondern auch wegen seines unbequemen, unberechenbaren Verstandes.

Mary erinnert sich später daran, bei den Gesprächen »eine hingebungsvolle, aber beinahe völlig stille Zuhörerin« gewesen zu sein. Unvermögen und Schüchternheit hätten sie daran gehindert, sich in die Unterhaltungen einzumischen. Das verbindet sie in mancher Hinsicht mit Dr. Polidori, dessen Engagement Byron schon bald zu bedauern beginnt. Nicht nur, dass der Doktor ständig kränkelt und schlechte Laune hat, er sieht sich in jeder Hinsicht auch als Rivale des großen Dichters. In seiner Reisetasche führt er das Manuskript eines Dramas mit, an dem er schreibt, und John Murray, Byrons Londoner Verleger, soll ihm sogar 500 Pfund in Aussicht gestellt haben, wenn er ein publizierbares Tagebuch seiner Reise mit Byron abliefert. Voller Misstrauen beäugt der Lord seinen Angestellten, wenn er sich mit unschöner Regelmäßigkeit Notizen in seiner Kladde macht, über deren Inhalt er partout keine Auskunft geben will. Aus Rache nennt Byron Polidori auch vor Dritten dann und wann »Pollydolly«, was den dünnhäutigen jungen Mann, der um Anerkennung ringt, völlig aus der Fassung bringt.

Solange das Wetter es einigermaßen zulässt, bleibt der Doktor den abendlichen Zusammenkünften fern und reitet stattdessen nach Genf. Dort hat er die Bekanntschaft einer Arztfamilie gemacht, deren Abendgestaltung mit Musik und Tanz ihm mehr zusagt als der Schlagabtausch der beiden Dichter in der Villa Diodati. Den Daheimgebliebenen deutet er an, sich verliebt zu haben. Während eines schweren Unwetters verirrt er sich auf dem Rückweg sogar einmal und muss die Nacht in einem Wirtshaus verbringen. In derselben Nacht steht Byron auf dem Balkon seiner Villa und lässt sich von dem Naturschauspiel zu Versen anregen, in denen er die Gewalt des Sturms mit der Pracht der dunklen Augen einer Frau vergleicht.

Mitte Juni dann, als der Regen stärker wird, kommt es zu einem kleinen Unfall. Zwischen zwei Regengüssen treten Byron und Polidori auf den Balkon hinaus und erblicken Mary, die gerade den Hügel zur Villa heraufsteigt und dabei wegen der Nässe immer wieder ins Rutschen gerät. Byron wendet sich an seinen Reisearzt: »Sie wollen doch immer so galant sein, dann sollten Sie die kleine Anhöhe hinunterlaufen und der Dame den Arm anbieten!« Polidori rennt los, doch als er gerade mit einem eleganten Sprung über ein Mäuerchen hinwegsetzen will, rutscht er selbst auf der nassen Wiese aus und verstaucht sich den Fuß. Byron hilft, ihn hereinzutragen und auf ein Sofa zu betten. »Wusste gar nicht, dass Sie so viel Gefühl haben«, bemerkt Polidori bissig.

Schluss mit den abendlichen Ausflügen nach Genf. Vielleicht um ihn mit seiner unangenehmen Lage zu versöhnen, bittet die Runde Polidori, aus seinem Drama vorzulesen, worauf er nach anfänglichem Sich-Zieren eingeht. Geht die Lesung im Gelächter der anderen unter? Oder tritt lähmendes Schweigen ein, nachdem er geendet hat, unsicher geworden angesichts der zunehmenden Unachtsamkeit seiner Zuhörer? Jedenfalls ist die Präsentation ein Desaster und Polidori grenzenlos gekränkt. Einmal mehr hat Byron ihn »Pollydolly« genannt. Vielleicht ist er aber auch nur das billige Opfer, an dem die Gesellschaft ihren Unmut über das lausige Wetter auslässt.

Eine Lektüre, die von allen begrüßt wird, sind hingegen die Gespenstergeschichten aus einem Buch mit dem vielversprechenden Titel *Fantasmagoriana*. Polidori hat sich vor wenigen Tagen bei einer Genfer Leihbücherei als Mitglied eingeschrieben und das Buch dort wohl ausgeliehen. Es ist die vor einigen Jahren erschienene französische Auswahl einer deutschen Anthologie, im Original einfach *Gespensterbuch* betitelt. Es handelt sich um Geschichten, die den Zuhörern die begehrten Gruselschauer über den Rücken jagen sollen: Von einem untreuen Liebhaber, der meint, seine Braut zu umarmen, und entdecken muss, den bleichen Geist einer von ihm Verlassenen in den Händen zu halten. Von einem sündhaften Vater, dazu verdammt, allen jugendlichen Söhnen seines Hauses den Todeskuss zu geben: Als eine monströse, schattenhafte Gestalt betritt er um Mitternacht ihre Kammer und küsst die Stirn der friedlich Schlummernden, die von diesem Moment an dahinwelken wie Blumen, deren Stiel vom Wind geknickt wurde. Die in ihre Sammlung aufgenommenen Gruselgeschichten hatten die Herausgeber zuvor ausgiebig auf ihre Wirkung hin getestet, unter anderem auf einer Dresdner Teegesellschaft, der zuweilen auch Caspar David Friedrich, Johann Ludwig Tieck, Carl Gustav Carus und Heinrich von Kleist angehörten. Die Erzählungen hatten sich also bewährt, und das taten sie auch in französischer Fassung, während der Regen an die Scheiben prasselte und zuweilen Blitze den See und die Gebirgslandschaft dahinter in fahles Licht tauchten.

Gleich eine der ersten Geschichten des Sammelbandes ist eine Rahmenerzählung, eine beliebte Form bei solchen Stoffen: Jeder der Anwesenden soll eine Gespenstergeschichte erzählen. »Zwischen uns sei abgemacht, niemand suche nach einer Erklärung, selbst wenn sie das Siegel der Wahrheit trägt; denn Erklärungen bringen Gespenstergeschichten um alles Vergnügen.« Den Gastgeber Byron bringt das auf eine Idee, die er in dem ihm eigentümlichen Brustton der Überzeugung vorträgt, der signalisiert, dass jeder Widerspruch zwecklos ist: »Jeder von uns wird eine Gespenstergeschichte schreiben.« Gesagt, getan, gleich am nächsten Tag machen die Anwesenden sich an die Arbeit; schließlich will man sich vor dem Gastgeber und auch voreinander keine Blöße geben. Das gilt auch und gerade für Mary, die aus einer Familie stammt, in der, wie Claire sagt, nur derjenige etwas zählt, der sich literarische Meriten erwirbt. Sie selbst weiß nur zu gut, dass sie dazu nicht in der Lage ist; der belesenen Tochter Mary Wollstonecrafts und William Godwins hingegen ist diese Begabung gleichsam in die Wiege gelegt worden.

Wie kaum anders zu erwarten, wird Byron seiner Rolle als Primus auch dieses Mal gerecht. Schon am nächsten Abend präsentiert er seine Geschichte mit dem vielversprechenden Titel *Der Vampyr*. Kleiner Schönheitsfehler: Es ist ein Fragment und wird es auch bleiben. Geschildert wird, wie der Erzähler zusammen mit einem etwas älteren Mann, einem Augustus Darvell, zu einer Kavalierstour aufbricht. Während der Reise lassen Darvells Kräfte täglich nach. In der Nähe eines türkischen Friedhofs teilt er mit, seine Reise sei hier zu Ende, er sei an seinem Bestimmungsort angekommen. Seinem

Begleiter nimmt er noch den Schwur ab, seinen Tod geheim zu halten. Der Erzähler zeigt sich schockiert darüber, mit welcher Geschwindigkeit der Leichnam des Mannes verfällt. Innerhalb nur weniger Minuten ist sein Gesicht fast schwarz. Die Geschichte endet mit der Bestattung Darvells auf dem Friedhof. »Zwischen Staunen und Trauer war ich ohne Tränen«, schließt der Erzähler.

Man kann sich die Reaktion der Zuhörer vorstellen: Gut und schön – aber gruselig oder gespenstisch ist diese Geschichte nicht, übernatürlich schon gar nicht. Ein Mann stirbt, das kommt vor. Aber wozu das Versprechen? Und wieso dieser Titel? Die Geschichte sei noch nicht zu Ende, erläutert Byron. Der Erzähler kehrt nach England zurück. Er begibt sich in Gesellschaft und glaubt, ein Gespenst zu sehen: Der Mann, dessen Körper vor seinen Augen zerfallen ist, dieser Mann ist gerade dabei, seine Schwester zu verführen. Doch aufgeschrieben hat Byron das nicht, nur seinen Zuhörern in der Villa Diodati erzählt, während draußen der Regen in Starkregen übergeht und am Firmament die Blitze zucken.

Polidori ist an diesem Abend schon wieder außer Haus, was er in mehrfacher Hinsicht bereuen wird. Er verpasst dadurch nicht nur den Auftakt der Gespenstergeschichten, sondern tut auch seinem verstauchten Fuß nichts Gutes. Bei dem Versuch zu tanzen bekommt er schreckliche Schmerzen. Am nächsten Tag geht es ihm richtig schlecht. Nach dem Tee dann begibt er sich an seine eigene Erzählung. Doch um Mitternacht wird es richtiggehend geisterhaft. Da keine weitere Geschichte fertig geworden ist, rezitiert Byron einige Strophen aus Samuel Taylor Coleridges gespenstischer Verserzählung *Christabel,* darunter jene, in der die schöne Fremde, die sich als eine Hexe entpuppt, ihre Brust entblößt: »Hässlich und missgestalt und bleichgetönt – ein Traumschreckbild, mit Worten nicht beschreiblich.« Danach tritt einen Moment lang Schweigen ein; nur das Plätschern des Regens ist zu hören. Plötzlich stößt Shelley einen Schrei aus, greift sich an den Kopf und stürzt mit einer Kerze aus dem Zimmer. Polidori erinnert sich daran, hier eigentlich als Arzt engagiert zu sein, spritzt ihm Wasser ins Gesicht und verabreicht ihm zur Stärkung Ätherweingeist, die berühmten Hoffmannstropfen. Wie Shelley anschließend berichtet, hatte er Mary angesehen, »und dabei war ihm eine Frau in den Sinn gekommen, von der er gehört hatte, anstelle der Brustwarzen habe sie Augen, und dieses Bild hatte sich seiner bemächtigt und ihn mit Entsetzen erfüllt«. Polidori schildert die Szene in seinem Tagebuch und versucht, Shelleys auffälliges Verhalten mit Ereignissen in seinem Leben in Verbindung zu bringen. Wie man seinen Ausraster auch erklären mag – womöglich spielt der ihm zugeschriebene Konsum der Opiumtinktur Laudanum dabei eine Rolle –, es bleibt Shelleys einziger bemerkenswerter Beitrag zu dem kleinen Gespensterwettbewerb unter Freunden. Er macht sich zwar Notizen zu einem Gedicht, das bleibt aber ebenso Fragment wie Byrons Vampirgeschichte.

Nun, da die beiden professionellen Dichter an dem mit Aplomb angekündigten Vorhaben scheitern oder doch rasch aufgeben, ist die Bühne frei für die Schreiber der zweiten Reihe: den Doktor und Mary. Polidori kommt zuerst die Geschichte einer Dame in den Sinn, die als Strafe dafür, durch ein Schlüsselloch spioniert zu haben, einen Totenschädel verpasst bekommt. Doch dann weiß er nicht mehr weiter. »Armer Polidori«, meint Mary, und die anderen schütteln den Kopf angesichts derartiger Unbeholfenheit. Drei Jahre später

jedoch erscheint, zunächst anonym in einer Zeitschrift und
kurz darauf auch als Buch, eine Erzählung, die denselben Titel
trägt wie Byrons in der Villa Diodati vorgetragenes Fragment:
*Der Vampyr*. Eine der eigentlichen Geschichte voranstehende
Einleitung legt die Vermutung nahe, dass Byron der Verfasser
ist; unter dieser Voraussetzung entwickelt sich das Büchlein
rasch zu einem Bestseller, der in England die Vampir-Mode
auslöst und noch das erklärte Vorbild für Abraham »Bram«
Stokers berühmten *Dracula* aus dem Jahr 1897 sein wird. Die
Geschichte selbst geht so:

Der verträumte junge Aubrey macht die Bekanntschaft des
bleichen, geheimnisvollen Lord Ruthven, der die Damenwelt
für sich einzunehmen versteht. Aubrey begleitet ihn auf den
Kontinent, stößt sich aber an seinem Lebenswandel, weshalb
sie ihre Reise bald getrennt fortsetzen. Die schöne Ianthe, die
Aubrey in Griechenland kennenlernt und in die er sich verliebt,
erzählt ihm von Vampiren, deren Aufenthaltsort ein berüchtigter
Wald sei. Als Aubrey den besagten Wald trotz aller Warnungen
nach Einbruch der Dunkelheit durchquert, bricht ein Gewitter
los. Aus einer Hütte vernimmt er die Schreckensschreie einer
Frau; mit dem unterdrückten Hohngelächter eines Mannes
vermischen sie sich zu einer Symphonie des Grauens. Er tritt
hinein, entdeckt die von einem Vampir ausgesaugte, tote Ianthe
und fällt in einen Fieberwahn. Erst Tage später kommt er zu
Bewusstsein und macht zu seinem Entsetzen die Entdeckung,
dass es Lord Ruthven ist, der ihn pflegt. Die Zugewandtheit, die
der Lord an den Tag legt, lässt ihn allerdings wieder Zutrauen
zu ihm fassen. Sie setzen die Reise gemeinsam fort, werden
aber von Räubern überfallen, die dem Lord eine tödliche
Schusswunde zufügen. Bevor Ruthven stirbt, nimmt er seinem
Begleiter den Schwur ab, binnen eines Jahres und eines Tages

keiner Menschenseele seinen Tod kundzutun – wir kennen das schon: Am nächsten Morgen ist die Leiche verschwunden. Nach London zurückgekehrt, erlebt Aubrey, wie seine gerade achtzehnjährige Schwester in die Gesellschaft eingeführt wird. Als er sich auf dem Empfang einmal umdreht, glaubt auch er ein Gespenst zu sehen: Er starrt ins Gesicht von Lord Ruthven – auferstanden von den Toten. Aubrey reagiert auf diesen Anblick mit einer Psychose, die eine monatelange Behandlung erforderlich macht. Dass seine Schwester sich in der Zwischenzeit entschieden hat, die Ehe mit einem Grafen von Marsden einzugehen, erfährt er erst am Tag vor der Hochzeit. Er öffnet das Medaillon, das sie auf der Brust trägt, und erblickt erneut – Ruthven. Die Hochzeit kann er nicht mehr verhindern, im Anschluss daran sind Braut und Bräutigam wie vom Erdboden verschluckt: »Aubreys Schwester hatte den Durst eines Vampirs gestillt.«

Der tatsächliche Verfasser dieser Geschichte ist John William Polidori. Wie dieser selbst berichtet, hat er sie an »zwei oder drei müßigen Vormittagen« geschrieben, auf Bitten einer Dame aus der Genfer Gesellschaft und wohl noch während seiner Zeit als Byrons Reisearzt. Obwohl er am besagten Abend nicht in der Villa Diodati weilte, hat er von Byrons Fragment natürlich Kenntnis genommen, dessen Einfluss auf seine Erzählung auf der Hand liegt. Trotzdem handelt es sich keineswegs bloß um ein literarisches Plagiat. Welchen Weg Polidoris Text zu dem Londoner Verleger Henry Colburn genommen hat, ist bis heute nicht bekannt. Als Byron von der Sache erfährt, ist er jedenfalls alles andere als *amused*. Wie aller Welt starrt auch ihm in Lord Ruthven unverkennbar ein Porträt der eigenen Person entgegen – Pollydollys Rache, der seinen hochmütigen Exchef als Vampir vorführt. Allein schon aus diesem Grund möchte

Byron mit dem Machwerk nicht in Verbindung gebracht werden. Zudem hat er den Eindruck, Polidori, der sich bald als der eigentliche Verfasser zu erkennen gibt, betätige sich hier als Blutsauger sowohl an seinen Einfällen als auch an seinem literarischen Ruhm. Nur deshalb veröffentlicht er jetzt sein eigenes Fragment aus dem Sommer 1816. Doch die Verwechslung ist so schnell nicht mehr aus der Welt zu schaffen, auch weil der geschäftstüchtige Verleger an ihrer absatzfördernden Wirkung festhält. Der dauerhafte Ruhm, dessentwegen der Doktor Dichter sein wollte, stellt sich so ein und bleibt ihm gleichzeitig verwehrt. Letztlich: armer Polidori.

Bleibt Mary. Jeden Morgen von ihren Mitstreitern befragt, ob sie sich denn nun eine Geschichte ausgedacht habe, muss sie »mit einem sterbenselenden Nein« antworten. Doch dieser Zustand hält nicht lange an. Als die Unwetter derart zunehmen, dass »Shelley und so weiter«, wie Polidori in seinem Tagebuch die drei aus dem Cottage stets nennt, auf das Angebot zurückgreifen, in der Villa zu nächtigen, wird Mary Zeugin eines Gesprächs, bei dem auch der Doktor einmal glänzen kann. Es dreht sich um nichts Geringeres als das Wesen des Lebens. Man erwähnt Experimente wie das mit einer Fadennudel, die durch Stromstöße dazu gebracht wird, sich scheinbar selbstständig zu bewegen. Natürlich, so ist man sich einig, könne Leben auf diesem Wege nicht geschaffen werden. Doch ein Leichnam ließe sich so vielleicht wiederbeleben. Auch könne man womöglich ein Lebewesen aus den passenden Einzelteilen zusammensetzen und ihm dann die Hitze des Lebens zuführen.

Die Erforschung der Elektrizität, seit Mitte des 18. Jahrhunderts hoch in Mode, hatte Anlass zu vielfachen Spekulationen über den Ursprung des Lebens gegeben. Noch stärker als durch die den wenigsten bekannten Forschungen Benjamin Franklins, Luigi Galvanis und Alessandro Voltas wurden sie durch wissenschaftliche Schausteller genährt, die man seinerzeit »Elektrisierer« nannte und die sich großer Popularität erfreuten. Sie kurbelten an den Rädern ihrer Elektrisiermaschinen und schickten Stromschläge durch die Hände einer Menschenkette. Sie hängten einen Menschen so auf, dass er nicht geerdet war, und brachten seinen Kopf zum Glimmen. Eine junge Frau aus dem Publikum erhielt eine elektrische Ladung und elektrifizierte sodann ihren Begleiter mit einem unvergesslichen Kuss. Der Elektrizität schien jene magische Kraft innezuwohnen, die die Gespenstergeschichten beschworen, die sich deren Verfasser aber nicht erklären konnten, weshalb sie sie überirdischen Einflüssen zuschrieben. Warum sollte die Elektrizität, von deren Wirkungsmacht man so viele Beweise hatte, nicht auch tote Materie zum Leben erwecken können?

Weiteren Aufschluss darüber erhoffte man sich von der Erforschung des Elektromagnetismus. Der Parapsychologe Franz Anton Mesmer propagierte den tierischen Magnetismus als entscheidende Lebenskraft, die den Körper durchflutet und Nerven und Muskeln steuert, und leitete daraus eine allumfassende Behandlungsmethode ab. Seine letztlich unhaltbare Theorie übte ungeheuren Einfluss auf die Schriftsteller und Philosophen der Zeit aus. Polidori hat seine Doktorarbeit über Somnambulismus geschrieben; er war mit den Gedanken Mesmers bestens vertraut. Leben, das ist für viele Wissenschaftler dieser Zeit eine beinahe unmerkliche, bewegliche, unsichtbare Substanz, die zu den sichtbaren Strukturen und Formen der Materie hinzutritt. Man kann sie womöglich einem Körper zuführen oder aus ihm heraussaugen, wie der Vampir es tut, um sich ein weiteres Stück Lebenszeit zu verschaffen.

In dieser Nacht kann Mary nicht schlafen. Denken will sie das, was ihr widerfährt, aber auch nicht nennen. Sie liegt im Bett und hat einen Wachtraum – einen jener Geisteszustände, deren Aufklärung Polidoris medizinische Forschungen galten:

*Ich sah den bleichen Schüler unheiliger Künste neben dem Ding knien, das er zusammengesetzt hatte. Ich sah das grässliche Phantom eines Menschen ausgestreckt liegen, und dann, auf die Arbeit einer mächtigen elektrischen Maschine hin, gab es plötzlich Lebenszeichen von sich.*

Einmal angenommen, die Experimente, Leben zu erschaffen, gelängen wider alle Erwartungen letztlich doch. Wie würde es dem Forscher ergehen, der einen Menschen zum Leben erweckt, ein »Ding«, das er etwa zuvor aus Leichenteilen zusammengeflickt hat? Von Polidori hat Mary erfahren können, dass an den Universitäten Grabräuberei – oder Resurrektion, wie man das hochtrabend nannte – der geläufige Weg ist, um an die begehrten Leichen für die Anatomiestunden heranzukommen. Würde dieser Schöpfer eines neuen Menschen aus Leichenteilen triumphieren und jenen Ruhm erwerben, auf den er es abgesehen hatte? Nein, träumt Mary weiter: »Sein Erfolg würde dem Künstler Angst einjagen; er würde voll Grauen vor dem abscheulichen Werk fliehen.« In Erfüllung gegangen, würde sich der Traum von der Unsterblichkeit als schlimmstmöglicher Albtraum erweisen. Sollte der Schöpfer je wieder Schlaf finden können, dann nur in dem Vertrauen darauf, dass das »Ding«, dem er die Lebenskraft zugeführt hat, wieder zu toter Materie zerfallen würde. Aber was, wenn sein Optimismus ihn trägt? »Er öffnet die Augen und sieht das grässliche Ding an der Seite seines Bettes stehen und ihn mit gelben, wässrigen, doch forschenden Augen anstarren.«

Vor Schreck öffnet auch Mary die Augen. Die Idee hat dermaßen von ihr Besitz ergriffen, dass sie es nicht vermag, das »grässliche Phantom« abzuschütteln. Um sich abzulenken, denkt sie an die Gespenstergeschichte, die ihr immer noch nicht eingefallen ist. Und auf einmal erlebt sie, was am Beginn vieler aufregender Entdeckungen steht: die assoziative Verbindung von zwei Dingen, die auf den ersten Blick nichts miteinander zu tun haben. »Heureka! Was mich erschreckte, wird andere erschrecken; und ich muss lediglich den Geist beschreiben, der mein mitternächtliches Ruhekissen heimgesucht hat.« Am nächsten Morgen kündigt sie den anderen an, sie habe sich eine Geschichte ausgedacht. Und noch am selben Tag schreibt sie die ersten Worte ihres Romans *Frankenstein oder Der moderne Prometheus* nieder, Sätze, mit denen später dessen fünftes Kapitel beginnen wird:

*In einer trüben Novembernacht erblickte ich den Erfolg meiner Mühen. Mit einer Erregung, die ans Unerträgliche grenzte, legte ich mir die lebenspendenden Instrumente zurecht, um der reglosen Masse zu meinen Füßen den Lebensfunken einzuhauchen. Es war bereits ein Uhr morgens; der Regen trommelte eintönig gegen die Scheiben, und meine Kerze war nahezu heruntergebrannt, als ich im Schimmer des verlöschenden Lichts sah, wie sich das glanzlose Auge meines Geschöpfs öffnete; es atmete schwer, und sein Körper wurde von krampfartigen Zuckungen geschüttelt.*

*Wie soll ich meine Empfindungen beim Anblick dieser Katastrophe beschreiben …*

»Im Schimmer des verlöschenden Lichts« – das ist der Zeitpunkt, zu dem die Vampire erwachen und die aus Leichenteilen
zusammengenähten »künstlichen« Menschen zum Leben finden. Lord Ruthven und Frankensteins Kreatur sind Seelenver-
wandte wie auch ihre Schöpfer, der ständig kränkelnde Doktor
und die dem Tod zweimal von der Schippe gesprungene Mary.
Vampir wie Monster sind Untote: Zwischenweltwesen, die
bereits gestorben sind, jedoch als Wiedergänger zu den Leben-

*Das Porträt dieser jungen Schriftstellerin könnte Mary Shelley zei-
gen – das nahm man jedenfalls lange Zeit an. Heute sagt die For-
schung, es handele sich um eine unbekannte Frau. Aber trifft das auf
Mary Shelley nicht genauso zu?*

den zurückkehren. Sie sind weder lebendig noch tot, vielmehr Nachlebende, die von den gewöhnlichen Lebenden nicht als einer der ihren akzeptiert werden, aber auch keinen endgültigen Tod sterben, der sie aus ihrem misslichen Zustand erlöst. Am Schluss der Geschichten, die von ihnen berichten, verlieren sie sich »in Finsternis und Ferne« wie auch Frankensteins Monster am Ende von Mary Shelleys Roman, nachdem es eine Spur der Vernichtung und Verwüstung gezogen hat. Untote erinnern die gewöhnlichen Sterblichen an unbeglichene Rechnungen oder üben an ihnen Rache für eine nicht getilgte Schuld. Im Falle von Frankensteins Monster ist es Rache an der Hybris des Forschers Viktor Frankenstein: Leben kann er wohl schaffen, aber es fehlt ihm jegliches Einfühlungsvermögen dafür, was es heißt, eine Kreatur in die Welt der Menschen zu entlassen, die ohne jede Chance ist, sich dort auch behaupten zu können.

Nicht nur die beiden Geschöpfe jedoch, auch deren Urheber stehen einander nahe. Polidori notiert in seinem Tagebuch voller Stolz, Mary habe ihn ihren »jüngeren Bruder« genannt. Ihre seelische und geistige Verwandtschaft hat mit beider prekärem Status in der Welt zu tun: Der dünnhäutige, mit sich selbst unzufriedene Doktor und die belesene junge Frau auf der Suche nach der ihr gemäßen Lebensform sind der eine wie die andere hochbegabte Außenseiter, zumal als Schriftsteller. Obwohl ihre Geschöpfe – der Vampir wie das zum Leben erweckte Monster – rasch zu Mythen der modernen Populärkultur werden und sich im 20. Jahrhundert durch das Medium Film globalen Ruhm erwerben, bleibt ihren Schöpfern der Nimbus eines Lord Byron oder Percy Bysshe Shelley versagt. Sogar ihre Namen sind weitgehend vergessen – als wären sie dem Vampirismus der ungeheuren Wirkungsgeschichte ihrer Gestalten zum Opfer gefallen.

Als sich einige Tage später das Wetter bessert und Byron und Shelley aufbrechen, um die Schauplätze von Rousseaus Roman *Julie oder Die Neue Héloïse* rund um den Genfer See zu besuchen, nutzen Polidori und Mary die ihnen dadurch geschenkte freie Zeit für ihre literarischen Ambitionen. Polidori treibt sich weiterhin in Genf herum, wirft zwischendurch aber eine Vampirgeschichte aufs Papier, die der Byrons in nichts nachsteht, sie in vieler Hinsicht sogar übertrumpft. Die Ausgestaltung der seelischen und moralischen Physiognomie der vampirischen Lebensform, die Byron in seinem Fragment den Lesern schuldig bleibt, ist die Stärke von Polidoris Geschichte. Wie eine zeitgenössische Kritik bemerkt hat, macht sie aus dem seit geraumer Zeit auch die Literatur bevölkernden Wiedergänger einen geschäftigen Bewohner unserer Welt. Seit Polidoris Geschichte ist ein Vampir kein Geist mehr, sondern eine Existenz, zudem ein Aristokrat, ein Reisender und ein Verführer.

Mary sitzt derweil am Schreibtisch ihres Cottage und arbeitet an ihrem Buch, das 1818 erscheint, wie Polidoris Vampirgeschichte für viel Aufregung sorgt und zahllose Nachahmer findet. Während aber noch einige Zeit vergeht, bis auch Vampirfrauen das in vieler Hinsicht männliche Genre zu bevölkern beginnen, ist die geschlechtliche Identität von Frankensteins Monster von Anfang an diffus. Zwar fordert es von seinem Schöpfer ein weibliches Gegenstück, um der schrecklichen Einsamkeit zu entkommen, woraus man schließen darf, dass es sich um einen Mann handelt. Aber Mary hat ihm zugleich die Seele einer Frau verliehen. Ihre Schilderung, wie das Geschöpf die Sprache durch das Belauschen anderer erlernt, liest sich wie ein Stück Autobiographie. Es ist die seinerzeit charakteristische Situation der heranwachsenden Frau, die Bildung und Wissen nicht in Schulen und an der Universität erwirbt, sondern durch

Zuhören und Nachahmen im häuslichen Bereich und als Zeugin männlicher Gelehrsamkeit. Im sozialen Außenseitertum von Frankensteins Monster spiegelt sich der zeitgenössische Ausschluss der Frauen von elementaren Bereichen des gesellschaftlichen Lebens.

Eines der ersten Bücher, die Mary das Geschöpf lesen lässt, ist zugleich ein Lieblingsbuch von ihr selbst und auch ihrer Mutter gewesen: Goethes *Leiden des jungen Werthers*. Das Monster, so erfahren wir, weint über den Untergang dieses empfindsamen und rebellischen Außenseiters, in dem es die eigene seelische Situation wiedererkennt. Marys Vater hatte seine verstorbene Frau in einer damals viel gelesenen Biographie in Anbetracht ihrer unglücklichen Liebesgeschichten und Suizidversuche einen »weiblichen Werther« genannt: Sie habe zu den Menschen gehört, die »mit der erlesensten und feinsten Empfindsamkeit ausgestattet sind und deren Seelen aus fast zu feinem Stoffe scheinen, um die Wechselfälle des menschlichen Lebens zu ertragen«. Es sind genau diese Gedanken, die sich die Tochter zu eigen gemacht hat und dem Geschöpf mitgibt. Frankensteins Kreatur, die zwar aussieht wie ein Monster, ist aber eigentlich ein sensibler, femininer Mensch und wird zum Unmenschen nur dadurch, dass ihr auch die elementarste Form von Anerkennung versagt bleibt.

Polidori wie Mary, der Gestalter des Vampirs wie die Erfinderin des Frankenstein-Monsters, lassen die Welt der Romane des 18. Jahrhunderts, eine Welt der Sentimentalität und der Entsagung, hinter sich. Ihre Erfahrung dieses Sommers ist nicht in den Schimmer von Tränen, sondern in das fahle Licht von Blitzen getaucht, die kurzzeitig das Dunkel erhellen und dabei die Welt in ihrer ganzen Befremdlichkeit zeigen. Mit ihren beiden Helden überschreiten sie die damals geläufigen Grenzen der Erkenntnis und des Empfindens. Lesen, das meinte nun nicht länger vor allem Selbsterkundung und Stärkung des Selbstwertgefühls. Es bedeutete, sich dem Fremden und Unbekannten auszusetzen, das auch das Fremde und Unbekannte des eigenen Ich sein kann.

*Kurze Nachschrift*

Am 29. August 1816 reisen Shelley, Mary und die von Byron geschwängerte Claire gemeinsam mit dem kleinen William und seinem Schweizer Kindermädchen wieder nach London zurück. Die Shelleys lassen sich in Bath nieder, in der Hoffnung, Claires Schwangerschaft geheim halten zu können. Am 10. September wird der Leichnam von Shelleys Ehefrau Harriet gefunden. Sie hat sich im Serpentine, dem See im Londoner Hyde Park, ertränkt. Am 9. Oktober begeht auch Fanny Imlay, die ältere Tochter von Mary Wollstonecraft, Suizid, nachdem sie sich in verzweifelten Briefen an ihre Schwester über die familiäre Situation beklagt hat. Beide Selbstmorde werden vertuscht. Am 30. Dezember heiraten Mary Godwin und Percy Bysshe Shelley in London. Mary ist erneut schwanger. Trotz der Heirat befindet das Gericht, Shelley sei moralisch ungeeignet, seine Kinder aus der Ehe mit Harriet aufzuziehen. Sie werden einer Pfarrersfamilie anvertraut. Am 2. September 1817 bringt Mary ihr drittes Kind zur Welt, das sie wie die erste, früh verstorbene Tochter Clara nennt.

Das Kind von Claire und Byron, erst Alba genannt, vom Vater dann in Allegra korrigiert, kommt Anfang des Jahres 1817 zur Welt. Byron, der nach dem Sommer 1816 Claire nie wiedersehen wird, holt es schließlich nach Italien, wo das Mädchen bereits im Alter von fünf Jahren in dem Kloster, in das der Vater es zur Aufzucht gesteckt hat, stirbt.

Im März 1818 verlassen die Shelleys England und gehen nach Italien. Dort sterben die beiden gemeinsamen Kinder: Clara im September in Venedig, der knapp dreieinhalbjährige William im Juni 1819 in Rom. Mary fällt in eine Depression, aus der sie sich erst durch die Geburt ihres vierten Kindes, Percy Florence, im November 1819 wieder befreit. Nachdem er sich zuvor von Mary zunehmend entfremdet hat, ertrinkt Percy Bysshe Shelley im Sommer 1822, knapp dreißigjährig, bei einer Segeltour vor der Küste Viareggios; er war Nichtschwimmer. Mary beschließt, eine Existenz als freie Schriftstellerin zu führen.

Im Sommer zuvor ist bereits John William Polidori im Alter von fünfundzwanzig Jahren unter nicht geklärten Umständen gestorben. Vermutlich war es Suizid. Polidori litt unter Depressionen und hatte erhebliche Spielschulden angehäuft.

Zwei Jahre später stirbt auch Lord Byron im griechischen Mesolongi an Unterkühlung. Seit Anfang 1823 kämpfte er an der Seite der Griechen für deren Unabhängigkeit.

Mary Shelley wird dreiundfünfzig Jahre alt und kann noch erleben, wie sich Percy Florence, das einzige ihr verbliebene Kind, glücklich verheiratet. Am 1. Februar 1851 stirbt sie in London an einem Gehirntumor.

Von den Sommergästen des Jahres 1816 ist Claire die Einzige, der ein auch nach unseren heutigen Maßstäben langes Leben vergönnt ist. Sie stirbt im März 1879 fast einundachtzigjährig in Florenz. Als alte Frau schreibt sie in einer Mischung aus Ernüchterung und anhaltender Verbitterung, »dass eine Frau ohne Rang, ohne Reichtum, ohne männliche Verwandte, die sie beschützen, von Männern als etwas angesehen wird, das nur dazu da ist, auf ihren Gefühlen und ihren Rechten herumzutrampeln«. Das sei die Lektion, die sie von Shelley wie von Byron gelernt habe.

»Diese Frau ist wirklich groß«, urteilte Charles Baudelaire über Gustave Flauberts Romanheldin, die Ehebrecherin Emma Bovary. Dabei ist sie alles in allem eine recht gewöhnliche Frau aus der Provinz und in der Provinz, die erst über sich hinauswächst, als schon alles verloren ist. Doch sie ist schön, impulsiv, gierig nach Leben und sehr sinnlich. Und sie ist besessen davon, aus ihrem Leben einen jener Liebesromane zu machen, die sie seit ihren Mädchentagen verschlungen hat.

## 8

ROUEN, 1857

## Die Liebende aller Romane:
## Madame Bovary

Kurz vor Weihnachten des Jahres 1856 erhält Gustave Flaubert
den Brief einer ihm unbekannten Dame aus Angers, die sich
als Autorin dreier Romane vorstellt, von denen er bislang
noch nie gehört hat. Der fünfunddreißigjährige Flaubert hat
keine allzu hohe Meinung von Frauenliteratur; er hält sie
schlichtweg für sentimental. Die elf Jahre ältere Louise Colet,
seine Exgeliebte, konfrontiert er immer wieder mit seiner
Ansicht. Die romantisierende Literatin, Autorin von überschwänglichen Versen, von Unterhaltungsromanen und Biographien, zweifache Preisträgerin der Académie Française und
neben George Sand die bekannteste Erscheinung der Pariser
Salons, ermahnt er: »In Gedichten muss man nicht träumen,
sondern Faustschläge austeilen.« Und: »Man schreibt nicht
mit seinem Herzen, sondern mit seinem Kopf.«

Vor wenigen Tagen ist in der *Revue de Paris* der letzte
Teil eines Vorabdrucks von *Madame Bovary. Sitten der Provinz*
erschienen. Flaubert hat fünf Jahre lang an seinem ersten
Roman und seiner ersten Veröffentlichung überhaupt gearbeitet, laut Selbstaussage »wie ein Mann, der mit Bleikugeln
auf jedem Fingerglied Klavier spielt«.

Marie-Sophie Leroyer de Chantepie, so der Name der
Briefschreiberin, entpuppt sich nicht nur als Abonnentin der
*Revue de Paris*, sondern auch als leidenschaftliche Leserin seines

»von Wahrheit so durchdrungenen Dramas«, wie sie schreibt. »Ja, das sind in der Tat die Sitten dieser Provinz, in der ich geboren wurde und mein Leben verbracht habe.« Wie sehr sie das Elend dieser armen Frau Bovary verstanden habe. Das sei in keiner Weise Fiktion, »diese Frau hat existiert, und Sie müssen ihr in ihrem Leben, ihrem Tod und ihren Leiden beigestanden haben«. Sie habe sich mit ihr bis zu dem Punkt identifiziert, dass sie den Eindruck hatte, Emma zu sein und umgekehrt. Sie lese seit nun dreißig Jahren alles, was ihr an literarischer Produktion bekannt werde. Kein Buch aber habe einen derart tiefen Eindruck bei ihr hinterlassen.

*Ich habe genug gelitten in meinem Leben, um nicht bei der ersten Gelegenheit loszuheulen, und wenn dann nur in extremen Situationen. Und doch, seit gestern weine ich unaufhörlich über diese arme Frau Bovary, in der Nacht habe ich kein Auge zugetan, ich habe sie immerzu gesehen und konnte mich nicht trösten, noch war ich in der Lage, mich von der gewaltigen Erschütterung zu erholen, die dieses Drama bei mir ausgelöst hat.*

Kein Autor habe ihr jemals so zugesetzt, und das sei doch das schönste Lob, das sie ihm machen könne. Verzweiflung und eine Warnung seien die Moral von der Geschichte: »Die Frauen müssen halt ihren Pflichten nachkommen, wie schwer ihnen das auch fallen mag. Aber es ist doch so natürlich, sein Glück zu suchen! Gott selbst wünscht das Glück seiner Geschöpfe, einzig die Menschen widersetzen sich seinem Willen.« Im Brief der Leserin steht »hommes«, was auch die folgende Lesart erlaubt: »Einzig die Männer handeln dem göttlichen Willen entgegen.«

Die Lektüre des Briefes verbessert Flauberts in diesen Tagen sowieso schlechte Laune keineswegs. Entgegen allen Absprachen haben die Herausgeber der *Revue de Paris* aus Angst vor dem Staatsanwalt doch Streichungen an seinem Manuskript vorgenommen und ihn erst nachträglich davon in Kenntnis gesetzt. Zudem wird eine Anklage gegen das Buch wegen »Verstoßes gegen die öffentliche und religiöse Moral sowie gegen die Sittlichkeit« immer wahrscheinlicher. Die in seinen Augen nur schwer erträgliche Gemengelage aus enthusiastischer Identifikation, Selbstanklage und religiöser Schwärmerei der Briefschreiberin ist ihm nur zu gut bekannt, schließlich hat er ihr in der weiblichen Hauptfigur seines Romans ein genaues und, wie sich herausstellen soll, unsterbliches Denkmal gesetzt.

Wenn er drei Monate später dennoch auf Mademoiselle Leroyer de Chantepies »Fragen«, wie er ihre Leseeindrücke gönnerhaft nennt, eingeht, dann nur, um sich der Empfindsamkeit seiner Leserin zu erwehren: *Madame Bovary* enthalte nichts Wahres. Weder von seinen Gefühlen noch von seinem Leben habe er etwas hineingebracht. Überhaupt müsse sich die Kunst über die persönlichen Neigungen und nervösen Empfindlichkeiten erheben. »Es ist an der Zeit, ihr durch eine unerbittliche Methode die Präzision der physikalischen Wissenschaften zu geben!« Das sitzt.

Dass Flaubert sich überhaupt auf diesen Briefwechsel einlässt, liegt an der Hartnäckigkeit Marie-Sophie Leroyer de Chantepies. Nach seinem ersten kurzen, beinahe barschen Antwortschreiben sendet sie ihm ihre drei Romane zu nebst einem weiteren ausführlichen Brief, und als sie daraufhin ohne Antwort bleibt, fasst sie in einem weiteren Schreiben nach, ob etwa die Adresse falsch sei. Zudem legt sie ihr Porträt bei und klärt den zu diesem Zeitpunkt fünfunddreißigjährigen Flaubert über ihr Alter auf: Sie ist bereits fünfundfünfzig Jahre alt! Daraufhin Flaubert: »Ich danke Ihnen zunächst, dass Sie mir Ihr Alter geschrieben haben. Das gibt mir größere Freiheit. Wir werden wie von Mann zu Mann miteinander plaudern.« Bei der sehr sinnlichen, sexuell aktiven Louise Colet musste er um seine seelische Stabilität fürchten. Das hatte dazu geführt, dass er sich vor dem Ansturm der weiblichen Begierde zunehmend in seiner Schreibklause verschanzte. In der Beziehung zu dem alten Fräulein ist es ihm dagegen möglich, seinen pädagogischen Eros auszuleben, der neben dem sexuellen das zweite große Interesse ist, das er Frauen entgegenbringt. Das Vergnügen, das er beim Empfang ihrer Briefe empfinde, schreibt er nun an Mademoiselle Leroyer de Chantepie, werde aufgewogen durch den Kummer, der sich in ihnen ausbreitet. »Welch vortreffliche Seele Sie haben! Und welch trauriges Leben Sie führen! Ich glaube es zu verstehen. Und deshalb liebe ich Sie.« Er hat für sich eine neue, komfortable Rolle entdeckt: die des weisen Kummerkastenonkels, wie der Schriftsteller Julian Barnes diesen Flaubert genannt hat. So entspinnt sich ein Briefwechsel über einen Zeitraum von zwei Jahrzehnten, ohne dass es je zu einer leibhaftigen Begegnung der Beteiligten kommen würde.

Marie-Sophie Leroyer de Chantepie war eine belesene, gebildete Frau, die, wie sie schreibt, Liebe und Glück, sprich einem Familienleben, entsagt hat, um eine Existenz als Schriftstellerin zu führen. Zeitlebens verlässt sie die Provinz nicht; ihr ganzes langes Leben verbringt sie in Angers, wo sie neun Jahre nach Flaubert stirbt. Noch mehr als ihr Briefpartner kultiviert sie den Selbstzweifel und erhofft sich von dem ungleich jüngeren, vitaleren und mittlerweile auch erfolgreichen Schriftstellerkollegen Rat in grundsätzlichen Lebensfragen, insbesondere denen der Religion. Der hingegen versucht sie erst einmal von ihrer, wie er findet, hysterischen Identifikation mit seiner Romanfigur zu kurieren: »Und vergleichen Sie sich nicht mit der Bovary. Sie ähneln ihr kaum! Sie war weniger wert als sie, sowohl was den Kopf als auch was das Herz betrifft; denn sie war eine etwas perverse Natur, eine Frau der falschen Poesie und der falschen Gefühle.« Immerhin fügt er hinzu, seine erste Idee sei gewesen, aus Emma »eine Jungfrau zu machen, die in der Tiefe der Provinz lebt, im Kummer alt wird und so zu den letzten Stadien des Mystizismus und der erträumten Leidenschaft gelangt«. Uncharmant, geradezu brutal zeichnet er mit wenigen Strichen ein Porträt, in dem seine Brieffreundin sich wiedererkannt haben dürfte. Nur um die Geschichte verständlicher und auch unterhaltsamer zu machen, habe er »eine menschlichere Heldin« erfunden, eine Frau, wie man sie öfter sieht. So bleibt Marie-Sophie Leroyer de Chantepie wenigstens der Trost, in den Augen ihres Ratgebers keine ganz gewöhnliche Frau zu sein.

Alle ihre Schmerzen, so analysiert er, kämen aus einer »Übertreibung des untätigen Denkens«, man könnte auch sagen, aus einem permanenten hypochondrischen Kreisen um sich selbst. Er sei überzeugt davon, dass man krank werde, sobald man über sich selbst nachdenkt. Um sie sowohl von der Selbstbezogenheit als auch der Grübelei zu befreien, verordnet er seiner Brieffreundin, was man eine Bibliotherapie nennen könnte: »Lesen Sie viel! Machen Sie sich einen Studienplan, der anspruchsvoll ist und den Sie einhalten.« Er empfiehlt ihr die Lektüre der großen Meister der antiken und klassischen Literatur: »Sie werden aus diesem Studium so geblendet hervorgehen, dass Sie dadurch fröhlich werden.« Schon Louise

Colet hat er nahegelegt, »jeden Tag einen Klassiker zu lesen. Du liest nicht genug«. Wenn er ihr das unaufhörlich predige, so weil er glaube, dass das eine »heilsame Hygiene« sei. Die Begründung, die er im Brief an Marie-Sophie Leroyer de Chantepie dafür findet, ist dann aber wieder typisch Flaubert, weit entfernt von den konkreten Fragen und Problemen des alten Fräuleins. »Das Leben ist eine so hässliche Angelegenheit, dass das einzige Mittel, es zu ertragen, darin besteht, ihm aus dem Weg zu gehen. Und man geht ihm aus dem Weg, indem man in der Kunst lebt, in der unaufhörlichen Suche nach dem Wahren, das durch das Schöne wiedergegeben wird.«

Auf ihre Nachfrage, welche Bücher er denn konkret meine, kommt Michel de Montaigne ins Spiel. Dessen *Essais*, in drei Bänden zwischen 1580 und 1588 erschienen, ein einzigartiges Zeugnis skeptisch-gelassener Selbst- und Weltbetrachtung, sind eine der Lieblingslektüren des jugendlichen Gustave Flaubert gewesen.

*Lesen Sie Montaigne, lesen Sie ihn langsam, bedächtig! Er wird Sie ruhiger machen ... Sie werden ihn gern haben, bestimmt. Doch lesen Sie nicht wie die Kinder lesen, um sich zu vergnügen, noch wie die Ehrgeizigen, um sich zu bilden. Nein, lesen Sie, um zu leben. Schaffen Sie für Ihre Seele eine intellektuelle Atmosphäre ...*

Da ist es wieder, das Lebensverhältnis zum Lesen, das sich als so entscheidend für die Anfänge des weiblichen Lesens erwies. Flaubert ist weit davon entfernt, mit seinem Rat eine Aussage darüber machen zu wollen, was das Lesen der Frauen womöglich von dem der Männer unterscheidet. Das zeigen schon seine Lektüreempfehlungen, die eher einem männ-

lichen Kanon von Büchern der Lebenserfahrung und Selbsterkenntnis verpflichtet sind; ein zeitgenössischer oder wenigstens moderner Roman ist nicht darunter. Intuitiv aber erfasst
er, was das Spezifische einer weiblichen Tradition des Lesens
sein könnte, wie sie sich bis heute fortschreibt. Es ist weder
ein gelehrtes Lesen, wie es zuerst die Mönche und die Akade-
miker betrieben haben, noch ein rein lustbetontes Lesen, wie
es den Frauen seitens der Männer immer wieder unterstellt
worden ist. Es ist ein Lesen, das Aufschluss gibt über jene Frage,
die für Montaigne zentral war: »Wie soll ich leben?«

Doch wie liest man, um zu leben? Flaubert in seinem beleh-
renden Brief an Marie-Sophie empfiehlt, das Lesen nach Art
des Reisens zu betrachten. Reisen ist Aufbruch, Verlassen des
Vertrauten, Erfahrung des Unbekannten, Anreiz zur eigenen
Veränderung. Schlussendlich mag auch der reisende Leser wieder bei sich selbst anlangen, erst einmal aber löst er sich von
der eigenen Person und schließt Bekanntschaft mit einer ihm
bislang fremden Welt. »Wenn Sie ein Mann und zwanzig Jahre
alt wären, würde ich Ihnen vorschlagen, eine Reise um die
Welt zu machen. Nun gut! Machen Sie diese Reise um die
Welt in Ihrem Zimmer!« Wenn Alter und andere Voraussetzungen – etwa die aufs Haus beschränkte Lebensweise einer Frau
in der französischen Provinz des 19. Jahrhunderts – es nicht
zulassen, aus dem Zimmer in die Welt hinauszugehen, denkt
Flaubert, dann muss man halt dafür sorgen, dass die Welt ins
Zimmer gelangt. Und was eignete sich zu seiner Zeit dafür
besser als Bücher, so wie heute auch Filme und »Reisen« durch
das World Wide Web diesen Zweck erfüllen können.

Emma Bovary, um auf jene »arme Frau« zurückzukom-
men, die den Briefwechsel des Autors mit seiner Leserin erst

initiiert hat – Emma Bovary, so erfährt der Leser im berühmten sechsten Kapitel von Flauberts Roman, ist ebenfalls eine
leidenschaftliche Leserin. Doch welch ein Unterschied zu
jenem Lesertyp, den Flaubert in seinen Briefen an Mademoiselle Leroyer de Chantepie entwirft. Wie eine ganze Reihe
anderer unglücklicher und unverstandener Romanheldinnen
des 19. Jahrhunderts verlebt Emma die Zeit ihrer Pubertät als
Klosterschülerin. Dort gibt es, auch das kein Einzelfall, eine
alte Jungfer, die einer adligen, durch die Revolution ruinierten
Familie angehört. Sinnigerweise sorgt sie nicht nur für die
Wäsche der Mädchen, sondern auch für deren Lektüre, indem
sie ihnen, natürlich heimlich, Romane zusteckt, an denen der
Staub der alten Leihbibliotheken haftet und die sie in ihrer
Schürzentasche hinter die Klostermauern schmuggelt.

*Da gab's nur Liebschaften, Liebhaber, Liebhaberinnen, ver-*
*folgte Damen, die in einsamen Lusthäuschen ohnmächtig,*
*Kutscher, die auf allen Poststationen ermordet, Pferde, die auf*
*jeder Seite zuschanden geritten wurden, Waldesdunkel, Her-*
*zensqual, Schwüre, Schluchzer, Tränen und Küsse, Nachen*
*im Mondenschein, Nachtigallen im Gehölz, Herren so tapfer*
*wie Löwen, so sanft wie Lämmer, so tugendhaft wie keiner ist,*
*stets wohlgekleidet und deren Zähren fließen wie aus Krügen.*

Noch vor dem Eintritt in die Klosterschule hat Emma *Paul*
*und Virginie* gelesen, den im Jahrhundert zuvor erschienenen
kurzen Roman des Rousseau-Jüngers Jacques-Henri Bernardin de Saint-Pierre. Dem zeitgenössischen Leser Flauberts
stand schon bei Nennung des Titels die herzzerreißende
Geschichte vor Augen: Auf der Insel Mauritius, die seinerzeit
unter französischer Herrschaft »Île de France« genannt wurde,

wachsen die Kinder Paul und Virginie wie Geschwister in einer kleinen, friedlichen Gemeinschaft heran. Doch eines Tages trifft ein Brief der Erbtante ein und mit ihm das Angebot, die mittlerweile fünfzehnjährige Virginie in Frankreich standesgemäß zu erziehen. Insbesondere Paul ist über den Fortgang Virginies untröstlich. Als diese zwei Jahre später auf die Insel zurückkehren möchte, weil sie sich an das europäische Leben nicht gewöhnen konnte, gerät das Schiff kurz vor der Küste in Seenot.

Vom Ufer aus müssen Paul und ihre Angehörigen beobachten, wie Virginie ertrinkt, weil es ihr das in Frankreich anerzogene Schamgefühl verbietet, die Kleider abzulegen und ans Ufer zu schwimmen. Virginie ist eine Nachfahrin der Heldinnen Richardsons, eine Verkörperung von Empfindsamkeit und natürlicher Herzensbildung. Der Roman zeigt, wie diese durch die Gesellschaft zerstört werden. Die kleine Emma hält sich bei ihrer Lektüre an das Idyll: das Bambushäuschen, den treu ergebenen Sklaven Domingue, den Hund Fidèle; vor allem aber träumt sie »von der süßen Freundschaft eines liebevollen kleinen Bruders, der einem Beeren holt von großen Bäumen, höher als Kirchtürme«.

Wenn dann im klösterlichen Internat sonntags Stellen aus François-René de Chateaubriands *Geist des Christentums oder Schönheiten der christlichen Religion* vorgelesen werden, ist ihr durch die Lektüre von *Paul und Virginie* der Grundton dieses antiaufklärerischen Buches, das »klangvolle Lamento romantischer Melancholie«, bereits vertraut. Chateaubriands Werk war die Bibel der französischen Romantik. Der durch Aufklärung, Industrialisierung und den heraufziehenden Kapitalismus zunehmend entzauberten Welt rückte Chateaubriand mit der Poesie von Leidenschaft und Weltschmerz, Ruinen und Gräbern, Exotismus und Lebensüberdruss zu Leibe. Die junge Emma nippt an diesem metaphysischen Zaubertrank in kleinen Schlucken. Auf dem Land aufgewachsen, sind es nicht »die lyrischen Exzesse der Natur«, die ihr Herz erreichen. »Sie musste aus den Dingen eine Art von persönlichem Gewinn ziehen können«, charakterisiert der Erzähler ihr Interesse an Literatur und Kunst, an Schönheit im Allgemeinen; »und sie verwarf als unnütz alles, was nicht den unmittelbarsten Bedürfnissen ihres Herzens diente, – denn sie war eher sentimental als künstlerisch veranlagt und suchte Gefühle, nicht Landschaften«.

Das wird so bleiben, was immer sie später liest, obwohl ihre Lektüre sich keineswegs auf Trivial- oder Frauenromane beschränkt. Emma liest die Historienromane von Walter Scott und *Die Geheimnisse von Paris* von Eugène Sue, einen in den 1840er Jahren ungeheuer erfolgreichen Zeitschriftenroman. Sie liest aber ebenso die feministischen Romane der George Sand oder die Liebesromane von Honoré de Balzac, dessen *Die Frau von dreißig Jahren* zu den literarischen Erweckungserlebnissen Flauberts zählte. Beiläufig wird erwähnt, dass die in ihrem Eheleben mit dem Landarzt Charles Bovary gelangweilte Frau häufig zu einem Buch just in dem Moment greift, wenn sie sich gerade im Spiegel betrachtet hat; nach kurzer Lektüre dann lässt sie es, »zwischen den Zeilen vor sich hin träumend«, in ihren Schoß fallen. Lesen ist für sie das Gegenteil dessen, was Flaubert Mademoiselle de Chantepie empfiehlt, um ihren Selbstekel und Neurotizismus zu kurieren – nicht Gewinn von Weltläufigkeit, sondern Lebensersatz. Es ist der Versuch, das Ungenügen am eigenen Ich durch die Träumerei von einem besseren Leben zu kompensieren, das einem eigentlich gemäß wäre. Verschlingt sie einen der historischen Romane Walter Scotts, so entsteht in ihr der Wunsch, ein Leben wie jene Burgherrinnen mit den langen Korsagen geführt zu haben, »die ihre Tage unter dem Dreipass der Spitzbogenfenster verbrachten« und dabei Ausschau hielten, »ob aus weiter Ferne ein Reiter mit weißer Feder auf schwarzem Ross herangaloppierte«. Lässt sie sich von Eugène Sue die Geheimnisse der Pariser Unterwelt enthüllen, dann letztlich, um dort »die Beschreibung von Wohnungseinrichtungen« zu studieren. Und wenn sie Balzac und George Sand liest, so sucht sie »imaginäre Befriedigung für ihre eigenen Gelüste«.

Zu Recht ist von Emmas Manie gesprochen worden, alles Gelesene unmittelbar auf sich selbst zu beziehen. Lektüre ist für sie kein Weg, der Egozentrik zu entkommen, vielmehr dient sie ihr dazu, das eigene Leben, das sie als langweilig und öde empfindet, mit phantastischen Vorstellungen auszustaffieren. Fatalerweise scheint diese Flucht in die Fiktion lediglich das Gefühl der Leere und Niedergeschlagenheit zu verstärken, von dem sie ausgelöst wurde und das sie nur für die Dauer des Konsums vergessen machen kann. Mit jedem Buch, das zeigt, wie schön und wild, wie bedeutend und aufregend das Leben eigentlich sein könnte, nimmt der Eindruck zu, sich im falschen Film zu befinden, wie man heute sagt. Schließlich legt Emma die Bücher weg. »Ich habe alles gelesen«, sagt sie sich.

Flaubert hat sich nicht darauf beschränkt, das Leseverhalten seiner Heldin ausführlich zu schildern, er hat es darüber hinaus – wie noch kein Romancier vor ihm – zum Bestandteil eines umfassenderen Konsum- und Medienverhaltens gemacht. Da spielen in der Pubertät nicht nur Bücher eine Rolle, sondern auch die Bilderwelten von Kupferstichen und Poesie-

alben, die Figuren berühmter und leidgeprüfter historischer
Frauengestalten, die umschwärmt werden wie heute Film- und
Popstars, schließlich musikalische Romanzen, die die »ver-
lockenden Gaukeleien der Liebesdinge« erahnen lassen und die
Popsongs von einst waren. Später, als schon verheiratete Frau,
abonniert Emma Frauenmagazine und verschlingt »Berichte
über Premieren, Pferderennen und Abendgesellschaften«, interessiert sich »für das Debüt einer Sängerin, die Eröffnung eines
Geschäfts«. Und das alles, wohlgemerkt, während sie, die zeit-
lebens nie nach Paris kommen wird, in der Provinz lebt und
an allen diesen Herrlichkeiten nur aus zweiter Hand teilhaben
kann. Wollte man Emma Bovary in unsere Zeit versetzen, so
würde sie als Mädchen statt *Paul und Virginie* vielleicht Michael
Endes *Unendliche Geschichte* gelesen haben, statt Jeanne d'Arc,
Héloïse und Agnès Sorel fände sie Alma Mahler-Werfel, Romy
Schneider, Lady Di und Madonna zum Niederknien, beim
Friseur würde sie stets zur *Gala* greifen, zurzeit würde sie *Der
Lavendelgarten*, den neuen Bestseller von Lucinda Riley, verschlingen, und sie hätte natürlich weder die *Twilight*-Tetralogie
von Stephenie Meyer noch *Shades of Grey* ausgelassen.

Was aber, so mögen wir uns fragen, lässt sich aus solchem
Leseverhalten ableiten? Dass die Betreffende extremen Stim-
mungsschwankungen unterworfen ist? Dass sie wie Emma
Bovary eine unglückliche Ehe führt und ihr Kind ablehnt?
Ihren langweiligen Mann mit zwei Liebhabern betrügt? Sich
wegen manischer Kauflust bis über beide Ohren verschuldet
hat und suizidgefährdet ist? Das alles wohl kaum, und doch
ist genau das Emmas Schicksal.

In Flauberts Roman fällt der Schwiegermutter die Rolle
zu, die depressiven Verstimmungen und andere Verhaltensauffälligkeiten Emmas auf ihre Lektüre schlechter und noch dazu

antireligiöser Romane zurückzuführen. Schwiegermama und Ehemann beschließen gemeinsam, »Emma am Romanlesen zu hindern. Das war nicht leicht, aber Mutter Bovary übernahm diese Aufgabe: Wenn sie durch Rouen kam, wollte sie persönlich zum Inhaber der Leihbibliothek gehen und erklären, dass Emma ihre Abonnements kündige. Hätte man nicht sogar das Recht, die Polizei zu Hilfe zu rufen, wenn der Buchhändler trotzdem seine Giftmischerei fortsetzte?« Die Neigung von Emmas Umgebung, ihre Unzufriedenheit mit dem Leben auf die Lektüre gefährlicher Bücher zurückzuführen, das ist, wie Flaubert unmissverständlich deutlich macht, Schwiegermutterpsychologie. Das sollte auch all jenen Interpreten zu denken geben, die dazu neigen, Emma als »eine schlechte Leserin« (Vladimir Nabokov) abzuqualifizieren, und ihr den Kopf zurechtrücken wollen.

Doch Flauberts Roman geht in der Analyse des Zusammenhangs von Lesen und Leben noch einen Schritt weiter: Unmittelbar nachdem man ihr die Bücherquellen verstopft hat, begeht Emma zum ersten Mal Ehebruch. Zwar sagt der Roman nicht ausdrücklich, dass dieser Schritt damit zu tun hat, dass sie durch die schwiegermütterliche Maßnahme um ihre Ersatzbefriedigung gebracht ist. Doch erinnert Emma sich nach ihrem ersten außerehelichen Geschlechtsverkehr an die »Heldinnen all der gelesenen Bücher, und die holde Schar dieser Ehebrecherinnen sang in ihrer Erinnerung mit schwesterlichen Stimmen, die sie verzauberten. Sie selbst wurde gleichsam ein Teil dieser Phantasien und verwirklichte die endlose Träumerei ihrer Jugend, denn sie erkannte sich in jenem Bild der liebenden Frau, die sie endlos beneidet hatte«. Anders und sehr viel prosaischer gesagt: Die Affäre führt dazu, dass Emma sich die Romanlektüre sparen kann, weil sie selbst

Teil eines Romans wird. Hier werden nicht nur die Bücher Wirklichkeit, hier stellt sich die Leserin auch vor, dass sie durch ihren Ehebruch Bestandteil der Romanwelt wird. Das lag durchaus nahe: Die Wendung »einen Roman anfangen« meinte seinerzeit soviel wie ein Liebesabenteuer anknüpfen: Wer ein Verhältnis abseits der ausgetretenen Pfade der Ehe suchte, handelte nach Art der Romane.

Dass es sich bei dieser Verbindung von Leselust und Ehebruch nicht um eine private Obsession Flauberts handelt, vielmehr um ein Zeitsymptom, zu dem sich sein Roman kritisch verhält, mögen zwei Beispiele aus der bildenden Kunst belegen. Beide Gemälde sind in zeitlicher Nachbarschaft zu *Madame Bovary* entstanden. 1858 zeigt uns der viktorianische Maler Augustus Leopold Egg, wie die Romanlektüre Unglück über die Familien bringt. Im Vordergrund seines Bildes »Vergangenheit und Gegenwart« – dem Mittelstück eines Triptychons – ist eine Frau und Mutter zu sehen, die sich auf den Boden niedergeworfen hat. Der hinter ihr mit versteinertem Blick am Tisch sitzende Ehemann hält das *corpus delicti* in der Hand, einen Liebesbrief. Mit seinem linken Fuß trampelt er auf einem Miniaturporträt des Geliebten seiner Frau herum. Weiter im Hintergrund blicken die beiden Töchter des Paars erschrocken auf; gerade haben sie ein Kartenhaus auf einem Buch errichtet. Auf dessen Einband ist deutlich sichtbar der Name »Balzac« zu lesen. Verderben hat die Familie heimgesucht, und der Name des Verderbers lautet »französischer Roman«, der nicht nur im viktorianischen England dafür bekannt war, die Sinne der Frauen zu verwirren und in ihnen bislang unterdrückte Begierden wachzurufen. Nicht umsonst liegt neben der Frau ein halbierter Apfel: Hier ist ein Sündenfall geschehen. Verführer war das Buch, und der's geschrieben.

*August Leopold Egg, » Vergangenheit und Gegenwart«, 1858.*

Die weibliche Verführbarkeit war eine der großen Passionen des 19. Jahrhunderts. Während im Jahrhundert zuvor Romane die Empfindsamkeit der Frau als ihre Stärke gepriesen, ja, sie sogar zum kulturstiftenden Faktor erklärt hatten, rückte in der Folge stärker die Schwäche eines Verhaltens in den Blick, das sich ganz auf Herzensäußerungen und Seelenregungen verlässt: Wird die Frau nicht allzu leicht Opfer überwältigender Eindrücke oder von Manipulation? Viele sahen sie in permanenter Gefahr schweben, aufgrund verderblicher äußerer Einflüsse und innerer Zuchtlosigkeit den berühmtberüchtigten Schritt vom Wege zu tun. Die Lektüre insbesondere von Liebesromanen war dabei schnell als Einfallstor der diabolischen Mächte ausgemacht.

Der oftmals die Grenzen des guten Geschmacks über-
schreitende und für seine Skurrilitäten bekannte belgische
Maler Antoine Wiertz schuf 1853 ein Gemälde, das eine
junge Frau zeigt, die splitterfasernackt auf einem Bett liegt
und einen Roman liest, den sie mit der linken Hand über
ihr Gesicht hält. Während der an der Wand rechts vom Bett
angebrachte große Spiegel ihr Geschlecht enthüllt, das dem
Betrachter durch die angewinkelten Beine der Frau ansonsten verborgen geblieben wäre, legt ein am linken Bettrand
kauernder Teufel, von dem nur die Hand und eine Gesichts-
hälfte mit dem obligaten Horn zu sehen sind, immer neue
Romane auf das Bettlaken und sorgt so für permanenten
Nachschub für die anscheinend unersättliche weibliche Leselust.

*Antoine Wiertz, »Die Romanleserin«, 1853.*

Beide Bilder verknüpfen das Lesen der Frauen mit ihrer Sexualität, das von Egg sogar explizit mit dem Ehebruch. Das wirft auch auf Emmas Lese- und Medienverhalten ein anderes Licht. Die Bibliotherapie, wie sie Flaubert dem alten Fräulein in Angers empfiehlt, kann kaum Emmas Sache sein, die die Literatur »wegen der prickelnden Leidenschaften« liebt. Es geht in Flauberts Roman weder um richtige oder falsche Bücher noch um richtige oder falsche Lektüre.

Emmas Leselust ist weniger Lust zu lesen als Lesen um der Lust willen, die es verschafft. Die Feministin Cora Kaplan, eine inzwischen emeritierte Englischprofessorin an der Universität von London, hat dafür den Begriff des sexuellen Lesens geprägt. »Das Lesen, liebe Leserin, ist eine sexuelle Tätigkeit.« Mit diesen Worten leitet sie einen Ende der 1980er Jahre veröffentlichen Aufsatz über »Lesen, Phantasie, Weiblichkeit« ein. Entdeckt habe sie das während der Pubertät, als sie etwas kennenlernte, was vergangene Jahrhunderte als Lesesucht oder Lesewut beschrieben und kritisierten:

*Narrative Freuden verloren ihre Unschuld; Erwachsenenbücher mit ihren packenden Szenarien von Verführung und Treuebruch hielten mich in Bann. Ich las mit klopfendem Herzen und umherwandernden Händen und reduzierte Achtbares wie Populäres auf einen elementaren Bestand von Handlungsabläufen.* Madame Bovary, Jane Eyre, Bleak House, Nana: *Als Teenager waren sie für mich alle gleich ... Ich allein wusste, dass ich sie um des sentimentalen und sexuellen Rausches willen verschlang.*

Gegenstand sexuellen Lesens sind keineswegs nur pornographische Bücher oder solche mit entsprechenden Stellen.

Letztlich eignet sich jeder Liebesroman für diese Leseweise; vor ihr fallen die ohnehin durchlässigen Barrieren zwischen Hochliteratur, Unterhaltungsliteratur und Trivialliteratur. Wenn Emma Bovary zu Balzac greift, ist das genauso sexuelles Lesen, wie wenn die junge Cora Kaplan *Madame Bovary* verschlingt. Sexuelles Lesen ist gewiss nicht die einzige Art des Lesens, aber etwas davon dürfte bei jeder Romanlektüre mitschwingen.

Sexuelles Lesen ist an kein bestimmtes Lebensalter gebunden, selbst wenn es in der Adoleszenz verstärkt auftritt. Während der heranwachsende Mann im 18. und 19. Jahrhundert in dieser Phase längst die Schwelle zum Berufsleben überschritten hatte (und zur schönen Literatur aus Zeit- und Imagegründen nur selten griff), war es das Schicksal der jungen Frau aus dem Bürgertum, auf den »Richtigen« zu warten. Die leere Zeit füllte sie mit Romanlektüre. Alles, was sie bis zur Eheschließung über Liebe und Sex wusste, entnahm sie in der Regel den Büchern, die sie las. Das betraf keineswegs nur die Frage, wie man es konkret macht – darüber war in den gerade noch zumutbaren Büchern leider wenig zu erfahren. Es betraf die viel wichtigere Frage, was man dabei fühlt und wie man mit den sich einstellenden Gefühlen umgeht.

Als er Mitte zwanzig war, las Gustave Flaubert Balzacs 1845 erschienenen, aus einer Vielzahl von Geschichten zusammengewürfelten Roman *Die Frau von dreißig Jahren* – kein großes Kunstwerk, aber ein Verkaufsschlager wegen seines vielversprechenden Titels. Dennoch reagierte er mit überschwänglicher Begeisterung. Balzac, so meinte er, habe mit diesem Roman »im Universum der Liebe einen neuen Kontinent« entdeckt und »Tausende von Menschen, die davon ausgeschlossen waren, zu seiner Erschließung« aufgefordert. »Die Zeit zu verlängern, die einem Geschlecht bleibt, ist das nicht fast die Erfindung eines neuen?« Indem er die Reize der nicht mehr jungen, dafür sexuell erfahrenen Frau geschildert hatte, deren Leidenschaft durch ihre Angst vor dem Verlust der Schönheit noch gesteigert wird, hatte Balzacs Roman mit dem Klischee aufgeräumt, eine Frau sei mit dreißig zu alt, um als Liebende noch infrage zu kommen. Flauberts Begeisterung darüber war ein Stück weit Enthusiasmus in eigener Sache; schließlich hatte er mit Louise Colet gerade eine elf Jahre Ältere, also eine Frau in den Dreißigern, zur Geliebten genommen, deren sexueller Appetit ihm Eindruck machte und gehörig zusetzte. Aber er feierte in Balzacs Entdeckung auch die Tat eines großen Psychologen und Künstlers, die Vorbildcharakter für die eigenen literarischen Anstrengungen haben sollte.

Das Stichwort dazu fällt bereits in der frühen, unveröffentlicht gebliebenen Erzählung *November*: »Seit damals gab es für mich ein Wort, das unter den menschlichen Worten das schönste schien: *Ehebruch*, eine auserlesene Süße schwebt undeutlich über ihm, ein einzigartiger Zauber ziert es.« Es finde sich darin »die höchste Poesie, eine Mischung aus Verdammnis und Lust«, schwärmte der junge Autor. Hinter seiner Faszination für den Ehebruch steckte eine biographische Erfahrung: die verschwiegene Leidenschaft des fünfzehnjährigen Flaubert für die zwölf Jahre ältere Élisa Schlésinger, die mit ihrem Lebensgefährten, den Gustave für ihren Ehemann hielt, und dem gemeinsamen Baby im Sommer 1836 in demselben Ferienort an der Küste der Normandie weilte wie er. Des Nachts gab sich der eifersüchtige pubertierende Knabe wollüstigen Träumereien hin. Flauberts Briefe und Werke sind voll mit verborgenen Anspielungen an Élisa, stilisiert zu einer unmöglichen Liebe und einem lebenslangen Wunschbild. Von der »Poesie der Ehebrecherin« spricht sein Tagebuch vom Mai 1845, und ein weiteres Jahrzehnt später lässt er in *Madame Bovary* Emmas baldigen Geliebten Léon sinnieren: »Gleich würde sie da sein, bezaubernd, erregt… mitsamt der Poesie des Ehebruchs und dem unsagbaren Reiz der Tugend, die da strauchelt.« Léon hegt diese Gedanken, während er in der Kathedrale von Rouen unruhig auf Emma wartet. Nicht den gesamten Passus, wohl aber den Ausdruck »Poesie des Ehebruchs« hat Flaubert in der veröffentlichten Fassung gestrichen. In Anbetracht der Anschuldigungen der Staatsanwaltschaft, dass sein Roman durch die amoralische Verherrlichung des Ehebruchs gegen Moral und Sittlichkeit verstoße (was Flaubert und sein Verteidiger Marie Antoine Jules Senard natürlich vehement bestritten), erschien ihm die Wendung von der Poesie des Ehebruchs dann doch zu verräterisch – ganz zu schweigen davon, was auf die Szene in der Kathedrale noch folgt: die berühmte Fiakerfahrt, deren Beschreibung dem Leser eine stundenlang »ohne Plan, ohne Ziel, auf gut Glück« durch die Stadt stromernde Droschke zeigt, »verschlossener als ein Grab und schaukelnd wie ein Schiff«, während seine Imagination nur zu gut weiß, dass Emma und Léon gerade der Poesie des Ehebruchs Taten folgen lassen. Wegen dieser Imagination, an die Flauberts Roman mit jedem Satz appelliert, und nicht weil zwei Menschen erst in einen Fiaker einsteigen und nach einiger Zeit wieder aussteigen, hatte die *Revue de Paris* sehr zum Unwillen Flauberts von einem Abdruck dieser Passage abgesehen.

Hinter der Poesie des Ehebruchs steckt also noch etwas anderes, und indem wir das entdecken, kommt auch der neue

Kontinent in Sichtweite, den Flaubert mit seinem Roman den Leserinnen und Lesern erschließt. Sollen wir es die Prosa des Sex nennen? Sie ist in *Madame Bovary* jedenfalls allgegenwärtig. Selten explizit; doch nie beschränkt sich Flaubert auf gleichnishafte Andeutungen oder die von der Konvention geduldeten mythologischen oder anderweitigen Anspielungen. Seine Sprache ist in dieser Hinsicht stets überaus konkret und selbst in ihrer Indirektheit nur allzu deutlich. Die Prosa des Sex spielt sogar eine Rolle bei der ersten Begegnung von Emma und Charles, deren Ehe in dieser Hinsicht ansonsten in kaltes Schweigen gehüllt ist. Als der zu diesem Zeitpunkt in erster Ehe Verheiratete schon gehen will, dreht er sich noch einmal um. »Suchen Sie etwas?«, fragt Emma. »Verzeihung, meine Reitpeitsche«, antwortet er. Und nun beginnt ein Stöbern und Rutschen, er auf dem Bett, hinter den Türen, unter den Stühlen; sie auf dem Boden, zwischen der Mauer und den Kornsäcken, die dort herumstehen. Es ist natürlich Emma, die das verlorene Utensil entdeckt. Und während er galant hinzueilt, berührt seine Brust den Rücken des Mädchens, das sich unter ihm bückt. Mit rotem Kopf richtet sie sich auf und schaut ihn über die Schulter an, »in der Hand seinen Ochsenziemer«.

Von der Entdeckung des Sex zu sprechen, ist indes noch zu allgemein. Der neue Kontinent, den Flauberts Buch entdeckt, ist die weibliche Sexualität, bis dahin *terra incognita* im Roman. Pamela hatte ihren Mr B. noch bekommen, indem sie sich seinen sexuellen Wünschen konsequent verweigerte. Clarissa hingegen, die sich verführen ließ, büßte dafür mit ihrem guten Ruf und ihrem Leben. Von sexuellen Bedürfnissen, gar gelebter Sexualität, konnte bei beiden jedoch schlichtweg nicht die Rede sein. Das blieb auch so, als die Frau bei Mary Wollstonecraft und später bei Jane Austen mehr und mehr ihre Rechte innerhalb der Liebesbeziehung geltend machte. Balzacs *Die Frau von dreißig Jahren,* von Flaubert dafür gefeiert, war ein erster, noch zaghafter Schritt in Richtung Entdeckung und sprachlicher Imagination der weiblichen Sexualität. Flaubert geht darin viel weiter. Emma heiratet Charles, weil sie glaubt, Liebe für ihn zu empfinden. Da jedoch das Glück, das aus der Liebe folgen müsste, sich nicht einstellt, muss sie sich wohl getäuscht haben, denkt sie. Aus ihrer Perspektive völlig folgerichtig versucht sie herauszufinden, »was man im Leben eigentlich verstand unter den Worten *Seligkeit, Leidenschaft* und *Rausch,* die ihr so schön erschienen waren in den Büchern«. Und sie findet es auch heraus, wenn nicht bereits in dem Verhältnis mit dem Grundbesitzer und Lebemann Rodolphe, so doch in dem Hotelzimmer, in dem sie sich später regelmäßig mit dem Kanzlisten Léon trifft, der wie sie eine Passion für Romane hat:

*Wie sehr liebten sie dieses wohlige Zimmer mit all seiner Fröhlichkeit, war sein Glanz auch ein wenig verblasst. Sie fanden die Möbel stets am gewohnten Platz und manchmal auch Haarnadeln, die sie am letzten Donnerstag vergessen hatte, unterm Fuß der Pendeluhr. Sie aßen vor dem Kamin, an einem runden, mit Palisandereinlagen verzierten Tischchen. Emma schnitt Stücke, legte sie ihm auf den Teller und sagte dabei allerhand Schmeicheleien; und sie lachte schallend und zügellos, wenn der Champagnerschaum über den Rand des hauchfeinen Glases auf ihre beringten Finger perlte. Sie waren so vollkommen versunken ins wechselseitige Besitzen, dass sie meinten, in ihrem eigenen Haus zu sein und hier leben zu dürfen bis zum Tod, wie ewig junge Eheleute.*

Auch dieses Glück wird sich letztlich als Illusion erweisen, jedenfalls keine Dauer haben. Flauberts Heldin bezahlt ihre Suche nach Glück und Erfüllung in der körperlichen Liebe mit dem Tod. Sie wird am Ende wieder von dem Ennui eingeholt, dem sie immer entfliehen wollte, erst durch Lektüre, später dadurch, dass sie den Stoff der Romane zu dem ihres Lebens machte. Die »Liebende aller Romane, die Heldin aller Dramen, das unbestimmte *Du* aller Gedichtbände« nennt sie ihr Liebhaber Léon. Doch der Tod von eigener Hand setzt Emmas Suche nach »*Seligkeit, Leidenschaft* und *Rausch*« nicht nachträglich ins Unrecht. Wie bereits der kaiserliche Staatsanwalt im Prozess gegen Flauberts Roman völlig richtig bemerkte, stirbt Emma Bovary keineswegs, *weil* sie Ehebruch begangen hat und ihr Autor der Meinung wäre, sie habe für ihr Vergehen Sühne zu tun: »Sie stirbt im vollen Glanze ihrer Jugend und Schönheit; sie stirbt, nachdem sie zwei Liebhaber gehabt hat, einen Ehemann zurücklassend, der sie liebt, der sie anbetet, der Rodolphes Porträt finden wird, seine Briefe finden wird und die von Léon, der die Briefe einer zweifachen Ehebrecherin lesen wird und der sie danach noch mehr lieben wird, übers Grab hinaus.« Wer könne diese Frau im Buch verurteilen, fragt der Staatsanwalt auf dem Höhepunkt seines Plädoyers. Und auch hier ist seine Antwort völlig korrekt: »Niemand.« Er habe alle Mühe darauf verwandt, im Buch eine Figur zu finden, die dieser Frau überlegen wäre und ihr Verhalten relativieren würde. »Es gibt keine. Die einzige überlegene Frau ist Madame Bovary.«

In *Madame Bovary* verdichten sich auf ähnliche Weise wie ein gutes Jahrhundert zuvor in *Pamela* die Tendenzen einer ganzen Epoche. Bereits im Titel der beiden Werke zeigt sich dabei ein charakteristischer Unterschied: Wiewohl beide nach ihrer Heldin benannt sind, hat Flaubert nicht den Vornamen seiner Protagonistin gewählt. Die Anrede Madame bringt die Distanz zum Ausdruck, die der Autor zu seiner Figur einnimmt. Bovary schließlich ist der Nachname des Mannes, den Emma, geborene Rouault, heiratet und der sie nicht glücklich macht, weil sie bei ihm weder sexuelle Befriedigung erfährt, noch er in der Lage ist, ihren seelischen und geistigen Ambitionen zu entsprechen.

Emma Bovary scheitert letztlich nicht daran, dass sie die falschen Bücher liest, auch liest sie diese keineswegs falsch. Die Lektüre hat ihr einen ungefähren Begriff davon verschafft, dass die enge Welt der Provinz, in der sie sich einzurichten hat, nicht der Maßstab sein kann für das Leben, das sie führen möchte. Ihre Versuche, dieser Enge zu entkommen, sind in der Regel wenig zielführend, aber Flauberts Roman macht plausibel, dass das weniger mit einer Charakterschwäche seiner Heldin zu tun hat als mit dem Umstand, dass die Gesellschaft dieser Zeit für eine Frau, die ein selbstbestimmtes, ihren Träumen und Leidenschaften entsprechendes Leben führen wollte, über keine Rollenmodelle verfügte. Es gab nur die Alternative zwischen einem Leben als Mann, der die Freiheit hatte, alle Leidenschaften auszukosten, die Welt zu bereisen, Hindernisse zu überwinden und selbst das fernste Glück zu erobern, und einem Leben als Frau, der all diese Privilegien versagt blieben und die sich stets als gebunden erfuhr: »Bewegungslos und unbeweglich zugleich steht sie zwischen den Verführungen der Sinnlichkeit und dem Zwang der guten Sitten«, wie Emma Bovary sinniert. Und weil diese Alternative dem oder der Einzelnen keine Wahl lässt, da man entweder als Mann oder als Frau zur Welt kommt und eine Frau, die »ihren Mann steht«, gemäß den »Sitten der Provinz« etwas Undenkbares ist, deshalb wünscht sich Emma Bovary einen Sohn: »Der Gedanke, ein männliches Wesen zum Kind zu haben, erschien ihr wie eine künftige Rache für alle Unzulänglichkeiten des vergangenen Lebens.« (Doch sie bekommt zu ihrer großen Enttäuschung ein Mädchen.) Und aus dem gleichen Grund gibt die Aussicht auf ein Reitkostüm den Ausschlag für Emmas erste Affäre: Ihr Mann spendiert es ihr, um sie dazu zu bringen, ihre Zögerlichkeit abzulegen und Rodolphes Vorschlag, gemeinsam auszureiten, anzunehmen. Dieses Reitkostüm ist eine sogenannte Amazone, wie sie etwa Gustave Courbet 1856 gemalt hat mit der Exgeliebten Flauberts als Modell: Es macht aus einer Frau für die Dauer ihres Ausritts oder Ausgangs einen Mann.

So verkleidet, hatte sich auch eine gewisse Amandine Aurore Lucile Dupin de Francueil in den 1830er Jahren Zugang zu Pariser Gesellschaften verschafft, in denen Frauen ungern gesehen waren oder gar nicht eingelassen wurden. Als Schriftstellerin nannte sich besagte Aurore Dupin dann George Sand – Sand nach Jules Sandeau, ihrem studentischen Liebhaber, den sie sich nahm, nachdem sie sich von ihrem Mann, dem Baron Dudevant, getrennt hatte; und George, weil es ganz unverkennbar ein Männervorname war. Noch Emma Bovary wird den ersehnten Sohn so nennen wollen.

Flaubert hat mit *Madame Bovary* einen Roman geschaffen, der sich in keiner Weise mehr für eine gefühlsselige, rein identifikatorische Art der Lektüre eignet, wie sie seine Heldin noch betreibt, die sich in vieler Hinsicht gegenüber der Gegenwart, in der sie lebt, anachronistisch verhält: Sie liest nicht nur angestaubte Romane, sondern hängt auch Gefühlswelten an, über die die soziale Entwicklung hinweggegangen ist. Anders dagegen Flauberts Art zu schreiben: Konsequent verweigert er seinen Leserinnen und Lesern all das, was Emma in den Büchern sucht und fatalerweise auch findet. Stärker als an das Einfühlungsvermögen wendet sich Flaubert an die Urteilskraft seiner Leser. Dem entspricht, dass er über das Psychologische hinausgeht und auch soziologisch argumentiert: Seine Figuren verfügen nicht nur über Körper, Herz und Seele, sondern sind auch eingebettet in gesellschaftliche Strukturen, zu denen sie sich in irgendeiner Weise verhalten müssen. Nicht zufällig war der Ausgangspunkt für *Madame Bovary* eine wahre Begebenheit aus dem bürgerlichen Leben: der Selbstmord einer Delphine Delamare, die einer Zeitungsnotiz zufolge mit einem Landarzt verheiratet war, aus Langeweile die Ehe brach, sich verschuldete und 1848 vergiftete.

Letztlich zeigt Flaubert, dass wir alle in der Gesellschaft bestimmte Rollen spielen, mit denen wir verwachsen sind und die sich nur begrenzt modifizieren lassen. Wie stark uns diese Begrenzung einengt, ist dann genau die Frage, die nach einer Antwort verlangt, die über das bloß Private hinausgeht. Um dies alles zu erfassen, muss der Leser des Romans wesentlich mehr leisten als noch der Leser etwa von *Pamela* oder *Werther*; er wird dafür aber nicht nur durch einen Hinzugewinn an Sensibilität, sondern auch an analytischer Schärfe etwa zur Beurteilung der gesellschaftlichen Situation und des eigenen Rollenverhaltens entschädigt. Hätte Emma Bovary in ihrer Jugend statt *Paul und Virginie* von Bernardin de Saint-Pierre *Madame Bovary. Sitten in der Provinz* von Gustave Flaubert gelesen, wäre ihr das Schicksal der zum Selbstmord getriebenen Ehebrecherin womöglich erspart geblieben. Vermutlich hätte sie ihren Mann ebenfalls betrogen, sich dazu aber eines anderen Partners als Rodolphe oder Léon bedient. Die Leserevolution des 18. Jahrhunderts war ein erster Schritt zur Mündigkeit der Frau in ihren privaten Belangen gewesen; doch mit Flauberts *Madame Bovary* breitete sich vor der Leserin ein neues weites Feld aus, auf dem sie ihre Unabhängigkeit zu beweisen und durchzusetzen hatte: das Feld der Gesellschaft, das auch im bürgerlichen Zeitalter noch die Domäne des Mannes war, wo er nach Gutdünken schaltete und waltete. Hier kam es nun darauf an, die literarisch vollzogene Emanzipation in die Realität umzusetzen: durch die Eroberung gleicher Lebenschancen. »Lesen, um zu leben« meinte jedenfalls nach *Madame Bovary* etwas anderes als zuvor.

Das Bürgermädchen liebte die stille, die heimliche
Lektüre. Die Dame von Welt hingegen las nicht gern
allein und auch nicht unbedingt selbst; dafür hatte sie
eine Vorleserin, mit der sie den Lesestoff diskutieren
konnte. Das laute Lesen, das sich an ein Gegenüber
wendet, duldet keine Unaufmerksamkeit und keine
Schludrigkeiten; es schult das Verständnis und die
Lesekompetenz in besonderer Weise. Zuweilen war
es auch Sprungbrett für eine Karriere – wie im Fall
von Eugenie John, die es auf diesem Umweg von
einer gescheiterten Opernsängerin zu einer gefeierten
Bestsellerautorin brachte.

# 9

ARNSTADT, 1866

## *Eine Vorleserin macht Karriere:*
## *E. Marlitt*

*Die Vorleserin*, ein bezaubernder kleiner Roman des französischen Schriftstellers Raymond Jean, der auf Deutsch 1991 erschienen ist, erzählt von Marie-Constance G., vierunddreißig Jahre alt, die in einer kleinen südfranzösischen Stadt lebt und nach einer Beschäftigung sucht. Ausgestattet mit einer wohlklingenden Stimme, beschließt die ehemalige Literaturstudentin, eine Annonce in die Zeitung am Ort zu setzen: »Junge Frau kommt zum Vorlesen ins Haus. Texte nach Wahl: Romane, Sachbücher u. a.« Dahinter die Telefonnummer. Ihr erstes Engagement lässt nicht lange auf sich warten. Marie-Constance ist Vorleserin geworden.

Vorlesen, so will es Jeans Buch, ist alles andere als eine harmlose Beschäftigung. Die Gefühle, die die junge Frau wachruft, wenn sie als verkörperte Poesie zu den Kunden ins Haus kommt, entgleiten rasch ihrer Kontrolle. Und die Begehrlichkeiten, die sie weckt, richten sich nur allzu schnell auf ihre Person. Der Rat ihres ehemaligen Professors, sie solle sich ans Vorlesen halten und nur daran, denn das habe sie schließlich zu ihrem Beruf gewählt, ist leichter erteilt als umgesetzt: Alle ihre Kunden projizieren ihre Wünsche auf sie. Bei Männern, einerlei ob jungen oder alten, sind diese zumeist erotischer oder sexueller Natur. Eine bettlägerige Generalswitwe hingegen, die sich Karl Marx als Lektüre

wünscht, möchte gemeinsam mit der Vorleserin ihre revolutionären Neigungen ausleben, die sie zu Lebzeiten des Gatten stets im Verborgenen gehalten hat. Ausnahmslos bleibt das
gelebte Leben der Kunden der Vorleserin hinter den Erwartungen zurück, die sie einmal gehegt haben oder noch hegen.
Und die gewählte Literatur in Verbindung mit der schmel-
zenden Stimme und der Attraktivität der Vorleserin ist der
ersehnte Auslöser, um die geheimen Wünsche von der Leine
zu lassen.

Vorleserin, eine Zeitlang ein beinahe ausgestorbener Beruf,
gehört mittlerweile wieder zu den Tätigkeiten, die von Frauen
professionell angeboten werden, bei Festen, Betriebsfeiern,
sogar Kindergeburtstagen. Vorleserinnen sind oder waren im
Hauptberuf zumeist Schauspielerinnen oder Lehrerinnen und
verfügen über ein reichhaltiges Leserepertoire – je nach Kun-
denwunsch und Anlass reicht es von Märchen über »erlesene
Weihnachten« bis hin zu Liebe & Wein. Es gibt aber auch
ehrenamtliche Vorleserinnen, die in Hospitalen oder Pflege-
heimen mit Kranken und Alten ihre Liebe zur Poesie, zu Klang,
Rhythmus und Reim teilen.

Hüten sollte man sich allerdings davor, gleich von der
Renaissance eines Berufsbildes zu sprechen: Vorleserin, das
war von jeher eine prekäre, ungelernte Beschäftigung, die in
der Regel neben anderen ausgeübt wurde oder dann, wenn
einem nichts anderes übrigblieb. *Das Werk*, Émile Zolas 1886
erschienener Roman über den modernen Künstler, beginnt
mit der Ankunft Christines, einer achtzehnjährigen Waisen, in
Paris. Sie soll bei Madame Vanzade, einer alten, sehr reichen
Generalswitwe in Passy, eine Stelle als Vorleserin antreten. Ihr
Schicksal ist ein wenig klischeehaft gezeichnet, aber nicht
untypisch für die Zeit. Der Vater, ein Militär, stirbt, als die

Tochter zwölf ist. Die Mutter lebt seitdem in der Provinz und bessert ihre magere Pension mit dem Bemalen von Fächern auf, um dem einzigen Kind die Ausbildung eines höheren Mädchens zukommen zu lassen. Irgendwann stirbt auch sie, und ihre Tochter bleibt mittellos zurück. Die Leiterin des Pensionats, das sie aufnimmt, eine Oberin der Schwestern der Heimsuchung, sucht seitdem eine passende Anstellung für sie. Endlich wird sie fündig: Madame Vanzade ist beinahe erblindet und möchte eine junge Frau dafür bezahlen, dass sie ihr durch Vorlesen die Langeweile vertreibt …

Auch die Vorleserin, von der hier berichtet werden soll, hatte ursprünglich eine andere Laufbahn eingeschlagen. Eugenie John, 1825 im thüringischen Arnstadt geboren, war das zweite Kind von Ernst John und seiner Ehefrau Johanna Böhm. Beide stammten aus Kaufmannsfamilien, aber wirklich vermögend waren nur die Böhms. Ernst John hatte den Kaufmannsberuf widerwillig ergriffen, weil sein Vater darauf bestanden hatte. Nun betrieb er eine Leihbibliothek, in der er selbst sein bester Kunde war. Was führte und was las er wohl für Bücher? Man mag sich an Heinrich von Kleist erinnern, der fünfundzwanzig Jahre zuvor eine ähnliche Einrichtung in der Residenzstadt Würzburg aufgesucht hatte und Schiller, Goethe und Wieland haben wollte. »Die möchten hier schwerlich zu finden sein«, kam die Antwort vom Bibliothekar. Kleist gab sich verwundert: Seien denn alle Werke dieser Geistesgrößen verliehen? Von wegen: Derartiges führe man gar nicht, weil es der Würzburger nicht lesen mag. Was der denn dann lese? Der Bibliothekar deutete in die Regale: »Rittergeschichten, lauter Rittergeschichten, rechts die Rittergeschichten mit Gespenstern, links ohne Gespenster, nach Belieben.«

Ganz so einseitig wird Ernst John seine Bücherei nicht bestückt haben. Immerhin war er ein vielseitig interessierter, belesener Mann, wenn auch völlig unbegabt fürs Geschäft – Eugenie ist noch ein Kleinkind, als er in Konkurs geht. Wir dürfen annehmen, dass nicht der gesamte Bestand der Bücherei makuliert oder verramscht wurde, sondern zumindest die Lieblingsbücher Eingang fanden in den Familienhaushalt. Der war allerdings schon bald nicht mehr in dem großzügigen Bürgerhaus am Markt untergebracht, sondern in einem spärlich möblierten und schwer zu heizenden kleinen Gartenhaus. Der sozial geächtete Vater versuchte derweil, aus einem Hobby einen Brotberuf zu machen, und ließ sich in Dresden als Kunstmaler ausbilden. Zurück in Arnstadt, hielt er die Familie über Wasser, indem er Porträts und Ladenschilder anfertigte. Sehr einträglich war das nicht; die Mutter, die vom Elternhaus her Besseres gewohnt war, schwieg und litt. Die Atmosphäre verschämter Armut, in der Eugenie aufwuchs, führte bei ihr zu dem lebenslangen Gefühl, ihrer Familie etwas schuldig zu sein; als lastete auf ihr, der zweitgeborenen Tochter, der Druck, sie aus der Misere herauszuführen.

Ein Grund dafür mag die gefühlte und von anderen bestätigte Ähnlichkeit mit dem Vater gewesen sein. Auch Eugenie war vielseitig künstlerisch begabt, doch ihr Hauptaugenmerk galt nicht der Malerei, sondern der Musik. Schon als Achtjährige wirkte sie im Gesangsverein mit. Ihr Musiklehrer soll ihr Talent mit den Worten gerühmt haben: »Sie hat Millionen in der Kehle.« Eugenie John musste über vierzig werden, um herauszubekommen, dass er nur halb richtig lag. Millionen schon, aber die flossen nicht aus der Kehle, sondern aus dem Füller, mit dem sie Buchstaben, Wörter und Sätze aufs Papier warf.

Vorderhand jedoch wandte sich der Vater an die Landesfürstin Mathilde von Schwarzburg-Sondershausen, seit 1835 die zweite Frau von Günther Friedrich Karl II. von Schwarzburg-Sondershausen. Sie brachte neuen Schwung und innovative Ideen in den Kleinstaat, verfolgte den Plan, die Residenzstadt zu einem kulturellen Zentrum auszubauen. Der Hof quittierte das mit Skepsis, ja, mit Feindseligkeit. Der Fürst reagierte erst mit Ignoranz, dann mit zunehmendem Missbehagen: Die Prätentionen seiner Gemahlin verschlangen ihm schlicht zu viel Geld. 1841 aber konnte sie noch aus dem Vollen schöpfen. Nachdem eine Prüfung das Talent Eugenies bestätigt hatte, holte sie die Sechzehnjährige nach Sondershausen und ließ sie auf Kosten des Hofes drei Jahre lang musikalisch ausbilden. Dazu zählten auch französische Konversation zusammen mit den Fürstenkindern am Hof, Theater-, Opern- und Konzertbesuche sowie eine angemessene Garderobe. Während die Fürstin ihrem Schützling nach Ablauf der Lehrjahre eine bescheidene Laufbahn als Gouvernante nahelegte, hatte Jenny, wie sie von ihrer Mäzenin gerufen wurde, sich mittlerweile in den Kopf gesetzt, als Opernsängerin zu reüssieren. Mathilde ließ ihr den Willen und schickte sie zwei weitere Jahre zur Fortsetzung ihrer Ausbildung nach Wien. Für Eugenie wurden es die schönsten Jahre ihres Lebens. Es war der ersehnte Aufstieg aus der Aschenputtelrolle der verarmten Malertochter zur jungen Sängerin mit glänzenden Zukunftsaussichten.

Mathilde vermittelte Eugenie ein Debüt als »Fürstlich Schwarzburg-Sondershausensche Kammersängerin«: Am 8. März 1847 war sie in der Oper *Das Nachtlager in Granada* des biedermeierlichen Komponisten Conradin Kreutzer in der Rolle der Gabriele zu sehen. Aber es kam anders, als Mathilde erwartete: Die Einundzwanzigjährige versagte. »Angst und

Aufregung raubten der armen jungen Sängerin vollständig die Fähigkeit, ihre Stimme, ihr Talent auch nur zum kleinsten Teile geltend zu machen.« So hat es der Sänger Ernst Pasqué, der damals gemeinsam mit ihr auf der Bühne stand, im Nachhinein beschrieben. Es half alles nichts: Eugenie musste zurück nach Sondershausen und sollte auf der kleinen Hofbühne erst einmal Sicherheit gewinnen.

Doch zu dem kleinen Unglück gesellte sich ein größeres: Die Ehe von Günther und Mathilde wurde geschieden; die Unterstützung durch ihre Gönnerin nahm plötzlich ein Ende, und Eugenie musste als Sängerin auf eigenen Beinen stehen. Sie versuchte es erneut in Wien, tingelte dann in Begleitung ihrer Mutter durch die österreichische Provinz. Die Lösung kam in Gestalt einer Erkrankung: Immer öfter wurde Eugenie von einer plötzlichen, nur vorübergehend auftretenden Schwerhörigkeit geplagt – ohne Zweifel ein psychosomatisches Leiden, das sich insbesondere vor Auftritten geltend machte, verursacht durch notorisches Lampenfieber. Eugenie rang sich schließlich dazu durch, ihren Beruf aufzugeben.

In dieser Situation nahm sich die geschiedene Fürstin ihres ehemaligen Schützlings erneut an und engagierte sie als Vorleserin. Und auch als Sekretärin, Organisatorin, Gesellschafterin, Reisebegleiterin; später, als Mathilde immer häufiger an Depressionen zu leiden begann, musste Eugenie zeitweise sogar die Aufgaben einer Krankenpflegerin übernehmen. Aber ein wesentlicher Teil ihrer Tätigkeit bestand darin, der Fürstin, die literarisch sehr interessiert war, in abendlichen Mußestunden auf dem väterlichen Schloss Friedrichsruhe, in ihrem Münchner Stadtpalais in der Schellingstraße oder auf ihren zahlreichen Reisen vorzulesen. Damen der Gesellschaft, insbesondere solche aus aristokratischen Kreisen, ließen sich Bücher lieber von anderen, in der Regel ihren Gesellschafterinnen vorlesen, als dass sie sich der einsamen und stillen Lektüre hingaben. Der räumten erst die Frauen aus dem Bürgertum den Vorzug vor dem lauten Lesen in Gemeinschaft ein. Damit nicht genug: Der Mode ihrer Zeit geschuldet, schrieb Mathilde Gedichte. So gehört es auch zu Eugenies neuem Aufgabenbereich, die Verse ihrer Vorgesetzten zu redigieren und zu einem Bändchen zusammenzustellen, das unter dem Pseudonym M. v. Dornheim erschien. Einen Titel dafür gab es auch schon, frei nach Eduard Mörike: *Gold ist, was Lust ist*. Ganz nebenbei entstanden so auch eigene Verse Eugenies im Stile der Spätromantik, inspiriert von Gedichten Uhlands, Rückerts oder Mörikes. Zur Veröffentlichung waren sie gewiss nicht bestimmt.

Nur zu gern wüsste man, welche Bücher es denn waren, die Juno, wie Eugenie in ihrer neuen Position nun von der Fürstin genannt wurde, ihr vorlas. Flauberts *Madame Bovary*, 1857 vollständig in Buchform erschienen, war sicher nicht darunter, obwohl eine erste deutsche Übersetzung bereits 1858 im Wiener Verlag A. Hartleben vorlag, der Unterhaltungsromane publizierte. Die französische Belletristik, insbesondere die Romane des 1850 verstorbenen Honoré de Balzac, genoss im biedermeierlichen Deutschland keinen guten Ruf; junge Frauen, so sagte man, würde sie zu unbesonnenen Liebeshändeln, gestandene Ehefrauen hingegen zum Ehebruch verleiten. Manche Indizien sprechen hingegen dafür, dass *Jane Eyre*, der 1847 erschienene, autobiographische Züge aufweisende Roman von Charlotte Brontë, der ältesten der drei schreibenden Pfarrerstöchter aus Yorkshire, zum Leseprogramm der beiden Damen gehörte. *Jane Eyre*, benannt nach der Romanheldin, erzählt so sensibel wie melodramatisch den kuriosen Werdegang eines früh verwaisten Mädchens, das als Kind schikaniert, zuerst Schülerin, dann Lehrerin in einer Waisenhausschule, später Hauslehrerin auf einem Landsitz wird. Dort verliebt sich Edward Rochester, der düstere Hausherr, in sie. Damit es zum Happy End, in diesem Fall einer rechtmäßigen Heirat, kommen kann, muss allerdings noch das Problem mit der ersten Gattin Rochesters gelöst werden, die als *mad woman in the attic* in die Literaturgeschichte eingegangen ist: Die verrückt gewordene, tobsüchtige Frau haust auf dem Dachboden des Schlosses, das sie schließlich in Brand steckt. Sie selbst stürzt bei der Feuersbrunst vom Dach, während Rochester schwer verwundet wird und erblindet. Jane, zwischenzeitlich geflüchtet, kehrt zurück und nimmt den Krüppel zum Mann. So zusammengefasst, wirkt die Handlung des Romans reichlich absurd; es macht indessen seine Qualität aus, dass den Leser das bis heute nicht stört – so überzeugend in ihrer Aufrichtigkeit und Selbstachtung ist Charlotte Brontë der Charakter der Jane Eyre gelungen. Sie ist durchaus kein passives Aschenbrödel, das vom Prinzen erhört wird; zum Schluss ist sie dem hilflosen Mann überlegen. Trotzdem ist es, wie wir noch sehen werden, das Aschenbrödelmotiv, dem das besondere Interesse unserer Vorleserin gegolten haben dürfte.

Zu den Büchern, die Juno der Fürstin mit großer Sicherheit vorgelesen hat, gehört auch *Problematische Naturen*, der über tausend Seiten umfassende Roman des ehemaligen Lehrers Friedrich Spielhagen, 1861 erschienen und im Jahr darauf unter dem Titel *Durch Nacht zum Licht* in ähnlicher Länge fortgesetzt. Spielhagens Erstling machte ihn über Nacht bei den Liebhabern anspruchsvoller Unterhaltungsliteratur berühmt. Er gehört zu einer ganzen Reihe von in

diesen Jahrzehnten erschienenen deutschen Romanen, die
sich mit dem gespannten Verhältnis von Adel und Bürgertum
auseinandersetzen und dabei für die bürgerlichen Ideale und
Interessen Partei ergreifen. Wie auch die folgenden Romane
Spielhagens überzeugt *Problematische Naturen* vor allem durch
seinen schwungvollen Beginn: Eine Stelle als Hauslehrer führt
den jungen Intellektuellen Dr. Oswald Stein auf das Schloss
des Barons von Grenwitz auf der Insel Rügen. Dort kommt
er mitten in der Nacht an; der starke Wind hat das Fährboot
aufgehalten. Der Baron begleitet ihn durch den Vorsaal in ein
hohes, schönes Zimmer. Als er eintritt, erheben sich »zwei
Damen, die an dem Tisch vor dem Sofa, wie es schien, mit
Lesen beschäftigt gewesen waren«. Die ältere der beiden, eine
hochgewachsene, schlanke Frau von vierzig Jahren, wird ihm
als die Frau Baronin vorgestellt; die jüngere, von zierlicher
Gestalt, »mit einem etwas scharfen, echt französischen, von langen Locken eingerahmten Gesicht«, wird vom Baron hingegen
übergangen. Der junge Doktor, dessen rebellische Ansichten
der Leser noch zur Genüge kennenlernen wird, verbeugt sich
dennoch (oder gerade deswegen) auch vor ihr. Später, als ihr
aufgetragen wird, nach den Dienern zu klingeln, springt er vor
ihr auf und betätigt den Klingelzug. Während Konversation
gemacht wurde, hat sie unbeweglich dagesessen mit dem Buch
in der Hand und keinmal die Augen aufgeschlagen. Es ist die
Vorleserin der Baronin …

Bücher und Lesen sind Leitmotive in Spielhagens heute
weitgehend vergessenem Roman, weshalb wir noch etwas
bei ihm verweilen wollen. An einem der folgenden Sonntage
sitzt der neue Hauslehrer in der halb leeren Dorfkirche von
Faschwitz, lauscht einer mit Klugheit prunkenden Predigt
und sieht sich daraufhin noch genötigt, an der Mittagstafel des

Pfarrers und seiner Frau Gustava teilzunehmen. Nach Tisch wird der Kaffee auf Wunsch der Pastorin in der Gartenlaube serviert. Geschützte Freisitze, die die Intimität des Hauses mit den Vorzügen frischer Luft verbanden, erfreuten sich damals so großer Beliebtheit, dass sogar eine seit 1853 erscheinende Familienzeitschrift sich nach ihnen benannte: *Die Gartenlaube*. Als der Gast im dort abgestellten Arbeitskörbchen zwischen anderen Dingen »ein zierliches Büchelchen« in schwarzem Einband mit Goldschnitt entdeckt, schwant ihm Schlimmes. Wie sich bald herausstellt, ist Gustava in der Tat unter dem Pseudonym Primula eine der eifrigsten Mitarbeiterinnen einer literarischen Zeitschrift und lässt sich die Gelegenheit nicht nehmen, dem jungen Herrn Doktor ihre Gedichte vorzulesen. Sie tragen Titel wie »Auf einen toten Maulwurf, den ich am Wege fand« oder »An einen Maikäfer, der auf dem Rücken lag«, und das Gereimte hält exakt, was derlei Überschriften versprechen; es ist »die Grenze des Erreichbaren«, wie der Doktor mit einer Ironie sagt, die weder von der Möchtegern-Poetin noch von ihrem Mann verstanden wird.

Keine Frage: Spielhagen macht sich hier über die unfreiwillig komischen Versuche von bürgerlichen Frauen lustig, an den »Sphären höherer Bildung« teilzuhaben. Eugenie John kannte das Phänomen, aber sie bewertete es anders: Einer Menschenseele die »Berechtigung des Aufwärtsstrebens« abzusprechen, so formuliert sie später, sei »ungerecht und strafbar«.

Am Nachmittag dann erreicht Oswald sein eigentliches Ziel: das Gut einer Melitta von Berkow, die noch am selben Tag seine Geliebte werden wird (sie ist verheiratet, in diesem Fall ist es der Gatte, der verrückt geworden ist). Auch hier dreht sich die Unterredung um ein Buch, das die Hausherrin gerade liest: *Die Geheimnisse von Paris* von Eugène

Sue, der erfolgreichste Unterhaltungsroman seiner Zeit, im französischen Original zwischen dem 19. Juni 1842 und dem 15. Oktober 1843 in der Pariser Tageszeitung *Le Journal des Débats* erschienen. In locker gereihten Episoden führt das Buch durch das adlige, insbesondere aber das Unterschichten- und Kriminellen-Milieu der Stadt. Alter ego des Autors und Identifikationsfigur für den Leser ist ein Graf von Gérolstein, der sich als Rodolphe inkognito unter das Volk begibt und rettend und rächend als eine Art Superman *avant la lettre* auftritt. Ganz Paris verschlang damals Morgen für Morgen die Nachrichten aus der Pariser Unterwelt, die Eugène Sue in die vertrauten Muster des Abenteuerromans eingebettet hatte. Laut des Schriftstellers Théophile Gautier schoben sogar Todkranke das Sterben bis zum Abschluss des Romans auf. In Deutschland brachten zwölf Tageszeitungen und Zeitschriften Sues Roman in Fortsetzungen, die fast zeitgleich mit den französischen erschienen. Schon bald kam es zu einer Flut von Nachahmungen, die vorgeblich die Geheimnisse europäischer Metropolen und einheimischer Residenzstädte enthüllten.

Der Hauslehrer in Spielhagens Roman lehnt Sues Trivial-roman vehement ab und nennt die dort erzählten Begeben-heiten »Ausgeburten der wüsten Phantasie eines verbrannten Dichtergehirns«. Was bleibt da der jungen Frau übrig, als sich für die Wahl ihrer Lektüre zu entschuldigen: »Ja, du lieber Himmel, wir auf dem Lande lesen, was uns die Leihbiblio-theken und die Buchhändler zu schicken belieben ...« Aber sie setzt dann sogar zu einer veritablen Verteidigung des Buches an: Es sei vielleicht ein Unglück, dass solche Bücher geschrie-ben werden, und ein noch größeres Unglück, dass insbe-sondere Frauen an diesen Büchern eine Art von Geschmack fänden, wo sie in ihrer Erziehung und Bildung sowieso schon

»verwahrlost« seien. Für ihren Teil nehme sie alles, was Sue schildert, auf Glauben hin, umso mehr, als der Roman die Sphären der Gesellschaft, die sie aus eigener Erfahrung kenne, »zum Teil sehr wahr, sehr treu« schildere. Spielhagen lässt die junge Frau hier referieren, worin sich engagierte Zeitgenossen wie George Sand, Balzac, Karl Ferdinand Gutzkow und der junge Karl Marx einig waren: Die meisten Details in Sues überbordendem Pariser Romangebilde entstammten keineswegs der Phantasie, sondern genauer Beobachtung. Der Autor selbst hatte die betreffenden Viertel von Paris durchstreift, Polizeiberichte studiert und die Mitteilungen seiner stetig wachsenden Leserschaft ausgewertet. Das negative Urteil des Herrn Doktor Hauslehrer beruht darauf, dass er sich von den sozialen Milieus am schmalen oberen und am breiten unteren Rand der Gesellschaft, auf die sich jemand wie Sue bezieht, einfach keine Vorstellung machen kann. Die Lebenswirklichkeit ist bunter, greller und auch abscheulicher, als sein schöngeistiger Idealismus es sich auszumalen in der Lage ist.

Spielhagens *Problematische Naturen* dürfte Epoche in Eugenie Johns Leben gemacht haben; ob sie auch Sues Kolportageroman kannte, dessen Einfluss auf den langsam sich entwickelnden sozialen Roman immens war, ist nicht verbürgt, aber wahrscheinlich. Jedenfalls dauert es nicht mehr lange, bis die Vorleserin unter dem Eindruck der Bücher, mit denen sie ihre Vorgesetzte in den Abendstunden unterhält, selbst zu schreiben beginnt. Zwei Novellen entstehen dabei und ein Roman, der, wie schon die Zeitgenossen bemerkt haben, zahlreiche Anklänge an *Jane Eyre* enthält. Für die Stoffe ihrer Bücher wählt Eugenie John mit Vorliebe authentische Vorfälle; zwar durchstreift sie nicht wie Sue die Schlupfwinkel der Großstadt, doch greift auch sie auf Zeitungsberichte und mündliche Erzählungen zurück. In ihren Geschichten hält sie sich an Milieus, die sie aus eigener Erfahrung kennt, und die liegen nun einmal in der Kleinstadt. In München lernt sie noch im Hause der Fürstin Friedrich Martin von Bodenstedt kennen, seinerzeit ein Star der dortigen Literaturszene. Der Dichter, Romancier und Honorarprofessor für englische und slawische Sprachen ermutigt sie sogar zum Schreiben. Auf Fürsprache Mathildes hin überlässt sie ihm einige Manuskripte, mit der Bitte, sie an ein Literaturmagazin zu vermitteln. Das misslingt. Ihre Entmutigung ist aber nicht so groß, als dass sie darüber den Plan verwerfen würde, der immer deutlichere Gestalt angenommen hat: Sie will vom Schreiben leben, ja, sich überhaupt ein Leben ermöglichen.

1863, nach zehn Jahren, löst Eugenie John die Verbindung zur Fürstin. Sie kehrt nach Arnstadt zurück und wohnt bei der Familie ihres Bruders in anfangs sehr beengten Verhältnissen. Sie ist jetzt achtunddreißig Jahre alt, hat nach damaligen Maßstäben das heiratsfähige Alter längst überschritten. Zu ihrem Gehörleiden kommt eine beginnende entzündliche Gelenkerkrankung, die sie in wenigen Jahren an den Rollstuhl fesseln wird. Der Anfang vom Ende, *in summa* ein in allen Belangen gescheitertes Frauenleben, wie es damals gar nicht so selten vorkam?

Das Gegenteil ist der Fall, es geht erst richtig los. Im Nachhinein ist dann alles ganz einfach gewesen. So klingt es jedenfalls in einem Brief, den Eugenie John 1866 an Leopoldine von Nischer-Falkenhof, ihre Freundin noch aus Wiener Tagen, geschrieben hat:

*Im September vorigen Jahres bin ich unter dem Pseudonym*
*»E. Marlitt« in die literarische Welt hinausgetreten. Ich war*
*schon mit dem Vorsatz, schriftstellerisch zu wirken, aus mei-*
*nem Verhältnis zur Fürstin geschieden. Meine Muße in der*
*Heimat fleißig benutzend, hatte ich bald mehrere Arbeiten*
*vollendet und sandte eine derselben kühner Weise ohne Wei-*
*teres an die Redaktion der* Gartenlaube, *eine der renommier-*
*testen norddeutschen Zeitschriften. Schon nach vier Tagen*
*erhielt ich ein höchst schmeichelhaftes Schreiben, welches mir*
*eröffnete, dass die Redaktion die Novelle mit Dank zum*
*Abdruck annehme, und mich schließlich aufforderte, Mit-*
*arbeiter des Blattes zu werden. Ich besann mich nicht lange,*
*und so sind bereits in dem Zeitraum von zehn Monaten*
*drei Arbeiten im Umfang von ungefähr 12 Bogen erschienen.*
*Die größte derselben, der Roman* Gold-Else, *welcher von*
*Januar–Juni gedruckt wird, hat viel Geld gemacht und wird*
*gegenwärtig abermals zum Druck vorbereitet, um mit Beginn*
*des nächsten Jahres in Buchform zu erscheinen.*

Eugenie John möchte, dass ihre Freundin diese Nachricht ver-
traulich behandelt. Denn außer ihren nächsten Angehörigen
ist die Identität E. Marlitts mit der Person der Briefschreiberin
bislang niemandem bekannt, nicht einmal Ernst Keil, dem
Verleger und Herausgeber der *Gartenlaube*. Im Nachhinein
hat man über einen Sinn des Pseudonyms spekuliert, ob sich
in MARLITT etwa die Anfangsbuchstaben der Wörter »Meine
ARnstädter LITTeratur« verstecken könnten (damals schrieb
man Literatur von lateinisch *littera* noch mit zwei t). Der Autorin viel wichtiger hingegen war das E. Natürlich stand es für
Eugenie, aber wer das nicht wusste, dachte zuerst einmal an
Eduard, Eugen oder auch Ernst. Und so verhielt es sich in

der Tat auch beim Verleger der *Gartenlaube*, als 1865 die ersten Manuskripte aus Arnstadt auf seinem Schreibtisch lagen. 1868 wurde dann durch eine Indiskretion das Pseudonym gelüftet. Da hatte Eugenie John indes schon längst erreicht, was sie mit der Wahl des geschlechtsneutralen Pseudonyms bezweckt hatte: erst einmal geheim zu halten, dass eine Frau der Verfasser der Romane und Novellen war, die sie der *Gartenlaube* zur Veröffentlichung anbot und die dort in einer in Deutschland bislang unerreichten Weise Erfolge feierten.

Die Wahl eines männlichen beziehungsweise geschlechts-neutralen Pseudonyms war eine häufig gewählte Praxis von Autorinnen, um die Hürde aus Vorurteilen zu nehmen, die gegenüber der Literatur von Frauen bestanden. Benedikte Naubert hatte ihre Romane, wie wir gesehen haben, noch anonym erscheinen lassen. Mary Anne Evans tat es George Sand nach und trat seit 1857, dem Zeitpunkt ihrer ersten lite-rarischen Veröffentlichung in einer Zeitschrift, unter dem Namen George Eliot auf. Der gewählte Vorname verwies nicht nur auf das in dieser Hinsicht literarische Vorbild, son-dern auch auf ihren Lebensgefährten, den noch verheirate-ten George Henry Lewes, mit dem sie – im viktorianischen England ein Skandal – eine wilde Ehe führte. Ihre weibliche Identität enthüllte sie später selbst, als ihre Romane einem Bäckersohn zugeschrieben wurden, dem die plötzliche Promi-nenz durchaus gefiel. In den 1840er Jahren hatten die Schwes-tern Brontë ihre Werke unter männlichem Pseudonym ver-öffentlicht, dabei aber die Zugehörigkeit zu derselben Familie weiterhin betont. Sie nannten sich Bell: Charlotte Brontë, die Autorin von *Jane Eyre*, wurde zu Currer Bell, Emily Brontë zu Ellis Bell und Anne Brontë zu Acton Bell. Anders als die beiden Georges (Sand und Eliot) und auch E. Marlitt sind

die Brontë-Schwestern letztlich nicht unter ihren Pseudo-
nymen in die Literaturgeschichte eingegangen. Noch 1870
aber, in einer ausführlichen Würdigung der »Novellistin der
*Gartenlaube*« durch Rudolf von Gottschall in den *Blättern für
litterarische Unterhaltung* ist von dem »Roman der Currer Bell«
die Rede, wenn der Rezensent auf den Einfluss von *Jane Eyre*
auf Marlitts Erstling *Goldelse* zu sprechen kommt.

E. Marlitt und *Die Gartenlaube* – das ist die Geschichte einer
Symbiose, wie sie selbst im an persönlichen Beziehungen reichen Verlagswesen nicht alle Tage vorkommt. Die Legende
will es, dass Ernst Keil *Die Gartenlaube* im Gefängnis konzipiert hat. Im Nachlass des Erfinders von Deutschlands erfolg-
reichster Familienzeitschrift des 19. Jahrhunderts fand sich
ein vergilbtes Blatt mit der Aufschrift: »Erste Plannotizen zur
GARTENLAUBE, niedergeschrieben in meiner Zelle Nr. 47
im Landesgefängnis Hubertusburg, Anfang 1852 in der Däm-
merstunde beim Auf- und Niedergehen in der Zelle.«
   Ernst Keil war ein gelernter Buchhändler, der zum Jour-
nalismus fand. Das von ihm 1846 gegründete Monatsblatt *Der
Leuchtturm* entwickelte sich bald zu einer führenden Zeitschrift der Demokratisierungsbewegungen in Deutschland.
Immer wieder wurde sie von der Zensur verfolgt; 1848 dann
erlebte *Der Leuchtturm* kurzzeitig eine Phase der Freiheit, um
bald danach gänzlich verboten zu werden. Keil wanderte ins
Gefängnis. Und verließ es mit dem Konzept für *Die Gartenlaube*. Wie schon *Der Leuchtturm* sollte es ein Blatt beleh-
render Unterhaltung und unterhaltsamer Belehrung werden,
doch weniger dezidiert politisch, stärker familienorientiert.
Der Namenswechsel war Programm. In der Gartenlaube saß
die Familie in geselliger Runde beisammen, ließ sich vom

silberhaarigen Familienoberhaupt vorlesen und besprach »fern von aller raisonnierenden Politik und allem Meinungsstreit in Religions- und anderen Sachen« die Dinge des Lebens. So verkündete es die erste Nummer, und so zeigte es die Illustration auf dem Titelblatt jeder künftigen Ausgabe. Dazu zählte beispielsweise das erwachende Interesse an der Naturwissenschaft; in populären Briefen aus der Natur wurden die »wichtigsten und nächstliegenden Fragen aus dem Naturleben« besprochen, und zwar so, »dass sie die gewöhnlichsten Handwerker, besonders aber die Frauen verstehen können«.

Doch auch die Belletristik war angemessen vertreten, jedenfalls soweit es zum Konzept der Volksaufklärung mit Familienanschluss passte. Der Dichter hatte da in die zweite Reihe zu treten. Typisch für *Die Gartenlaube* waren etwa die Erzählungen des ehemaligen Oberlandesgerichtsdirektors Jodocus Donatus Hubertus Temme, die Fälle aus der Kriminalpraxis aufgriffen. Oder eine Serie »Goethes Leben und Dichten in Vorträgen für Frauen« von Max Ring, der ursprünglich Arzt war. Und seit 1865 die Prosa der Marlitt. Für sie ließ Ernst Keil sogar von seinem ursprünglichen Plan ab, nur abgeschlossene Novellen und keine Romane in Fortsetzungen zu bringen. E. Marlitts zweite Veröffentlichung in der *Gartenlaube* war bereits ihr Roman *Goldelse*, der verteilt auf neunzehn Ausgaben erschien.

Nach und nach gelang es der Autorin immer besser, sich das Prinzip der seriellen Gestaltung zu eigen zu machen. Keils enthusiastische Reaktion auf ihre unverlangte Manuskripteinsendung hatte einen einfachen Grund: Mit seiner Magazinerfahrung erkannte er sofort, ihre Geschichten waren so gebaut, dass sie sich für den Abdruck in Fortsetzungen eigneten. Mit geringem Aufwand ließen sich die richtigen Schnitte

platzieren. Am Ende jeder Folge musste etwas geschehen, das
Leserin oder Leser auf den Fortgang in der nächsten Ausgabe
gespannt sein ließ, das konnte ein eskalierender Streit sein
oder ein Kind, das in einen Teich fiel, ohne dass Rettung in
Sicht war; es konnte die Begegnung mit einer geheimnisvollen
Hausbewohnerin sein oder auch nur ein spannungsgelade-
ner, hoch emotionaler Satz, wie er etwa die vierte Folge von
*Das Geheimnis der alten Mamsell*, E. Marlitts zweitem Roman,
beschließt, wenn Felicitas, die weibliche Hauptfigur, sagt: »Ich
werde es darauf ankommen lassen!« Während Eugène Sues
*Geheimnisse von Paris* noch häufig daran krankten, dass der
Autor mit Fußnoten an frühere Ereignisse erinnern musste,
ohne die das gerade Erzählte nicht zu verstehen war, oder dass
die Chronologie des Geschehens unklar blieb, löste E. Marlitt
derartige Probleme des seriellen Erzählens schon wesentlich
souveräner und auch eleganter. (Man muss aber auch sagen,
sie hatte es etwas leichter als Sue, da sie sich nicht an der
Tagesaktualität orientierte.) Es ist deshalb nicht ganz gerecht,
wenn die zum Teil harte Kritik an ihren Romanen, wie sie von
der Literaturwissenschaft formuliert wurde, sich ausschließlich auf die im Nachhinein erschienenen Buchausgaben stützt.
Zumindest die Erzähltechnik Marlitts lässt sich angemessen
nur würdigen, wenn man im Auge behält, dass die Geschichten
als Fortsetzungsromane konzipiert wurden. Heutige Fernsehserien wie etwa *Sex and the City* oder unlängst *Downton Abbey*
haben das Prinzip des seriellen Erzählens aufgegriffen und es
darin zur Meisterschaft gebracht. Häufig ohne es zu wissen,
verdanken sie E. Marlitt sehr viel.

Als Eugenie John zur *Gartenlaube* stieß, betrug die Auflage des Blattes annähernd hunderttausend Exemplare. Binnen
zehn Jahren stieg sie noch einmal um das Vierfache, und diese

rasante Steigerung ist im Wesentlichen ihren Romanen zu verdanken. Die Leser rissen sich das neue Blatt förmlich aus der Hand. Dienstboten verbargen sich unter Treppenaufgängen, um die neueste Episode der *Reichsgräfin Gisela* oder des *Heideprinzeßchens* zu verschlingen, bevor sie das Blatt dann der Herrschaft aushändigten. Da es sich um eine Familienzeitschrift handelte, die auch in Cafés, Leihbibliotheken und Lesekabinetten auslag, schätzt man die Leserschaft der *Gartenlaube* und insbesondere der Fortsetzungsromane E. Marlitts zu dieser Zeit auf zwei bis fünf Millionen. Doch beschränkte sich der überwältigende Erfolg keineswegs auf Deutschland: Unmittelbar nach Beendigung des Erstabdrucks im Wochenblatt erschienen ihre insgesamt zehn Romane in Buchform und wurden sodann rasch ins Französische und Englische übersetzt. In den USA etwa waren Marlitt-Romane durchgängig in mehreren Auflagen und Ausgaben verbreitet; sie trugen dazu bei, eine amerikanische weibliche Lesekultur zu schaffen und den Amerikanerinnen ein Bild von Deutschland zu vermitteln. E. Marlitt war nicht nur die erste deutsche, sie war auch die erste internationale Bestsellerautorin. Von ihren Honoraren baute sie sich ein eigenes Haus, das genügend Platz für die Familie bot und zugleich behindertengerecht war; als sie 1871 dort einzog, war sie eine gehunfähige Invalidin.

E. Marlitts Romane erzählen Geschichten von jungen, unverheirateten Frauen, die ihren Weg ins Leben suchen und denen es dabei um Anerkennung und Selbstbehauptung geht. Dass am Schluss stets die Heirat aus Liebe steht, ist mehr als ein Zugeständnis an das Genre des Trivialromans, vielmehr gehört diese Art des Happy Ends zu der hier erzählten weiblichen Suche wesentlich dazu. Der europäische Frauenroman (im Sinne eines Romans mit einer Frau als Heldin), wie er sich seit dem 18. Jahrhundert ausgehend von *Pamela* und *Clarissa* entwickelt, kennt zwei Grundmuster: Er ist entweder Verführungsroman mit einem in der Regel tragischen Ende (Clarissa siecht dahin, Emma Bovary nimmt Arsen) oder folgt der Mär vom Aschenbrödel (Pamela gewinnt und »zähmt« Mr B., Jane Austens Elizabeth hält es ebenso mit Mr Darcy, Charlotte Brontës Jane Grey mit Edward Rochester). E. Marlitt hat sich von Anfang an für die zweite Version entschieden, ist aber zugleich der Korrektur gefolgt, die schon Richardsons *Pamela* an dem Archetypus vornahm: Danach sind es nicht nur angeborene, sondern auch erworbene Verdienste, die der vom Leben benachteiligten jungen Frau schließlich die Erhebung über alle anderen ermöglichen, die ihr das Leben schwer gemacht haben. Die Heirat ist dann in der Regel nicht mehr als die Sanktionierung dieses Aufstiegs. Natürlich passte die Pamela-Strategie besser zu dem von der *Gartenlaube* vertretenen Familienkonzept als das Clarissa-Modell der Verführung. Es kommt aber noch etwas anderes hinzu: Indem Marlitt dieses Muster in immer neuen Geschichten variierte, schuf sie für ihre Leserinnen Rollenmodelle für ein gelingendes Leben. Heute würde man vermutlich von *Empowerment* sprechen – von belletristisch-therapeutischen Maßnahmen, um bei den Betroffenen das Gefühl der Macht- und Einflusslosigkeit zu überwinden und sie dazu zu ermuntern, ihre Gestaltungsspielräume und Ressourcen wahrzunehmen und zu nutzen. Selbst wenn sie ihnen letztlich Märchen erzählte, nahm E. Marlitt ihre Leserinnen ernst – in ihren Lebensnöten und Herzenswünschen, in ihrer Bildungsbeflissenheit und Sentimentalität, in ihrem Ehrgeiz und ihrer Sehnsucht nach Geborgenheit, in ihrem Streben nach Unabhängigkeit und ihrem Verlangen nach Glück, kurz in ihrer Widersprüchlichkeit. Ihre Frauenfiguren sind »problematische Naturen«, wie der Titel von Spielhagens Roman lautet, der ihr, als sie noch Vorleserin in fürstlichen Diensten war, eine ganze Welt eröffnet hatte. Man könnte sogar sagen, E. Marlitt sei die Erste gewesen, die die problematische Natur der modernen Frau entdeckt habe. Aber damit würde man ihr, die einfach nur populäre Frauenromane schreiben und damit ihr Leben bestreiten wollte, vermutlich doch zu viel Ambition unterstellen. Ihre Bücher sind soziale Romane, nicht im Dienste irgendeiner Moral, sondern des Lebens: Sie entwerfen konkrete Lebenschancen für ganz reale Leserinnen.

Das 19. Jahrhundert eilt seinem Ende zu. Es erscheinen
zunehmend Romane, die prüfen, wie es um die Lebenschancen von Frauen bestellt ist. Mit einer Ausnahme
sind alle Heldinnen Leserinnen, mal mehr, mal weniger
leidenschaftlich, aber stets mit Folgen: für ihr Denken,
für ihr Fühlen, für ihre Selbstständigkeit. Und die eine
Nicht-Leserin beklagt das Versäumnis, dessen Opfer sie
wurde: Wer nicht liest, den bestraft das Leben.

## 10

NEW ORLEANS, 1899

## Das Erwachen der Leserin

»Warum hast du mir nicht gesagt, dass von Männern Gefahr droht? Warum hast du mich nicht gewarnt? Damen wissen, wovor man sich hüten muss, weil sie Romane lesen, die ihnen solche Listen zeigen; aber ich hatte niemals die Möglichkeit, auf diese Weise etwas zu lernen, und du hast mir nicht geholfen!«

Die sechzehnjährige Tess, die diese Sätze vorwurfsvoll an ihre Mutter richtet, ist keine Dame, sondern ein Mädchen vom Land, die Tochter eines Häuslers. Sie ist schwanger; Alec d'Urberville, ein vermeintlicher Verwandter von ihr, hat sie brutal verführt. Tess hat als Kind einige Jahre die Schule besucht, aber auf Geheiß ihrer Eltern keine Romane gelesen. Sie klagt die Mutter an, ihr durch diese Maßnahme die notwendige Aufklärung vorenthalten zu haben, um gegenüber Männern zu bestehen, die in unschuldigen Frauen vor allem Freiwild sehen. Wäre sie durch Romanlektüre darüber informiert gewesen, was ihr durch Männer wie Alec d'Urberville drohen könnte, wäre es zu der Vergewaltigung mit den Folgen einer Schwangerschaft nicht gekommen. Dieser Vorwurf wiegt umso schwerer, als es ihre Mutter war, die die Tochter aus sozialem Ehrgeiz heraus zu den neureichen d'Urbervilles geschickt hat, in der Hoffnung, sie würde den Sohnemann heiraten. Und der ist es nun, der die Unwissende schändlich erniedrigt hat.

Nach dem katastrophalen Erlebnis mit dem skrupellosen Alec macht Tess eine zweite Liebeserfahrung. Der Pastorensohn mit dem sprechenden Namen Angel Clare (leuchtender Engel) verliebt sich in die mittlerweile neunzehnjährige Tess, die ihr Kind verloren und eine Stelle als Melkerin auf einem Bauernhof gefunden hat. Hier, in einer menschenfreundlichen, fruchtbaren Natur und in der liebevollen Obhut Angel Clares, findet Tess zeitweise ihre frühere Unbekümmertheit wieder. Clare weiß nichts von ihrer Vorgeschichte: Er erblickt in ihr eine Verkörperung weiblicher Unschuld und Naivität und will sie sich zu einer angemessenen Partnerin heranbilden, die zu seinen ehrgeizigen Plänen passt. Tess wird immer wieder von Skrupeln geplagt; trotzdem beichtet sie ihm ihre Vergangenheit erst, als die beiden schon getraut sind und kurz vor ihrer Hochzeitsnacht stehen. Abrupt wendet Angel sich daraufhin von seiner Frau ab, die Ehe bleibt unvollzogen. Es ist das bekannte Paradox: Die falschen Vorstellungen, die sich Angel von Tess gemacht hat, kann er ihr nicht verzeihen. Und es ist die unrühmliche Kehrseite der Idealisierung: Wird diese enttäuscht, schlägt sie jäh in Verachtung um – Thomas Hardy hat diesen Mechanismus in seinem 1891 erschienenen Roman *Tess von den d'Urbervilles* sehr plastisch herausgearbeitet.

Mit dem einen Mann hatte Tess Sex, ohne schon einen Begriff davon zu haben, was das eigentlich ist, Liebe. Mit dem anderen kann sie sich alles vorstellen – Liebe, Sex, ein gemeinsames Leben, aber er ist ein »Sklave der Konvention«. Doch die Geschichte ist noch nicht zu Ende: Angel Clare geht nach Brasilien, und Alec taucht wieder auf. Er weiß von der Verarmung ihrer Familie seit dem Tod des Vaters und zwingt ihr seine »Liebe« auf: Geld, sprich Unterhalt der Mutter und der Geschwister, im Tausch gegen Sex. Als Angel Clare eines Tages desillusioniert, krank, verarmt und voller Reue aus Brasilien zurückkehrt, ersticht Tess Alec in einem Akt der Selbstbefreiung und zieht mit Angel von Versteck zu Versteck, um dem Arm des Gesetzes zu entkommen. Jetzt finden die beiden zueinander, sexuell und seelisch, jenseits der Konventionen, nachdem sie durch den Mord alle Brücken hinter sich abgebrochen haben und eine Rückkehr in ein bürgerliches Leben unmöglich geworden ist.

Im Grunde ihres Herzens ist ihr eine Feindseligkeit geblieben, die sich zu kalter Verachtung verhärtet, und das seit dem ersten Tag ihrer Verlobung. Mit kaum sechzehn Jahren hat man sie von der Schule genommen und ihr Rocco Pentagora als Verlobten vorgestellt. Jahre später erinnert sich Marta an die undeutliche Beklemmung, die sie seinerzeit empfunden hat und die erstickt worden ist von den klugen Überlegungen der Eltern: ein junger Mann aus wohlhabendem Haus ... Doch jetzt ist diese Beklemmung wieder da und steigert sich zu Empörung und Wut, als Rocco sie verjagt, obwohl sie schwanger und das Kind zweifellos von ihm ist, nur weil er die von ihr schlecht versteckte Verehrerpost von dem Rechtsanwalt Alvignani gefunden hat und gleich etwas von Hörnern faselt, die sie ihm aufgesetzt habe.

Ins Elternhaus zurückgekehrt, erleidet Marta eine Fehlgeburt. Der Vater, der sie blindlings verurteilt, schließt sich zu Hause ein, stirbt an der Aufregung und stürzt die Familie dadurch ins Elend. Selbstgerecht stellt die kleinstädtische Gesellschaft die junge Frau an den Pranger. Um sich von den Hirngespinsten zu befreien, in denen ihre Gedanken und Gefühle unterzugehen drohen, versucht Marta schließlich, ihre Studien wiederaufzunehmen oder wenigstens zu lesen.

Sie öffnet die alten, beiseitegelegten Bücher und wird von einer unsagbaren Zärtlichkeit erfasst. Erinnerungen leben auf, und es ist, als ob ihr Herz wieder zu schlagen beginne. Sie erinnert sich an das Lob, das von den Lehrern kam, das aber auch Alvignani gespendet hat, als sie ihm auf seine Briefe antwortete. Sie hatte mit ihm über die Lage der Frau in der Gesellschaft diskutiert. Sie könnte womöglich in Rom sein, als Frau Gregorio Alvignanis, in einer anderen, großzügigen und vom Licht des Geistes erleuchteten Atmosphäre, wenn man sie hier nicht angekettet hätte.

Sie beugt sich über ihre Bücher, beseelt von ihrem früheren Eifer. Während ihre Mutter und ihre Schwester früh zu Bett gehen, um Licht zu sparen, lässt sie es bis Mitternacht, sogar bis zwei Uhr morgens brennen. Der Vater tot, die Familie ruiniert – ihre Umgebung fragt sich, woher sie diese Sorglosigkeit nimmt, in aller Seelenruhe lesen zu können. Eines Abends teilt Marta es ihnen endlich mit: Sie hat sich auf die Examina vorbereitet, die am nächsten Morgen in der Lehrerakademie beginnen. Sie besteht die Prüfungen als Beste; als sie aber eine Stelle an der örtlichen Schule antritt, erhebt sich Elternprotest gegen die »unmoralische Lehrerin«. Nur mithilfe Alvignanis, der inzwischen Professor und Abgeordneter in Rom ist, gelingt es, ihre Versetzung nach Palermo zu erreichen. Nun ist die Tochter die Ernährerin der Familie, die ihre alten Gewohnheiten wieder aufnimmt. Marta hingegen ist und bleibt »die Ausgestoßene«, so auch der Titel des ersten Romans von Luigi Pirandello, 1893 vollendet, aber erst im neuen Jahrhundert veröffentlicht.

Doch auch diese Geschichte ist noch nicht zu Ende. Trotz seines Erfolgs gerät Alvignani in eine Lebenskrise. Er reist nach Palermo, Marta entgegen; sein Brief an sie ist eine Hymne

auf das Leben. Und es gelingt ihm tatsächlich, Marta zu einer
außerehelichen Beziehung zu verführen, doch sein Angebot,
mit ihm nach Rom zu kommen, schlägt sie aus. Jetzt, da
sie den Fehltritt wirklich begangen hat, trifft sie ihren Ehemann Rocco am Totenbett ihrer Schwiegermutter wieder, die
von der Familie seinerzeit aus ähnlichen Gründen verstoßen
wurde. Und er entsinnt sich seiner alten Leidenschaft für seine
Frau und will Marta zurückhaben.

Ihre Unbefangenheit entzückt ihn. Könnte es sein, fragt sich
Max Werner, ein junger Deutscher in Paris, dass sich hinter
dem offenen, durchgeistigten Gesicht der jungen Russin, die
er gerade nächtens in einem Café des Quartier Latin kennengelernt hat, Leidenschaft und Sinnlichkeit verbergen? Trotz
ihres Äußeren, das ihn an eine der schlanken, madonnenhaf-
ten Erscheinungen erinnert, die die präraffaelitischen Maler
so schätzten, scheint ihm etwas Aufregendes von Fenitschka
oder Fenia auszugehen, wie die junge Frau, die in Zürich
studiert, von ihren Bekannten gerufen wird. Und das trotz der
Abneigung, die er für gelehrte Frauen eigentlich empfindet.
    Der Morgen dämmert schon, als er sie nach Hause begleitet.
»Wenn ich jetzt eine Tasse starken Kaffee bekommen könnte«,
sagt sie. »Dann brauchte ich mich zu Hause nicht erst hin-
zulegen, und der Tag wäre nicht verloren.« Eine Nacht ohne
Schlaf ist sie gewohnt. »Ich habe vorzugsweise nachts bei den
Büchern gesessen«, erklärt sie ihm. »Wenn's um einen her so
still ist …«
    »Das klingt doch wirklich rein wahnsinnig, wenn man ein
junges Mädchen so etwas sagen hört«, erwidert er fast gereizt.
»Ich, so wie ich hier stehe, bin eben erst der Bücherstudiererei
entlaufen wie dem ärgsten aller Frondienste. Und Sie – eine

Frau – spannen sich freiwillig hinein.« Er sitzt seit einem Jahr an seiner Doktorarbeit. Berufsziel: Professor.

»Warum soll denn das ein Frondienst sein?« Sie blickt erstaunt auf. »Das, was unsern Gesichtskreis erweitert, uns das Leben aufschließt, uns selbstständig macht? Nein, wenn irgendetwas in der Welt einer Befreiung gleicht, ist es das Geistesstudium.«

»Aber mein Fräulein, da irren Sie sich nun wirklich! Es ist im Gegenteil das Beschränkendste, Einschränkendste, was es auf der Welt gibt! Die Wissenschaft führt an der Wirklichkeit des Lebens, mit all seinen Farben, all seiner Fülle, seiner widerspruchsvollen Mannigfaltigkeit, völlig vorbei – sie erhascht von alledem nur eine ganz blasse, dünne Silhouette. Je strenger ihre Erkenntnismethoden sind, desto größer ist auch ihr Verzicht auf das wirkliche Erfassen selbst des kleinsten Lebensstückchens. Deshalb ist der Wissenschaftler, der ihr dient, an so viel bloße Schreibtischexistenz und geistige Bleichsucht gebunden.«

Ihre Entgegnung kommt rasch und konzentriert, ganz eingenommen von ihrer Sache. »Für uns Frauen, für uns, die wir erst seit so kurzem studieren dürfen, ist es durchaus nicht so, wie Sie das sagen; für uns bedeutet es keine Askese und keine Schreibtischexistenz. Wie sollte das auch möglich sein! Wir treten ja damit nun grade mitten in den Kampf hinein – um unsre Freiheit, um unsre Rechte, mitten hinein in das Leben! Wer von uns sich dem Studium hingibt, tut es nicht nur mit dem Kopf, mit der Intelligenz, sondern mit dem ganzen Willen, dem ganzen Menschen! Er erobert nicht nur Wissen, sondern ein Stück Leben voll von Gemütsbewegungen. Was Sie von der Wissenschaft sagen, klingt so, als wäre sie nur noch die passende Beschäftigung für Greise, für abgelebte Menschen.

Aber vielleicht seid nur Ihr greisenhaft. Bei uns begeistert sie die Starken, die Jungen, die Frischen!«

Unter dem Vorwand, ihr den gewünschten Kaffee verschaffen zu können, führt Max Werner die junge Russin in sein Hotel. Doch sie widersetzt sich seinen zudringlichen Annäherungsversuchen. Ein Jahr später begegnen sich die beiden in St. Petersburg wieder. Fenitschka hat inzwischen in Zürich promoviert und wartet darauf, eine Stelle als Lehrerin antreten zu können. Hinter dem Rücken ihrer Familie trifft sie sich mit einem Mann, der ihre große Liebe zu sein scheint. Als die Heimlichkeit der Beziehung für beide zu belastend wird und die Gefahr besteht, dass ihre Treffen seltener werden könnten, schlägt der Mann vor, dass sie heiraten. Max Werner ist bei Fenitschka, als der Brief mit dem Antrag sie erreicht. Die junge Frau reagiert entsetzt.

»Ja, lieber Gott, warum auch nicht?«, versucht Max Werner sie aufzumuntern. »Das ist doch eigentlich ganz natürlich? Hast du denn nicht selber schon an dieses Ende gedacht?«

»Ich? – Nein, – ich, – es schien ja aus äußeren Gründen zunächst so ganz unmöglich, – ich meine: es ging eben noch nicht, – so dass man nicht daran denken konnte, – – nicht zu denken brauchte«, stottert sie herum. »Hast du jemals den Eindruck gehabt, in dieser ganzen Zeit, seit wir uns kennen, als ob ich heiraten wollte?«

»Nein, das wohl nicht«, gibt er zu, »aber es musste schließlich …«

»Ich konnte es auch gar nicht wollen!«, unterbricht sie ihn aufgebracht, beinahe wütend. »Sage mir, will es denn etwa einer von euch – will es ein junger Mensch zum Beispiel, der seine ganze Jugend drangesetzt hat, um frei und selbstständig zu werden, der nun grade vor dem Ziel steht, auf der Schwelle,

der das Leben grade um deswillen lieb gewonnen hat, um des
Berufslebens willen, um der Verantwortlichkeit willen, um der
Unabhängigkeit willen? Nein! Ich kann es mir einfach nicht
als Lebensziel vorstellen, Heim, Familie, Hausfrau, Kinder, es
ist mir fremd, fremd, fremd! Vielleicht nur jetzt, – vielleicht
nur in dieser Lebensperiode. Weiß ich's? Vielleicht bin ich
überhaupt untauglich grade dazu. – Liebe und Ehe ist eben
nicht dasselbe.«

Während der Heiratsantrag des Geliebten die gerade noch
so selbstbewusste Fenitschka in einen unerträglichen Zwie-
spalt stürzt, denkt Max Werner an Aufbruch. Es drängt ihn
heim zu seiner Verlobten Irmgard, gerade weil er sicher ist, dass
sie niemals Fenias Zweifel hegen würde. Bis heute interessant
sind auch die Gedanken, die Lou Andreas-Salomé in ihrer
1898 erschienenen Erzählung *Fenitschka. Eine Ausschweifung*
Max Werner hegen lässt:

»Wenn ein Mann eine Frau weniger tief und absolut liebt
als sie ihn, so hängt das nicht zum wenigsten damit zusammen,
dass sie für ihn eine geringere Bedeutsamkeit besitzt als er für
sie. Er erholt sich mehr bei ihr, als dass er ihrer außerhalb der
Liebe bedarf. – So hat Fenia sich vielleicht von ihren eigenen geistigen Kämpfen und Anstrengungen bei dem Mann
ihrer Liebe erholt. Nach Jahren konzentriertester Studien eine
unbewusste vollzogene, verständliche Reaktion. Erst der Heiratsantrag rührt ihre friedlich ruhenden Gedanken darüber
plötzlich auf, lässt sie erwachen.«

»Welche eine Torheit! Um diese Zeit und bei solch einer
Hitze zu baden!«, ruft Mr Pontellier. Mit seiner Frau Edna
und den Kindern, zwei kräftigen Kerlchen von vier und fünf
Jahren, verbringt er die Sommermonate auf Grand Isle, einer

Golfinsel vor New Orleans, wo die Familie lebt und er seinen Geschäften nachgeht. In der prallen Mittagshitze kommt Edna gerade vom Strand und lässt sich ein wenig erschöpft auf der oberen Verandastufe nieder. »Du bist ja bis zur Unkenntlichkeit verbrannt«, sagt Mr Pontellier zu ihr und sieht seine Frau dabei an, »wie man ein wertvolles Stück persönlichen Eigentums ansieht, das Schaden genommen hat«.

Edna Pontellier, eine Dame der Oberschicht, hat früh begriffen, dass es zwei Leben gibt: »jenes äußere, das sich anpasst, und das innere, das alles hinterfragt«. In diesem Sommer gewinnt das innere Leben die Vorherrschaft und fängt an, das äußere zu verändern. Auslöser dafür ist der zwei Jahre jüngere Robert, der Edna romantisch umschwärmt und in den sie sich, ohne es anfangs zu bemerken, verliebt. In ihrer Vergangenheit gibt es manches Unabgegoltenes, nicht zuletzt, was Liebesdinge betrifft. Ihre Ehe mit Léonce Pontellier kam zustande, da sie seinerzeit glaubte, als die Gattin eines in der Gesellschaft angesehenen, großzügigen Mannes sei ihr Platz in der Wirklichkeit zufriedenstellend definiert und sie könne die Türen zum Reich der Gefühle und Träume für immer hinter sich verschließen. Das jedoch stellt sich in diesem Sommer als Irrtum heraus. Es sei »einer Frau, einer Gattin, einer Mutter unmöglich, sich gegen die Liebe eines jungen Mannes zu schützen«, hatte schon Balzac in *Die Frau von dreißig Jahren* bemerkt. In ihrer Macht stehe nur, ihn ab dem Augenblick nicht mehr wiederzusehen, da sie sein Herzensgeheimnis errät. Aber dieser Entschluss scheint gar zu schwerwiegend, als dass ihn eine Frau in einem Alter fassen könnte, in dem die Ehe sie belastet, langweilt und ermüdet und die eheliche Zuneigung mehr als lau ist. Edna ist da bald neunundzwanzig.

Aber Edna macht auch zwei Erfahrungen, die mit ihrer Verliebtheit zwar verknüpft sind, darin aber nicht aufgehen. Die erste trägt den Namen Frédéric Chopin. Auf einer Soiree spielt Mademoiselle Reisz, eine wahre Künstlerin am Klavier, einige seiner Impromptus und Préludes. Es ist, als gelte das Klavierspiel allein ihr: Einsamkeit, Hoffnung, Sehnsucht und Verzweiflung reißen sie hin und her, »peitschen auf sie ein wie die Wellen, die Tag für Tag gegen ihren wunderbaren Körper« schlagen. Mademoiselle Reisz, die Edna auch nach dem Sommer noch häufiger in ihrer Mansarde in New Orleans aufsuchen wird, ist als Musikerin eine Weisheitslehrerin sokratischen Zuschnitts: Wie der antike Sokrates von äußerer, beinahe abstoßender Hässlichkeit, verfügt sie über eine unvergleichliche innere Schönheit, die auf Edna ausstrahlt und sie in Begeisterung versetzt.

Die zweite Erfahrung hat mit dem Meer zu tun. Gerade erst hat Edna ihre Angst vor dem Wasser überwunden und schwimmen gelernt; gleich aber will sie schon so weit hinausschwimmen, »wie noch keine Frau zuvor hinausgeschwommen war«. Sie hat den Eindruck, nach dem grenzenlosen Raum zu greifen, um sich darin zu verlieren, sieht sich gar mit dem Tod konfrontiert. Mit einer gewaltigen Anstrengung gelingt es ihr, ans Ufer zurückzukehren. Ihr Mann macht dazu nur wieder eine seiner bissigen Bemerkungen; Robert hingegen erweist sich auch dieses Mal als wahrer Frauenversteher.

Wie in ihren Kreisen üblich, ist Edna eine fleißige Leserin. Sie liest Guy de Maupassant und von den Brüdern Edmond und Jules de Goncourt den Roman *Renée Mauperin*, der eine »psychologische Analyse der heutigen Jugend« sein wollte mit einer nach damaligen Maßstäben äußerst emanzipierten

Titelheldin, was sich in ihrer Sportlichkeit, ihrer Kreativität, ihrer Meinungsfreudigkeit, vor allem aber ihrer Abneigung gegen die Konvenienzehe niederschlägt. Als Mädchen hat Edna zusammen mit ihrer engsten Schulfreundin die Klassiker des modernen englischen Romans verschlungen, etwa die Romane der Brontë-Schwestern. Später liest sie auch Ralph Waldo Emerson, dessen Ideal einer freiheitlichen, selbstverantwortlichen Lebensführung sie sich Stück für Stück zu eigen macht. Vor allem aber lässt sie sich in diesem Sommer ganze Vormittage lang von Robert vorlesen, während das Kindermädchen sich um die Buben kümmert. Als Robert dann plötzlich und unerwartet nach Mexiko abreist, finden die gemeinsamen Lektürestunden ein Ende.

Zurück in der Stadt, beginnt Edna sehr zum Missfallen ihres Mannes ihre gesellschaftlichen Verpflichtungen als Dame des Hauses zu vernachlässigen. Die bislang zurückhaltende, gehemmte Gattin entwickelt sich zu einer Frau, die vor Leben sprüht und ihre Umgebung mit frei erfundenen, voller Leidenschaft erzählten Geschichten etwa von einem Liebespaar unterhält, das eines Nachts aufs Meer hinausrudert und nie mehr zurückkehrt. Als ihr Mann einige Wochen geschäftlich abwesend ist, gibt sie die beiden Kinder in großmütterliche Obhut und bereitet, ohne Mr Pontellier gefragt zu haben, ihre Übersiedlung aus dem repräsentativen Anwesen in ein kleines Vierzimmerhaus um die Ecke vor. Nach dem kleinen Fest, das sie anlässlich ihres Auszugs gibt, lässt sie sich von einem stadtbekannten Frauenheld verführen. Sie liebt ihn keineswegs, aber er entfacht vom ersten Kuss an ein ihr bislang unbekanntes sexuelles Verlangen.

Als Robert dann aus Mexiko zurückkehrt, gesteht sie ihm ihre Liebe. Wie sich herausstellt, war seine plötzliche

Abreise nichts als Flucht – Flucht vor der Leidenschaft, die auch er für sie zu empfinden begonnen hat. Doch Robert ist, wie Angel Clare, ein Sklave der Konvention; seine erotische Phantasie beschränkt sich darauf, dass die Frau, die er liebt, aus dem Besitz des Ehemanns in seinen übergehen könnte. Edna hingegen ist zu diesem Zeitpunkt in Kate Chopins 1899 erschienenem Roman *Das Erwachen* längst so weit, ihm zu antworten: »Sie waren ein sehr, sehr törichter Junge und haben nur ihre Zeit verschwendet, wenn Sie davon geträumt haben, Mr Pontellier könne mich freigeben! Das ist unmöglich. Ich bin nicht länger eines von seinen Besitztümern, über die er nach Gutdünken verfügen kann. Ich entscheide selbst, wohin ich gehöre. Sagte er: ›Hier, Robert, nehmen Sie sie und seien Sie glücklich, sie gehört Ihnen‹, so würde ich euch beide auslachen.«

*Tess, Die Ausgestoßene, Fenitschka, Das Erwachen* – vier Geschichten von Frauen, die beiden letzteren auch von Frauen geschrieben, entstanden zu einer Zeit, da das 19. Jahrhundert absehbar seinem Ende zueilte. Den größten Aufruhr hat damals Thomas Hardys Roman gemacht, der die Provokation schon im Titel führte, wenn Tess dort trotz mehrfacher Verfehlung »eine reine Frau« genannt wird. Ganze Familien sollen sich damals in »Pro- und Kontra-Tess-Lager« gespalten haben, und bei Essenseinladungen berücksichtigten die Gastgeberinnen, welche Meinung ihre Gäste zum Roman vertraten, und setzten die Gleichgesinnten zusammen. Dankesbriefe von Leserinnen, die Hardy unter Berufung auf den von Tess gegen ihre Mutter erhobenen Vorwurf mitteilten, sie würden den Roman ihren Töchtern als Aufklärung und Warnung zur Lektüre geben, schmeichelten ihm, aber es ist mehr als zweifelhaft, dass sie seiner eigentlichen Intention gerecht wurden.

Im Jahr vor dem Erscheinen der Buchausgabe von *Tess* hatte Hardy den Essay *Candour in English Fiction (Freimut in der englischen Literatur)* veröffentlicht und sich darin mit den Literaturzeitschriften und Leihbibliotheken angelegt. Wie zu seiner Zeit üblich, war *Tess* zuvor in Fortsetzungen in einem Magazin erschienen, und die Herausgeber hatten dem Autor drastische Zugeständnisse abverlangt. Wutentbrannt beklagte Hardy, dass die gegenwärtigen Förderer der Literatur nicht mehr gebildete Kenner, sondern Vollzugsgehilfen der »Zensur aus Prüderie« seien. Magazine und Leihbüchereien richteten sich nach dem, was häusliches Lesen genannt wurde, also nach den Interessen und dem Geschmack der Leser, die einem gemeinsamen Haushalt angehörten. Diejenigen, die dort durch ihre Abonnements und Mitgliedschaften über den Lesestoff bestimmten, seien in der Regel die beiden Erwachsenen, die am wenigsten Zeit hätten, sich der Gegenwartsliteratur zu widmen, die aber den anderen vorschrieben, was ihr Geschmack zu sein habe und was gute und was schlechte Literatur sei. »Als eine Folge davon fördern Magazine und Leihbüchereien nicht das Wachstum des Romans, der das Leben darstellt und enthüllt, wie es wirklich ist. Sie zielen geradewegs darauf ab, den Roman auszurotten, indem sie das literarische Leben monopolisieren.«

Trotzdem (oder auch gerade deswegen) fand Hardy literarische Mittel, um zur Sprache zu bringen, worum es ihm ging. Was seinem Roman bis heute begeisterte Leser verschafft, ist seine pulsierende Prosa, die das Geschehen in eine von Sinnlichkeit vibrierende, beinahe sexuelle Atmosphäre taucht, welche ihresgleichen nicht nur in der englischen Literatur sucht. Es dürfte wohl kaum einen Roman der Weltliteratur geben, in dem der Mund einer Frau sinnlicher beschrieben wird als in Hardys Roman. Die Szene, in der Alec Tess mit frisch gepflückten Erdbeeren füttert, ist nicht zu Unrecht weltberühmt geworden, bis hin zum Titel von Klaus Kinskis Memoiren *Ich bin so wild nach deinem Erdbeermund*. (Kinskis Tochter Nastassja hat dann auch die Tess in der Romanverfilmung von Roman Polanski gespielt.)

Der Naturalist Thomas Hardy begegnete den zu seiner Zeit üblichen Idealisierungen der Liebe mit Skepsis. Tess ist in mancher Hinsicht eine Nachfahrin Emma Bovarys, allerdings ohne deren Ambitionen und Allüren, mit allen ihren Sinnen vollkommen in der Gegenwart lebend, gleichsam diesseits von Gut und Böse. Der Verführer Alec und der Moralapostel Angel Clare haben nicht nur ähnlich klingende Namen, sondern mehr gemeinsam, als ihnen lieb sein dürfte. Ihre Selbstgerechtigkeit und ihr Egoismus stürzen die reine Tess ins Verderben. Verhaftet wird sie schließlich auf der steinzeitlichen Kultstätte Stonehenge. In der Schlussszene des Romans steht Angel vor dem Gefängnis, in dem Tess einsitzt, und beobachtet, wie die schwarze Fahne hochgezogen wird: das Zeichen für ihre Hinrichtung. In der modernen Welt, deren Heraufkunft Hardys Roman in packenden Bildern beschreibt, hat eine Frau, die über keinen ausgebildeten Intellekt verfügt, keine Chance; sie ist dazu verurteilt, das hilflose Opfer kalter Männerherzen zu sein.

Die zur weiblichen Selbstbehauptung notwendige Intellektualität besitzt Luigi Pirandellos Sizilianerin Marta. Noch ganz dem traditionellen Frauenbild verhaftet, haben ihre Eltern sie von der Schule genommen, als sich eine gute Partie anbot, und dabei auf den Lerneifer ihrer Tochter keine Rücksicht genommen. Der aber ist ihre Rettung in höchster Not, als sie mehr wegen einer fixen Idee als einer Verfehlung zur Ausgestoßenen wird – nicht nur in den Augen ihres Mannes, sondern auch ihrer Familie und der kleinstädtischen Gesellschaft. Ihr aus eigener Kraft und aufgrund ihrer Liebe zu den Büchern geglückter Aufstieg zur Lehrerin verschafft nicht nur ihr selbst eine neue Ausgangsposition, sondern sichert auch der Familie das Überleben, die zuvor der Devise gefolgt war: »Wir halten an unseren Vorurteilen und Prinzipien fest, und bedeute es auch unseren Untergang.« Marta ist allerdings keine »reine Frau«, allein schon deshalb nicht, weil sie das Bedürfnis nach Rache kennt. Dass sie sich auf den Briefwechsel mit Alvignani einlässt, ist nicht nur Eitelkeit angesichts der Bewunderung und Verehrung, die er ihr entgegenbringt, sondern auch Folge der Feindseligkeit, die sie gegenüber ihrem Mann und ihren Eltern empfindet, die ihr existenzielles Bedürfnis nach Bildung missachtet haben.

Ein Denken, das dazu taugt, sich als Außenseiterin in einer feindseligen Umgebung zu behaupten, lernt Marta nicht nur aus Büchern, sondern vor allem von ihrem Mentor und Liebhaber Alvignani. Geschult in psychologischer Analyse, erläutert er ihr etwa die Entstehung des Gewissens aus der Internalisierung der Meinungen anderer:

*Oh, mein Liebling, wenn ich sage: »Das Gewissen erlaubt es mir nicht«, dann heißt das: »Die anderen in mir erlauben es mir nicht, die Welt erlaubt es mir nicht.« Mein Gewissen! Was glaubst du, was dieses Gewissen ist? Es sind die Leute in mir, mein Liebes. Es wiederholt mir das, was die anderen ihm sagen.*

Es sind jedoch nicht nur die Gedanken, es sind auch die starken, rebellischen Gefühle, die Marta das Überleben ermöglichen. Immer wieder ist von ihrer Empörung und Wut, ihrem Hass und ihrer Verachtung, ihrer Willensstärke und Leidenschaft die Rede. Als Reaktion auf ihre Verstoßung entwickelt sie eine nervöse Energie, die nur darauf wartet, »gegen jedes neue Hindernis anzukämpfen, das sie zu überwältigen droht«.

Das Schlussbild von Pirandellos Debütroman zeigt uns ein Ehepaar, das angesichts des Todes mehr oder weniger unfreiwillig wieder zueinanderfindet, nachdem die Ehe schon zerrüttet schien und Marta ihre Rettung bereits in der Vorstellung gesucht hatte, Suizid zu begehen. Es ist mehr ein Open als ein Happy End: Kann Rocco die bittere Wahrheit von Martas nachträglichem Seitensprung akzeptieren, den sie ihm gestanden hat? Und was passiert erst, wenn sich ihr Eindruck bestätigt, erneut schwanger zu sein, dieses Mal von ihrem Liebhaber Alvignani? Wird der Ehemann sie dann zum zweiten Mal verjagen? Oder greift sie zu der Finte, das Kind als seines auszugeben? Und wie ist es um Martas Berufstätigkeit als Lehrerin bestellt? Ist er bereit, ihr diese Freiheit zuzugestehen? Der Vorhang zu und alle Fragen offen. Eines aber hat Pirandello unmissverständlich klargemacht: Die Emanzipation der Frauen hat nur dann eine Aussicht auf Verwirklichung, wenn sich auch die Männer ändern.

»Es war ganz merkwürdig, wie schwer es fiel, die Frauen in ihrer rein menschlichen Mannigfaltigkeit aufzufassen und nicht immer nur von der Geschlechtsnatur aus, nicht immer nur halb schematisch. Sei es, dass man sie idealisierte oder satanisierte, immer vereinfachte man sie durch eine vereinzelte Rückbeziehung auf den Mann. Vielleicht stammte vieles von

der sogenannten Sphinxhaftigkeit des Weibes daher, dass seine
volle, seine dem Mann um nichts nachstehende Menschlichkeit sich mit dieser gewaltsamen Vereinfachung nicht deckte.«
Das sind Gedanken Max Werners, aus dessen Perspektive
*Fenitschka* erzählt ist. Auch wenn sie von der Autorin einem
Mann zugesprochen werden, formulieren sie eine feministische Perspektive, die ihresgleichen sucht an der Wende vom
19. zum 20. Jahrhundert. Indem sie einen Mann zum Erzähler
ihrer Geschichte von einer Frau machte, verschaffte sich Lou
Andreas-Salomé die Möglichkeit, das Frauenbild der Männer
ihrer Zeit zugleich darzustellen und zu kritisieren.

Lou Andreas-Salomé, 1861 in Sankt Petersburg gebo-
ren, wuchs dort in einer wohlhabenden deutschstämmigen
Familie auf. Im Alter von neunzehn Jahren begann sie ein
Studium in Zürich, von ihrer Mutter dorthin begleitet. Die
Universität Zürich war damals eine der wenigen Universitäten, die auch Frauen zum Studium zuließen. Zwar hatte
Louise von Salomé keinen Schulabschluss, aber ihr Charme
und ihre Lernbegierde müssen den Theologieprofessor Alois
Emanuel Biedermann derart für sie eingenommen haben,
dass er sie einer Scheinprüfung unterzog und ihr dadurch
die Immatrikulation ermöglichte. Ins Rampenlicht der Geis-
tesgeschichte trat sie zum ersten Mal mit zwanzig Jahren, als
Gast Malwida von Meysenburgs, einer engen Wagner-Freun-
din und emanzipierten, unabhängigen Frau, die in Rom
einen kleinen Salon unterhielt. Sie machte Lou mit dem
zwölf Jahre älteren Schriftsteller und späteren Arzt Paul Rée
bekannt. Auf gemeinsamen Spaziergängen durch das nächtliche Rom verliebte er sich rasch in die »junge Russin«, wie
Lou genannt wurde. Rée wiederum war ein guter Freund
des damals siebenunddreißigjährigen Friedrich Nietzsche

und schwärmte ihm brieflich von der außergewöhnlichen jungen Frau vor.

Das Ergebnis dieser Anbahnungen, denen die anwesenden älteren Damen einigermaßen fassungslos zusahen, waren drei Heiratsanträge. Den ersten machte Paul Rée, indem er bei Frau von Salomé um die Hand ihrer Tochter anhielt. Den zweiten machte wiederum Rée, aber im Namen von Nietzsche, der in Unkenntnis des Vorgefallenen den Freund bat, seinen Wunsch beim Fräulein von Salomé vorzutragen. Und den dritten machte der Philosoph der ewigen Wiederkehr höchst selbst, indem er wenig später seinen Heiratsantrag Lou gegenüber persönlich wiederholte. Diese lehnte alle drei Anträge freundlich und mit Feingefühl, aber entschieden ab. Freundschaft ja, Liebe nein und Ehe schon gar nicht. Beide Männer gaben vor, sich in dieses Arrangement fügen zu wollen, dem Lou den euphemistischen Namen »Dreieinigkeit« gab.

Zu dieser Zeit entwarf Lou eine Art Agenda ihrer Lebensführung. »Ich kann weder Vorbildern nachleben«, schrieb sie, »noch werde ich jemals ein Vorbild darstellen können, für wen es auch sei, hingegen mein eignes Leben nach mir selber bilden, das werde ich ganz gewiss, mag es nun damit gehen, wie es mag. Damit habe ich ja kein Prinzip zu vertreten, sondern etwas viel Wundervolleres, – etwas, das in Einem selbst steckt und heiß vor lauter Leben ist und jauchzt und heraus will … Wir wollen doch sehen, ob nicht die allermeisten sogenannten ›unübersteiglichen Schranken‹, die die Welt zieht, sich als harmlose Kreidestriche herausstellen.« Dieser bewusste Bruch mit der Tradition macht Lou Andreas-Salomé zu einer weiblichen Ikone der Moderne.

Fortan ging Lou zwei Arten von Beziehungen zum anderen Geschlecht ein: zum einen freundschaftliche mit Männern, die ihr an Alter, Lebenserfahrung und geistiger Entwicklung voraus waren. Alle erotischen Avancen in diesen Beziehungen wies sie zurück; wurde die Zurückweisung nicht akzeptiert, erfolgte die Trennung. Auch den fünfzehn Jahre älteren Friedrich Carl Andreas heiratete sie nur unter der Bedingung, niemals die Ehe mit ihm zu vollziehen. Andreas ging wohl davon aus, dass sie ihren Widerstand mit der Zeit aufgeben würde, täuschte sich aber in der Willensstärke seiner Frau.

Die andere Form der Liebesbeziehung unterhielt Lou mit deutlich jüngeren Männern, die ihr an Erfahrung und Wissen, an Persönlichkeit und geistiger Reife unterlegen waren. Hier war Sexualität zugelassen, und Lou befand sich in der Rolle der Lehrerin und Seelenführerin. Exemplarisch dafür ist ihre Beziehung zu dem vierzehn Jahre jüngeren Rainer Maria Rilke, den sie kennenlernte, als sie sechsunddreißig Jahre alt war. In der Liebesbeziehung zu dem schmächtigen Dichter scheint sie erstmals ihren grundsätzlichen Widerstand gegen eine sexuelle Beziehung aufgegeben zu haben, wohl weil sie sich ihm gegenüber nicht ausgeliefert fühlte und die Entwicklung des Liebesverhältnisses in ihrer Hand wusste. Die Kehrseite dieser Art von Beziehungen war indes, dass die betreffenden Partner sich mit der Zeit immer tiefer in die Liebe zu ihrer gefühlswarmen, mütterlichen Freundin verstrickten und sich von ihr abhängig machten. Sobald sich in Lous Augen eine Beziehung in diese Richtung zu entwickeln drohte, brach sie sie entweder gleich ab oder schickte ihren Liebhaber wenigstens zeitweilig fort.

Parallel zu *Fenitschka* entstand Lou Andreas-Salomés großer Essay *Der Mensch als Weib*. Die Frau sei die wahre Lebenskünstlerin und brauche in jedem Fall »Freiheit und immer wieder Freiheit«; die »vorhandenen Schranken des Hauses, der geltenden Verhaltungsmaßregeln« müssten deshalb außer Kraft gesetzt werden. In *Die Erotik,* ihrem Beitrag für Martin Bubers Schriftenreihe *Die Gesellschaft,* wurde Lou dann sehr konkret, was unter solcher Freiheit zu verstehen sei: »Das natürliche Liebesleben in allen seinen Entwicklungen ist aufgebaut auf dem Prinzip der Untreue.« Erotik bedeutete für Lou Andreas-Salomé nicht Verschmelzung mit einem anderen, sondern die stets neue Überwindung innerer Barrieren. Es gebe keine größere Gefahr für die Leidenschaft, als »sein eigenes Wesen künstlich nach der Art des Anderen zurechtzuschrauben«, meinte sie.

*Fenitschka* stellt die Frage, welche Folge die geistige und berufliche Unabhängigkeit der Frau für die Liebe hat. Eine lesende Frau können die Männer noch ertragen – aber eine studierte Frau, die ihnen geistig womöglich überlegen ist? Fenitschka wird zwischen ihrem Wunsch nach Eigenständigkeit und ihrem Wunsch nach Liebe förmlich zerrissen. Während sich Max Werner eine Frau zur Verlobten gewählt hat, die auch geistig zu ihm aufschaut, ist Fenitschka durch Studium und Berufstätigkeit in eine traditionell männliche Rolle geschlüpft, mit unabsehbaren Folgen auch für Liebe und Ehe. Plötzlich muss sie erkennen, dass ihr in der Beziehung zu dem Mann die »rein sinnliche Leidenschaft«, wie sie es nennt, letztlich mehr bedeutet als das, was sie für Liebe hält. Das Schlussbild der Erzählung zeigt uns eine Frau, die sich von ihrem Liebhaber verabschiedet und ihm aus ganzem Herzen für die ihr erwiesene Liebe dankt, um dann »entschlossen in eine ganz andre Existenz zurückzukehren« – in die Existenz der in jeder Hinsicht unabhängigen Frau, beruflich wie erotisch. Man kann das auch so formulieren, wie es Lou Andreas-

Salomé in eigener Sache getan hat, um ihre vielen Lieben zu
erklären: »Ich bin Erinnerungen treu für immer, Menschen
werde ich es niemals sein.«

»Niemals mehr einem anderen als sich selbst anzugehören«, so
lautet auch der Entschluss, den Edna Pontellier im Sommer
ihres Erwachens fasst. Fassungslos die zunehmende Veränderung seiner Frau beobachtend, sagt Mr Pontellier sich, dass sie
nicht länger sie selbst ist. Aus Ednas Sicht hingegen verhält es
sich genau umgekehrt: Sie wird allmählich sie selbst, indem sie
sich Stück für Stück von jenem vermeintlichen Selbst entfernt,
das der amerikanische Philosoph William James in seinen 1890
erschienenen *Prinzipien der Psychologie* so charakterisiert hat:
Es sei »die Summe all dessen, was ein Mann sein Eigen nennen
kann, nicht nur seinen Körper und seine seelischen Kräfte,
sondern auch seine Kleidung und sein Haus, seine Frau und
seine Kinder, seine Vorfahren und Freunde, seinen Ruf und
seine Arbeit, seine Ländereien und Pferde, seine Yacht und
sein Bankkonto«.

Diesem patriarchalischen, vor Selbstbewusstsein strotzen-
den männlichen Selbstbild antwortet Kate Chopin mit einer
Geschichte darüber, wie eine Frau ein Gefühl für sich selbst
entwickelt, das sich an ihren ureigenen Bedürfnissen orientiert.
Ihr wunderbarer Roman, pünktlich zum Jahrhundertende
erschienen, ist eine Erkundung dessen, was ein weibliches
Selbst ausmacht. Ein Ehemann, der geheiratet wurde, ohne
Liebe als Entschuldigung für diesen Schritt anführen zu können, scheint danach nicht unbedingt zu einem weiblichen
Selbst dazuzugehören. Auch ein repräsentativer Wohnsitz nicht,
wohl aber ein eigenes Zimmer, wie Virginia Woolf es bald
für alle kreativen Frauen verlangen wird. Zeit für sich selbst

und die persönlichen Interessen zählt dazu, aber auch eine zwanglose Form der Geselligkeit, die allen Beteiligten das Recht auf Meinungsfreude und Vergnügen gewährt. Gehören Kinder dazu? Das ist eine Frage, die im Roman mehrfach gestellt, letztlich aber nicht beantwortet wird. Mr Pontellier wirft seiner Frau vor, die Kinder zu vernachlässigen; sie selbst äußert einmal, sie würde sich »nie für ihre Kinder oder sonst jemanden opfern«. Daraufhin von ihrer aufgebrachten Freundin zur Rede gestellt, bemüht sie sich, ihre Einstellung zu erklären. Sie würde das Unwesentliche aufgeben, ihr Geld, sogar ihr Leben für ihre Kinder geben. »Aber mich selbst würde ich nicht geben.«

Unverbrüchlich zum weiblichen Selbst gehört dagegen Sinnlichkeit. In dem Maße, wie Edna ihr altes Selbst ablegt, das sie darauf reduzierte, Besitz- und Schmuckstück ihres Ehemanns zu sein, entfaltet sich neben dem Gefühl von Freiheit und Unabhängigkeit auch ihre bislang verborgene Sinnlichkeit »wie eine dürstende, empfindsame Blüte«. Man hat Edna eine »amerikanische Emma Bovary« genannt. Noch unmissverständlicher als Flauberts Roman streitet Kate Chopin in *Das Erwachen* für das Recht der Frauen auf Sinnlichkeit und Leidenschaft, und zwar nach ihrer Fasson, die von der der Männer grundverschieden sein kann. Das Erwachen zum eigenen Selbst ist ein erotischer, an die körperliche Liebesfähigkeit gebundener Vorgang. Dem widerspricht keineswegs, dass Kate Chopin es durchaus auch als einen geistigen Prozess versteht; als Edna ihr neues, eigenes Zuhause bezieht, hat sie das Gefühl, »auf der gesellschaftlichen Ebene ein Stück abgestiegen zu sein, gleichzeitig jedoch auf der geistigen eine weitere Stufe erklommen zu haben«. Gerade diese existenzielle Untrennbarkeit von Körper und Geist, von Sinnlichkeit und

Denken verleiht Ednas Erwachen seinen Zauber und seine Folgenschwere. Einmal vollzogen, lässt es sich schlichtweg nicht mehr rückgängig machen.

Kate Chopin aber hat diese Betonung des Sexus um den Erfolg ihres Romans bei der zeitgenössischen Kritik und den Lesern gebracht, der sich ansonsten mit großer Sicherheit eingestellt hätte. Als im April 1899 *Das Erwachen* publiziert wurde, hatte sie schon weit über vierzig Kurzgeschichten in renommierten Zeitschriften und zwei erfolgreiche Bände mit Erzählungen veröffentlicht. Die literarische Laufbahn hatte sie erst nach der Geburt von sechs Kindern und dem frühen Tod ihres Mannes eingeschlagen – ein Karrieremuster, das wir in vielen Biographien von Schriftstellerinnen und Künstlerinnen des 19. Jahrhunderts wiederfinden. Nun aber liefen Kritiker, Büchereien und auch Leser Sturm. Dass es sich um ein »schädliches, ungesundes Buch« handele, das »widerliche Einblicke in das Sexualleben« gewähre, ja, »Sexliteratur« sei, lautete die beinahe einhellige Meinung. Auf diese Weise geriet Chopins Roman noch zu Lebzeiten der Autorin in Vergessenheit, aus der ihn erst eine französische Übersetzung wieder erweckte, die Anfang der 1950er Jahre erschien. Noch einmal ein Jahrzehnt später kam es dann auch in den USA zu einer Neuauflage. Doch erst mit der zweiten Welle der Frauenbewegung in den 1970er Jahren und der in ihrem Gefolge aufkommenden feministischen Literaturkritik begann der Siegeszug von *Das Erwachen*.

Grandios das Schlussbild des Romans: Edna nackt und ganz allein am Strand, vor sich die unendliche Weite des Meeres. Außerhalb der Saison und ohne ihr Kommen anzukündigen, ist sie an den Ort ihres Erwachens zurückgekehrt. Sie fühlt sich wie ein neu geborenes Geschöpf. Dieses Mal wird sie hinausschwimmen, ohne die Grenze des Todes zu respektieren und ohne die Anstrengungen aufzubieten, die für eine Rückkehr ans Ufer notwendig sind. Dieser Suizid hat nichts von der Gewalttätigkeit, mit der sich ein Werther aus dem Leben hinausschießt oder eine Emma Bovary ihren Körper mit Arsen zerstört. »Die Berührung der See ist sinnlich, wenn sie den Körper in sanfter, inniger Umarmung umschließt.« Und doch ist dieser Tod der Heldin auch ein Zeichen tiefer Ratlosigkeit. Ihren Platz im Leben und in der Gesellschaft muss die zu einem neuen Selbst erwachte Leserin erst noch finden.

# TEIL 3

## *Bücherfrauen*

### Das 20. Jahrhundert

1910, so Virginia Woolf, veränderte sich der Charakter
des Menschen. Das neue Jahrhundert hatte Lesen und
Schreiben gelernt und kam nun langsam in die Pubertät. Bald machten sich erste Verhaltensauffälligkeiten
bemerkbar: Junge Menschen zogen vom Londoner Nobelstadtteil Kensington ins heruntergekommene Bloomsbury, ein homosexueller Schriftsteller entdeckte Samen
auf dem weißen Kleid einer jungen Malerin, alle
posierten halb nackt als Südseeschönheiten, und ein
junges Ehepaar legte sich eine handbetriebene Druckerpresse zu, auf der die beiden nachmittags Avantgardeliteratur in Kleinstauflagen herstellten. Und insbesondere die Frauen lasen, bis sie schwarz wurden.

## 11

BLOOMSBURY, 1910

*Als der Mensch sich veränderte:*
*Virginia Woolf*

Am Nachmittag des 23. März 1917 betreten die Schriftstellerin Virginia und der Publizist Leonard Woolf, seit annähernd
fünf Jahren ein Ehepaar, einen kleinen Laden mit Druckereibedarf. Schon lange liebäugeln sie mit der Anschaffung einer
Druckmaschine und dem Erlernen des Druckereihandwerks.
Doch mussten sie feststellen, dass »der gesellschaftliche Apparat es verbietet, zwei mittelalten Mittelschichtsangehörigen
die Kunst des Druckens beizubringen«. So allgemein und
empört drückt es jedenfalls Leonard Woolf aus, wenn er in
seinen Erinnerungen *Mein Leben mit Virginia* von ihren Plänen berichtet. Konkret: Die St. Bride's Druckerschule hatte
das Ehepaar abgewiesen, weil die beiden Mittdreißiger weder
im Lehrlingsalter waren noch der Gewerkschaft angehörten.
Kaum verwunderlich also, dass Leonard und Virginia Woolf,
als sie auf einem ihrer Spaziergänge auf den Laden der Excelsior Printing Supply Co. stoßen, »durch das Fenster wie
zwei hungrige Kinder auf Brötchen und Kuchen vor einem
Bäckerladen« starren. Ist es Virginia, die zuerst vorschlägt,
hineinzugehen und sich ganz unverbindlich umzuschauen?
Jedenfalls kommt sofort ein freundlicher Verkäufer auf sie zu,
dem sie ihren Wunsch und ihr Dilemma eingehend erläutern.
Sie erstehen bei ihm nicht nur eine kleine Druckmaschine
im Handbetrieb, die bequem auf einem Esstisch Platz findet,

sowie Lettern, Schließrahmen und Setzkasten, sondern zudem eine sechzehnseitige Broschüre, die den Laien darüber belehrt, wie man Drucksachen herstellt.

Als in den 1990er Jahren Desktop-Publishing aufkam, wurde es als eine kleine Revolution gefeiert, weil die Produktionsmittel in Sachen Buchherstellung nun jedem zugänglich wurden. Man sieht an diesem Beispiel, die Revolution in der Buchbranche hat schon Jahrzehnte früher begonnen.

Einige Wochen später wird den Woolfs die Maschine samt Zubehör ins Hogarth House im Londoner Vorort Richmond geliefert, wo sie seit zwei Jahren leben. Wie der in Geld- und generell in Zahlendingen äußerst penible Leonard Woolf in seinen Erinnerungen nicht mitzuteilen vergisst, kostet sie die Anschaffung 19 Pfund, 5 Schilling und 5 Pence, was heute ungefähr 700 Euro entspricht.

Umgehend bauen sie alles auf. Virginia übernimmt das Setzen – Leonards nervöses Händezittern, das er vom Vater geerbt hat, erlaubt ihm solche Feinarbeit nicht. Zuerst sortiert sie die Bleilettern in den Setzkasten ein – jedes Zeichen in sein eigenes Fach. Danach muss jede Letter einzeln aus dem Setzkasten geklaubt und, auf dem Kopf stehend, in den Winkelhaken eingebracht werden. Am Anfang verwechselt Virginia häufig »n« und »h« – ein üblicher Fehler, wie die Broschüre erläutert. Unerlässlich ist es, dass jede Zeile mit den Rändern abschließt. Die fertigen Zeilen werden auf das Satzschiff geschoben, und der Winkelhaken wird sodann erneut gefüllt. Das wiederholt Virginia so lange, bis eine ganze Seite gesetzt ist. Dann geht es daran, den Satz fest zu komprimieren, damit nichts herausfällt, wenn man ihn zur Druckmaschine hinüberträgt. An dieser Stelle übernimmt Leonard. Seine Aufgabe ist es jetzt, die gesetzte Seite im Schließrahmen anzubringen und dabei plan zuzurichten, damit ein gleichmäßiges Druckbild entsteht. Am Anfang reichen die gekauften Lettern nur aus, um maximal zwei Seiten gleichzeitig zu drucken. Man glaubt förmlich, Leonards Flüche zu hören, als das Ergebnis anfangs den ästhetischen Ansprüchen beider so gar nicht entspricht. Die Hände sind dauernd voller Druckerschwärze, spätestens dann, wenn die verschmierten Lettern wieder in den Kasten zurückbefördert werden, damit die nächsten beiden Seiten gesetzt werden können. Sind alle Seiten gedruckt, müssen sie noch gefalzt, zusammengetragen und mit Einbandpapier verklebt oder vernäht werden. Gut, dass Virginia in jungen Jahren einen Monat lang zumindest die Anfangsgründe des Buchbindens erlernt hat.

Allerdings: Das Ehepaar Woolf druckt nur nachmittags. Die gesamte Hogarth Press, wie sie ihren Verlag nennen werden, der sich aus dieser Tätigkeit entwickelt, ist eine Nachmittagsbeschäftigung für Schriftsteller. Der Vormittag gehört den beruflichen Haupttätigkeiten, bei Virginia ist dies die Arbeit an dem gerade entstehenden Roman – dieser kräftezehrenden Anstrengung, dem Innenleben eine literarische Form zu geben, wie sie es selbst nennt. Leonard Woolf berichtet, er habe »nie wieder jemanden mit so angespannter und unermüdlicher Konzentration arbeiten sehen« wie seine Frau. Diese völlige Absorption und die damit verbundene Anstrengung betrachtet er mit als Auslöser für die Phasen seelischer Krankheit, in denen sie zum Teil völlig die Kontrolle über sich selbst verliert, von Wahnvorstellungen geplagt wird oder über Wochen hin in dumpfe Melancholie versinkt. Auf sein Anraten hin gewöhnt sie sich an, regelmäßig in einen Erholungsgang zurückzuschalten. Nach einer Phase intensiven Romanschreibens verfasst sie dann Buchkritiken und Feuilletons, die ihr leichter von der Hand gehen und zudem den hübschen Nebeneffekt haben, verlässlich Geld einzubringen. Und die Nachmittage sind nun gefüllt mit einer handwerklichen Beschäftigung, die die ganze Aufmerksamkeit in Anspruch nimmt, aber von der Überanspannung der literarischen Arbeit ablenkt: der Schwarzen Kunst des Druckens und Verlegens.

»Adeline Virginia Stephen, die zweite Tochter von Leslie und Julia Stephen, geboren am 25. Januar 1882, entstammt einer langen Reihe von Vorfahren, einige berühmt, andere unbekannt; hineingeboren in eine große Familie, nicht von reichen, aber wohlhabenden Eltern; hineingeboren in eine redselige, belesene, Briefe schreibende, Besuche abstattende, sprachgewandte Welt des ausgehenden 19. Jahrhunderts.« So hat sie ihre Herkunft selbst beschrieben, ein wenig konventionell vielleicht, aber durchaus zutreffend. Virginia hatte drei Geschwister: Thoby und Vanessa waren älter, Adrian jünger als sie. Dazu kamen vier Halbgeschwister: George, Stella und Gerald Duckworth, aus der ersten Ehe ihrer Mutter Julia Jackson, sowie Laura, die geistig zurückgebliebene Tochter aus Leslie Stephens erster Ehe mit Minnie Thackeray, einer Tochter des berühmten Romanciers. George war vierzehn, Stella dreizehn, Gerald zwölf Jahre älter als Virginia, ebenso wie Laura, aber die ignorierte man gern, sie galt als verrückt – ein leibhaftiges Menetekel für die von Kindesbeinen an nervöse, empfindliche und reizbare Virginia. Der Vater Leslie Stephen war ein großer Gelehrter, Biograph und Schriftsteller der Viktorianischen Epoche, der Nachfolger von Alfred Tennyson als Präsident der London Library. Die Mutter war Muse und Modell der Präraffaeliten, ein Madonnen-Typus, dabei aber weltzugewandt, lebenstüchtig und pragmatisch.

Im Haus der Familie am Hyde Park Gate in Kensington gab sich die künstlerische Elite der Zeit die Klinke in die Hand: Mary Anne Evans, die sich als Schriftstellerin George Eliot nannte, war genauso darunter wie der Journalist und Schriftsteller George Meredith, der Dichter Robert Browning, der seine leidenschaftlich geliebte Frau, die Dichterin Elizabeth Barrett Browning, bereits 1861 verloren hatte, der Amerikaner Henry James, den viele für den größten Romancier der zweiten Hälfte des 19. Jahrhunderts halten, der bereits erwähnte Dichter Tennyson, Thomas Hardy, der Autor von *Tess von den d'Urbervilles*, der viktorianische Maler und Bildhauer George Frederic Watts, die Präraffaeliten Edward Burne-Jones und William Holman Hunt, um nur einige zu nennen. Und natürlich kamen zum Tee auch die weitläufige Familie, die Cousinen und Tanten, die Nachbarn und die gewöhnlichen Freunde der Familie, respektable Vertreter des Mittelstandes, nicht wenige davon in hoher Stellung oder mit Leuten in hoher Stellung verwandt. Früh übten sich insbesondere die beiden Mädchen in der Kunst zu gefallen, die richtigen Leute zusammenzubringen, Konversation zu machen. Sie taten es und hassten es.

Als Virginia neun Jahre alt war, starteten ihre älteren Geschwister Thoby und Vanessa die *Hyde Park Gate News,* die in einem gnadenlos spöttischen Ton abgefasste Bekanntmachungen und Geschichten aus dem Familienleben enthielten und deren Hauptautorin mit der Zeit Virginia wurde. Gegenstand von Scherz, Satire, Ironie, zuweilen mit tieferer Bedeutung, waren natürlich die vielen Besucher, zum überwiegenden Teil im fortgeschrittenen Alter, die auf die Kinderschar einen lächerlichen Eindruck machten: etwa »General Beadle, der Sachen von sich gibt wie ›es war fast zu heiß, als dass hemmungsloses Transpirieren genussvoll gewesen wäre««. Vom kindlichen Übermut und Spott nicht verschont blieb aber auch alles, was den Erwachsenen heilig war: von romantischen Liebeserklärungen, den Beziehungen zwischen den Eheleuten bis hin zu elterlicher Zärtlichkeit und Mutter-

*Leslie Stephen, Virginias Vater, liebte dieses Foto. »Wenn ich bestimmte kleine Fotografien betrachte – eine, auf welcher ich gerade lese an ihrer [Julias] Seite in St. Ives mit Virginia im Hintergrund, ist es mir, als sähe ich leibhaftig die Liebe, die heilige und zärtliche Liebe, die durch jene erlesenen Lippen atmet...«*

*1897, zwei Jahre nach dem Tod seiner Frau Julia, fügte Leslie Stephen dieser Erinnerung ein Postskript an: »Virginia ist verstimmt gewesen, nervös und wuchs auch zu rasch; ich hoffe, dass eine Verschnaufpause sie wiederherstellen wird.« Sie »verschlingt Bücher, beinahe schneller als es mir recht ist«.*

gefühlen. Da wird in einer Fortsetzungsgeschichte ein Heiratsantrag im Affenhaus im Zoo gemacht, die Geliebte wird mit einem Roastbeef verglichen, ein Liebhaber wird abserviert: »Deine Liebesbriefe kannst Du nicht zurückbekommen, weil ich sie nicht aufgehoben habe. Ich retourniere daher die Briefmarken, die Du geschickt hast.« Virginia vergleicht die Mutter, die über den kranken Bruder besorgt ist, mit einem »kreisenden Geier über dem sterbenden Ross«; für die Weihnachtsausgabe steuert sie eine Gespenstergeschichte bei, in der ein junger Mann von einem unter dem Bett versteckten Skelett ermordet wird. Hier findet sich der Ursprung jener unbändigen Lust am boshaften Klatsch, am gnadenlosen Aufspießen der lächerlichen Seiten von Situationen und Menschen, wie er insbesondere in den satirischen Miniaturen von Virginia Woolfs Briefen immer wieder aufblitzt. Es ist die Kehrseite ihrer lebenslangen Schüchternheit und ihrer pathologischen Angst vor Kritik.

Es gibt ein Foto aus dieser Zeit, das die zehnjährige Virginia zusammen mit ihren Eltern zeigt – ein rührendes Paar, das Seite an Seite sitzt, beide in ihre Lektüre vertieft. Die Tochter hält sich im Hintergrund, im Schutz des Sofas und der Bücher an der Wand. Von dort aus schaut sie mit festem Blick in die Kamera, in einer eigentümlichen Mischung aus Gedankenversunkenheit und Geistesgegenwart, mit einem zugleich hellwachen, schwermütigen und schelmischen Gesichtsausdruck. Das Familienidyll, wenn es denn eines war, sollte nicht lange bestehen bleiben: 1895 starb erst Virginias Mutter, zwei Jahre später auch die Halbschwester Stella, die nach Julia Stephens Tod das Regiment im Haus übernommen hatte. Der Vater verfiel in eine anhaltende Depression, und nachdem die Schwester Vanessa sich mit ihm zerstritten hatte, wurde

Virginia zur wichtigsten Kontaktperson ihres Vaters, der 1904 nach langer Krankheit starb. Henry James sprach zu dieser Zeit von 22 Hyde Park Gate als von jenem »Haus mit all den Toten«.

Es ist viel über die Nervenzusammenbrüche gerätselt und geschrieben worden, die Virginia Woolf seit ihrer frühen Jugend heimsuchten. Gewöhnlich führt man sie auf die Belästigungen der beiden Halbbrüder George und Gerald zurück, die sie in sexueller Hinsicht traumatisierten. Ein Zusammenhang ist kaum von der Hand zu weisen. Andererseits fällt auf, dass die erste Attacke sich nach dem Tod der Mutter, eine zweite nach dem genauso unfassbaren Tod Stellas und die dritte schließlich im Anschluss an den Tod des Vaters ereignete. Sodass man auch mutmaßen könnte, es sei der Einbruch des Todes in den behüteten Schutzraum der Familie gewesen, der die hochsensible Virginia so stark erschütterte, dass ihre ererbte Disposition zur Depression ausbrach. Auf Virginia übte alles, was mit dem Tod zu tun hatte, eine frühe, ambivalente Faszination aus. Auch das Glück ihrer Eltern beruhte ja darauf, dass deren ersten Ehepartner verstorben waren. Eines der frühesten schriftlichen Zeugnisse der Tochter, ein undatierter Brief an die Mutter, entstanden beim Besuch einer Verwandten, spricht von der katastrophalen Gewalt des Todes – ein grausames Märchen des Industriezeitalters, übermittelt aus Kindermund: »Mrs Prinsep sagt, dass sie nur in einem langsamen Zug fährt weil sie sagt dass die schnellen Züge alle Unfälle haben und sie hat uns von einem alten Mann von 70 erzählt der mit den Beinen in den Rädern von dem Zug hängengeblieben ist und der Zug ist losgefahren und hat den alten Herrn mitgeschleift bis der Zug Feuer gefangen hat und er hat geschrien jemand soll seine Beine abschneiden aber niemand ist gekommen er ist verbrannt. Auf Wiedersehen Deine Dich liebende Virginia.«

Als am 20. November 1906 auch noch Thoby an Typhus stirbt, bestreitet sie in ihren Briefen an die mütterliche Freundin Violet Dickinson, die gerade an derselben lebensbedrohlichen Krankheit leidet, seinen Tod systematisch. »Es ist eine langwierige Geschichte, aber es gibt keinen Grund zur Besorgnis«, schreibt sie ihr – da ist Thoby gerade vor ein paar Stunden gestorben. Dieses Mal bleibt der Nervenzusammenbruch aus – vielleicht, weil sie, vorgeblich aus Sorge um den Zustand der Freundin, zum Leugnen greift? Vor den Zumutungen des Todes rettet sie sich in die Fiktion.

Bücher sind von jeher Virginias Zuflucht. »Ich möchte lesen, bis ich schwarz werde«, erklärt sie. Fühlt sie sich bei einem Fest fehl am Platz, kann es passieren, dass sie sich in eine dunkle Ecke zurückzieht und dort in ein Buch vertieft. Da die Nachmittage und Abende der jungen Frau voller gesellschaftlicher Verpflichtungen sind, bleiben nur die Vormittage, wo man die große Welt ignorieren und den eigenen Interessen nachgehen kann. Ihre Schwester, die spätere Malerin Vanessa Bell, fährt morgens mit dem Rad in eine Kunstschule zum Zeichenunterricht. Virginia verschwindet nach dem Frühstück in die Klause ihres Jugendzimmers, um zu lesen und sich zu bilden. Der Tisch, an dem sie studiert, ist so hoch, dass sie gezwungen ist zu stehen, während sie sich über die Bücher beugt. Virginia weiß von Vanessa, dass Maler im Stehen arbeiten, und die jüngere Schwester will der älteren an Ernsthaftigkeit in nichts nachstehen, selbst wenn sie ihre Studien zu Hause betreibt. Anfangs sucht noch der Vater aus seiner Bibliothek die Bücher zusammen, deren Lektüre er seiner Tochter empfiehlt; seit sie fünfzehn oder sechzehn ist, trifft sie die Wahl selbst. Doch nach wie vor hält sie sich an die Maxime Leslie Stephens, dass ein Buch wirklich und wahrhaftig zu lesen bedeutet, für diese Zeit die eigene Persönlichkeit abzulegen und ein Teil des Autors zu werden.

Das Curriculum, das sie sich verordnet hat, lautet, vereinfacht gesagt, Weltliteratur – von der Antike bis zur Gegenwart mit dem Schwerpunkt auf englischen Schriftstellern. Manchmal liest Virginia bis zu vier Bücher gleichzeitig. Neben den Vormittagsbüchern, die sie zwischen zehn und eins studiert, gibt es die Bücher fürs Abendessen und für ungewöhnliche Augenblicke, sogar solche, die für jene leere Zeit bestimmt sind, in der ihr vom Mädchen die Haare hochgesteckt werden. Auch zu Bett begibt sie sich natürlich nicht ohne Lesestoff, obwohl das eigentlich nicht gerne gesehen ist. Wenn sie jemanden kommen hört, versteckt sie das Buch schnell. Doch diese Heimlichkeit gehört mit zum Vergnügen, das die Bücher für die Nacht bereiten.

Neben Romanen gilt Virginias Vorliebe schon bald Essays und Biographien. Sie belegt Privatstunden in Latein und Griechisch, auch um irgendwie Schritt zu halten mit Thoby, der erst das Clifton College in Bristol und ab 1899 das Trinity College der Universität Cambridge besucht. Insbesondere die Mutter, die über die Rolle der Frau sehr traditionell denkt, hat keine Notwendigkeit darin gesehen, die beiden Töchter auf eine Schule zu schicken. Jedes Jahr im Frühsommer legt Virginia sich die Bücher zurecht, die sie in die langen Sommerferien mitnehmen will. 1903 sind das die Werke von Euripides, Dante, Shakespeare, Edmund Burke sowie historische Bücher – Lektüren einer Bildungshungrigen. Anders als ihre Brüder geht Virginia nicht auf die Universität – die standesgemäßen Hochschulen nehmen erst Jahrzehnte später

Frauen auf; Oxford gibt Frauen erst 1920, Cambridge sogar erst 1948 die Möglichkeit zu einem Abschluss. Beide sind seinerzeit für ihre geradezu aggressive Frauenfeindlichkeit bekannt. In *Ein eigenes Zimmer* aus dem Jahr 1929, einem der meistzitierten Bücher der Frauenbewegung, nennt Virginia das gesellschaftliche Syndrom, das Frauen von höherer Bildung fernhält und auf bestimmte »weibliche« Rollen festlegt, in Zusammenziehung der beiden Namen der Traditionsuniversitäten »Oxbridge«: Ochsenbrücke.

Virginia trägt schwer an dem Gefälle zwischen sich und dem Bruder, den sie im geselligen Kreis intellektueller Studienfreunde weiß, während sie sich alles mühsam und allein aus Büchern zusammenklaubt. »Kein Wunder, dass mein Wissen dürftig ist. Es gibt gewiss keinen besseren Lehrmeister als das Gespräch«, schreibt sie an den Bruder in einer Mischung aus Eifersucht und Resignation. Man hat zwar gemutmaßt, dass der Mangel an universitärer Ausbildung die überschäumende Phantasie der späteren Schriftstellerin davor bewahrt habe, von akademischer Disziplin reglementiert und womöglich ausgetrocknet zu werden, aber Virginia Woolf empfindet es zeitlebens als ein Stigma, nur mangelhaft gebildet zu sein. »Welches Recht habe ich, eine Frau, alle diese Sachen zu lesen, die Männer gemacht haben?«, fragt sich die gut Zwanzigjährige in einem ihrer vielen Anflüge von Selbstzweifeln. Und fügt hinzu: »Sie würden lachen, wenn sie mich sähen.« Die Angst, sich auf ein von Männern besetztes Terrain vorzuwagen, wo sie als Frau nichts zu suchen hat und sich womöglich blamiert, kehrt regelmäßig wieder. Zu dem Zeitpunkt, als sie diese Sätze in ihr Tagebuch schreibt, wird diese Selbstunsicherheit noch von dem Schuldgefühl verstärkt, zu sehr den eigenen Interessen nachzugeben und sich nicht genügend um den todkranken Vater zu kümmern. Ein Jahr später ist Leslie Stephen tot, und Virginia erleidet zum dritten Mal in ihrem Leben einen Nervenzusammenbruch.

Als sie wieder einigermaßen stabilisiert ist, beginnt für sie und, wie sie später mutmaßt, für die Menschen insgesamt eine neue Epoche. Vorderhand hört das Neue auf den Namen Bloomsbury, jenen Stadtteil Londons rund um das British Museum, in dem die Stephen-Kinder nach dem Tod des Vaters ein Haus beziehen. Sie wollen nicht nur näher am Stadtzentrum wohnen, sie wollen ein neues Leben beginnen. Die gedämpfte Stille und das rote Halbdunkel des Familiensitzes, wo man bis zum Ersticken umhüllt war mit Vergangenheit, lassen sie hinter sich. Roter Plüsch und schwarzer Lack weichen grünem und weißem Chintz; die Wände sind nicht länger mit schweren Tapeten bezogen, sondern in Weiß gehalten. In Bloomsbury kommen Thoby, Vanessa, Virginia und Adrian Stephen in der Gegenwart an und stellen fest, dass die Zukunft offen ist. »Wir waren voll der Experimente und Reformen«, schreibt Virginia im Nachhinein. »Alles würde neu sein; alles würde anders sein. Alles würde ausprobiert werden.«

Von Kensington aus gesehen war Bloomsbury kein gutes Viertel: mit für damalige Verhältnisse geradezu tosendem Autoverkehr und seltsamen Gestalten, die an den Fenstern vorbeischlichen. Die Gegend war in den letzten Jahrzehnten etwas heruntergekommen; die Nähe zur Fleet Street, in der die Zeitungsverlage saßen, und zum British Museum mit seinem großen Lesesaal, aber auch die billigen Mieten hatten Künstler, Schriftsteller und Studenten angelockt. »Als unsere alten Familienfreunde und Verwandten die schwierige Reise nach Bloomsbury unternahmen, warfen sie die Köpfe hoch und schnüffelten in der Luft herum«, schreibt Virginia im Rückblick. »Da war etwas in der Atmosphäre, etwas, das nicht mit den alten Familientraditionen in Einklang zu bringen war.«

Und nicht nur mit den Familientraditionen, auch mit Tradition generell. Virginia beschreibt die neue Atmosphäre als »bis ins Extrem abstrakt« und empfindet das zumindest anfangs als positiv. In das neue Haus fielen bald die »Apostel« ein – so nannte sich eine auserwählte Gruppe von Studienfreunden Thobys in Cambridge, allesamt gelehrige Schüler des charismatischen Philosophen George Edward Moore. Von ihm übernahmen sie insbesondere den Grundsatz, dass »persönliche Zuneigungen und ästhetische Freuden alle größten, und zwar bei weitem größten Güter mit sich bringen, die wir uns vorstellen können«. Thoby selbst war kein Apostel, aber als sie einen Treffpunkt in London suchten, gewissermaßen einen Außenposten der Cambridge Society, bot sich die neue Bleibe der Stephen-Kinder an. So kam es zu den berühmten Donnerstagabenden, zu denen man sich nicht umzog, wo keine Konversation betrieben wurde, wo die »ganze gewaltige Last der äußeren Erscheinung und des Benehmens« von einem abfallen konnte, weil sie einfach nichts mehr galt. Worauf es stattdessen ankam, waren Sachargumente, intellektuelle Brillanz, geistreiche Bemerkungen, eine Virginia bislang unbekannte Verbindung von Leidenschaft, Geistesgegenwart und Authentizität.

Berauschend war für sie und ihre Schwester, von diesen philosophisch gebildeten Intellektuellen ernst genommen und auf Augenhöhe betrachtet zu werden, ungeachtet des Umstands, dass sie als Frauen nicht studiert hatten – einfach deshalb, weil sie sich ihres eigenen Verstandes bedienten und belesen waren. Das meint Virginia, wenn sie im Rückblick sagt, dass Liebe und Heirat hier keine Rolle spielten (worin sie übrigens irrte, nur stand das nicht derart im Vordergrund wie in den traditionellen Kreisen, aus denen sie kam). Thobys Freunde waren jedenfalls andere Männer als jene, die sie bislang gekannt hatte. Virginia beschreibt sie als »schäbig«, »bar jeder körperlichen Attraktivität« und zielt damit wieder auf etwas in ihren Augen Positives, nämlich ihre Intellektualität: Das waren nicht jene auf gutes Benehmen, Aussehen und beruflichen Erfolg dressierten Lackaffen, unter denen sie sich bislang »junge Männer« vorgestellt hatte. Henry James hingegen, der den einen oder anderen dieser intellektuellen Bohemiens kannte, schüttelte den Kopf (obwohl er ihnen in seinen Ansichten durchaus nahestand): »Beklagenswert! Beklagenswert! Wie konnten Vanessa und Virginia sich nur solche Freunde zulegen? Wie konnten Leslies Töchter sich nur mit solchen jungen Männern einlassen?«

Auf die mittlerweile zweiundzwanzigjährige Virginia wirkt sich die neue Atmosphäre jedenfalls beflügelnd aus. Sie beginnt wieder zu schreiben. Ende 1904 erscheint ihre erste Veröffentlichung, eine anonyme Buchbesprechung in einer Frauenbeilage. Im Jahr darauf schreibt sie schon für das *Times Literary Supplement*. Am Morley College, einer Abendschule für Berufstätige, unternimmt sie erste zaghafte Versuche in freier Rede und unterrichtet Geschichte und Aufsatz. Auch die Arbeit an ihrem ersten Roman *Melymbrosia*, aus dem sich später *Die Fahrt hinaus* entwickeln sollte, macht Fortschritte.

Doch irgendwann stellt sie fest, dass etwas nicht stimmt mit der Atmosphäre von Bloomsbury. Trotz anregender Diskussionen, hochtrabender Themen und Freundschaften fühlt sich Virginia seit einiger Zeit »unglaublich gelangweilt«. Sie braucht etwas, bis sie darauf kommt, was es ist. Doch dann fällt es ihr wie Schuppen von den Augen. Die meisten der Bloomsbury-Männer sind schwul, »Sodomiten«, wie man damals Homosexuelle nannte. Zwar hat deren Gesellschaft, so reflektiert Virginia, viele Vorteile, wenn man eine Frau ist: »Sie ist einfach, sie ist ehrlich, man fühlt sich in mancher Hinsicht in Ruhe gelassen« – kurz, man kann sich unangefochten den Dingen des Geistes widmen. Doch es fehlt etwas. Virginia nennt es »Glänzen« – mit Schwulen könne man nicht glänzen. Sofort fügt sie hinzu, sie meine nicht »kopulieren« – auch so ein Wort, das aus der Mode geraten ist –, also Bettgeschichten. Doch darauf ist sie gar nicht aus. Was also fehlt?

Auch ihre schwulen Freunde entwickeln wohl ein Gespür dafür, dass »bis ins Extrem abstrakte« Diskussionen über Philosophie, Kunst und Religion auf Dauer nicht ausreichen, wenn man sich vorgenommen hat, alles anders zu machen und alles auszuprobieren, keine Grenzen und keine Tabus zu akzeptieren. Jedenfalls geht eines Abends die Tür auf, und »die lange, finstere Gestalt von Mr Lytton Strachey«, unter den schwulen Aposteln der größte Ausbund von Geist und der brillanteste dazu, steht auf der Schwelle. Er deutet mit dem Finger auf einen Fleck auf Vanessas weißem Kleid.

»Samen?«, fragt er.

»Kann man das wirklich sagen?«, denkt Virginia. Die Anwesenden brechen in Gelächter aus. Der Bann ist gebrochen. Virginia schreibt:

*Mit diesem einen Wort fielen alle Schranken der Zurückhaltung und der Reserviertheit. Ein Schwall der geheiligten Flüssigkeit schien über uns hinwegzuschwappen. Sex ergoss sich über unsere Gespräche. Das Wort Arschficker kam leicht über unsere Lippen. Wir diskutierten mit derselben*

*Aufgeregtheit und Offenheit über Kopulation, mit der wir über das Wesen des Guten diskutiert hatten. Wo alle intellektuellen Fragen so frei diskutiert worden waren, war Sex völlig ignoriert worden. Jetzt ergoss sich eine Flut von Licht auch über diesen Bereich. Jetzt redeten wir über nichts anderes. Wir lauschten mit hingerissenem Interesse den Liebesaffären von Arschfickern.*

Virginia Woolf nennt dieses Ereignis eine völlige Veränderung der Sicht auf das Leben, ja, einen »großen zivilisatorischen Fortschritt«. Wir mögen das heute belächeln, aber das kann damit zu tun haben, dass wir uns keinen rechten Begriff mehr davon machen, welchen Einschränkungen das Sprechen über Sex seinerzeit ausgesetzt war und was für eine Befreiung es bedeutet, wenn die damit verbundenen Zwänge hinfällig werden. Auch Virginia Woolf gibt zu, die Lebensgeschichten von Schwulen seien »nicht unbedingt von fesselndem Interesse oder überragender Bedeutung« – jedenfalls nicht mehr als die anderer Leute. Doch »die Tatsache, dass sie offen erwähnt werden können«, gibt sie zu bedenken, »führt zu der Tatsache, dass niemand sich daran stört, wenn sie im Privaten praktiziert werden«. Das Reden sanktioniert das Tun. Dank der neuen Redseligkeit sind die sentimentalen Vorstellungen von Liebe und Ehe, mit denen sie aufgewachsen ist, auf einmal passé. Aber auch die Sitten und Gewohnheiten revolutionieren sich. Das Sprechen über Sex führt auch zu neuen Möglichkeiten von Sex. Vanessa war in derlei Dingen viel aktiver als ihre Schwester. Bei Partys konnte es passieren, dass sie schon einmal alle Hüllen fallen ließ. Sie soll sogar den Aufbau einer Gesellschaft mit sexueller Freiheit für alle vorgeschlagen haben. Ob sie allerdings, wie man munkelte, bei einer Party *coram publico* auf dem Boden des Salons mit dem schon damals als bedeutend geltenden Ökonomen John Maynard Keynes geschlafen hat, ist nicht verbürgt. Vanessa heiratete zwar unmittelbar nach dem Tod des Bruders Thoby den wohlhabenden Erben Clive Bell, auch ein Mitglied des Kreises, und das Paar bekam in rascher Abfolge zwei Kinder. Doch angestachelt durch die Untreue ihres Mannes, hatte sie bald einen Liebhaber, und später zog sie mit dem Maler Duncan Grant zusammen, von dem sie ein drittes Kind bekam, obwohl er schwul war und es fast keinen Mann im Bloomsbury-Kreis gab, mit dem er nicht ins Bett gegangen war. Unter seinen Geliebten war neben dem schon erwähnten Keynes auch Lytton Strachey, der den Samen auf Vanessas Kleid entdeckt hatte und dessen pornographische Gedichte im Kreis der Freunde kursierten, von Vanessa fein säuberlich abgetippt. Strachey, der mit seiner ironischen Biographie Königin Victorias große Erfolge feierte, lebte später mit der Malerin Dora Carrington und dem Major Ralph Partridge, der von 1920 bis 1923 für die Hogarth Press arbeitete, in einer Ménage à trois zusammen. Jede(r) der drei hatte darüber hinaus noch wechselnde Sexualpartner.

Die gegen alle Zwänge und Konventionen gerichtete Atmosphäre von Bloomsbury war nicht an den gleichnamigen Londoner Stadtteil gebunden, aus dem es die Mehrzahl der Beteiligten schon bald fortzog. Sie erwies sich als mobil und begleitete sie in die Häuser auf dem Land, die sich die Bloomsberries, wie sie sich nannten, in der schönen Hügellandschaft südlich von London und nahe dem Meer einrichteten, um dort in wechselnden Konstellationen zu leben und zu arbeiten. In Sachen Sex und Liebe haben die Stephen-Schwestern und ihr Kreis lange vor den Kommunen der 1968er Zeit in der Tat alles ausprobiert. Die meisten von ihnen waren bisexuell und machten nicht nur keinen Hehl daraus, sondern lebten ihre Doppelorientierung aus. Das traf auch für Leonard Woolf zu. »Living in Squares, loving in Triangles«, hieß es, bezogen auf den Umstand, dass ihre Londoner Wohnungen sich häufig an Plätzen befanden: Gordon Square, Bedford Square, Tavistock Square, Fitzroy Square, Mecklenburgh Square. Auseinandersetzungen blieben, kaum verwunderlich, nicht aus, nie aber kam es zu endgültigen Verwerfungen. Die Bloomsberries experimentierten mit ihrer Sexualität, ohne dabei ihre Existenz als Schöngeister aufzugeben und die Gewohnheiten von Polit-Prolos und die Denkweise von Ideologen anzunehmen. Von Clive Bell stammt der Satz: »We are not going to be divorced – we reorganize« – Bloomsberries lassen sich nicht scheiden, sie organisieren sich um. Die Mitglieder bewegten sich zwar in einem engen Raster, konstellierten sich aber immer wieder neu. Das ging so weit, dass der Geliebte von Duncan Grant irgendwann dessen Tochter ehelichte, die er gemeinsam mit Vanessa Bell hatte.

Über diese persönlichen Bindungen hinaus ist Bloomsbury vor allem der Name für einen radikalen Strich unter das 19. Jahrhundert: für ein neues Sehen, Fühlen und Denken, das von der Kunst und der Literatur ausging, die den Beteiligten zum Schlüssel zu einer neuen, ungezwungenen und unabhängigen Lebensweise wurde. Virginia Woolf wird das später auf die Formel bringen, »dass ungefähr im Dezember 1910 der menschliche Charakter sich veränderte«. Zu diesem Zeitpunkt fand – noch vor der Sonderbund-Ausstellung 1912 in Köln und der legendären Armory-Show 1913 in New York – in London eine Ausstellung mit moderner Kunst statt. Gezeigt wurden Gemälde von Monet, Manet, Cézanne, van Gogh, Gauguin, Maurice Denis, André Derain, Odilon

Redon, Georges Rouault, Félix Vallotton, Maurice de Vla-
minck, Picasso und Matisse, vom Letzteren auch acht Skulptu-
ren. Keines der Bilder, auch die älteren unter ihnen, war zuvor
in England zu sehen gewesen. Die von der Schau ausgelösten
Wellen der Empörung waren genauso gewaltig wie die Wogen
der Begeisterung, die sie entfachte. Beide prallten aufeinander
und verursachten ein gehöriges Getöse in den Feuilletons
und den Salons. Während die kultivierten Bürger, die ihren
Geschmack an der Kunst des 19. Jahrhunderts geschult hatten,
über die niederträchtige Leugnung alles dessen zeterten, was
in der Vergangenheit großartig und ihnen heilig war, sahen
die Bloomsberries und die anderen Bohemiens durch die
Ausstellung gerade jene Mischung aus Bequemlichkeit und
Verlogenheit zerstört, auf die sich ihrer Meinung nach die zu
Ende gehende Epoche stützte.

Roger Fry, der Kurator der Schau, hatte zuvor am Museum
for Modern Art in New York gearbeitet. Nach seiner Ankunft
in London stieß er rasch zum Kreis der Stephen-Schwestern,
wurde zu Vanessas Liebhaber und Virginias entscheidendem
Gesprächspartner in ästhetischen Fragen. Er war es auch, der
der Ausstellung das Label »Postimpressionismus« anheftete –
die erste einer Reihe von Begriffsbildungen mit der Auf-
taktsilbe Post-, wie wir sie besonders aus dem letzten Drittel
des 20. Jahrhunderts kennen: Postmoderne, Poststrukturalis-
mus, Postkolonialismus… Und wie bei Postmoderne wurde
ein ursprünglich auf die Kunst gemünzter Begriff rasch zur
Epochenbezeichnung und zum Ausdruck eines Lebensgefühls.
»Donnerwetter, Roger«, meinte Virginia: »Wir, im postimpres-
sionistischen Zeitalter!«

Als postimpressionistisch galt bald alles, was von dem
Bedürfnis geprägt war, gegen die alten, unzeitgemäßen For-

men zu rebellieren und neuen Idealen zu folgen. Postimpressionistisch nannte die Presse etwa auch die Suffragetten, die für das Frauenwahlrecht eintraten. Nahegelegt wurde diese Übertragung des Etiketts auch durch eine Koinzidenz der Ereignisse. Am 8. November 1910 wurde die Postimpressionisten-Ausstellung in den Grafton Galleries eröffnet. Am 18. November kam es vor dem britischen Unterhaus zu handgreiflichen Auseinandersetzungen, nachdem eine Gesetzesinitiative gescheitert war, deren Ziel darin bestand, die Rechte der Frauen auszuweiten. An die hundert bewaffnete Frauen wurden verhaftet, was eine Welle der Gewalt in Gang setzte: Fensterscheiben gingen zu Bruch, Bomben explodierten, und es wurde Feuer gelegt. Die Bloomsberries mischten da nicht mit, waren aber Sympathisanten. Im Februar 1910 hatte sich Virginia Woolf immerhin am Wahlkampf der Suffragetten beteiligt, vor allem indem sie Adressen schrieb.

Ganz so abwegig aber war es in der Tat nicht, die neue Kunst und die Frauenbewegung in einem Atemzug zu nennen. Auch wenn die unter dem Label Postimpressionismus ausgestellten Maler ausschließlich Männer waren, standen ihre Bilder nicht nur für eine neue Malweise, sondern auch für eine veränderte Wahrnehmung der Frau. Der Schock des Neuen hatte beide Male mit der sexuellen Identität zu tun: Die Suffragetten galten ihren Gegnern nicht als Frauen, sondern als »kreischende Schwesternschaft« und die von Manet, Picasso und Matisse gemalten Frauen ihren Kritikern als eine pathologische Erniedrigung weiblicher Schönheit.

Bloomsbury ist so auch der Name für einen radikalen Strich unter das 19. Jahrhundert in Sachen Rolle der Frau. Ein guter Zeuge dafür ist Leonard Woolf, den Virginia 1912 heiratete. Kennengelernt hatten sich die beiden schon in seiner Cambridger Zeit, als die Stephen-Schwestern 1901 ihren Bruder Thoby dort besuchten – begleitet von einer Anstandsdame, wie es sich seinerzeit schickte. Schon damals zeigte er sich von ihrer Schönheit beeindruckt. Drei Jahre später sah er Vanessa und Virginia wieder, nachdem sie gerade nach Bloomsbury gezogen waren. Da befand sich Leonard Woolf jedoch auf dem Sprung nach Ceylon. Äußerst mittelmäßige Examensnoten veranlassten ihn dazu, das berufliche Heil als Kolonialbeamter zu suchen. Als er 1911 zurückkehrt, findet er die Bloomsbury-Welt völlig verändert vor. Man redet einander mit Vornamen an – vorher ein Ding der Unmöglichkeit. Man diskutiert bestimmte Themen und nennt sexuelle Dinge beim Namen, was in Gegenwart von Frauen sieben Jahre zuvor unvorstellbar gewesen wäre. »Am Gordon Square im Juli 1911 war das Neue und Erregende für mich, dass das Gefühl von Vertrautheit und vollständiger Denk- und Redefreiheit viel umfassender war als in Cambridge vor sieben Jahren und dass es vor allem Frauen einschloss.« Bloomsbury war einer der ersten Literaten- und Künstlerzirkel, die mit dem Vorurteil aufräumten, dass Frauen Männern hinsichtlich ihrer intellektuellen und schöpferischen Potenz unterlegen sind. Von den sieben Frauen, die man zum erweiterten Bloomsbury-Kreis zählen kann, waren zwei Malerinnen (Vanessa Bell und Dora Carrington), drei Schriftstellerinnen (Virginia Woolf, Vita Sackville-West und Mary McCarthy), eine Buchhändlerin mit Philosophiestudium (Frances Partridge), eine Balletttänzerin (Lydia Lopokova bei den berühmten Ballets Russes) und eine Mäzenin aus dem Adel (Ottoline Morrell). Darüber hinaus war Bloomsbury auch dadurch einzigartig, dass sich die Frauen die gleiche Freiheit in sexuellen Dingen herausnahmen wie die Männer. Beides hatte mit der großen Zahl

Homosexueller in diesem Kreis zu tun, die bei den Frauen gleichsam die Freundinnenstelle vertraten. Ihre unpatriarchalische Lebenseinstellung und die Vorurteilsfreiheit, die sie Frauen und Künstlerinnen gegenüber an den Tag legten, flößten Vanessa und Virginia mehr Selbstvertrauen ein als die Suffragettenbewegung, deren Militanz und Fanatismus sie eher abstießen. Der Feminismus hat viele Ursprünge; einer davon ist auch die Gemeinschaft von Frauen und homosexuellen Männern. Blickt man auf andere avantgardistische Gruppen dieser Zeit, etwa die deutschen Expressionisten, so trifft man wohl auf eine künstlerische Freiheit und auch eine Freizügigkeit in sexuellen Dingen, die Bloomsbury zumindest ebenbürtig war, aber es blieb doch die Freiheit von Männern, in deren Selbstverständnis Frauen lediglich die Rollen von Muse, Modell und Mätresse zukamen. Sie waren letztlich immer noch dazu da, die künstlerische und die sexuelle Potenz des Mannes gleichermaßen zu stimulieren. Der Kontrast macht zudem auf einen weiteren, entscheidenden Punkt aufmerksam: Künstlerische und sexuelle Freiheit entwickeln sich Hand in Hand – bei Frauen nicht anders als bei Männern.

Leonard Woolf ging nicht nach Ceylon zurück, wie es ursprünglich sein Plan war, sondern er und Virginia heirateten. Wie seine Erinnerungen überliefern, wurde ihre letztlich glückliche Ehe durch alles Mögliche zusammengehalten – die tiefe Sympathie der beiden füreinander, ihr nicht abreißen wollendes Gespräch miteinander, ihre Liebe zu Büchern, zur Literatur, zur Kunst, in gewisser Weise auch Virginias Krankheit und nicht zuletzt das gemeinsame Drucken und Verlegen – kaum aber durch den Sex. Leonard war wohl ein Mann, an dessen Seite Virginia glänzen konnte, der in ihr aber nicht jenen Glanz entfachte, wie das Frauen wie Vita Sackville-

West oder Ethel Smyth vermochten. »Brutal«, so ihr Wort, gestand sie ihm vor der Heirat, dass er keinerlei körperliche Anziehungskraft auf sie ausübe. Über die Freundschaft mit den schwulen Aposteln war Virginia ihre eigene Vorliebe für Erotik mit Frauen bewusst geworden. Statt Kinder zu zeugen – Virginia hätte durchaus gerne welche gehabt, aber die Ärzte und Leonard hatten wegen ihrer seelischen Erkrankung Bedenken –, brachte das Ehepaar Woolf Bücher zur Welt: *libri* statt *liberi*.

Das erste Buch, das Virginia und Leonard Woolf gemeinsam drucken und verlegen, ist eine Broschur von gerade einmal zweiunddreißig Seiten Umfang. Dennoch brauchen sie für die Auflage von hundertfünfzig Exemplaren geschlagene zwei Monate, wobei ihre Tätigkeit wohlgemerkt auf die Nachmittage beschränkt ist. Leonard meint im Nachhinein, der Druck sei »ziemlich ehrenwert für zwei Leute, die sich gerade einen Monat lang im Esszimmer selbst unterrichtet hatten«. Satz, Druck und Farbverteilung seien »wirklich nicht schlecht«. Misslungen ist allerdings die Sache mit dem Registerhalten: Der Satzspiegel der Vorderseite eines Blattes deckt sich nicht mit dem seiner Rückseite. Den Stolz auf die mit eigenen Händen geleistete Arbeit mindert das keineswegs. Für den Umschlag wählen sie ein besonders ungewöhnliches Japanpapier. Die beiden haben lange danach gesucht. Auch später verwenden sie viel Zeit und Sorgfalt darauf, zum Binden ihrer Bücher besonders außergewöhnliche, manchmal auch lustige Papiere aufzutreiben. Sie sind die ersten Verleger, die das tun, und kreieren damit eine regelrechte Mode. Zuweilen lassen sie sogar marmoriertes Papier eigens von Roger Frys Tochter in Paris anfertigen.

So sah die Titelei des ersten Buches aus der Werkstatt der
beiden Eheleute aus:

Das Büchlein enthält je eine Erzählung von Leonard und Virginia – ein Signal, dass die Hogarth Press ein Gemeinschafts-
unternehmen und ein Vehikel für eigene Veröffentlichungen
ist. Leonards Geschichte trägt den Titel »Drei Juden«. Schon
das ist ein Statement, das durchaus bemerkt wird: Leonard
ist Jude, und ein gewisser frotzelnder Antisemitismus gehört
damals zum guten Ton auch im Freundeskreis der beiden
Stephen-Schwestern. (Virginia spricht von Leonard gerne
als von »meinem Juden«.) Ihre Geschichte heißt »Das Mal an
der Wand« und entsteht erst, als Leonards Text bereits fertig
gesetzt und gedruckt ist. Die Verlegerin Virginia hat in gewisser Weise eine Geschichte bei sich selbst als Autorin bestellt.
Was gibt es zu sagen über ein Mal an der Wand? Alles, lautet

die Antwort, und die Ich-Erzählerin ergeht sich in Phantasien, wie es dorthin kam. Das Mal selbst interessiert kaum (so viel sei verraten, es ist kein Samenfleck), bedeutsam ist, was der erzählende Geist damit anfangen kann.

Auch was den Absatz betrifft, ist die erste Veröffentlichung der Hogarth Press eine Erfolgsgeschichte. Binnen eines Monats verkaufen sie fast die gesamte Auflage. Penibel listet Leonard Woolf die Ausgaben und Einnahmen auf und kommt zu dem Ergebnis, dass sie mit ihrer ersten Veröffentlichung einen Gewinn in Höhe von 7 Pfund und 1 Schilling erzielten, allerdings ohne sich als Autoren Honorar zu zahlen (und auch ohne Lohnkosten für Satz und Druck zu veranschla-

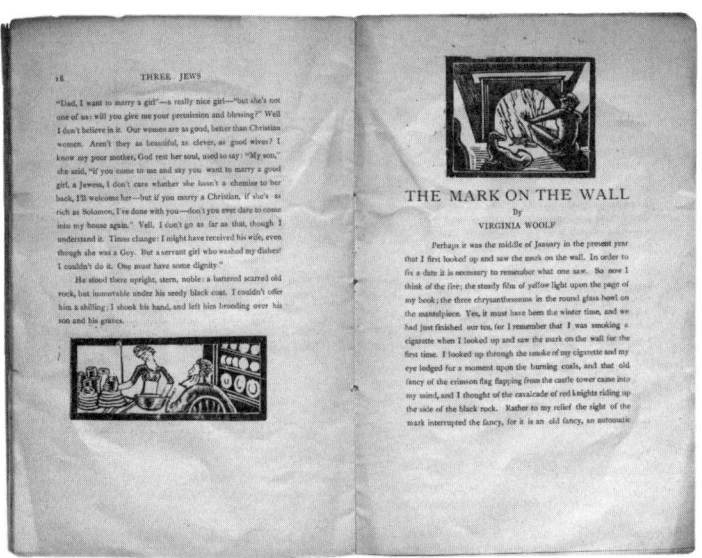

*Das erste Buch, das in der Werkstatt der Eheleute Woolf entstand, enthält zwei Erzählungen, eine von Virginia, »Das Mal an der Wand«, und »Drei Juden« von Leonard. Die Holzschnitte stammen von der Malerin Dora Carrington.*

gen). Außerdem haben sie an die neunzig Subskribenten für weitere Veröffentlichungen gewonnen, darunter allerdings nur einen Buchhändler, der Rest vor allem Freunde und Bekannte. Der Durchbruch auch in ökonomischer Hinsicht kommt für die Hogarth Press zwei Jahre später mit ihrer vierten Veröffentlichung, einem Text allein von Virginia Woolf. Von *Im Botanischen Garten* verschicken die beiden auch Rezensionsexemplare. Als sie Anfang Juni 1919 nach einer einwöchigen Abwesenheit nach Richmond zurückkommen, finden sie den Flur übersät mit »Bestellungen von Buchhändlern aus dem ganzen Land«. In ihrer Abwesenheit ist eine höchst lobende Besprechung im *Times Literary Supplement* erschienen. Da es außerhalb ihrer handwerklichen Möglichkeiten liegt, genügend Exemplare zur Befriedigung der entstandenen Nachfrage zu drucken, lassen sie eine zweite Auflage von fünfhundert Exemplaren von einem professionellen Druckereibetrieb herstellen.

Wie Leonard Woolf nicht müde wird zu betonen, liegt ein Erfolgsgeheimnis der Hogarth Press darin, dass sie bewusst klein bleiben wollen und die allgemeinen Kosten so nahe an Null halten wie möglich. So mieten sie keine separaten Büroräume an, sondern integrieren den Verlag in ihr Privathaus und in ihr Privatleben. Nach der Anschaffung einer größeren Presse wird in der Speisekammer gedruckt, die Bücher werden im Esszimmer gebunden, und mit Autoren und Druckern verhandelt wird im Wohnzimmer. Sind Manuskripte zu prüfen oder zu redigieren, so geschieht dies in den Abendstunden. Als Virginia 1923 ihre neue Freundin Vita Sackville-West zum Dinner einlädt, räumt sie ein: »Wir dinieren nicht so richtig, wir machen eher Picknick, weil die Druckmaschine in die Speisekammer und das Esszimmer eingedrungen ist ...«

Ab ihrem dritten Roman erscheinen alle wichtigen Bücher von Virginia Woolf im eigenen Verlag. Leonard Woolf hat später zuweilen behauptet, die Hogarth Press sei als Therapie für seine Frau gegründet worden. Der Stolz auf die eigene Arbeit und die Inbesitznahme der greifbaren Welt – beides Belohnungen der handwerklichen Tätigkeit – tragen in der Tat dazu bei, dass Virginias Leben in der Ehe mit Leonard Anker wirft. Ganz abgesehen davon verschafft ihr der Verlag eine ausgesprochen privilegierte Position. Er macht sie als Autorin, die keine Kompromisse mit dem Zeitgeschmack einzugehen bereit ist, weitgehend unabhängig. Vorderhand von ihrem Halbbruder Gerald, der den Verlag Duckworth gegründet hat und dem sie naheliegenderweise ihre ersten beiden Romane verlegerisch anvertraut hat. Das ist eine enorme Überwindung für sie gewesen – nicht nur wegen der sexuellen Belästigung in Kindertagen, sondern weil sie ihn für einen ausgemachten Dummkopf in literarischen Dingen hält und ihre künstlerische Leistung auf diese Weise seinem Urteil überantwortet.

Die Möglichkeit der Veröffentlichung im eigenen Verlag trägt entscheidend dazu bei, dass Virginia zu ihrer ganz eigenen literarischen Stimme findet. Gemeinsam mit ihrem Mann ermöglicht sie sich, »den anderen Weg« zu gehen, wie sie das nennt: Es soll bedeuten, dass sie sich als »die einzige Frau in England« betrachten kann, »die frei ist zu schreiben, was ich will. Die anderen müssen Programmreihen und Lektoren mitbedenken«. So steht es in ihrem Tagebuch.

Darüber hinaus verschafft ihr die mühsame, kleinteilige, aber dennoch befriedigende Arbeit des Setzens einen neuen, aufregenden Zugang zum Prozess des Schreibens. Als sie 1926 vor einer Mädchenschule einen Vortrag über das Thema »Wie sollte man ein Buch lesen?« hält, rät sie ihren Zuhörerinnen, sich ein Buch »als ein sehr gefährliches und aufregendes Spiel« vorzustellen, das von zweien gespielt wird. »Bücher werden aus winzig kleinen Wörtern gemacht, die ein Schriftsteller, oft mit großer Mühe, zu Sätzen von unterschiedlicher Länge anordnet; er setzt einen auf den anderen, lässt sie niemals aus dem Auge, baut sie mitunter sehr schnell, um sie zu anderen Zeiten voller Verzweiflung wieder umzuwerfen und ganz von vorn zu beginnen.«

Nicht nur, dass sie den Schriftsteller hier zu einer Art geistigem Schriftsetzer macht. Sie gibt ihm auch einen Partner auf Augenhöhe an die Seite – den Leser. An ihn ergeht die Einladung, sich das Buch, das er liest, nicht als einen ein für alle Mal festgelegten Gegenstand, sondern als einen Prozess ähnlich dem Schriftsetzen zu denken. »Machen Sie Ihrem Autor keine Vorschriften; versuchen Sie, er selbst zu werden. Seien Sie sein Mitarbeiter und Komplize.«

Als Virginia Woolf 1925 ihre gesammelten literarischen Essays herausbringt, gibt sie dem natürlich in der Hogarth Press erscheinenden Buch den mit Bedacht gewählten Titel *Der gewöhnliche Leser*. Die Legitimation dafür holt sie sich bei Dr. Samuel Johnson, nach Shakespeare der meistzitierte englische Autor und die Autorität schlechthin in Fragen der Literaturkritik. Johnson, ein Mann des 18. Jahrhunderts, noch vor der wissenschaftlichen Beschäftigung mit Literatur, hatte sich gefreut, »mit dem gewöhnlichen Leser in Einklang zu sein; denn von dem gesunden Menschenverstand, unverdorben durch literarische Vorurteile, muss, nach allem Raffinement an Subtilität und dem Dogmatismus der Gelehrsamkeit, letzten Endes über allen Anspruch auf literarische Ehren entschieden werden«.

*1925 gab Virginia Woolf in der Hogarth Press eine Sammlung litera-
rischer Essays heraus:* The Common Reader. *Der Einband wurde
gestaltet von Virginias Schwester Vanessa Bell.*

Das ist Wasser auf die Mühlen einer Frau, die nie eine formelle Ausbildung genossen hat, sondern deren Kenntnisse und ästhetische Maßstäbe sich durch wildes Lesen geformt haben. Der gewöhnliche Leser, so befindet sie, unterscheide sich vom Kritiker und vom Gelehrten, sprich dem Literaturwissenschaftler. Er liest zum eigenen Vergnügen und nicht, um Wissen zu vermitteln oder die Ansichten anderer zu korrigieren. Seine Absicht ist es nicht, das Gelesene irgendwie einzuordnen oder zu beurteilen. Vielmehr wird er von dem Verlangen getrieben, seine mehr oder weniger zufälligen Lektüren zu Bestandsstücken des eigenen Lebens zu machen. Sie entrücken ihn der alltäglichen Lebenswirklichkeit und lassen ihn verändert dorthin zurückkehren – womöglich mit einem neuen Blick auf das eigene Leben, das nun nicht mehr als »so und nicht anders« erscheint.

Was ist ein Buch? In Zeiten des aufkommenden E-Books ist die Auffassung verbreitet, ein Buch sei ein Trägermedium für Inhalte (Neudeutsch: Content) – punktum. Wer so argumentiert, weiß: Diese Funktion erfüllt der elektronische Konkurrent genauso, wenn nicht effizienter. Virginia Woolf hätte darin eine unzulässige Geringschätzung des Phänomens Buch gesehen, die von ihm nur noch so etwas wie das Skelett übrig lässt. Sie gehörte zu jenen Buchliebhaberinnen, für die Lesen und Schreiben stets auch sinnliche, beinahe erotische Akte waren. »Die Liebe ist so körperlich, und das Lesen auch«, schrieb sie, die mit der körperlichen Liebe zeitlebens ihre Probleme hatte, für die verzücktes Lesen und entrücktes Schreiben gleichwohl nahezu sexuelle Vorgänge waren, die sie mit Wörtern wie »Vibration«, »Sättigung« oder »Intensivierung« bedenkt.

Ein Buch hat einen Körper, den man berühren muss, um darin zu lesen. Und nicht nur das, man schlägt es auf, blättert es durch, wobei die Seiten ein knisterndes oder klackendes Geräusch machen (je nach Papierbeschaffenheit). Früher, als der Buchblock noch unbeschnitten geliefert wurde, musste man ihn aufschneiden und ließ ihn in ausgesuchte Papiere oder gar in Leder einbinden, wenn man nicht vorzog, das selbst zu tun. Ein Buch verströmt einen Geruch, nicht nur den von Einband, Papier, Druckfarbe und Kleber, sondern auch den Geruch der Zeit und all jener Orte, an denen es sachgemäß oder unsachgemäß aufbewahrt wurde. Es kann frisch und streng riechen, wenn es gerade aus der Druckerei kommt, aber auch modrig, nach feuchtem Keller. Mit der Zeit zeigt es die Spuren seiner Besitzer: Kaffee- oder Rotweinflecken, Eselsohren, Knicke, Einrisse, das Papier leicht gebräunt und stockfleckig, der Einband angestaubt, bestoßen und lichtrandig.

Das alles spricht keineswegs dagegen, dass bei einem Buch letztlich der Inhalt entscheidend ist – das, was der Autor zu sagen hat und wie er es sagt. In der Hogarth Press erschienen Originalausgaben von Katherine Mansfield, T. S. Eliot, E. M. Forster, Roger Fry, Vita Sackville-West, Robert Graves, Übersetzungen von Gorki, Tschechow, Tolstoi, seit 1924 die Veröffentlichungen der *International Psycho-analytical Library* und viele Werke von Sigmund Freud in englischer Übersetzung. Schon bald gaben Virginia und Leonard den Ehrgeiz auf, jedes Werk mit den eigenen Händen zu setzen und zu drucken, und bedienten sich vor allem bei umfangreicheren Werken der Hilfe professioneller Druckereien. Seit 1920 hatten sie auch einen Angestellten, erst einen Mann, später eine Frau, die von der Idee beseelt war, der erste weibliche Drucker zu werden. Zugleich aber schufen sie sich kleinere Reihen von literarischen Essays und politischen Pamphleten, die ihnen ermöglichten, weiterhin auch Bücher mit den eigenen Händen herzustellen.

Das »Drumherum«, vom gut lesbaren Satzbild über die Papierqualität bis hin zur Umschlaggestaltung, ausgeführt von zeitgenössischen Künstlern und Designern, hielten die Woolfs dennoch keineswegs nur für Verpackung oder gar überflüssigen Tand. Es ging nicht darum, Preziosen zu fertigen, sondern Bücher zu machen, die Hand und Auge Vergnügen bereiten und so den Inhalt beim Leser »ankommen« lassen. Bücher sind eben keine bloßen Gefäße für Gedanken, keine Konservendosen für die beste Qualität intellektueller Ernten. Ein Buch war für Virginia Woolf eine körperlich-seelisch-geistige Gesamtheit, zu der seine Stofflichkeit und Gestalt genauso gehörte wie die Stimmung, in die es seinen Leser versetzt, und der Geist, der ihn bei der Lektüre ergreift.

»Welch eine enorme Fruchtbarkeit des Vergnügens für mich in Büchern liegt«, jubelt die schon über fünfzigjährige Virginia, als sei sie noch immer der Backfisch aus viktorianischen Zeiten, in einer Tagebuchnotiz, geschrieben zu Beginn eines Sommers auf dem Land: »Ich ging hinein und fand den Tisch mit Büchern beladen. Ich habe in alle hineingesehen und hineingeschnuppert. Ich konnte nicht widerstehen, dieses mitzunehmen und anzulesen. Ich glaube, ich könnte hier glücklich leben und immerzu nur lesen.« An Ethel Smyth, die Freundin, Geliebte und Mitstreiterin in Sachen Emanzipation, schrieb sie 1934 sogar: »Manchmal denke ich, der Himmel, das muss ein einziges fortwährendes unangestrengtes Lesen sein.« Ein Himmel, den man allerdings schon auf Erden betritt, wie ihr Essay *Wie man ein Buch lesen soll?* verrät. An dessen Ende erzählt sie beinahe einen Witz. Ein einziges Mal in ihrem Werk ergreift der Allmächtige das Wort, aber nur um sich als unzuständig zu erklären. Als der liebe Gott Neuankömmlinge mit ihren Büchern unter dem Arm den Himmel betreten sieht, wendet er sich »nicht ohne gewissen Neid«, wie Virginia Woolf sagt, an Petrus: »Schau, diese da brauchen keine Belohnung. Wir haben ihnen hier nichts zu geben. Sie liebten das Lesen.«

Ein Einbrecher am helllichten Tag? Nein, es ist der
junge Komponist George Antheil, der wieder einmal
den Schlüssel zu seinem Appartement vergessen hat
und nun über das Schild des Buchladens Shakespeare
and Company in die eigene Wohnung einsteigt.
Die Dame in der Mitte, die Eigentümerin der Buchhandlung, präsentiert den Klimmzug wie eine Varieté-
nummer. Und der Herr links mit Hut, der sich im
Vorbeischlendern nach dem Spektakel umblickt – das
könnte James Joyce sein, dessen als »obszön, unzüchtig,
lasziv, nichtswürdig, anstößig und widerlich« gebrand-
marktes Jahrhundertwerk ohne den Mut der Buchhändlerin womöglich gar nicht erschienen wäre.

## 12

PARIS, 1922

*Joyce und die Frauen*

Es ist der 2. Februar 1922, ein kalter Wintertag, gerade sieben Uhr in der Frühe. Auf einem Bahnsteig der Pariser Gare de Lyon steht eine Frau Mitte dreißig, mit kurzen lockigen Haaren, in einer braunen Samtjacke, hastig eine Zigarette rauchend. Ihr Herz, so wird die Frau, eine gebürtige Amerikanerin, später schreiben, rattert wie die Dampflokomotive, die soeben langsam in den Bahnhof einfährt und die Halle mit ihrem schwefelgelben Rauch erfüllt. Der Expresszug aus Dijon ist pünktlich. Einem der Waggons entsteigt ein Schaffner mit einem Paket in der Hand und blickt sich suchend um. Die Dame rennt auf ihn zu, er übergibt ihr das zweieinhalb Kilogramm schwere Paket, sie wendet sich um und eilt aus der Bahnhofshalle hinaus auf die Straße. Dort hält sie ein Taxi an. »Rue de l'Université 9«, bittet sie den Fahrer, »linkes Ufer, rasch.« Die Dame nutzt die wenigen Minuten Fahrzeit, um das Paket zu öffnen; zum Vorschein kommen zwei druckfrische Bücher. Das strahlende Dunkelblau des Einbands erinnert an die griechische Flagge. Ein Lächeln huscht über ihr Gesicht. Geschafft.

Am Ziel angelangt, verlässt sie das Taxi, ohne auf das Wechselgeld zu warten. Der Mann, zu dem sie will, bewohnt in dem kleinen Hotel zusammen mit seiner Familie zwei möblierte Zimmer. Der Portier nickt ihr zu, sie nimmt zwei Stufen auf einmal. Auf ihr Anklopfen hin öffnet der hochgewachsene, hagere, leicht gebeugte Mann augenblicklich. Dann übergibt sie ihm schweigend eines der beiden Bücher. Der Mann trägt eine dickrandige dunkle Brille und über dem linken Auge noch zusätzlich eine große, beinahe schwarze Klappe. Dennoch ist sie sich sicher, das Funkeln in seinen Augen zu bemerken, als sein Blick über das Blau des Einbandes mit den weißen Lettern seines Namens und des Buchtitels gleitet — freudestrahlend und bebend vor Genugtuung. Ohne viele Förmlichkeiten wendet sie sich um, das Paket mit dem verbliebenen zweiten Exemplar unter dem Arm, und steigt nun etwas langsamer die Treppe hinab. Hinter ihr fällt die Tür ins Schloss.

Die Rue de l'Odéon 12, in der Sylvia Beach ihre Buchhandlung und Leihbücherei betreibt, liegt eine gute Viertelstunde zu Fuß von dem Privathotel entfernt, in dem James Joyce seit einiger Zeit lebt. Doch heute nimmt sich die Frau, die ansonsten stets in Eile ist, Zeit. Immer wieder bleibt sie stehen, wickelt das Buch aus dem Papier und beginnt dann darin zu blättern. Zeitweilig schlägt ihr Stolz in Bestürzung um: Mein Gott, die vielen Druckfehler. Doch wen wundert's eingedenk des Umstands, dass französische Setzer, des Englischen nicht mächtig, den Roman eines Iren von über siebenhundert Seiten Buchstabe für Buchstabe mit der Hand gesetzt haben. Und nicht nur das: Joyce hat die Fahnenabzüge stets wieder mit Korrekturen und vor allem mit Ergänzungen gefüllt. Gut ein Drittel des Buches ist erst in den Fahnen entstanden. Sage und schreibe sechsundzwanzig Setzer sind an der Herstellung des Buches beteiligt gewesen. Die letzten Korrekturen hat Sylvia Beach dem Drucker Maurice Darantière erst vor wenigen Tagen nach Dijon, gut dreihundert Kilometer von Paris entfernt, gebracht. Und dabei das Unmögliche verlangt: Am

2. Februar, pünktlich zu Joyce' vierzigstem Geburtstag, wolle sie dem Autor ein erstes Exemplar des lang ersehnten Buches überreichen. Darantière hat daraufhin die Hände in Verzweiflung hochgeworfen, die für ihn charakteristische Gebärde, und wie üblich keine Zusage gemacht, aber sie wusste, dass dieser Mann das Unmögliche möglich machen würde. Sie sollte recht behalten: Am Vortag kam ein Telegramm mit der Aufforderung, am nächsten Morgen in aller Frühe am Dijon-Express zu sein. Der Schaffner würde zwei Exemplare des *Ulysses* für sie mitbringen.

In ihrer Buchhandlung angelangt, legt Sylvia Beach ihr Buch sofort ins Schaufenster. Adrienne Monnier, ihre Lebensgefährtin und Ratgeberin, die La Maison des Amis des Livres, das Haus der Bücherfreunde, betreibt, die französische Buchhandlung und Leihbücherei auf der Straßenseite gegenüber, nach deren Vorbild Sylvia Beach ihren eigenen Laden Shakespeare and Company gegründet hat, Adrienne entdeckt den *Ulysses* als Erste im Schaufenster. Triumph!

Rasch verbreitet sich die Kunde, dass der Roman von Joyce erschienen sei, im gesamten literarischen und an Literatur interessierten Paris, insbesondere unter den englischsprachigen Expatriates, den zumeist aus den USA stammenden Einwanderern, die sich wie Sylvia Beach selbst die kulturelle Kapitale der Zeit als ihre neue Heimat erkoren haben.

Schon bald geben sich die Subskribenten, die Sylvia Beach für den *Ulysses* gewonnen hat, die Klinke in die Hand. Seit Monaten warten sie auf ihr Exemplar. Sie sind nicht willens, sich noch weiter vertrösten zu lassen, und sei es auch nur die acht Tage, bis die Auflage aufgebunden und in Paris angelangt ist. Schließlich nimmt Sylvia Beach das Exemplar des *Ulysses* wieder aus dem Schaufenster.

In der Rue de l'Université sitzt derweilen der Autor des Buches, das diesen ganzen Wirbel verursacht. Sechzehn Jahre lang hat er darüber nachgedacht und schließlich sieben Jahre daran geschrieben. Seine Lebensgefährtin Nora Barnacle wird das ungefragt jedem unter die Nase reiben, als sie an dem Abend mit Freunden den doppelten Geburtstag von Autor und Buch in einem italienischen Restaurant feiern. Das Exemplar, das ihm Sylvia Beach am Morgen gebracht hat, trägt die Nummer 1000. Joyce hat die Absicht, es Nora zu widmen, die er erst 1931 heiraten wird, als die beiden gemeinsamen Kinder Giorgio und Lucia schon erwachsen sind. Doch er zögert noch, als ob er schon ahnte, dass sie sein Buch nie lesen wird. Dabei spielt der *Ulysses* an dem Tag, an dem Nora und er ihre Liebesbeziehung begonnen haben: dem 16. Juni 1904. Einige Monate später wird der Schriftsteller Gilbert Seldes, der eine überschwänglich lobende Besprechung des *Ulysses* für *The Nation* verfasst hat, sie beide ins Ballett einladen, um den 16. Juni zu feiern. Als Joyce Nora die Einladung mitteilt und dabei mit Nachdruck das Datum hervorhebt, ist ihre Reaktion Unverständnis: »Warum gerade an diesem Tag?«, fragt sie. Für ihn ist das ein Affront in doppelter Hinsicht: »Weil dies der Tag ist, an dem das Buch stattgefunden haben soll«, entgegnet er wütend. Da hat er Nora das ihr gewidmete Exemplar Nr. 1000 schon überreicht – im Beisein Arthur Powers, eines jungen Iren, den er in Paris kennengelernt hat. Und was tut Nora? Sie wiegt es in der Hand und wendet sich an Arthur: »Was kriege ich dafür?« Das ist ihre Art, der Welt ihren Missmut über die finanzielle Misere mitzuteilen, in die sie samt Kindern an der Seite dieses Mannes geschlittert ist.

Das Exemplar Nr. 1 der Luxusausgabe, die erst Wochen später in Paris eintreffen wird, hat Joyce hingegen einer anderen

Frau vorbehalten: Harriett Shaw Weaver, der englischen Mäzenin und Freundin. Weaver ist Herausgeberin des Magazins *The Egoist*, das Teile des *Ulysses*-Manuskripts vorab veröffentlicht und sich damit den Protest von Druckern wie Abonnenten eingehandelt hat. Weaver war streng als Quäkerin erzogen worden, hatte sich aber von den Ideen ihrer Familie entfernt und dem Feminismus zugewandt. *The Egoist*, den sie 1914 von Dora Marsden übernommen hatte, hieß ursprünglich *The Freewoman*, dann *The New Freewoman*, bis die männlichen Redaktionsmitglieder, die mit der Zeit hinzukamen, für eine Namensänderung plädierten, um den Charakter der Zeitschrift »als Organ der Individualisten beiderlei Geschlechts« zu kennzeichnen. Unter Weavers Regie brachte *The Egoist* den ersten Roman von Joyce, *Ein Porträt des Künstlers als junger Mann*, seit 1914 in Fortsetzungen. Schon damals aber begannen die Schwierigkeiten mit Joyce. Die Londoner Verleger, darunter auch Virginia Woolfs Halbbruder George Duckworth, lehnten eine Veröffentlichung ab: Das Buch habe Längen, hässliche Dinge, hässliche Wörter würden allzu sehr überwiegen, es sei unappetitlich. Aber auch die Drucker, aufgeschreckt durch die gerichtliche Verfolgung von D. H. Lawrence, lehnten es ab, den Text in seinem gegenwärtigen Wortlaut zu drucken; wenn überhaupt, dann nur mit Auslassungen. Der Dichter Ezra Pound, der sich für Joyce über die Maßen einsetzte, entwickelte in dieser Situation den so verzweifelten wie kuriosen Vorschlag, dort, wo Textstellen ausgelassen wurden, weiße, leere Aussparungen zu machen. Mit Schreibmaschine könnten die unterschlagenen Passagen dann vervielfältigt und an den entsprechenden Stellen wieder eingeklebt werden. Wenn notwendig, so bot er Joyce an, übernehme er das selbst. Die Öffentlichkeit könne dann entscheiden, welche Buchform sie

kaufen wolle. Pound schloss sein Schreiben mit dem Ausruf:
»Der Teufel soll die Zensoren holen!«

Harriet Weaver vermittelte das *Porträt* daraufhin an B.W.
Huebsch, einen amerikanischen Verleger. Von ihm übernahm
sie später die Druckbogen für eine englische Auflage. Beim
*Ulysses*, der ab 1918 in druckfähigen Auszügen vorlag, poten-
zierten sich diese Schwierigkeiten noch. Wieder fand sich
kein Drucker. Erst Anfang 1919 erklärte sich einer bereit, ein
paar Episoden für eine Veröffentlichung im *Egoist* zu übernehmen. Harriett Shaw Weavers Ehrgeiz aber ging weiter: Sie
wollte den *Ulysses* in Buchform publiziert sehen. Im Frühjahr
1918 brachte Roger Fry Leonard und Virginia Woolf mit ihrer
Hogarth Press ins Spiel. Am 18. April kam Miss Weaver zum
Tee ins Hogarth House und brachte ein in Packpapier einge-
schlagenes Paket mit, das die fertiggestellten Teile des Manu-
skriptes enthielt. »Wir legten dies beachtliche Stück Dynamit
in die oberste Schublade einer Kommode im Wohnzimmer«,
notierte Leonard Woolf später in seiner Autobiographie. Seine
Frau Virginia konnte mit der Besucherin wenig anfangen, ja,
ihre Altjüngferlichkeit forderte geradezu ihren »weltmänni-
schen« Zorn heraus. So steht es in ihrem Tagebuch:

*Ich tat mein Bestes, sie dazu zu bewegen, sich ihrer äuße-
ren Erscheinung zum Trotz, als die Frau zu erkennen zu
geben, die sie als Herausgeberin des* Egoist *eigentlich sein
sollte, aber sie blieb unverändert bescheiden, vernünftig und
sittsam. Ihr ordentliches mauvefarbenes Kostüm passte zu
Seele und Körper gleichermaßen; ihre grauen Handschuhe,
die sie adrett neben den Teller legte, symbolisierten häusliche
Korrektheit; ihre Essmanieren waren die eines wohlerzogenen
Huhns. Wir konnten kein Gespräch in Gang bringen. Viel-*

*leicht fühlte sich die arme Frau gehemmt, weil das, was sie
da in dem braunen Packpapier hatte, so überhaupt nicht in
Einklang mit ihrem eigenen Inhalt stand. Aber wie kam sie
nur jemals mit Joyce und den übrigen in Berührung? Warum
will sich deren Schmutz aus ihrem Mund ergießen? Weiß
der Himmel. Geschäftlich ist sie unkompetent und war sich
unsicher darüber, was für Abmachungen sie treffen sollte …
Und so ging sie denn.*

Miss Weaver war, gelinde gesagt, eine widersprüchliche Frau.
Charakteristisch für sie ist ein Zwischenfall aus ihrer Kindheit, den sie erst fünfzig Jahre später einer Nichte gestand.
Früh hatte sie Literatur zu lesen begonnen, teils aus Leidenschaft für Bücher, teils aus Trotz gegen die rigide Erziehung
der Eltern, die die Lektüre ihrer Kinder überwachten und
Romane als unpassenden Lesestoff für Mädchen erachteten.
Eines Tages erwischte sie ihre Mutter dabei, wie sie sich
gerade in die ersten Seiten von *Adam Bede* vertiefte – jenen
seinerzeit wohlbekannten Roman aus der Mitte des 19. Jahrhunderts von George Eliot, der vom Schicksal einer jungen
Frau erzählt, die ein uneheliches Kind zur Welt bringt. Die
Autorin war aber auch für ihren nach damaligen Maßstäben unmoralischen Lebenswandel bekannt; mehr als zwanzig Jahre hatte sie mit einem Mann zusammengelebt, ohne
mit ihm verheiratet zu sein. Die Mutter schickte Harriet
sofort auf ihr Zimmer und rief nach dem Pfarrer. Der hielt
dem Mädchen eine Standpauke und nahm ihr das Buch weg.
Fortan las sie heimlich und spaltete ihr Leben zwischen einer
nie abbrechenden Loyalität zur Familie und ihrem literarischen und feministischen Engagement auf. Ihr in vieler
Hinsicht heimliches Leben für Joyce war Teil dieses anderen

Aspektes ihrer Persönlichkeit, den sie nicht nur vor ihrer Familie verborgen hielt, sondern der sich auch in ihrem Auftreten nicht niederschlug. In ihrer äußeren Erscheinung blieb sie zeitlebens das seltsam sittsame und verdruckste Wesen, das Virginia Woolf allein in ihr wahrnahm und mit dem sie nichts anzufangen wusste. Trotz der gleichen Herkunft aus viktorianischen Verhältnissen war sie selbst aus ganz anderem Holz geschnitzt, ersichtlich etwa schon daran, dass die berüchtigte George Eliot ein gerne gesehener Gast ihrer Eltern gewesen war.

Dass die Woolfs den *Ulysses* damals ablehnten, dürfte ihr größter Fehler als Verleger gewesen sein. Nach außen hin begründeten sie ihre Entscheidung mit den begrenzten Kapazitäten ihrer Handpresse und damit, dass der Verlag nur eine Nachmittagsbeschäftigung sei. Zudem hatte Leonard Woolf berechtigte Zweifel, ob er für das Buch einen Drucker finden würde. Dahinter verbarg sich aber mehr. Virginia Woolf hat sich ihr ganzes Schriftstellerleben an der Herausforderung abgearbeitet, die der *Ulysses* für sie darstellte. Die Technik des Bewusstseinsstroms teilte sie sogar mit Joyce. Ihren Vorbehalt brachte T. S. Eliot auf den Punkt, als er einmal zum Tee bei den Woolfs war: »Wie kann man überhaupt noch schreiben, nachdem diese immense Ungeheuerlichkeit des letzten Kapitels einmal erreicht ist?« Nach dem *Ulysses* sei nichts mehr übrig, worüber man noch ein Buch schreiben könne. Virginia Woolf misstraute dieser ultimativen Rhetorik und hielt sie für eine männliche Attitüde, ebenso wie ihr der Materialismus des Buches, seine Unanständigkeit, Unbehagen bereitete. Diese Vorbehalte konnten Züge klassenkämpferischer Arroganz annehmen, wenn sie den *Ulysses* als »das Buch eines bildungsbeflissenen Arbeiters« abkanzelte, eines »ekelhaften

Studenten, der seine Pickel kratzt«. Letztlich aber wollte sie die empfindliche, tastende, experimentierende Art ihres eigenen Schreibens vor dem Feuersturm in Sicherheit bringen, den Joyce' Monsterroman in der Literatur entfacht hatte. Ernest Hemingway, der Virginia Woolfs Vorbehalte gegenüber Joyce' Persönlichkeit teilte, machte es sich da leichter, indem er den Verdienst des *Ulysses* gerade darin sah, nun alle Schranken durchbrechen zu können.

Noch bevor sich Harriett Shaw Weaver weitere Absagen von Druckern und Verlegern in England einhandelte, bereiteten in den USA zwei Frauen dem *Ulysses* den Weg. Die Schriftstellerin Margaret Anderson hatte 1914 die avantgardistische Literaturzeitschrift *The Little Review* gegründet. Auf einer Party hatte sie zuvor verkündet, es sei Zeit für eine Zeitschrift, die keine Kompromisse mit dem öffentlichen Geschmack eingehe. Auch hier erschien Joyce' *Porträt* in Fortsetzungen. 1916 stieß die Journalistin Jane Heap, eine ehemalige Geliebte der Schriftstellerin Djuna Barnes, zur *Little Review*. Wie bei Sylvia Beach und Adrienne Monnier wurde eine Beziehung daraus, in der Beruf und Liebe zu einer Einheit verschmolzen. Als Joyce Auszüge aus dem entstehenden *Ulysses* schickte, zeigten sich Margaret Anderson und Jane Heap sofort begeistert: »Das ist das Schönste, was wir je haben werden. Wir werden es drucken, und wenn dies die letzte Bemühung unseres Lebens sein sollte.« Mit solchem Todesmut steuerten Herausgeberin und Redakteurin auf die Klippe der Zensur zu. Insgesamt vier Nummern der avantgardistischen Literaturzeitschrift wurden in der Folge wegen *Ulysses*-Vorabdrucken konfisziert und verbrannt. Es drohte eine Anklage wegen Pornographie. Als Joyce davon erfuhr, schrieb er an Harriet Shaw Weaver, er träume von einem Prozess, der sein Buch so berühmt machen sollte wie seinerzeit Flauberts *Madame Bovary*.

Im September 1920 reichte die New York Society for the Suppression of Vice, die New Yorker Gesellschaft zur Bekämpfung des Lasters, tatsächlich Klage gegen die beiden Frauen ein. Margaret Anderson und Jane Heap wurden unentgeltlich von dem Anwalt John Quinn verteidigt, einem Bewunderer von Joyce, der dem notorisch klammen und stets über seine Verhältnisse lebenden Autor für jedes fertiggestellte Kapitel des *Ulysses*, das er von ihm erhielt, einen Scheck ausstellte. Nach mehreren Vertagungen begann die Verhandlung im Februar 1921. Quinn bot unter anderem den Romancier und Populärphilosophen John Cowper Powys als Zeugen auf. Der erklärte mit ein wenig zu dick aufgetragener Naivität, der *Ulysses* sei »ein schönes Kunstwerk, in keiner Weise angetan, die Gemüter junger Mädchen zu verderben«. Ein anderer Zeuge Quinns berief sich zur Rechtfertigung von Joyce' Freizügigkeiten auf Sigmund Freud – einen Namen, den die drei Richter noch nie gehört hatten.

Im Anschluss an die Zeugenvernehmung sollten vom Kläger ausgewählte Passagen aus dem Roman vorgelesen werden, um den Pornographievorwurf zu belegen. Einer der Richter drang darauf, dass dies nicht in Gegenwart der beiden Damen geschehe. Amüsiert erhob sich Quinn und wies auf Margaret Anderson: »Aber sie ist doch die Verlegerin.« Er sei davon überzeugt, sie habe die Bedeutung dessen, was sie veröffentlichte, nicht verstanden, erwiderte der Richter so höflich wie paternalistisch. Als die Stellen dann tatsächlich zu Gehör gebracht wurden, erklärten zwei der Richter sie für unverständliches Zeug, was den eitlen Quinn zu der seiner Ansicht nach brillanten Bemerkung veranlasste, ein »unverständliches«

Werk könne auch niemanden verderben. Das inkriminierte dreizehnte Kapitel des *Ulysses*, die Nausikaa-Episode, erzählt, wie Leopold Bloom, der Held des Romans, beim Anblick der Beine einer jungen, ihm unbekannten Frau masturbiert und sie, statt entrüstet davonzulaufen, durch das Zurschaustellen von immer mehr Bein und Schlüpfer ihn zum Höhepunkt treibt. Dessen allmähliches Erreichen verknüpft Joyce kunstvoll mit der Schilderung eines Feuerwerks, das gerade über Dublin abgeschossen wird. Das hörte sich für die Menschen im Gerichtssaal dann etwa so an:

> … *und er hatte freien Blick voll hoch hinauf über ihr Knie, so weit wie noch keiner, nicht einmal in der Schaukel oder beim Waten, und sie schämte sich nicht und er ebenfalls nicht, in so unanständiger Weise so hinzusehen, weil er dem Anblick der wundervollen Enthüllung nicht zu widerstehen vermochte … Und dann sprang eine Rakete hoch und schoss peng blind und O! dann barst die Leuchtkugelröhre auseinander und es war wie ein seufzendes O! und alles schrie O! und O! in Verzückung und es ergoss sich daraus ein Strom goldregnender Haarfäden und sie schimmerten auseinander und ah! Da warens auf einmal lauter grünliche tauige Sterne die niederfielen mit güldenen, O so lebendig! O so sanft, süß, sanft!*

Quinn verglich die literarische Technik mit der des Kubismus; das Werk sei zwar geschmacklos, aber nicht pornographisch. Die wutschnaubende Entgegnung des Staatsanwalts, die er auf diese Weise provozierte, deutete er als besten Beweis dafür, dass der Roman von Joyce nicht, wie ihm vorgeworfen, scharf, sondern bloß wütend mache. Damit brachte er die Richter zwar zum Lachen, nichtsdestoweniger verurteilten sie die Angeklagten wegen Verbreitung obszöner Literatur zu einer milden Geldstrafe und verfügten, der *Ulysses* dürfe nicht weiter in *The Little Review* erscheinen. Hinsichtlich der Auswirkungen kam das einem Publikationsverbot gleich, denn nun wollte kein Verleger mehr das »schmutzige« Buch anrühren. Nach dem Verlassen des Gerichtssaals wandte sich Quinn, der seine Klientinnen zuvor angewiesen hatte, das Argumentieren ganz ihm zu überlassen, noch einmal an die beiden Damen, als handelte es sich bei ihnen um zwei ungezogene Kinder: »Und jetzt veröffentlichen Sie um Gottes willen keine obszöne Literatur mehr!« »Und wie soll ich wissen, ob etwas obszön ist?«, fragte Margaret Anderson zurück.

Sylvia Beach war mithin schon die vierte Frau, die sich am *Ulysses* die Finger zu verbrennen gedachte. Den von ihr verehrten Joyce hatte sie nach seiner Ankunft in Paris im Sommer 1920 auf einer Party kennengelernt. Bereits am Tag darauf besuchte er sie in Shakespeare and Company und wurde Mitglied der Leihbücherei. Schon bald war Joyce ein Solitär in »Odéonien«, wie Adrienne Monnier die geistige Landschaft nannte, die von den beiden in der Rue de l'Odéon einander gegenüberliegenden Buchhandlungen gebildet wurde. Wegen seiner schlechten Haltung und seiner ständigen Jeremiaden hieß Joyce bei Adrienne und Sylvia nur »melancholischer Jesus« oder »gebeugter Christus«. Als es im Anschluss an den New Yorker Prozess zu weiteren definitiven Absagen von Verlegern kam, war für Joyce die Stunde der größten Verzweiflung gekommen. Völlig niedergeschlagen und mutlos wandte er sich an Sylvia Beach: »Jetzt wird mein Buch nie herauskommen« – so berichtet sie es jedenfalls in ihren Memoiren.

*Und da saß nun James Joyce in meinem kleinen Buchladen und seufzte tief. Auf einmal kam mir der Gedanke, dass man doch etwas unternehmen könne, und ich fragte: »Würden Sie Shakespeare and Company die Ehre erweisen, Ihren Ulysses herausbringen zu dürfen?« Er nahm mein Angebot auf der Stelle mit Freuden an. Mir kam es übereilt vor, dass er seinen großen Ulysses einem so komischen kleinen Verleger anvertraute, aber er war offenbar begeistert und ich natürlich auch. Beim Abschied befanden wir uns, glaube ich, beide in sehr bewegter Stimmung.*

Mit dem Entschluss, als Buchhändlerin auch Verlegerin zu werden, setzte Sylvia Beach fort, was ihr bislang einigen Erfolg eingebracht hatte: in den Spuren Adrienne Monniers zu wandeln. Ihre Freundin hatte diesen Schritt bereits vor zwei Jahren vollzogen: Im Verlag ihrer Buchhandlung erschienen seitdem die *Cahiers des Amis des Livres* sowie Bücher von Paul Claudel, Paul Valéry und Valery Larbaud. Allerdings war das Verlegen eines englischsprachigen Siebenhunderseitenromans in Frankreich, der zudem noch unter Pornographieverdacht stand, ein ungleich größeres Wagnis als die Herausgabe des Lyrikbandes eines zur Avantgarde zählenden muttersprachlichen Autors. Joyce soll anfangs an eine Auflage von gerade einmal einem Dutzend Exemplaren gedacht haben; selbst dann würden noch welche übrigbleiben. Das war natürlich auch zur Schau gestellte (vermeintliche) Bescheidenheit; Joyce wäre nie auf den Gedanken gekommen, seine literarische Bedeutung, von der er fest überzeugt war, von so etwas Schnödem wie Absatzzahlen abhängig zu machen. Sylvia Beach aber hatte sich da bereits mit Adrienne Monnier beraten und die Auflage auf tausend Exemplare festgesetzt, gedruckt auf drei verschiedenen Papierqualitäten und deshalb auch unterschiedlich teuer. Die ersten hundert Bücher sollten vom Autor signiert werden und mehr als das Doppelte der günstigsten Variante kosten.

Den damaligen Gepflogenheiten folgend, wurde das Werk zur Subskription ausgeschrieben und ein ansprechender Prospekt gedruckt, mit dem Ziel, dass ein größerer Teil der Auflage bereits verkauft war, bevor der Drucker seine Maschine anwarf. Dessen Rechnung konnte dann mit den Erlösen aus der Auslieferung der bestellten Exemplare beglichen werden. Der Erfolg der »Operation Ulysses« hing für Sylvia Beach also vor allem davon ab, ob es ihr gelang, im Vorfeld genügend Subskribenten zu gewinnen. Dafür boten die beiden Buchhandlungen in der Rue de l'Odéon jedoch die denkbar beste Voraussetzung; denn deren Kundenkreis und die potenzielle Leserschaft des umstrittenen Buches waren in vieler Hinsicht identisch.

So waren es keineswegs nur mütterliche Gefühle für den kränkelnden Joyce und eine ans Religiöse grenzende Verehrung für Künstler, die Sylvia Beach dazu bewogen, derart viel Lebenszeit und Energie für einen schwierigen Autor und sein denkbar schlecht beleumundetes Buch aufzuwenden. Wie Sylvias Briefe an ihre Mutter beweisen, war ihre Idee von Anfang an, etwas zu erreichen, was man heute eine Win-win-Situation nennen würde: ein Ergebnis, das für beide Seiten einen Mehrwert abwirft. Dieser Mehrwert trägt in ihrem Fall den Namen »Reklame«. So schreibt sie nur einen Tag, nachdem sie mit Joyce handelseinig geworden ist: »*Ulysses* bedeutet eine Reklame, die Tausende von Dollar wert ist.« Und drei Wochen später: »*Ulysses* wird meinen Laden berühmt machen. Die ersten Wirkungen sind bereits spürbar. Massenhaft besuchen Menschen aus Neugier den Laden.« Derlei Mitteilungen waren natürlich auch strategisch im Hinblick auf die Empfängerin formuliert, deren finanzielle Unterstützung Shakespeare and Company im Grunde erst möglich machte. Aber sie zeugen zugleich von dem Unternehmungsgeist und der Gewitztheit der Tochter eines presbyterianischen Geistlichen aus Princeton, die den in den USA weiterhin verbotenen *Ulysses* dort an die Leser brachte, indem sie die Exemplare mit Umschlägen versah, welche die Aufschrift trugen: »Shakespeares Gesammelte Werke in einem Band« oder »Fröhliche Geschichten für kleine Leute«.

*Sylvia Beach und James Joyce in der Buchhandlung und Leih-
bücherei Shakespeare and Company mit den ersten Besprechungen des*
Ulysses, *1922.*

Sylvia Beach ist in vieler Hinsicht bis heute eine rätselhafte Figur geblieben. Den Dichter und Diplomaten Saint-John Perse erinnerte sie an die Tochter eines Sheriffs, die gerade ihr Pferd vor der Tür angebunden hat, entschieden den Raum betritt und mit einem Blick erfasst, was los ist. Sie war weniger eine Frau, die das Lesen als Passion kultivierte, als eine Abenteurerin in Sachen Buch. »Sie war jemand, der eine gewöhnliche Arbeit als Berufung verstand«, meinte der Verleger Leslie Katz und stellte ihren Namen in eine Reihe mit amerikanischen Legenden, die in dem, was sie taten, bedeutend auch dadurch wurden, dass es mit ihrer Persönlichkeit verschmolz: »Lincoln war Politiker, Melville Seemann, Thoreau Waldläufer. Sie war Buchhändlerin.«

Wie Virginia Woolf kam Sylvia Beach bis auf einige wenige Monate nie in den Genuss einer schulischen Ausbildung. Aber ihr stand auch keine väterliche Bibliothek zur Verfügung, durch die sie sich ersatzweise hätte »hindurchfressen« können. Ihre Schule hieß Paris. Dorthin war der Vater mit ihrer Mutter und den beiden Schwestern 1902 auf drei Jahre hin übersiedelt, als Sylvia fast vierzehn war. Paris war die Stadt ihrer in mancher Hinsicht sehr behüteten Adoleszenz. Als es später darum ging, sich von der nach Amerika zurückgekehrten Familie abzunabeln und ein eigenes Leben zu beginnen, war ihr intuitiv klar, dass es für eine Frau zu dieser Zeit keinen besseren Ort gab als die Stadt ihrer Jugend, wo sie in Adrienne Monnier einer »Freundin fürs Leben« begegnete.

Schon äußerlich waren die beiden ein ungleiches Paar. Sylvia war fünf Jahre älter als Adrienne, sah aber mindestens fünf Jahre jünger aus als ihre Freundin. In Kleidung und Auftreten erinnerte die füllige, mütterliche Adrienne an eine Mischung aus Äbtissin und Bäuerin. Sylvia hingegen war hager, drahtig, jungenhaft; nie legte sie Rouge oder Lippenstift auf. Sie bestand darauf, kurze Röcke zu tragen; keineswegs um sexy zu wirken, sondern weil sie ihr Bewegungsfreiheit verschafften. Und Taschen mussten sie haben – ein arbeitender Mensch braucht stets Taschen, lautete ihre Devise. Sie vereinbarte androgynenhaftes Aussehen mit einem forschen Auftreten in pragmatischer Absicht, das sofort die Amerikanerin erkennen ließ. Während Adrienne bedächtig, beinahe philosophisch redete, hatte Sylvia eine flinke Zunge und liebte die pointierte, geistreiche Bemerkung. In der Beziehung der beiden Frauen übernahm Adrienne die Rolle der Hausfrau und Mutter: Sie kochte für Sylvia, sorgte sich um ihre Gesundheit und integrierte sie in ihre Familie, in der Sylvia behandelt wurde wie eine eigene Tochter.

Ohne Schulbildung war Sylvia Beach der Prototyp einer Autodidaktin: einerseits anlehnungsbedürftig dort, wo sie von dem Wissens- und Erfahrungsvorsprung eines anderen profitieren konnte, andererseits stolz darauf, auf eigenen Füßen zu stehen, und auf ihre Unabhängigkeit bedacht. Ihre erste Begegnung mit französischer Literatur trug sich an den Ständen der Bouquinisten an der Seine zu, nicht im rigiden, patriarchalischen französischen Schulsystem, das Adrienne Monnier durchlaufen hatte. Für Letztere war in Büchern die Tradition niedergelegt oder doch das, was ihr einst angehören würde. Für Sylvia Beach hingegen war ein Buch ein Mittel, der Enge der eigenen Herkunft zu entkommen und die Tradition über den Haufen zu werfen.

Der Name, den Adrienne Monnier ihrer Buchhandlung gab, zielte auf den *genius loci*, den Geist dieses Ortes: Es sollte ein Haus für alle sein, die zu Büchern ein freundschaftliches Verhältnis hegen. Die Buchläden von Adrienne Monnier und Sylvia Beach luden zum Stöbern ein, dazu, in der Nähe des Ofens Platz zu nehmen und zu schmökern, mit der Buchhändlerin sich über die Neuerscheinungen zu unterhalten. Beide kannten jedes einzelne Buch in ihrem Laden; sie hatten es ausgesucht, weil sie ein lebendiges Interesse daran nahmen. Die Läden repräsentierten die jeweiligen Lesegewohnheiten ihrer Besitzerinnen, ihre Vorlieben, Kenntnisse und Passionen. Monnier und Beach waren nicht nur Buchverleiherinnen und -händlerinnen, sondern vor allem Buchliebhaberinnen und Leserinnen. Ihre Buchläden waren für jene gedacht, die sich keine Privatbibliothek leisten konnten. Besucher wurden ermuntert, Bücher nach Hause mitzunehmen, Bekanntschaft mit ihnen zu schließen und dann über den Kauf zu entscheiden.

Beide waren Amateurinnen, auch Adrienne Monnier, von der sich Sylvia Beach bei der Gründung des eigenen Ladens so viel abschaute. Adrienne Monnier hatte intensiv darüber nachgedacht, dass das Erfolgsgeheimnis ihres Ladens in der Beschränkung lag, die die knappen Geldmittel ihr auferlegten. Hätte sie aus dem Vollen schöpfen können, so hätte sie sich wohl nicht auf zeitgenössische Werke spezialisiert, sondern alles erworben, was gut und teuer war; dann hätte sie nicht nur eine einzige Wand mit Büchern bedeckt und die anderen mit Bilden geschmückt; dann hätte sie ihren Laden nicht mit gebrauchten Möbeln ausgestattet. Dass der Laden eigentlich gar nicht wie ein Geschäft aussah, entsprach nicht ihrer ursprünglichen Absicht; auch lag ihr der Gedanke fern, dass man ihr eines Tages Lob für etwas aussprechen würde, das ihr »wie ein armseliger Notbehelf vorkam«, für den sie sich eigentlich schämte. Dann hätten ihr und auch Sylvia Beachs Laden aber nicht jener Zauberkammer geglichen, die sie in der

Erinnerung an die Anfänge ihrer Tätigkeit als Buchhändlerin heraufbeschwört. In dem Augenblick, da er diese Kammer betritt, gebe ein Mensch, so meinte sie, seine Persönlichkeit preis: Man muss ihn nur zu beobachten verstehen. Dieser Gast im Haus der Bücher, als den sie jeden Neuankömmling betrachtete, hat so gar nichts von einem Kunden; er ist ein potenzieller Freund.

Die Verbindung von Buchhandlung und Leihbücherei war keineswegs neu, sondern ein Erbe der Aufklärung, ursprünglich entstanden, um auch jenen zu Büchern zu verhelfen, die sich ihre Anschaffung aufgrund der hohen Preise nicht leisten konnten. Eine Leihanstalt wurde nur selten im Hauptbetrieb, meist zusammen mit einem Lesezirkel und einer Buchhandlung geführt. Die Betreiber von Leihbibliotheken spielten die hohen Preise, die die Verleger verlangten, wieder herein, indem sie die Bücher gegen Gebühr so lange ausliehen, bis sie förmlich auseinanderfielen. Je älter das Werk, desto billiger oftmals für den Entleiher. Die 1842 von Charles Edward Mudie in London gegründete Mudie's Select Library umfasste Ende des 19. Jahrhunderts bereits über sieben Millionen Bände.

Zu diesem Zeitpunkt befand sich die Einrichtung der Leihbücherei indessen bereits im Niedergang. Ihn vermochten auch die »Novitäten-Lesezirkel«, die in der zweiten Hälfte des 19. Jahrhunderts aufkamen, nur zeitweilig aufzuhalten. Diese Zirkel stellten ihren Mitgliedern die begehrten Neuerscheinungen zur Verfügung; sobald die Bücher Gebrauchsspuren aufwiesen, kamen sie ins »moderne« Antiquariat. Mehr und mehr zum Konkurrenten der Leihbücherei wurde die Presse, die in ihren Feuilletons Romane in Fortsetzungen abdruckte; insbesondere der Unterhaltungsbedarf war damit gestillt – ein Entleihen des gesamten Werkes erübrigte sich. Aber auch die

Buchverleger entdeckten den Massenmarkt. Gut studieren lässt sich das an der Universal-Bibliothek von Reclam, die sukzessive aus dem Betrieb einer Leihbibliothek in der Leipziger Innenstadt, dem Literarischen Museum, hervorging. Eine Gesetzesänderung sorgte dafür, dass ab 1867 die Rechte vieler deutscher klassischer Autoren gemeinfrei wurden; die Verleger konnten ihre Werke nun verbreiten, ohne dafür Honorar zahlen zu müssen. Daneben sorgten Romanzeitungen, billige Reihen und Heftromane für eine wachsende Verbreitung der Unterhaltungsliteratur quer durch alle Schichten.

Der anfängliche Erfolg der Läden von Adrienne Monnier und Sylvia Beach hatte damit zu tun, dass sie Nischen entdeckten und besetzten. Allerdings deckten im Fall von Shakespeare and Company die Leihgebühren die laufenden Kosten nur unzureichend, ganz zu schweigen davon, dass sie zum Ankauf der Bücher beigetragen hätten. Dafür sorgten Darlehen von Angehörigen, insbesondere der Mutter. Gewinne erwirtschaftete Sylvia Beach, wenn überhaupt, nur durch den Verkauf von Büchern. Ökonomisch stand Shakespeare and Company von Anfang an auf wackligen Füßen. Daran änderte auch der *Ulysses* nur »gefühlt« etwas, vielmehr verstrickte er die kaufmännisch keineswegs versierte Inhaberin in einen letztlich ruinösen und extrem stressigen »Boom-Bust-Zyklus«: Jede neue Auflage des *Ulysses* spülte erst einmal Geld in die Kasse mit der erfreulichen Folge, dass Sylvia Beach den Drucker bezahlen konnte und liquide war, was die laufenden Ausgaben und die Ergänzung des Sortiments betraf. Dann aber war das Honorar für Joyce zu bezahlen, der zwei Drittel der Einnahmen abzüglich der Druckkosten erhielt. Und damit nicht genug, Joyce haute das ihm ausgehändigte Geld regel-

mäßig binnen kurzem auf den Kopf: lud Familie und Freunde
in teure Restaurants ein, gab großzügige Trinkgelder, fuhr
erster Klasse, machte luxuriöse Anschaffungen, kurz, leistete
sich, solange das Geld reichte (und es reichte nie lange), einen
verschwenderischen Lebensstil, was zur Folge hatte, dass er
schon bald wieder in der Rue de l'Odéon auftauchte, weil
er finanziellen Nachschub benötigte. War sein Honorarkonto
bei Shakespeare and Company erschöpft, bat er um Vorschüsse
auf die nächste Auflage oder eine Übersetzungslizenz. Doch
»bitten« ist zu wenig gesagt: Joyce, der zeitlebens auf Pump
und von den Zuwendungen anderer zu leben gewohnt war,
legte in derlei Dingen ein so raffiniertes wie erpresserisches
Verhalten an den Tag, bei dem Liebenswürdigkeit und bittere
Vorwürfe einander ablösten wie Ebbe und Flut in seinem
Portemonnaie. Die menschenfreundliche Sylvia Beach hatte
dem wenig entgegenzusetzen. Zur Rechtfertigung klagte
Joyce: »Ich stecke andauernd in Schwierigkeiten, denen ich,
wegen der Aufs und Abs an der Odéon-Börse, nicht gewitzt
genug entgegentreten kann« – und das zu einer Zeit, da er
von Shakespeare and Company monatlich zwischen 7000
und 10000 Francs für den *Ulysses* bekam. Scherzhaft nannte
sie ihren Laden manchmal »Left Bank«, in Anspielung auf
das englische Wort für das Seine-Ufer, an dem sie residierte,
die Rive Gauche, aber natürlich auch in Anspielung auf ihre
Funktion als Geldgeberin.

Beinahe absehbar wurde die Left Bank mit der Zeit zur
Lost und dann zur Bad Bank. »Manche glaubten vielleicht, dass
ich mit *Ulysses* viel Geld verdiente«, bekannte Sylvia Beach
in ihrem Buch über Shakespeare and Company. »Aber Joyce
muss einen Magneten in seiner Tasche gehabt haben, denn
das ganze Geld wollte zu ihm.« Erst nachträglich kam ihr zu

Bewusstsein, dass sie nicht nur ein Opfer der Geldgier von Joyce, sondern auch des ökonomischen Unvermögens war, das sie mit ihrem Autor teilte. Fast auf den Tag genau zehn Jahre, nachdem sie James Joyce an seinem vierzigsten Geburtstag das erste Exemplar des *Ulysses* überreicht hatte, fasste Sylvia Beach 1932, in einer Phase zunehmender Entfremdung von ihrem Autor, den Entschluss, sämtliche Ansprüche auf die Nutzungsrechte am *Ulysses* aufzugeben und sich aus der Verlegerei zurückzuziehen. Es war eine so bittere wie plötzliche Entscheidung, die sie indes auch von dem mit jeder Neuauflage des *Ulysses* sich erneut einstellenden Glauben kurierte, sie würde nun doch Gewinn machen. Nun musste sie einsehen, dass die Aufgabe des *Ulysses* keineswegs zu der befürchteten finanziellen Katastrophe führte, sondern dass es im Gegenteil die durch ihn genährte trügerische Hoffnung gewesen war, die sie stets aufs Neue an den Rand dieser Katastrophe gebracht hatte. Ihre Geschäfte gingen auch ohne den *Ulysses* – zwar auf niedrigerem finanziellem Niveau, aber mit der erfreulichen Folge eines sinkenden Stresspegels.

Doch der Stresspegel stieg bald wieder, und dieses Mal waren die Ursachen globaler Natur. Im Oktober 1929 war nicht nur die Odéon-Börse, sondern, viel schlimmer, die amerikanische Börse zusammengebrochen. »Fall of the wall«, nannte Sylvia Beach den Wall Street Crash. Waren in den 1920er Jahren Schiffsladungen von Studenten und Künstlern (Möchtegern- wie ernsthaften) aus Amerika nach Paris gelangt, um hier in den Genuss der Freizügigkeit des Lebensstils, des billigen Geldes und des unbeschränkt fließenden Alkohols zu kommen, so setzte nun der große Rückzug ein: Die amerikanische Kolonie in Montparnasse löste sich auf, die im Winter von Kohleöfen gewärmten Plätze auf den Café-Terrassen verwaisten, und auch die Kundschaft von Shakespeare and Company dünnte aus. Nachdem sie sich jedoch in einem Befreiungsschlag die Verantwortung für den *Ulysses* wie für seinen anstrengenden Autor vom Hals geschafft hatte, kam Sylvia Beach nun dazu, den Laden zu renovieren, neue Regale aufzustellen und verstärkt in Werbung zu investieren. Und siehe da: Der allgemeinen Depression zum Trotz stieg der Umsatz zeitweilig sogar.

Schon den Zeitgenossen ist aufgefallen, in welchem Ausmaß Joyce Frauen für seine Zwecke einsetzte. Nehmen wir Adrienne Monnier mit hinzu, die im Mai 1931 durch einen geharnischten Brief an Joyce dem sich abzeichnenden Bruch zwischen dem Autor und seiner Verlegerin den letzten Stoß gab, so haben wir fünf von ihnen in diesem Kapitel kurz kennengelernt: zwei Pärchen und eine ewige Single-Frau. Bei aller individuellen Verschiedenheit weisen die fünf Frauen über ihre Leidenschaft für Bücher, vorzüglich für die rebellische Avantgardeliteratur und einen ihrer zentralen Vertreter, hinaus weitere gemeinsame Züge auf. Der auffälligste davon ist sicherlich der, dass sie Männern in Liebesdingen aus dem Weg gingen, um ihnen in literarischer Hinsicht desto näherzukommen. Was Harriett Shaw Weaver und Sylvia Beach für Joyce leisteten, trug schon Züge eines Liebesdienstes. Die Freiheit von Männern, die sie sich nahmen, versetzte sie in die Lage, den bedrohlichen Konventionen, unter denen sie noch aufgewachsen waren, zu entkommen und traditionelle Männerprivilegien an sich zu reißen, insbesondere das der persönlichen und beruflichen Selbstentfaltung. Wie vorläufig dieser Prozess war und welche Hürden dabei zu nehmen waren, wird dadurch deutlich, dass sie sich in literarischen Dingen dann doch wieder an einem Mann und seinem Meisterwerk orientierten – einem Autor und einem Buch allerdings, die alle Züge von Dissidenz aufwiesen. Joyce war ein radikaler Außenseiter des Literaturbetriebs, der das Bildungsbürgertum mit Spott überzog, und sein *Ulysses* ein Monstrum, »Dynamit« (Leonard Woolf), eine »gedruckte Explosion«, das Buch eines Feindes Gottes (Paul Claudel). Die Obszönität, die dem Buch vorgeworfen und derentwegen es jahrelang mit Publikationsverboten überzogen wurde, war nur das sichtbarste Zeichen seiner Andersartigkeit und seines Verstoßes gegen die gängigen Konventionen. So haben sich die fünf Frauen mit der Wahl des Mannes und seines Werkes, für die sie in den Kampf zogen, dann doch ein Denkmal gesetzt. Nicht nur, dass sie einem Buch zum Erfolg verhalfen, welches wir mittlerweile als einen Klassiker der modernen Literatur verehren. Nicht weniger als etwa Virginia Woolf trugen sie auch dazu bei, unser Bild und Verständnis von Kultur zu verändern: Alles, was im 19. Jahrhundert als Anathema von Kultur galt – das Sexuelle, Obszöne, Hässliche, das Schmutzige, Unbewusste, Irrationale, das Affektive –, akzeptieren wir mittlerweile wie selbstverständlich als Bestandteil der Kultur, ja, haben geradezu ein grundsätzliches Misstrauen dem gegenüber entwickelt, was allzu schön, rein, erhaben oder gebildet daherkommt.

Sylvia Beach war nicht nur Buchhändlerin und Ein-Buch-Verlegerin, sie war darüber hinaus vor allem Vermittlerin, Anstifterin, Netzwerkerin, wie wir heute sagen würden – eine Frau, die Menschen und Bücher, Schriftsteller und Leser, aber auch Autorinnen und Autoren verschiedener nationaler Herkunft zusammenbrachte. »Großzügig und gleichzeitig bescheiden mischte sie uns alle zusammen, denn wir waren alle Schriftsteller und Entdecker«, so die britische Autorin

Annie Winifred Ellermann, die sich nach einer kleinen Insel vor der Küste von Cornwall Bryher nannte und mit ihrem Erbe Sylvia Beach finanziell unterstützte. »Wir veränderten uns, die Stadt änderte sich, aber auch nach einiger Abwesenheit fanden wir stets Sylvia auf uns warten, die Arme voller neuer Bücher, und oft stand neben ihr in einer Ecke ein Schriftsteller, den wir kennenlernen wollten.« Shakespeare and Company war Treffpunkt, Club, Post und Lesesaal für die Avantgarde der Literatur (und für solche, die sich dafür hielten). Die Liste der Autorinnen und Autoren, die hier verkehrten und die Sylvia Beach miteinander und mit ihren französischen Kollegen bekannt machte, liest sich wie ein Who is Who der angloamerikanischen Literatur jener Jahre: Sherwood Anderson, Djuna Barnes, Natalie Clifford Barney, Samuel Beckett, Kay Boyle, Bryher, Malcolm Cowley, Nancy Cunard, Hilda Doolittle (bekannter unter ihren Initialen H.D.), T.S. Eliot, F. Scott Fitzgerald, Janet Flanner, Ford Madox Ford, Ernest Hemingway, Mina Loy, Robert McAlmon, Ezra Pound, Gertrude Stein mit der unvermeidlichen Alice B. Toklas im Schlepptau, Iris Tree, Thornton Wilder, William Carlos Williams – und natürlich James Joyce. Und es ging niemals förmlich zu. Zwei Jahrzehnte lang war Shakespeare and Company die kulturelle Hauptstadt Angloamerikas – und die lag in Paris.

Mitte der 1930er Jahre tauchte eine junge Philosophin, Lehrerin und angehende Schriftstellerin bei Shakespeare and Company auf und machte dort nähere Bekanntschaft mit der Inhaberin und der englischsprachigen Literatur der Moderne. Während ihr Lebensgefährte Jean-Paul Sartre zumeist im friedlichen Refugium Adrienne Monniers weilte, fühlte sich Simone de Beauvoir mehr zu dem Laden gegenüber hinge-

331

zogen, wo es lebhafter und lautstärker zuging und die Briten und Amerikaner zu Hause waren. »Als der monumentale *Ulysses* in Französisch erschien«, erinnerte sich Simone de Beauvoir Jahrzehnte später, »wurde uns das Tor zu einer Welt ausländischer Schriftsteller geöffnet: D. H. Lawrence, Virginia Woolf, der große Amerikaner Hemingway, Dos Passos, Faulkner, der unsere Vorstellung von dem, was ein Roman sein soll, völlig veränderte...« Am 4. September 1935 wurde Simone de Beauvoir Mitglied von Shakespeare and Company und entlieh in den nächsten sechs Jahren eine Unzahl amerikanischer Bücher. Sie fühlte sich der Gruppe zugehörig, die Adriennes und Sylvias Läden besuchte – »junge Rebellen«, wie sie meinte, »die die traditionelle Romanform in eine Waffe des sozialen Protestes umwandeln wollten«. In den Zeiten der Depression und des aufkommenden Faschismus hatte sich die amerikanische Literatur politisiert; die Helden der Romane von John Dos Passos und John Steinbeck waren die Opfer der ökonomischen Krise. Und manchmal, so Simone de Beauvoir weiter, sah sie »mit Herzklopfen plötzlich den Unnahbarsten und Unerreichbarsten« unter den von ihr aus der Ferne verehrten Schriftstellern in Fleisch und Blut: James Joyce ...

1939, als die deutschen Panzer in die Tschechoslowakei und nach Polen rollten, erschien *Finnegans Wake*, Joyce' letztes Werk, sprachlich noch komplexer und »unlesbarer« als *Ulysses*. Sylvia Beach hatte seine Entstehung anfangs noch finanziell unterstützt, dann zunehmend aus der Distanz verfolgt. Auf Joyce' Bitte hin trafen sich der Autor, Sylvia Beach und Adrienne Monnier noch einmal in Shakespeare and Company, um unter dem Bild des Namenspatrons für Werbefotos zu posieren. Gisèle Freund, die Fotografin der berühmt gewordenen Aufnahmen, teilte inzwischen Tisch und Bett mit Adrienne

Monnier, während Sylvia Beach in den Räumen über ihrem Laden allein lebte. Am 14. Juni 1940 begann die Okkupation von Paris. Gisèle Freund, die Jüdin war, gelang es noch, aus Paris in die freie Zone zu entkommen; später floh sie nach Buenos Aires. Adrienne und Sylvia verbrachten nun viel Zeit damit, für das Lebensnotwendige zu sorgen. Nahrungsmittel waren knapp, Heizen war nur drei Stunden am Tag gestattet. Von den Mitgliedern ihrer Leihbücherei, den »*bunnies*«, wie Sylvia sie scherzhaft nannte, blieben ihr noch dreiundfünfzig, darunter viele Studenten. Auch Simone de Beauvoir gehörte weiterhin dazu. Dennoch konnte Sylvia Beach von den mageren Einkünften aus dem Buchverleih einigermaßen leben, da die Eigentümerin des Hauses ihr die Miete erließ. Am 13. Januar 1941 starb James Joyce nach einer Darmoperation in einem Züricher Krankenhaus.

Die Lage verschärfte sich, als die Amerikaner nach der Bombardierung Pearl Harbors in den Krieg eintraten. Nun sind Sylvia Beach und Shakespeare and Company unmittelbar bedroht. Eines Tages hält ein großes graues Militärauto vor der Buchhandlung, dem ein hoher deutscher Offizier entsteigt. Zu Sylvia Beachs Verwunderung bleibt er eine Weile vor dem Schaufenster stehen und fixiert das dort liegende Exemplar von *Finnegans Wake*. Dann betritt er den Laden und verlangt in tadellosem Englisch das Buch.

Sylvia Beach: »Es ist nicht verkäuflich.«

»Warum nicht?«

»Es ist mein letztes Exemplar, ich möchte es behalten.«

»Für wen?«

»Für mich selbst.«

Die Miene des Offiziers verdüstert sich: »Ich bin außerordentlich interessiert an dem Werk von Joyce.«

Doch Sylvia Beach bleibt standhaft.

»Ich werde wiederkommen.«

Nachdem er gegangen ist, entfernt Sylvia Beach *Finnegans Wake* aus dem Schaufenster. Sie weiß, dass der Verkauf englischer Bücher von den Besatzern untersagt worden ist.

Vierzehn Tage später ist der Offizier zurück. Barsch wendet er sich an Sylvia Beach: »Wo ist *Finnegans Wake?*«

»Ich habe es fortgeräumt.«

Der Offizier bebt vor Zorn: »Wir werden noch heute kommen und ihre gesamten Bestände beschlagnahmen.«

»Bitte sehr.«

Stampfend verlässt er den Laden.

Augenblicklich rennt Sylvia zur Concierge, die ihr eine ungenutzte Wohnung im vierten Stock aufschließt. Sie alarmiert Freunde, die ihr dabei helfen, sämtliche Bücher und Fotos sowie das Mobiliar nach oben zu tragen. Sie nehmen sogar die Lampen ab und entfernen die Elektrik. Ein Tischler schlägt die Regale zusammen. Zum Schluss hängen sie das Ladenschild ab. Ein Anstreicher übermalt noch den Namenszug an der Front des Hauses. Fertig. Binnen zwei Stunden ist Shakespeare and Company von der Bildfläche verschwunden, als habe es den Laden nie gegeben, es sei denn in der Phantasie eines merkwürdigerweise an englischsprachiger Avantgardeliteratur interessierten Nazi-Offiziers.

*Postskriptum:*

Man muss sich die Gesichter der verdutzten Deutschen vorstellen, wenn sie denn wirklich kamen, um die Bücher zu beschlagnahmen, und den Laden nicht mehr vorfanden, ja, nicht einmal einen Schriftzug oder sonst etwas, das seine Existenz bezeugte. Die Bücher und Fotos von Shakespeare and Company schliefen jedenfalls vier Stockwerke über dem Laden unbehelligt ihren Dornröschenschlaf, der sie davor rettete, in die Hände der Besatzer zu fallen. Schlimmer erging es der Ladenbesitzerin: Sylvia Beach wurde in ein Internierungslager gebracht; nach sechs Monaten wieder zurück in Paris, versteckte sie sich bis zur Befreiung in einem Studentenheim auf dem Boulevard St. Michel. Shakespeare and Company eröffnete sie nie wieder.

Lesen war ihre wichtigste Waffe im Kampf gegen das
Image der dümmlichen Sexbombe. Selbst vor dem
Ulysses, der Ikone der literarischen Hochkultur des
20. Jahrhunderts, schreckte Marilyn Monroes respektlose
Leselust nicht zurück. Indem sie die Liebe der Frauen
zu den Büchern erotisch auflud, hat die Monroe auch
unser Bild vom Lesen verändert. Eine Hommage.

## 13

HOLLYWOOD, 1955

*Marilyn Monroe, die lesende Sexbombe*

Es ist einer der Höhepunkte der an außergewöhnlichen
Begegnungen nicht gerade armen Geschichte der Fotografie:
Am Abend des 6. Mai 1957 betritt Marilyn Monroe das Studio
des Fotografen Richard Avedon auf der New Yorker Madison
Avenue. Avedon, nur drei Jahre älter als die Monroe, ist selbst
ein Star, allerdings steht er auf der anderen Seite der Kamera.
Seine Modefotos sind so begehrt wie seine Porträts; die einen
wegen ihrer unübertroffenen Eleganz und Originalität, die
anderen aufgrund ihrer unerwarteten Offenheit.

Kaum Mitte dreißig, ist er bereits so berühmt, dass Hollywood sein Leben verfilmt. *Ein süßer Fratz* basiert auf einem
damals dreißig Jahre alten Musical von George und Ira Gersh-
win, aber die Figur des Dick Avery, verkörpert von Fred Astaire,
ist unverkennbar nach Avedon gestaltet. Dick Avery, angetrieben von seiner Chefin Maggy Preston, der Herausgeberin
einer Mode-Zeitschrift, ist auf der Suche nach dem neuen
zeitgemäßen Frauentyp, der *quality woman*, die beides hat:
Schönheit und Intelligenz, Ausstrahlung und Geist. Er findet
ihn schließlich in Greenwich Village – in der unscheinbaren
Buchhändlerin Jo Stockton, verkörpert von Audrey Hepburn.
Doch die lehnt die Modebranche prinzipiell ab und will lieber ihren Büchern treu bleiben. Erst als sie erfährt, dass die
Aufnahmen in Paris gemacht werden sollen, willigt sie ein;
denn dort lebt und lehrt ihr großes Vorbild, der Philosoph

Emile Flostre, Begründer des »Empathikalismus«, dessen glühende Anhängerin sie ist – eine zugegebenermaßen etwas billige Parodie auf Sartre und den Existenzialismus. Der sich anbahnende Konflikt zwischen Empathie und Egomanie, der beschaulichen, übersichtlichen Welt der Bücher und der oberflächlichen, hektischen Glitzerwelt der Mode löst sich jedenfalls, wie kaum anders zu erwarten, bald auf, indem sich Buchliebhaberin und Fotograf ineinander verlieben – natürlich in der Stadt, die auf allen drei Säulen zugleich steht: Geist, Mode und Liebe.

So weit die mit dem Klischee einfacher Gegensätze arbeitende Traumwelt des Kinos. Die Realität zeigt sich an besagtem Maiabend jedoch ganz anders, Avedon weiß sich auf die sich vor seiner Kamera verausgabende Marilyn keinen Reim zu machen. Ihr eilt der Ruf voraus, die verführerischste Frau der Welt zu sein. Aber Marilyn Monroe kann schrecklich schüchtern sein, und rasch wird Avedon klar, dass, abgesehen von der Fixierung aufs Aussehen, Welten zwischen ihr und einem Model liegen, das von keines Gedankens Blässe angekränkelt wird. (Avedon pflegt Models, deren Gesichtsausdruck ihm eine Spur zu leer vorkommt, freundlich vorzuschlagen: »Hab einen kleinen Gedanken!«) Obwohl sie gar nicht danach aussieht, steckt in dieser Ikone weiblicher Verführungskraft eine gehörige Portion Jo Stockton, der »emphatikalistischen« Buchliebhaberin aus dem Village. Wie viele seiner Kollegen zeigt sich Avedon davon überrascht, dass diese Schönheit echte literarische Interessen und darüber hinaus einen umwerfenden Witz besitzt, das, was die Franzosen Esprit nennen. Nur dass Ausgangs- und Endpunkt hier irgendwie vertauscht sind: Diese Marilyn ist hungrig nach einer Welt, in der ein Mädchen wie Jo selbstverständlich zu Hause ist. Der einzige Boden, den sie unter den Füßen hat, ist, wie sie selbst sagt, ihre Arbeit. Dabei strahlt sie eine ungeheure Präsenz vor der Kamera aus, eine Form kontrollierter Selbstvergessenheit, so widersprüchlich wie ihre gesamte Erscheinung.

Sehr zur Irritation insbesondere ihrer männlichen Fans ließ sich die Monroe gerne als Leserin fotografieren. Während sie sonst mit ihrem offenen Blick die Kamera gleichsam einfängt und dem Betrachter der Fotos suggeriert, sie posiere für ihn, und nur für ihn, gilt zu seiner Enttäuschung ihre gesamte Aufmerksamkeit auf diesen Bildern dem Buch. Dass diese gar nicht so seltenen Aufnahmen, die sie vertieft in die Lektüre von Klassikern der Weltliteratur und zeitgenössischen Romanen zeigen, lange Zeit nicht die gebührende Beachtung beim Publikum und auch bei den Medien fanden, mag auch mit der Unmenge von Fotos zu tun haben, die von ihr kursieren. Der entscheidende Filter, der die Aufmerksamkeit steuerte, war aber doch das Bild, das Hollywood von ihr geprägt hatte. Spätestens seit dem Film *Blondinen bevorzugt* war sie auf die Rolle der Verführerin festgelegt, die es auf Männer mit Geld abgesehen hatte und so wenig echtes Gefühl wie Geist besaß. Eine Bücher lesende Sexbombe – das passte nun einmal nicht zusammen. Und wenn doch, dann war daran irgendetwas faul. Entweder die Monroe las, weil ihr dritter Ehemann Arthur Miller ihr das mit seinen Pygmalion-Allüren verordnet hatte, oder aus Berechnung, um Männern wie ihm zu gefallen, was dann den Verdacht nahelegte, dass sie gar nicht las, sondern nur so tat.

Inzwischen wissen wir, dass die Initiative zu solchen Aufnahmen durchaus von Marilyn Monroe selbst ausging. Sie fühlte sich zur Welt der Literatur und des Theaters beinahe genauso hingezogen wie zu Kameras. Dies war sicher auch dem Umstand geschuldet, dass sie sich zeitlebens wegen ihrer abgebrochenen Schulbildung schämte; mitten im zweiten Schuljahr der Highschool musste sie abgehen, um mit sechzehn den fünf Jahre älteren James Dougherty, einen Arbeiter bei den Lockheed-Flugzeugwerken, zu heiraten. Es war eine arrangierte Ehe, dazu ersonnen, Norma Jeane Mortenson, so Marilyns Geburtsname, eine Alternative zum Waisenhaus zu verschaffen; Grace Goddard, ihr Vormund, hatte eine Familie gegründet und konnte, besser wollte nicht länger für sie sorgen.

Von Marilyn Monroe sind keine Kindheitsgeschichten überliefert, in denen ein Mentor dem Mädchen heimlich Romane zusteckt, die es vor den Augen der Mutter verstecken muss. Die schon früh in eine psychiatrische Klinik eingewiesene Mutter Marilyns und deren Freundin Grace, die als ihr Vormund fungierte, kannten nur ein Thema: das Kino und dessen vergötterte Stars, insbesondere Jean Harlow, die in den Zeiten der großen Depression wie keine andere Schauspielerin die Vorstellungen von Sinnlichkeit, Erotik und Glamour verkörperte. Jean Harlow wurde und blieb zeitlebens Norma Jeanes Bezugspunkt, sowohl was ihre Filmkarriere als auch was ihr Leben betraf, vom platinblond gefärbten Haar, der Heirat mit sechzehn – in Harlows Fall ein Salonlöwe, ebenfalls einundzwanzig Jahre alt wie Marilyns erster Ehemann –, über die beiden Frauen gemeinsame Mischung aus Ehrgeiz und Demut bis hin sogar zu dem vorzeitigen Tod, bei Jean Harlow bereits mit sechsundzwanzig Jahren. Selbst Marilyns Angewohnheit, die ständigen Pausen bei Filmaufnahmen zur Lektüre literarischer Werke zu nutzen, weist Parallelen zu Jean Harlow auf, von der berichtet wird, sie habe in den Studios stets eine kleine Tasche mit vier oder fünf Bänden mit Gedichten, literarischer Prosa oder Klassikern mit sich herumgetragen.

Die Menschen, die ihre Karriere formten, machten die junge Marilyn zugleich über ihre rudimentäre Schulbildung hinaus mit der Literatur bekannt. So etwa ihre Schauspiellehrerin Natasha Lytess; sie charakterisierte ihre Schülerin später als eine »geistige Strandläuferin«, »die sich Dinge aus dem Wissensfundus anderer herauspickte und deren Meinungen in sich aufsog«. Oder Johnny Hyde, zeitweilig ihr Agent, der sie anregte, Bücher zu lesen und gute Musik zu hören, vor allem aber, sich ihr eigenes Urteil zu bilden und ihre Meinung zu äußern. Nicht selten spielten in solche Beziehungen Erotik und Sex mit hinein. So war Natasha Lytess schrecklich verliebt in Marilyn, und von Johnny Hyde heißt es, dass er verrückt nach ihr war. Während Marilyn Natashas Gefühle nicht erwiderte, ließ sie sich von Johnny Hyde lieben und war ihm sogar ein Jahr treu, ohne doch für ihn die gleiche Leidenschaft zu empfinden wie er für sie.

Im Sommer 1949, als Marilyn für einen Film auf Werbetournee durch die USA geht, sehen wir sie abends im Hotel auf Empfehlung ihrer Mentoren Dostojewski, Marcel Proust und Thomas Wolfe lesen; daneben beschäftigt sie sich sogar angelegentlich mit Freuds *Traumdeutung*. Anschließend führt sie stundenlange Telefonate mit Natasha Lytess, die sie zu ihrer Lektüre befragt. Ein Jahr später dann, bei den Dreharbeiten zu *Alles über Eva*, erscheint sie am Set mit der Ausgabe von Rainer Maria Rilkes *Briefe an einen jungen Dichter*, wie sich der Drehbuchautor Joseph L. Mankiewicz erinnert. Ob ihr das Buch jemand empfohlen habe? Marilyn erzählt ihm, dass sie ab und zu Buchläden aufsuche. »Ich schmökere in ein paar Büchern, und wenn ich etwas lese, das mich interessiert, dann kaufe ich es. Und so habe ich mir gestern Abend das gekauft.« Vermutlich war Marilyns Interesse gleich von den ersten Sätzen Rilkes geweckt worden, in denen er »das Wesen eines Dichters« zu fassen versucht: »dieses ungeheure und kindliche Wesen, welches (man fasst es nicht: wie) nicht allein in endgültigen Gestalten früher aufkam, nein, sich hier, neben uns... gerade zusammenzieht... ja, wer wäre imstand von diesem Wesen ruhig zu reden?« Obwohl von ihr auch Verse existieren, verstand sich Marilyn in keiner Phase ihres Lebens als Dichterin. Doch das Ungeheure und Kindliche, das Rilke am Dichter preist, dürfte ihr auch für sie selbst eingeleuchtet haben. War Norma Jeane nicht im Begriff, mit »Marilyn Monroe« ein Kunstwerk zu schaffen, das zwar nicht aus Worten, wohl aber aus Bildern bestand, ähnlich inkommensurabel wie nach Rilkes Meinung die Poesie?

1951, bei den Dreharbeiten zu *Alter schützt vor Torheit nicht,* lernt Marilyn dann gleich zwei Größen der damaligen amerikanischen Kultur- und Literaturszene kennen. Mit dem einen, dem siebzehn Jahre älteren und verheirateten Theater- und Filmregisseur Elia Kazan, beginnt sie bald ein Verhältnis, laut Urteil ihres Biographen Donald Spoto »die erste unkomplizierte und befriedigende Liebesaffäre ihres Lebens«. Sie dauert immerhin ein ganzes Jahr. In den zweiten, den lediglich zehn Jahre älteren Schriftsteller Arthur Miller, dessen Erfolgsstück *Tod eines Handlungsreisenden* Elia Kazan auf die Bühne gebracht hat, verliebt sie sich zwar (und er sich auch in sie), aber die Beziehung der beiden ist wesentlich komplizierter und wird erst fünf Jahre später zur Heirat führen. Zwischenzeitlich absolviert Marilyn nach ihrer ersten rasch noch eine zweite, äußerst kurze Ehe mit dem Baseballstar Joe DiMaggio. Erst einmal aber begleitet der gerade selbst in erster Ehe verheiratete Arthur Miller das Liebespaar Marilyn Monroe und Elia Kazan auf ihren Steifzügen durch Buchhandlungen, bei ihren Besuchen bei Schriftstellern und Komponisten, bei Picknicks und Fahrten zum Strand. Während sie mit Kazan im Bett liegt, schwärmt Marilyn von Arthur Miller, dessen Bild in ihrer Wohnung hängt und dem sich die vaterlos Aufgewachsene in einem ihrer wenigen Briefe anvertraut: »Die meisten Menschen können ihren Vater bewundern, aber ich hatte niemals so einen Menschen. Ich brauche jemanden, den ich bewundern kann.« Wenig einfühlsam, aber immerhin mit einem Lektüretipp verbunden, schreibt Miller zurück: »Wenn Du unbedingt jemanden brauchst, den Du bewundern kannst, warum nimmst Du dann nicht Abraham Lincoln? Carl Sandburg hat über ihn eine hervorragende Biographie geschrieben.« Als sie den Brief erhält, besorgt sich Marilyn noch am selben Tag das Buch und ein gerahmtes Porträt von Lincoln. Beides wird bis zu ihrem Lebensende in ihrem Besitz bleiben, lange über das Ende der Ehe mit Arthur Miller hinaus.

Angesichts dessen könnte man auf den Gedanken kommen, die in den folgenden Jahren entstandenen Aufnahmen, auf denen sich Marilyn mit Büchern zeigt, seien gewissermaßen an Arthur Miller gerichtete Bewerbungsschreiben, versehen mit der Botschaft: Ich bin nicht nur begehrenswert, weil ich so schön bin, sondern auch weil ich kluge Bücher lese. Da mag psychologisch etwas dran sein, es wird aber weder den Aufnahmen gerecht noch dem erotischen Verhältnis zum Lesen, das sie ins Bild setzen. Sehen wir näher hin.

Eve Arnold war eine der wenigen Frauen unter den Starfotografen dieser Zeit, 1951 wurde sie als erste Frau Mitglied bei der Agentur Magnum Photos. Ihre Bilder von Marlene Dietrich hatten bei Marilyn einen bleibenden Eindruck hinterlassen. So kamen die beiden zusammen. An einem Sommertag des Jahres 1955 holte Eve Arnold ihr Model im Haus des Dichters und Romanciers Norman Rosten ab. Marilyn hatte eine Ausgabe des *Ulysses* von James Joyce bei sich. Seit einiger Zeit war sie Mitglied von Lee Strasbergs sagenumwobenem Actors Studio, einer Art Theaterlabor, das sich ganz aufs Gefühlsleben der Schauspieler konzentrierte. Strasbergs Methode hatte große Ähnlichkeiten mit der Tiefenpsychologie: Er wollte die verschütteten Empfindungen seiner Schüler freisetzen und sie so zu einem echten Gefühlsausdruck befähigen. Die meisten absolvierten nebenher eine Psychoanalyse, so auch Marilyn. Für eine der Sitzungen sollte sie das stark an die Emotionen appellierende Schlusskapitel des *Ulysses* einüben.

Als Eve Arnold und ihr Model an einem Spielplatz haltmachten, nahm Marilyn den *Ulysses* und vertiefte sich darin, während Eve einen Film einlegte. Und natürlich drückte sie auf den Auslöser. So entstand die berühmte Fotoserie der auf einem Spielplatz im *Ulysses* lesenden Marilyn Monroe. Man muss sich das einmal vorstellen: Marilyn Monroe, die Sex-Ikone des 20. Jahrhunderts, liest eines der wichtigsten Werke der Hochkultur des 20. Jahrhunderts, jenes Buch, das viele für die größte Schöpfung unter den modernen Romanen, andere hingegen für schlicht unlesbar halten. Besonders seltsam und komisch an den Fotos ist, dass Marilyn beim Lesen die ganze Zeit Badeanzüge trägt, entweder einen Einteiler mit bunten Streifen, in dem sie ein wenig wie eine College-Schülerin aussieht, oder eine Art Bikini mit schwarz-weißem Rautenmuster, in dem sie schon eher dem geläufigen Bild der Sexbombe entspricht. Vermutlich war die Bademode der Anlass für die Bilder; schließlich sollte eine Story für das Männermagazin *Esquire* dabei entstehen.

Wird die Zielgruppe Gefallen an den Fotos gefunden haben? Eher nicht, wenn man der schönen Deutung des Bildes folgt, die ihm die britische Schriftstellerin und Feministin Jeanette Winterson gegeben hat: »Das Bild ist so sexy, gerade weil es zeigt, wie Marilyn Monroe James Joyce' *Ulysses* liest«, schreibt sie.

*Sie muss nicht posieren, wir brauchen nicht einmal ihr Gesicht zu sehen, das Foto strahlt absolute Konzentration aus, und nichts ist mehr sexy als absolute Konzentration. Da ist sie die Göttin, und hat es nicht nötig, ihrem Publikum oder ihrem Mann zu gefallen, sie lebt einfach im Buch. Die Verletzlichkeit ist sichtbar, aber auch etwas, was wir bei der blonden Sexbombe nicht häufig sehen – ein Gefühl, sich selbst anzugehören. Es ist keine Playboy-artige Mischung von Geist und Titten, die dieses Foto so vollkommen macht; vielmehr zeigt es, dass Lesen immer ein privater Akt ist, intim, Liebesgeflüster und Seufzer, ohne Kontrolle und gewöhnlich auch ohne Zuschauer. Wir sind hier die Voyeure, das ist schon richtig, aber was wir hier heimlich beobachten, ist kein Augenblick des Körpers, sondern des Geistes. Ausnahmsweise einmal sind wir nicht aufgefordert, Marilyn zu betrachten, sondern haben die Chance, in sie hineinzuschauen.*

Anders gesagt: Mag ihr Äußeres auch noch so sehr zur Welt der Models gehören, im Inneren Marilyns treffen wir auf die »emphatikalistische« Buchliebhaberin Jo Stockton.

Dem scheint kaum etwas hinzuzufügen sein. Es sei denn, die Frage, was wir sehen, wenn wir derart in Marilyn hineinschauen. Die Brücke zu ihren Gedanken bildet dabei natürlich das Buch, in dem sie liest. Sie selbst hat zu Eve Arnold gesagt, die Lektüre sei »eine harte Nuss«, sie könne den *Ulysses* nur stückchenweise lesen. Aber sie liebe den Sound des Buches und würde es laut lesen, damit es einen Sinn ergibt. Was Marilyn damit meinte, verstehen wir besser, wenn wir uns anschauen, an welcher Stelle sie den *Ulysses* aufgeschlagen hat. Offensichtlich liest sie die letzten Seiten, den berühmt-berüchtigten Schlussmonolog der Molly Bloom, der Ehefrau des modernen Odysseus Leopold Bloom, dessen Tagesablauf am 6. Mai 1904 der Roman auf rund siebenhundert Seiten beschreibt. Bloom kommt nach Hause – so wie Odysseus am Ende von Homers Epos zu seiner Penelope – und legt sich zu Mollys Füßen ins Bett. Diese erwacht nur halb aus dem Schlaf; aber auch hier sind – wie bei dem großen antiken Vorbild – die während der Abwesenheit des Hausherrn nicht untätigen Konkurrenten um die Gunst der Hausherrin präsent, nämlich in den frei strömenden Gedanken Mollys, die um einen gewaltigen Orgasmus kreisen, den sie am Nachmittag mit ihrem Liebhaber hatte.

Berühmt sind diese letzten fünfzig Seiten des Romans, weil sie lediglich aus acht Sätzen bestehen, die ohne Absatz, Punkt und Komma dahinströmen und den unkontrollierten Gedankenfluss Mollys wiedergeben, die im Halbschlaf den gerade zu Ende gegangenen Tag und in ihn verschlungen auch ihr gesamtes Leben Revue passieren lässt. Wenn Marilyn sagte, dass sie diese Seiten laut lese, damit sie einen Sinn ergäben, war das nicht etwa Ausdruck ihres Unvermögens, vielmehr tat sie das einzig Richtige: So las man tatsächlich, bevor ab dem 10. Jahrhundert in Europa eine Revolutionierung der Schriftkultur allgemeine Verbreitung erfuhr, durch die Satz- und Absatztrennungen, Punkt und Komma sowie andere Gliederungen des Textes eingeführt wurden, die seine Lesbarkeit hervorhoben. Bis dahin waren die Klöster und Kanzleistuben vom Gemurmel der Lesenden erfüllt gewesen, die sich in dem Buchstabengewimmel orientierten, indem sie bei der Lektüre den Text mehr oder weniger laut vor sich hin sprachen. In mancher Hinsicht kehrt das Schlusskapitel des *Ulysses* zu diesem mittelalterlichen Schriftbild zurück, das sich mehr ans Ohr als ans Auge wendete.

Berüchtigt hingegen ist Mollys Schlussmonolog wegen der Freizügigkeit seiner sexuellen Beschreibungen; es ist das »schmutzigste« Kapitel in einem Buch, das ohnehin als schmutzig galt. Fixiert auf den obszönen Ruf des Buches, sahen die ersten Leserinnen und Leser des *Ulysses* in Molly Bloom den Archetyp einer Hure – und taten ihr unrecht. In Wirklichkeit ist sie ihrem Mann zum ersten Mal untreu – und das nach immerhin zehn Jahren ohne Zärtlichkeiten von seiner Seite. Molly ist eine zwar ungebildete, jedoch clevere, scharfsinnige und freimütige Frau. Vor allem ist ihr Monolog in hohem Maße unterhaltsam. Mollys Witz ist durch und durch komödiantisch: Sie hat die Gabe, die Ausdrucksweise anderer Personen nachzumachen, und bevorzugt eine saftige, mit erotischen und sexuellen Anspielungen gesättigte Sprache, die dennoch die Sprache einer Frau bleibt und frei ist von männlichen Zoten wie auch von überheblicher Ironie.

Dass Marilyn mit ihrem Sinn für derbe Komik Gefallen an Mollys Monolog fand, liegt auf der Hand. Die Stelle, an der Molly darüber sinniert, dass sie es wegen ihres Aussehens zu einem Bühnenstar gebracht haben könnte, hätte sie Bloom nicht geheiratet, dürfte ihr ebenso zugesagt haben wie Mollys Gedanke, dass die Welt wohl ein besserer Ort zum Leben wäre, würde sie von Frauen regiert. Vor allem aber bot sich Mollys

Sinnlichkeit zur Identifikation an. »Ich bin das Fleisch, das stets bejaht«, lässt Joyce sie sagen. Marilyn selbst setzte darauf, durch erotische Freimütigkeit und sexuelle Anzüglichkeit zu provozieren und Aufsehen zu erregen. So offenbarte sie wiederholt der Presse, dass sie unter ihrer Kleidung »nichts, aber auch gar nichts trage – keine Höschen, Schlüpfer, Strumpfhalter oder Büstenhalter«.

Marilyn führte ihren Körper und ihre Sexualität mit damals unbekannter Freizügigkeit vor und wirkte dabei unschuldig wie ein nackter Engel. Entscheidend aber war, dass sie zugleich beides, die Verruchtheit wie die zur Schau getragene Naivität, mit ihrem herausfordernden Witz und ihrer Schlagfertigkeit konterkarierte. Als sie als erster weiblicher Grand Marshall die Miss America Parade anführte, angetan mit nichts als einem Ausschnitt, der vom Hals bis zum Bauchnabel reichte, und damit bei kirchlichen Gruppierungen und Frauenvereinen Wellen der Empörung auslöste, erklärte sie mit Unschuldsmiene: »Die Leute starrten mich den ganzen lieben langen Tag an, aber ich dachte, sie bewunderten mein Grand Marshall Abzeichen.« Bei einem Unterhaltungsprogramm vor Tausenden von Soldaten schmachtete sie »Come and get it, you won't regret it« ins Mikrofon, Zeilen aus dem von ihr interpretierten Gershwin-Song *Do It Again*. Anschließend kam der Veranstalter auf Marilyn zu, die neben einem engen Rock auch einen engen Pullover trug, und meinte anzüglich, sie sei das schönste *»pullover girl«*, im Klartext, das geilste Mädchen, das hier je aufgetreten sei. Darauf Marilyn zum Publikum: »Ich begreife die ganze Aufregung nicht. Ihr Jungs da unten pfeift ständig hinter Girls mit Pullovern her. Stellt euch doch nur mal vor, ihr zieht die Pullover aus – was ihr dann erst zu sehen bekommt!«

In den 1950er Jahren war das weibliche Sexualleben noch ein dunkler Kontinent, an dessen Grenzen die Wächter von Sitte, Anstand und Ignoranz patrouillierten. Abgesehen von literarisch-tiefenpsychologischen Erkundungen, wie sie exemplarisch James Joyce in Mollys Monolog vorführte, gab es wenig Aussagekräftiges zum Thema. Dann aber erschien 1953 in den USA der Kinsey-Report über *Das sexuelle Verhalten der Frau.* Obwohl (oder gerade weil) es sich um das sehr trockene, auf Umfragen, Tabellen und Statistiken beruhende Buch eines älteren Herrn und seiner Mitarbeiter handelte, löste es Wogen der Empörung aus. Millionen von Amerikanern waren geschockt: Mehr als die Hälfte aller Frauen hatte Sex vor der Ehe? Jede vierte verheiratete Frau ging fremd? Masturbation war auch unter Frauen eine weit verbreitete Praxis? Die Grenze zwischen »normaler« und sogenannter »perverser« sexueller Aktivität verlief fließend? Insbesondere befasste sich die Kinsey-Studie mit dem Orgasmus der Frau und lieferte auch hierzu Zahlen über Häufigkeit, Intensität und Lebensalterabhängigkeit. Obwohl Alfred Charles Kinsey jede soziale oder moralische Bewertung der Fakten strikt vermied, lautete seine zwischen den Statistiken versteckte Botschaft: Frauen haben Lust auf Sex und wissen in der Regel sehr genau, wie sie sich Lust verschaffen können. Die amerikanische Frau entpuppte sich bei der Lektüre als ein Wesen, das sehr anders war, als der an ihrer Seite lebende Mann es sich in seinen kühnsten oder schrecklichsten Träumen vorgestellt hatte. Lakonisch resümierte der Kinsey-Report: »Unsere Gesetze und Sitten stehen dem tatsächlichen Verhalten des menschlichen Säugetieres so fern, dass wenige Menschen es sich erlauben können, ihre vollständige Lebensgeschichte dem Gericht oder selbst ihrem Nachbarn oder nächsten Freund bekannt werden zu lassen.«

Zu den wenigen, die sich das erlauben konnten, zählten schon damals die Stars. Stellvertretend für die Mehrheit der Bevölkerung wurden sie von den Medien zur Offenheit in solchen Dingen geradezu genötigt. Und hier kommt Marilyn ins Spiel: Die Monroe der 1950er Jahre war gewissermaßen die Inkarnation der vom Durchschnittsbürger erträumten und zugleich gefürchteten Frau. Ihre Liebesgeschichten und erotischen Eskapaden waren der Öffentlichkeit bekannt; darin kam sie der Vorstellung weiblicher sexueller Emanzipation gefährlich nahe. Wie Kinsey durch seine Statistiken überführte sie durch ihre körperliche Ausstrahlung die Hüter der öffentlichen Moral der Lüge. Dass sie sich dabei durchaus naiv, anschmiegsam und schutzbedürftig gab, verstärkte eher die Gefahr, die von ihr ausging, als dass es sie entschärfte. Denn die Betonung sexueller Freizügigkeit verband sich bei ihr mit einem klaren Drang nach Selbstständigkeit und einer rebellischen Natur. »Marilyn war beides«, resümiert ihr Biograph Donald Spoto: »das brave, angepasste Mädchen, das sich den Männerphantasien unterwarf, aber sie repräsentierte auch die drohende Vorahnung, dass sie sich auf Dauer mit dieser Rolle nicht zufriedengeben und fordern würde, was ihr Spaß mache.«

Nicht irgendeine gut aussehende Frau, sondern genau diese unheimliche Chimäre aus Konformität und Rebellion zeigen die Fotos von Eve Arnold bei der Lektüre des *Ulysses*. Ihre Aufnahmen laden den Akt des Lesens gleich in zweifacher Weise sexuell auf: durch die Figur der Leserin wie durch das Buch, in dem sie liest. Das war natürlich auch ein köstliches Spiel, das sich die beiden Damen an diesem Sommernachmittag des Jahres 1955 leisteten, unbehelligt von irgendwelchen Agenten, Studioleuten und Marketingexperten. So schlugen sie gleich zwei Kulturen ein Schnippchen: der Kommerzkultur des Studiosystems, das Schauspielerinnen wie die Monroe mit Knebelverträgen an sich band und ihnen ein bestimmtes Image verordnete, zu dem es in ihrem Fall gehörte, möglichst geistlos zu erscheinen. Aber auch der Hochkultur, die seit dreihundert Jahren durch Entsinnlichung auf sich aufmerksam machte. Gerade die professionelle Rezeption des *Ulysses* ist ein gutes Beispiel dafür, wie die akademische Fixierung auf Sinn und Bedeutung einem Kunstwerk, das wie kaum ein anderes die Sinnes- und Körperlust thematisiert und auch anspricht, alle Wildheit austreibt und es zu einem Popanz für Intellektuelle macht.

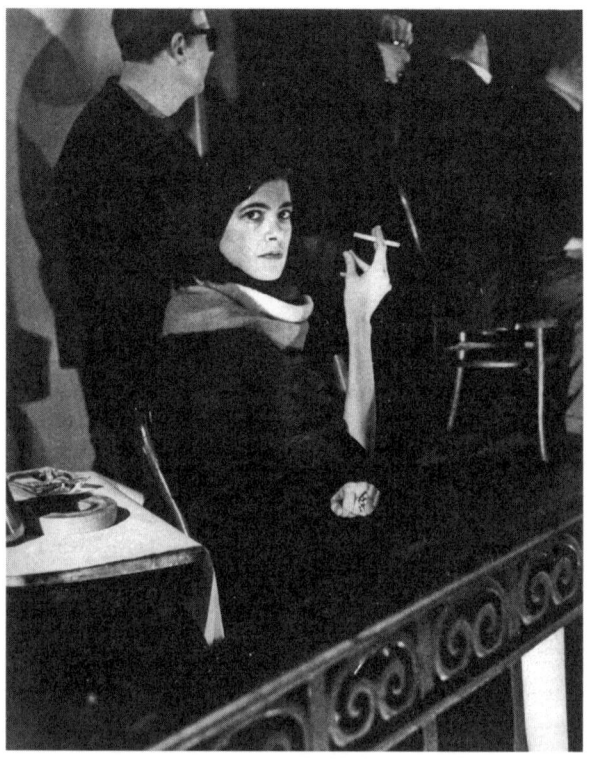

Sie lese nur, was sie auch wiederlesen möchte, sagte sie;
das sei exakt die Definition eines Buches, das es wert
sei, überhaupt gelesen zu werden. Das war trotz dieser
Beschränkung gar nicht so wenig: Als Sechzigjährige
nannte Susan Sontag eine Bibliothek mit über fünf-
zehntausend Bänden ihr eigen. Susan Sontag ist der
exemplarische Fall einer modernen Leserin aus Passion,
die sich nicht von der Welt abwendet, sondern diese im
Spiegel ihrer Lektüre aufmerksamer und schärfer wahrnimmt.

14

NEW YORK, 1960

*Lesen heißt sich erfinden: Susan Sontag*

Im April 1966 fand die neunundzwanzigste Tagung der Gruppe 47 statt. Gruppe 47, das waren die Teilnehmer an den
Schriftstellertreffen, zu denen Hans Werner Richter zwischen 1947 und 1967 einlud. Man traf sich an wechselnden
Schauplätzen, las sich gegenseitig aus neuen Arbeiten vor und
kritisierte einander ad hoc. Zur Gruppe 47 gehörte, wer von
Richter eine Einladung erhielt. Das waren auf den insgesamt
dreißig Treffen hundertneunzig Autoren, lediglich siebzehn
davon Frauen, und eine stetig zunehmende Anzahl von Kritikern und Gästen (hier fiel das Verhältnis Männer zu Frauen für
Letztere noch nachteiliger aus, nämlich 105 zu 8!). Nachdem
man bereits 1954 am Cape Circeo etwa hundert Kilometer
südlich von Rom und 1964 im schwedischen Sigtuna gastiert
hatte, war die Tagung in Princeton 1966 die dritte Auslands-
zusammenkunft. Besondere Vorkommnisse? Keine, glaubt man
etwa der damaligen Berichterstattung von Dieter E. Zimmer
in der *ZEIT*. »Es hätte sich alles ebenso gut in Travemünde
oder Rosenheim abspielen können, oder in Aix-en-Provence
oder Rio de Janeiro.« Dass »deutsche Schriftsteller, um sich
gegenseitig neue Arbeiten vorzulesen, einen Ozean über-
queren, dass sie Orkane durchstehen, dass sie einen amerikanischen Universitätscampus aus vornehmer Ruhe aufstören,
dass an einer amerikanischen Autostraße (US 1) vor einem
Motel (›*your host from coast to coast*‹) ein nachts erleuchtetes

Reklameschild verkündet: ›WELCOME GRUPPE 47‹« – das sei alles absurd genug, auf den ersten wie auf den zweiten Blick.

Auf den dritten Blick war dann aber doch einiges mit Bedeutung passiert. Auf immer wird der Name Peter Handke mit dem amerikanischen Treffen der Gruppe 47 verbunden bleiben. Handke, fünfundzwanzig Jahre jung, trug zu dieser Zeit eine Pilzkopf-Frisur im Stil der Beatles und nutzte die Tagung, um noch vor dem Erscheinen seines Erstlingsromans *Die Hornissen* auf sich aufmerksam zu machen. Am Tag nach seiner eigenen Lesung, die Marcel Reich-Ranicki langweilig gefunden hatte, erhob er sich, um etwas Grundsätzliches zum Stand der hier vorgetragenen Literatur zu sagen. Zwei Mal hatte er dazu während der Tagung schon angesetzt, beide Male aber war seine Intervention verpufft, die an sich schon einen Bruch mit den Gepflogenheiten darstellte, da die eiserne Regel galt, dass der jeweilige Redner sich ausschließlich konkret mit den vorgetragenen Texten auseinandersetzte. Dieses Mal aber hatte er Erfolg: Seine spontan erscheinende, indessen wohl vorbereitete Schmährede erntete Gelächter, Gemurmel und Zwischenrufe und wurde von anderen Teilnehmern später zustimmend oder ablehnend aufgegriffen. In der gegenwärtigen deutschen Prosa, so der junge Autor, herrsche »Beschreibungsimpotenz«. Es sei eine »ganz, ganz unschöpferische Periode in der deutschen Literatur« angebrochen. Das Übel dieser Prosa bestehe darin, »dass man sie ebenso gut aus einem Lexikon abschreiben könnte«. Das sei eine »völlig läppische und idiotische Literatur«. Und die Kritik sei nicht besser: Ihr überkommenes Instrumentarium reiche gerade noch für diese Literatur aus, die Kritik sei ebenso läppisch wie die Literatur.

Das war nicht nur eine Kampfansage an jene Schriftsteller, die mehr oder minder zur Gründergeneration der Gruppe 47

gehörten. Von heute aus gesehen war es die Geburt einer
deutschen Popliteratur, aus der Polemik gegen den Geist
dieser Vereinigung. Der Protagonist der Provokation war ein
schüchterner Rebell, der auf den ersten Blick aussah wie ein
verklemmter Klosterschüler, der aber die Gesetze der Medien
genau studiert hatte und wusste, wie man aus der eigenen
Person ein Markenzeichen machte. Seit diesem Auftritt stand
das Konterfei von Handke in der Medienöffentlichkeit für
ästhetische Rebellion. So gesehen war es doch kein Zufall,
dass seine Schimpfkanonade im Land Andy Warhols und Allen
Ginsbergs stattfand. Der Schriftsteller Klaus Stiller, ein Gene-
rationsgenosse Handkes, erinnert sich, wie der unbekannte,
scheue Kärntner damals hinter ihnen hertrottete, als sie, eine
Gruppe junger Autoren, mit einer Flasche Whiskey bewaffnet,
durch den Park auf dem Princetoner Universitätsgelände stro-
merten. Irgendwie tat er ihnen leid, und sie warteten, damit
er zu ihnen aufschließen konnte. Und da saßen sie dann auf
Bänken, und Handke, der den Mund immer noch nicht auf-
kriegte, rief plötzlich einer vorbeigehenden Amerikanerin zu:
»*Hello, I want to fuck you.*« Alle lachten natürlich, selbst die
junge Frau. »Das war dann sozusagen der Auftritt von Handke
im Park außerhalb der Gruppensitzungen.«

Diese Frau hätte gut und gerne Susan Sontag sein können,
die sich gerade in Princeton aufhielt. Anfang dreißig, einige
entscheidende Jahre älter als Handke und schon ungleich
berühmter und längst nicht mehr so verklemmt, spielte
sie auf der Klaviatur der Medien in mindestens so brillanter Manier wie der österreichische Pilzkopf. In den voran-
gegangenen Jahren war sie durch eine Reihe von Beiträgen
in den angesagtesten Intellektuellenmagazinen der USA zu
einer Berühmtheit aufgestiegen. Am Anfang ihrer Karriere als

Autorin aber hatte ein Roman gestanden, *Der Wohltäter*, im Herbst 1963 bei dem renommierten New Yorker Verlagshaus Farrar, Straus and Giroux erschienen. Um ihren Erstling, ein so ambitioniertes wie schwieriges Stück Literatur, bekannt zu machen, hatte der Verlag seinerzeit neue Wege des Buchmarketings beschritten und ganz auf die Wirkung der Person der Autorin gesetzt. Die Umschlagrückseite war nicht, wie sonst üblich, mit Vorschusslorbeeren in Gestalt von Anpreisungen des Werkes durch prominente Kollegen und Kritiker geschmückt, sondern es prangte dort ein ganzseitiges Foto der Autorin. Ihr tiefschwarzes, modisch geschnittenes Haar und ihre sublimen Gesichtszüge, die zugleich Ernsthaftigkeit und Sinnlichkeit ausstrahlten, signalisierten in Verbindung mit ihrem Designeroutfit eine in der Literaturszene zumal in weiblicher Gestalt bislang unbekannte Mischung von Geist und Glamour. Rein literarisch gesehen war *Der Wohltäter* schwierige Avantgarde-Kost, interessant für kaum mehr als einen kleinen Kreis akademisch gebildeter Leser, nicht anders als Handkes Erstling *Die Hornissen*. Das Image, das sich beide erwarben, machte sie hingegen über die Literaturszene hinaus interessant: Sie standen für eine neue Form ästhetischer Rebellion, motiviert durch eine Gier nach Leben, wie sie dem jungen Zeitgeist entsprach.

Die Anwesenheit Susan Sontags in Princeton hatte einen konkreten Grund: Im Anschluss an die Tagung der Gruppe 47 fand die traditionelle Princeton-Konferenz statt, bei der die Teilnahme der deutschen Schriftsteller durchaus erwünscht war. Das Thema der Tagung lautete: »Der Schriftsteller in der Wohlstandsgesellschaft«. Es sprachen unter anderen: der Kulturkritiker und Brecht-Übersetzer Eric Bentley, der Literaturwissenschaftler Leslie Fiedler, der zwei Jahre später die literarische Postmoderne ausrufen sollte, der Dramatiker Peter

Weiss, dessen Theaterstück über den französischen Revolutio-
när Jean Paul Marat soeben in der Londoner Inszenierung
von Peter Brooks am Broadway Triumphe feierte, sowie als
einzige Frau und jüngste Rednerin Susan Sontag. Ihr Auftritt
war das zweite bemerkenswerte Vorkommnis am Rande des
amerikanischen Gastspiels der Gruppe 47. In ihrem Beitrag
schilderte sie, sie schreibe, wie ein Maler malt und ein Komponist komponiert, nicht um Botschaften zu übermitteln oder
um irgendeiner Wirkung willen, sondern aus reiner Freude an
ästhetischen Formen. Das mutet auf den ersten Blick harmlos an, konnte in einer Zeit, die von der Literatur vor allem
Engagement forderte, aber durchaus als Provokation gelten.
Die *ZEIT* sah darin »eine extreme Position, die es in Deutschland noch sehr schwer hätte«.

*Zigaretten statt Bücher: Princeton 1966, von links nach rechts: Walter
Höllerer, Susan Sontag, Hans Magnus Enzensberger.*

Doch so weltfremd, wie es den deutschen engagierten Schriftstellern erschienen war, hatte Susan Sontag ihr Plädoyer für die Unabhängigkeit des Ästhetischen gar nicht gemeint. Das bewies sie, als sie zur Verwunderung ihrer Kritiker am Abend auf dem Teach-in sprach, das eine Studentengruppe gegen die amerikanische Intervention in Vietnam veranstaltete. Konzentration auf die ästhetische Seite der Kunst und politisches Engagement schlossen sich in ihren Augen nicht aus – allerdings war das eine nicht auf das andere zurückzuführen. Eigentlich hatten die beiden Sphären wenig miteinander zu tun, es sei denn, dass die Schärfung der Sinne, die sie als die eigentliche Funktion der Kunst verstand, auch Auswirkung auf die politische Wahrnehmung hatte. Auf jeden Fall aber wollte sie verhindern, dass die Kunst für irgendeinen außerhalb ihrer selbst liegenden Zweck, eine bestimmte Auffassung von Gesellschaft oder eine Ideologie, instrumentalisiert wurde. Die Fixierung auf den Inhalt, wie sie bei den engagierten Schriftstellern zu erkennen war, brachte die Kunst ihrer Ansicht nach um alles, was sie eigentlich ausmachte: das sinnliche Erleben, aus dem heraus sie entstand und das sie bei ihren Rezipienten, einerlei ob Betrachter, Zuhörer oder Leser, auslöste, ihre spezifische Weise der Aufmerksamkeit, ihren magischen Formenreichtum, ihre Transparenz.

Geboren wurde Susan Sontag als Susan Lee Rosenblatt in New York. Der Nachname, unter dem sie bekannt wurde, war der ihres Stiefvaters, des Kriegsveteranen Captain Nathan Sontag, den ihre Mutter heiratete, als Susan zwölf Jahre alt war. Ihr leiblicher Vater, Jack Rosenblatt, ein Pelzhändler, dessen Unternehmen in China beheimatet war und der zwischen New York und Tianjin pendelte, starb in jungen Jahren an

Tuberkulose, da war das Mädchen erst fünf. Die nun allein-erziehende, stark dem Alkohol zusprechende, emotional dis-tanzierte Mutter ließ die Tochter über vier Monate im Unge-wissen darüber, was mit dem Vater passiert war; eines Tages dann erzählte sie ihr unvermittelt, dass er seit längerem tot sei – für das Mädchen eine traumatische Erfahrung.

Der mit dem Tod des Vaters verbundene finanzielle und soziale Abstieg der Familie sowie ein bei Susan ausbrechendes Asthma zogen mehrere hektische Umzüge nach sich: erst nach Florida, dessen feuchtes, subtropisches Klima die Erkrankung nur noch verschlimmerte, wenige Monate später dann nach Tuscon in der Wüstenlandschaft Arizonas, wo Susan einge-schult wurde, und noch einmal sieben Jahre darauf nach Los Angeles, wo sie die Highschool besuchte. Als Andrew Wylie, Susan Sontags Literaturagent seit den 1980er Jahren, Jahr-zehnte später Arizona bereiste, zeigte ihm ein Freund den Bungalow, ein in den Boden zementiertes Haus auf Rädern, in dem Susan Sontag ihre Kindheit verbracht hatte. Wylie berichtete Daniel Schreiber, dem deutschen Biographen Susan Sontags, von seiner grenzenlosen Verblüffung:

*Was ich sah, war ein Akt der Selbsterfindung, der Susan ausmachte. Eine so gebieterische, kulturell zutiefst gebildete und kosmopolitische Intellektuelle zu werden, ausgehend von diesem heruntergekommenen kleinen Trailer am Rande Tuscons, einem der trostlosesten Orte, an dem man in diesem Land leben kann, das war unglaublich.*

Sehr früh, schon mit drei Jahren, hatte Susan lesen gelernt. Seitdem sie sechs war, las sie »richtige Bücher«, darunter auch auf die Bedürfnisse Jugendlicher zugeschnittene, gekürzte Aus-

gaben von Klassikern. Sie erinnerte sich später an Victor Hugos
*Die Elenden*, an die *Erzählungen nach Shakespeare* von Charles
Lamb, aber auch an *20000 Jahre in Sing Sing*, das berühmte,
zweimal verfilmte Buch des Gefängnisdirektors und Refor-
mers des amerikanischen Strafvollzugs Lewis Edward Lawes.
Zu den einflussreichsten Lektüren ihrer Kindheit gehörte Ève
Curies Biographie ihrer Mutter Marie Curie, der Entdeckerin
der Radioaktivität und zweifachen Nobelpreisträgerin, einer
Autodidaktin, die sich Mathematik und Physik in einsamen
Studien während ihrer Tätigkeit als Gouvernante in wohlhabenden Familien beigebracht hatte. Für die kleine Susan
war nach der Lektüre klar, was sie werden wollte: Chemikerin
oder Physikerin, und das am liebsten, gleich Marie Curie, in
Paris, der Stadt, in der schon viele ihr Glück gemacht hatten,
denen es zu Hause zu eng geworden war.

Als sie dann mit zwölf Jahren Jack Londons Künstlerroman
*Martin Eden* in die Finger bekommt, ändert sich ihr Berufs-
wunsch noch einmal. In diesem Bildungsroman mit stark
autobiographischen Zügen erzählt London die Geschichte
eines Matrosen, der wie sein Autor aus ärmlichen Verhältnissen stammt. Die Begegnung mit einer jungen Frau aus der
Mittelschicht, die von seinem ungeschliffenen Benehmen und
seiner vulgären Ausdrucksweise anfangs schockiert ist, sich
andererseits von seiner Vitalität und seinem wachen Intellekt
angezogen fühlt, weckt bei Martin die Motivation, sich selbst
zu bilden und zu kultivieren. Dilettantisch und planlos sind
die Anfänge, aber das Ergebnis kann sich sehen lassen. Der
Matrose entwickelt sich zu einer interessanten Persönlichkeit,
deren Passion die Schriftstellerei ist. Nur der Erfolg will sich
nicht einstellen. Zudem bringt Ruth Morse, die junge Dame,
für seine Abenteuergeschichten, Gedichte und Essays auch

nicht das rechte Verständnis auf, weil sie den Realismus seiner literarischen Produkte im Vergleich zu ihren viktorianischen Romanen als unfein empfindet. So zerbricht die Beziehung, doch genau in diesem Moment stellt sich der lang ersehnte Erfolg ein: Martins Bücher werden Bestseller, und er ist auf einmal in den Augen von Ruths Mittelschichtsfamilie eine gute Partie. Doch enttäuscht von Ruth und angeekelt von der Unaufrichtigkeit der bürgerlichen Moral, ist sein Lebenswille, für den er von allen bewundert wurde, gebrochen. Auf hoher See nimmt Martin Eden sich das Leben.

So kommt es, dass die kleine Susan Schriftstellerin werden will – abzüglich natürlich des düsteren Schicksals, das Jack London seinem Helden bereitet. Sie versteht sich selbst als eine heldenhafte Autodidaktin und die Schriftstellerexistenz als eine heroische Berufung. Jack Londons Held, obwohl ein Mann, ist für eine Heranwachsende, die sich in ihrer Familie, aber auch in ihrer Umgebung als Außenseiterin fühlt, ein dankbares Identifikationsobjekt. Susan besucht die Schule, überspringt sogar mehrfach Klassen – aber sie weiß, dass eine gute Ausbildung für eine Frau lange Zeit keineswegs selbstverständlich war. Den Proletarier Martin Eden und das Mädchen, das über ihr Frausein nachzudenken beginnt, verbindet die Opposition zu einer Welt, in der Konvention und Status darüber bestimmen, ob jemand Erfolg hat oder nicht.

Der englische Schriftsteller Graham Greene hat den Moment, in dem wir bewusst zu lesen beginnen, einen »gefährlichen Augenblick« genannt. Gefährlich sei dieser Augenblick nicht nur, weil er uns dazu verleiten kann, das kindliche Gefühl der Ohnmacht gegen die Vorstellung einzutauschen, unsere Gedanken hätten unbegrenzte Macht über unser Leben. Gefährlich ist dieser Augenblick laut Graham Greene vor allem deshalb, weil wir mit den Büchern, die wir aus den Regalen holen, um sie zu lesen, auch unsere Zukunft heranholen. Greene ging davon aus, dass die Bücher, die wir als Kind und später als Jugendlicher lesen, einen besonderen, nachhaltigen Einfluss auf uns ausüben, der weit über diese Lebensphase hinausreicht. Diese Bücher bestimmen unsere Zukunft mit, weil sie unsere Wünsche und Vorstellungen sowie vor allem unser Bild von uns selbst prägen.

Sie habe ihre Kindheit in einem Delirium literarischer Höhenflüge durchgestanden, behauptete Susan Sontag später:

*Ich wollte anderswo sein. Und das Lesen sorgte für beseligende, bestärkende Distanzierung. Dank des Lesens – und der Musik – bestand meine tägliche Erfahrung darin, in einer Welt von Menschen zu leben, die sich einen Dreck um die Intensität scherte, zu der ich mich bekannte. Ich fühlte mich, als käme ich von einem anderen Planeten – eine Phantasie, die ich den unschuldigen Comics dieser Zeit entliehen hatte, denen ich auch verfallen war.*

Lesen war für sie ein Triumph; Susan Sontag nennt ihn den »Triumph des Nicht-ich-selbst-sein-Müssens«. Zustimmend zitiert sie Virginia Woolfs Beschreibung, dass der Vorgang des Lesens in einer »völligen Eliminierung des Ichs« bestehe. Das mache ihn so reizvoll, erkläre seinen Suchtfaktor. Lesend nehmen wir das, was unsere oftmals ungeliebte Wirklichkeit ausmacht, in die Möglichkeitsform zurück. Wir hängen der Vorstellung nach, wie es wäre, wenn wir nicht die und die Person sein müssten mit dem besagten Namen, den Eltern, dem hinter unseren Erwartungen zurückgebliebenen Lebenslauf. Wie es wäre, wenn die Welt uns nach wie vor für jede

Form der Selbstverwirklichung offenstünde. Als könnten wir
noch einmal das »unbeschriebene Blatt« ganz am Anfang des
Lebens sein, von dem heute die Psychologen sagen, dass wir
es nie waren.

Doch das ist keineswegs schon die ganze Wahrheit über
den Lektürerausch. Beim Lesen legen wir nicht nur unser
gewöhnliches Ich ab, wir entwerfen es auch neu. Wir probie-
ren Lebensentwürfe an wie Kleider, etwa den einer heroischen
Schriftstellerexistenz, wie sie Martin Eden in Jack Londons
Buch so suggestiv verkörpert. Für Susan Sontag wurde die
wiederholte Lektüre dieses Künstlerromans in der Tat zu
einem entscheidenden Erlebnis; so entscheidend, dass sie sich
später nicht damit begnügen konnte, eine allseits gerühmte
Essayistin zu sein, sondern den eigentlichen Beweis ihres
Erfolgs in der Anerkennung als Romanschriftstellerin suchte.

Neben der vorübergehenden Auslöschung der eigenen
Person führt emphatisches Lesen auch zur Neuerfindung der
eigenen Rolle in der Welt. Das muss nicht immer durch Identifikation mit einer fiktiven Figur, einem idealen Ich, zustande
kommen. Es kann auch im Gegenentwurf erfolgen. Romane
sind offene Kunstwerke, unabhängig davon, welches Ende sie
nehmen. Sie bieten ihren Leserinnen und Lesern stets einen
Ausweg.

»In Amerika glauben wir immer daran, noch einmal neu
anfangen, das Blatt wenden, uns erfinden und uns transformie-
ren zu können«, sagte die siebzigjährige Susan Sontag in einem
Fernseh-Interview. Selbsterfindung ist gewiss ein so charak-
teristischer wie bemerkenswerter Zug des American Way of
Life. Selbsterfindung ist aber auch ein Grundzug moderner
Lebensführung allgemein. Ihr Kern ist, sich nicht mit den
Bedingungen zu begnügen, die uns durch Geburt und durch

die Verhältnisse, in denen wir aufwachsen, vorgegeben sind, sondern sich eigene Bedingungen zu schaffen; die Krusten ererbter Lebensumstände aufzubrechen und nach der eigenen Fasson zu leben; die überkommene, konventionelle Beschreibung der Welt hinter sich zu lassen und neue Formen der Beschreibung zu erfinden, die attraktiv sowohl für die eigene als auch für die nachkommende Generation sind. An Susan Sontag lässt sich exemplarisch studieren, welche bedeutende Rolle in dieser Hinsicht die Lektüre (und natürlich auch das Verfassen) von Literatur, insbesondere von Romanen, haben kann.

In den Notizheften, die sie seit ihrer Pubertät führt und die ihr zur spontanen Niederschrift von Gedanken und Selbstreflexionen, aber auch zur Selbstermahnung und als Besorgungslisten dienen, kommt Susan Sontag immer wieder auf ihre Lektüre zu sprechen. Als Fünfzehnjährige notiert sie etwa:

*1.9.48*
*So bald wie möglich Stephen Spenders Übersetzung der* Duineser Elegien *lesen.*
*Vertiefe mich derzeit wieder in Gide — welche Klarheit und Präzision …*
*10.9.48*
*Habe dieses Buch [André Gides* Journal] *an dem Tag, an dem ich es gekauft habe, fertig gelesen, nachts um halb drei — … ich lese dieses Buch nicht nur, ich erschaffe es selbst …*
*19.12.48*
*Es gibt so viele Bücher, Theaterstücke und Erzählungen, die ich lesen muss …*

Tar – *Sherwood Anderson*
Das Erbe im Blut – *Ludwig Lewisohn*
Die Freistatt – *William Faulkner*
Esther Waters – *George Moore*
Tagebuch eines Schriftstellers – *Dostojewski*
*[Die Liste erstreckt sich über mehr als fünf Seiten, es werden*
*mehr als hundert Titel aufgeführt.]*
*1.3.49*
*Habe mir heute* Kontrapunkt des Lebens *gekauft und sechs*
*Stunden am Stück gelesen, um es fertig zu kriegen. Huxley*
*schreibt eine wunderbar selbstbewusste Prosa …*
*April 1949*
*Hier in meinem unverhohlenen Alleinsein [die jetzt sech-*
*zehnjährige Susan war mittlerweile an der Universität von*
*Kalifornien in Berkeley immatrikuliert] habe ich mir zumin-*
*dest einiges erschlossen, was mich erfreut und entschädigt –*
*Musik, Bücher, das laute Lesen von Gedichten. Ich muss*
*niemandem etwas vormachen, ich verfüge frei über meine*
*Zeit – zu Hause finden ständig diese hohlen, ritualisier-*
*ten Freundlichkeitsbekundungen statt – eine schreckliche*
*Zeitverschwendung – ich muss mit meiner Zeit in diesem*
*Sommer sorgsam haushalten, denn es gibt viel zu tun –*
*14.4.49*
*Ich habe gestern [Djuna Barnes'] Nachtgewächs gelesen …*
*So möchte ich auch schreiben – reich und rhythmisch – eine*
*schwere, sonore Prosa …*

Das sind Aufzeichnungen einer extrem motivierten und ehrgeizigen Hochbegabten, die von dem Wunsch beseelt ist, möglichst schnell erwachsen zu werden. Aber sie lassen sich doch
nicht darauf reduzieren. Auf exemplarische Weise belegen sie

die entscheidende Rolle der Lektüre von Romanen und anderen fiktionalen Texten im Leben einer jungen Frau, die sich nicht einlassen will auf die Rollenangebote, die ihr von der unmittelbaren Umwelt gemacht werden, die vielmehr auf der Suche nach dem eigenen Weg ist und einem Selbstbild, das ihren Wünschen und Sehnsüchten entspricht.

In ihren Tagebüchern kreist die junge Susan Sontag jedoch nicht nur um Literatur, sondern auch um ein weiteres Thema: Sehr früh entdeckt sie ihr Hingezogensein zum eigenen Geschlecht. »So wie ich früher auf eine angstvolle und neurotische Weise gläubig war und meinte, irgendwann Katholikin werden zu müssen, habe ich jetzt das Gefühl, lesbische Neigungen zu haben (wie ungern ich das schreibe)«, notiert die gerade Fünfzehnjährige voller Misstrauen gegen die eigenen Gefühle. Als sie wenig später zum ersten Mal von einem Jungen geküsst wird, schreibt sie: »Was ich weiß, ist sehr hässlich und so unerträglich, weil es sich nicht vermitteln lässt – ich habe mich bemüht! Ich wollte reagieren! Ich wollte mich unbedingt körperlich zu ihm hingezogen fühlen und wenigstens beweisen, dass ich bisexuell bin.« (Wenig später setzt sie am Rand hinzu: »›Wenigstens bisexuell!‹ – was für eine idiotische Idee!«) Ihre exzessive Lektüre André Gides und auch Thomas Manns erfolgt vor dem Hintergrund des diffusen Bewusstseins der eigenen sexuellen Andersartigkeit. Mit fünfzehn hat sie ihr erstes sexuelles Erlebnis mit einer Frau, das sie genießt und als Selbstbefreiung empfindet.

Dennoch heiratet sie sehr früh, bereits mit siebzehn, den Universitätsdozenten Philip Rieff, der älter aussieht als seine achtundzwanzig Jahre und der für sie eine Art Vaterersatz zu sein scheint. Rieff ist ein traditioneller Mann, der geheiratet hat, um eine Familie zu gründen. Zwei Jahre später bringt sie

einen Sohn zu Welt. Und wieder reflektiert sie ihre Lebens-
situation im Spiegel der Literatur. Sie liest George Eliots
Roman *Middlemarch* und bricht nach einem Drittel des Buches
in Tränen aus, weil sie sich nicht nur in Dorothea Brooke,
der weiblichen Hauptfigur, einer ernsthaften bildungshungrigen jungen Frau, wiedererkennt, sondern ebenfalls einen
Mr Casaubon geheiratet hat. *Middlemarch*, einer der englischen
Klassiker des 19. Jahrhunderts, in Buchform erstmals 1874 veröffentlicht, hat wie Gustave Flauberts *Madame Bovary* einen
Untertitel, der ebenfalls auf die Provinz verweist: *Eine Studie
über das Leben in der Provinz*. Middlemarch ist ein fiktiver Ort
in Mittelengland und der Schauplatz der Lebensschicksale, von
denen der Roman erzählt. Dorothea hat die Avancen eines
jüngeren Mannes zurückgewiesen, um den wesentlich älteren
Pastor Edward Casaubon zu heiraten, von dem sie sich eine
Befriedigung ihrer intellektuellen und sozialen Ambitionen
erhofft. Doch die Ehe erweist sich als ein fataler Missgriff. Statt
Dorothea in ihrem Lerneifer zu unterstützen und sie an seiner
intellektuellen Welt teilhaben zu lassen, beneidet er sie um
ihre jugendliche Energie, ihren Witz und ihre Lebendigkeit
und straft sie mit Verachtung.

1958 dann, da ist sie fünfundzwanzig Jahre alt, nimmt Susan
Sontag ein Jahr Urlaub von Ehe und Familienleben, die sie
zunehmend als Einengung erlebt, und geht nach Europa. Der
offizielle Grund ist, die Arbeit an ihrer letztlich nie geschriebenen Dissertation voranzutreiben, insgeheim aber geht sie
zu ihrem Ehemann auf Distanz und erkundet für sich neue
Wege des Lebens, die für sie nach wie vor mit einer Existenz
als Schriftstellerin verbunden sind – eine Dimension, die im
Zusammenleben mit Philip Rieff nahezu verkümmert ist.
Nach einem viermonatigen Aufenthalt in Oxford zieht sie

weiter nach Paris, wo sie die Geliebte aus Jugendtagen wiedertrifft und sich im Künstlerviertel Saint-Germain-des-Prés eine kleine Mansardenwohnung nimmt, als bedürfte es nur der richtigen, von Mythen und Legenden genährten Umgebung, um den bislang stockenden Schreibfluss zu entfesseln.

Susan Sontag greift zum Tagebuch, um ihre literarischen Ambitionen auszuleben, aber statt Literatur zu verfassen, reflektiert sie erst einmal über die Bedeutung des Schreibens für ihre Identität: Autorin möchte sie nicht deshalb sein, weil sie etwas zu erzählen hat, sondern sie will schreiben, um ein anderes Leben als das bisherige zu führen. In Paris macht sie die Erfahrung, wie stark ihr Wunsch, Autorin zu sein, mit ihrer sexuellen Orientierung verbunden ist. Nachdem sie sich, zurück in den USA, von ihrem Mann getrennt hat und nun als alleinerziehende Mutter in New York lebt, ist mit der ersten erfüllten lesbischen Beziehung plötzlich auch die bis dahin anhaltende Schreibhemmung gebrochen. »Zum Orgasmus kommen zu können hat mein Leben verändert«, vertraute sie zu dieser Zeit ihrem Tagebuch an: »Es gelüstet mich zu schreiben. Zum Orgasmus kommen zu können bedeutet nicht die Erlösung meines Ichs, sondern vielmehr dessen Geburt ... Schreiben heißt, sich vergeuden, sich riskieren. Aber bisher gefiel mir nicht einmal der Klang meines Namens.«

Die später in den USA bekannte feministische Dramatikerin María Irene Fornés, ihre damalige Geliebte, und Susan Sontag erinnerten sich später gerne daran, wie ein gemeinsames Gespräch über ihre Schreibhemmungen zur Initialzündung dafür wurde, sofort mit dem Ersehnten anzufangen. Die beiden sollen daraufhin wochenlang einander gegenüber an einem Tisch in ihrer Wohnung gesessen haben, jede vor ihrer Schreibmaschine, ihre Arbeit nur unterbrechend, um sich

gegenseitig Passagen vorzulesen. Auf diese Weise begann Susan
Sontag mit *Der Wohltäter*, ihrem avantgardistischen Roman
über einen Sechzigjährigen, dessen Pariser Bohemeleben und
skurrile Traumwelten sich bis zur Ununterscheidbarkeit miteinander vermischen.

Heute muss man daran erinnern, mit welchen Tabus nicht-
heterosexuelle Beziehungen und Erlebnisweisen in den 1950er
und 1960er Jahren noch belegt waren. Homosexualität stand
damals in New York unter Strafe. Susan Sontag wird sich ihr
ganzes Leben nicht zu ihren lesbischen Neigungen bekennen,
auch später nicht, als sie, ein offenes Geheimnis, mit der Star-
fotografin Annie Leibovitz zusammenlebt. Es war wohl eine
anhaltende Reaktion darauf, dass ihr Ex-Ehemann ihr anfäng-
lich das Sorgerecht für den Sohn streitig zu machen versuchte,
weil sie wegen ihrer lesbischen Beziehungen angeblich dazu
unfähig sei, die Mutterrolle auszufüllen.

Zusammen mit Fornés hatte Susan Sonntag auch deren
schwulen Freund Alfred Chester kennengelernt, der gute
Kontakte zur *Partisan Review* besaß, das damals das zentrale
Intelligenzblatt der amerikanischen Linken war. Hier erschien
1962 Sontags erster Essay, eine Kritik des neuen Romans von
Isaac Bashevis Singer; weitere Essays folgten über die unterschiedlichsten kulturellen Phänomene, die gerade *en vogue*
waren, von Happenings bis zum neuen französischen Film.
Schon bald hatte Sontags Name in den New Yorker Literaten-,
Künstler- und Intellektuellenzirkeln einen gewissen Klang,
was sich nicht zuletzt ihrer außergewöhnlichen, sehr attrakti-
ven Erscheinung und ihrem selbstsicheren Auftreten verdankte.
Als im Februar 1963 die erste Ausgabe der *New York Review
of Books* erschien, war sie jedenfalls wie selbstverständlich mit
einem Beitrag vertreten.

In New York war Susan Sontag berüchtigt für ihre Ausgehwut. Sie entdeckte die rauschenden Partys, die Welt des Rock'n'Roll und des Pop als Gegengift zu der unsinnlichen, in ihren Augen zunehmend sinnlosen, zwanghaften akademischen Welt und ihrem »verbissenen Karrierismus«. Sie hatte genug von »Geschwätz, Büchern, intellektueller Emsigkeit, dem verkrampften Gang der Professoren« – so steht es in ihrem Tagebuch. Stattdessen forderte sie die New Yorker Intellektuellen auf, endlich die Wirklichkeit um sie herum zu würdigen: Fotografie, Film, Tanz, Pop Art, Massenkultur. Sie sollten sich locker machen und die Kunst mit allen ihren Sinnen aufnehmen. Susan Sontag eroberte die sexuelle Revolution für sich und verwandelte sie in eine ästhetische Theorie.

Zu einem intellektuellen Star, der bald weit über die New Yorker Szene hinaus erstrahlen sollte, wurde Susan Sontag durch ihre *Notes on* »*Camp*« (Anmerkungen zu »Camp«), die in der Herbstausgabe 1964 der *Partisan Review* erschienen. Der dort zum ersten Mal praktizierten Strategie, randständige kulturelle Phänomene in den Rang von innovativen ästhetischen Formen zu heben, sollte Susan Sontag in ihrem gesamten Werk treu bleiben. So hielt sie es mit der Pornographie, so auch mit der Fotografie, der damals die Verachtung der Highbrow-Intellektuellen sicher war. Es gilt selbst noch für ihre später verfassten historischen Romane, die eine von Hochkultur und Avantgarde gleichermaßen verschmähte, für zu leicht befundene literarische Form neu erfahrbar machten. Stets hielt Susan Sontag an ihrem Prinzip fest, etwas Unerwartetes zu tun und so für ihre Umwelt unberechenbar zu erscheinen.

Als Kritikerin interessierte sie sich besonders für das Randständige und führte es ins Zentrum der Aufmerksamkeit. Aufmerksamkeit, mittlerweile zum Schlagwort gewor-

den, das vor allem Defizite heraufbeschwört, insbesondere
das der kindlichen und jugendlichen Konzentrationsstörung,
ist überhaupt der Schlüsselbegriff ihrer Ästhetik. Schon früh
diagnostizierte sie einen Aufmerksamkeitsschwund im Herzen
unserer Kultur. Unsere Kultur beruhe auf dem Übermaß, der
Überproduktion. Egal, ob die Einkaufsstraße einer Stadt, das
Fernsehen oder inzwischen das Internet: Unsere Sinne werden
mit Eindrücken förmlich bombardiert. Das Ergebnis seien ein
»stetig fortschreitender Rückgang der Schärfe unserer sinnlichen Erfahrung« und mit ihm ein drohender Wirklichkeits-
verlust, wie es in *Kunst und Antikunst* heißt. Im Hinblick auf
diese Abstumpfung unserer sensorischen Fähigkeiten und die
Derealisierung unseres Verhältnisses zur Welt sah Susan Sontag
die Aufgabe des Kritikers. Er solle dazu beitragen, dass wir
unsere Aufmerksamkeit wiedererlangen, dass aus dem Defizit
ein Überschuss an Aufmerksamkeit wird. Das geht nur durch
radikale Beschränkung: Konzentration aufs Wesentliche. Susan
Sontag sah den Schriftsteller als denjenigen, der der Welt Aufmerksamkeit schenkt – nicht weil er wahllos auf alles eingeht,
was auf ihn einströmt, sondern indem er in der Lage ist, in
einem noch so kleinen Ausschnitt die Fülle einer ganzen Welt
zu finden. Von seinem Partner, dem Leser, wollte sie dies auch
sagen können.

*Was macht die Leserin, wenn das Buch ausgelesen
ist oder die Fortsetzung auf sich warten lässt? Früher
wandelte sie ein Gefühl der Leere an: Die Welt war mit
einem Schlag sinnlos geworden. Das muss heute nicht
mehr sein: Die Lösung heißt Fanfiction. Der globale
Trend sorgt dafür, dass es zunehmend mehr Harry-
Potter-Bücher gibt, obwohl J. K. Rowling längst keine
mehr schreibt. Eine Recherche.*

## 15

WWW.FANFICTION.NET, 1998

## Die Zukunft der Leserin

*The melody, that will change you    von Becky84*
*erstellt: 08.09.2012    letztes Update: 11.06.2013*
*45 Kapitel / 58 741 Wörter    Geschichte, Romanze / P18*
*(in Arbeit)    59 Reviews*
*Steckt unter der harten Schale von Marcus Flint ein weicher*
*Kern? Melody, die neu nach Hogwarts kommt, stellt sich*
*im Laufe der Zeit genau dieselbe Frage. Was verbirgt er? …*
*Wird es ihr gelingen, hinter seine Geheimnisse zu kommen?*
*Und wie schafft es ein einziges Mädchen eigentlich ganz*
*Hogwarts auf den Kopf zu stellen? Lest selbst …*

Marcel Proust erinnerte sich daran, als Kind, sobald er mit
einem Buch fertig war, »in der Erregung über die beendete
Lektüre« von starkem Bewegungsdrang ergriffen worden zu
sein. Das war keineswegs nur eine Reaktion auf die Unbe-
weglichkeit während des Lesens. Die Unruhe, die sich seiner
bemächtigte, hatte auch ihre intellektuelle Seite: Nun, da das
Buch ausgelesen war, blieben die durch die Lektüre entstandenen Wünsche und Erwartungen ohne Antwort und ließen
den Leser unbefriedigt, um nicht zu sagen frustriert, zurück.
Was, so sagte er sich – »das Buch war nicht mehr als das?«
Diese Wesen, die die Seiten bevölkerten und denen er mehr
von seiner Aufmerksamkeit geschenkt hatte als den Menschen
des wirklichen Lebens, für die er außer Atem geraten war und

geschluchzt hatte – er sollte nichts weiter über sie erfahren? Die Verwendung jeder Stunde ihres Lebens war ihm erzählt worden. Sollten sie morgen wirklich nur noch Namen auf einer vergessenen Seite sein, in einem Buch, das ohne Beziehung zum Leben war und dessen Bestimmung darin bestand, irgendwo im Regal zu verschwinden? Alles in dem kindlichen Leser protestierte gegen diese Ernüchterung.

Noch der erwachsene Proust hat diese Kränkung seiner lesend verbrachten Kinder- und Jugendtage im Sinn, wenn er den Stellenwert des Lesens hinterfragt. Obwohl zeitlebens ein passionierter Leser, hielt er von dem schon zu seiner Zeit gesungenen Lob des Lesens nicht viel. Der Wert des Lesens sei zugleich seine Unvollkommenheit, meinte er; es sei »Initiation« oder »Impuls«, könne aber niemals die eigene geistige und schöpferische Tätigkeit ersetzen. Genau diesen Fehler begingen seiner Ansicht nach diejenigen, die Proust die »Literaturkundigen« nannte und verachtete – die bildungsbeflissenen Literaturliebhaber und -kritiker seiner Zeit. Ihr »fetischistischer Respekt vor Büchern« sei so groß, dass sie in ihnen nicht suchten, was sie selbst stärker machte, sondern sie um ihrer selbst willen verehrten und sie dabei in den Rang religiöser Idole erhoben. Sie machten sich das Gelesene nicht zu eigen, sondern verharrten vor ihm in Ehrfurcht. Die Bedeutung eines Gedankens erklärten sie damit, dass sie auf die Bücher verwiesen, in denen er vorkam. Proust nannte das die »literarische Krankheit«.

*Eine zweite Chance  von Asmoday*
*erstellt: 18.03.2013    letztes Update: 11.06.2013*
*11 Kapitel / 20275 Wörter    Geschichte, Romanze, Freundschaft / P18-AVL Slash    (in Arbeit)    76 Reviews*

*Alle kennen das Ende von Harry Potter. Harry und Volde-
mort haben ihr episches Battle und Voldie zerfällt hinterher zu Staub (oder was auch immer) und »Alles war gut«.
So dachte auch Harry sich das nach dem kräftezehrenden
Kampf – zumindest anfangs. Doch dann kommt der Alltag
zurück und Alles geht einem auf den Geist … Da kommt
ein kleines Baby mit schwarzen, süßen Löckchen und großen,
rubinroten Augen gerade recht. Doch was stimmt mit diesem Kind nicht? Warum altert es alle drei Tage um mehrere
Jahre?? Und wie lange kann der »Popstar« der Zaubererwelt
seinen unerwarteten Gast geheim halten?*

Wäre Proust ein Fan von Fanfiction gewesen? Immerhin handelt es sich dabei um eine Lösung des Dilemmas, auf das er
vor über hundert Jahren aufmerksam gemacht hat und das
jeder kennt, der in Kinder- und Jugendtagen leidenschaftlich
Bücher verschlungen hat. Fanfiction ist der heute geläufige
Begriff für eine Literatur, deren Verfasser Leserin und Leser der
Originalwerke sind. Um dem Horror vacui des ausgelesenen
Buches zu entgehen, greifen sie zum Mittel der Niederschrift
einer Fortsetzung, ohne sich dafür vom Verfasser des Werkes,
auf das sie sich irgendwie beziehen, autorisieren zu lassen. Die
Betonung liegt dabei auf »irgendwie«: Es ist nämlich so gut
wie alles erlaubt, von der Hinüberversetzung der Figuren des
Originalwerkes in Paralleluniversen oder alternative Welten
über die Wiederbelebung bereits verstorbener Figuren bis hin
zur Auffüllung der Originalhandlung mit dort ausgesparten
»Tabuthemen« wie Sex und Gewalt. Wer Fanfiction verfasst,
kann sich mit dem Gedanken nicht abfinden, dass die fiktio-
nale Welt mitsamt ihren Figuren, in die er beim Lesen einge-
taucht ist, sich in dem Augenblick ins Schemenhafte verflüch-

tigt, da er das Buch zuklappt. Der Leser wehrt sich gegen das Vergessen, dagegen, die Euphorie der Lektürestunden ad acta zu legen. Zugleich begnügt er sich aber auch nicht mit der Rolle des belesenen Kenners, der alles über »sein« Buch weiß und es womöglich besser versteht als sein Autor. Ist das Buch ausgelesen, wirft er es weder in eine Ecke, noch baut er ihm einen Altar in seinem Herzen. Vielmehr greift er nach einer Tastatur und schreibt es fort. Die Schreiber von Fanfiction sind Fans, aber sie sind nicht stumm, keine Medienkonsumenten, die ihr Freizeitverhalten via Fernbedienung steuern. Die Literatur spricht zu ihnen, und sie antworten ihr in ihrer eigenen Sprache.

*Friendship is the chaining of souls von Nelle*
*erstellt: 15.03.2013    letztes Update: 10.06.2013*
*34 Kapitel / 114 454 Wörter    Geschichte, Allgemein / P12*
*(in Arbeit)    50 Reviews*
*Was wäre wenn nicht Hagrid Harry vor all den Jahren gefunden hätte, sondern die andere Seite? Was wäre wenn eine der Personen beschließt Harry als seinen Sohn aufzuziehen? Was wäre wenn sein bester Freund nicht Ron Weasley sondern Draco Malfoy heißt? Was wäre wenn der sprechende Hut seine leiblichen Eltern in ihm erkennt und ihn nicht nach Slytherin schickt? Was wäre wenn er lernen muss, wer er wirklich ist? Und was wäre wenn er erfahren muss, dass es jemanden gibt, der sich seinen Tod wünscht?*

Fanfiction, vom Mainstream weitgehend unbeachtet, ist inzwischen eine eigene Literaturgattung mit gigantischen Ausmaßen und globaler Reichweite. Man schätzt, dass sie gut ein Drittel des Inhalts im World Wide Web ausmacht, der mit Büchern zu tun hat. Häufig übersteigt der Umfang der Fanfiction den des Originalwerkes, das sie verarbeitet oder erweitert, um ein Vielfaches. FanFiction.net, die größte Website dieser Art, 1998 gegründet, enthält mehrere Millionen Werke. Sie reichen von Kurzgeschichten, die dort »One-shot« heißen, bis hin zu Romanen von Tolstoi'schen Ausmaßen. Die Fanfiction allein zu Harry Potter auf FanFiction.net beinhaltet im Juni 2013 annähernd 650 000 Einträge (zum Vergleich, auf der deutschen Seite FanFiktion.de sind es gut 30 000).

Noch bis vor kurzem hatte das Schreiben von Fanfiction mit Geldverdienen nichts zu tun; es war gratis in jeder Hinsicht. Das ändert sich gerade, angestoßen durch den Riesenerfolg von *Shades of Grey*, das ursprünglich eine Fanfiction zu Stephenie Meyers *Twilight*-Tetralogie war. Im Mai 2013 hat Amazon.com einen neuen Dienst etabliert, Kindle Worlds. Er soll unter anderem Autoren von Fanfiction die kommerzielle Verwertung ihrer Werke auf der Basis einer Beteiligung am Verkaufserlös ermöglichen. Der zum Selbstverleger aufsteigende Autor von Fanfiction muss dafür allerdings auch eine ganze Reihe von inhaltlichen und juristischen Einschränkungen hinnehmen, die so lange entfallen, wie er seinen Text auf einer der vielen nichtkommerziellen Websites der Öffentlichkeit zugänglich macht.

Wie alt ist Fanfiction? Manche Anhänger neigen dazu, den Ursprung ihrer Passion in alte Zeiten zurückzuverlegen, als wäre Fantum ein Archetyp der Genese von Literatur, bei der Entstehung der *Odyssee* genauso anzutreffen wie bei den vielen Versionen der *Artus*-Sage. Das Aufkommen von Fanfiction lässt sich jedoch datieren, und zwar auf die zweite Hälfte der 1960er Jahre, als im Gefolge der Sciencefiction-Fernsehserie *Raum-*

*schiff Enterprise* Fans dieser Serie nicht nur die üblichen Diskus-
sionsbeiträge lieferten, sondern dazu übergingen, selbst kreativ
zu werden, in Form von Zeichnungen, Telespielen, Gedichten,
Songs und Erzählungen. *Spockanalia*, das erste Fanzine zu der
Serie, benannt nach dem Ersten und wissenschaftlichen Offizier an Bord des Raumschiffs, enthielt einiges an Fanfiction;
andere folgten diesem Beispiel. Ein Fanzine ist ein Magazin
von Fans für Fans; Fanzines kamen mit der Jugendkultur der
1960er Jahre auf, die sich als Subkultur verstand und in Szenen organisiert war. Ursprünglich wurden diese Magazine als
Blaupausen oder Fotokopien vervielfältigt, manchmal auch in
kleinen Auflagen im Offsetdruck hergestellt. Interessant daran
ist, dass die erste Fanfiction gar nicht auf ein literarisches Werk,
sondern auf eine Fernsehserie Bezug nahm, die in intellektuellen Kreisen rasch Kultstatus gewann. Es handelt sich um
kein ausgesprochen literarisches, sondern ein übergreifendes
Medienphänomen. Noch heute gibt es neben der Fanfiction
zu Büchern, die mittlerweile an erster Stelle rangiert, solche
zu TV-Serien, Prominenten, Kinofilmen, Musicals, Comics
und natürlich auch zu Computerspielen.

Und noch etwas anderes fiel von Anfang an auf: Fanfiction
wird von jungen Frauen dominiert. Das war bereits bei *Raumschiff Enterprise* so. Obwohl eines der populärsten Werke im
Bereich der Sciencefiction, war *Star Trek*, wie die Serie im
Original heißt, in keiner Weise ein typisches Sciencefiction-
Produkt. Die utopische, positive Zukunft, in der *Raumschiff
Enterprise* spielt, verdankt sich zwar technischer Fortschritte, hat
aber ebenso sehr soziale Dimensionen. Die ersten Frauen, die
die Fangemeinden mit Lesestoff versorgten, waren Naturwis-
senschaftlerinnen: Physikerinnen, Chemikerinnen und Biolo-
ginnen, die etwa als Programmiererinnen oder Publizistinnen

arbeiteten. In ihren Werken interessierten sie sich weniger für die technischen Aspekte der Serie als für die Figuren und deren Beziehungen. Sie waren auch nicht ausschließlich als Hommage, sondern zugleich als Kritik gedacht – ein Aufspüren der Grenzen, die das Original nicht überschreiten konnte oder wollte, und deren absichtliche Verletzung. Die dritte Ausgabe von *Spockanalia* beispielsweise enthielt eine Geschichte mit dem Titel »Besuch auf einem sonderbaren Planeten«, in der Captain Kirk, Commander Spock und Dr. »Pille« McCoy in das Studio transportiert werden, in dem *Raumschiff Enterprise* gerade gedreht wird, und mit den Schauspielern durcheinandergeraten, die sie darstellen. In der vierten Ausgabe dichtete eine Geschichte Spock ein Liebesverhältnis mit einem Angestellten der Vereinten Föderation an. Damit war die Büchse der Pandora geöffnet – ein Tabubruch, der sich als zukunftsträchtig erweisen sollte. Denn nun entwichen ihr mehr und mehr jene Geschichten, die die Figuren der Besatzung in erotische und sexuelle Beziehungen verwickelten. Was wäre etwa, wenn die intensive, durch Rivalität gekennzeichnete Freundschaft zwischen Kirk und Spock eine sexuelle Unterströmung besäße? 1974 machte Diane Marchant mit *A Fragment Out of Time* die Probe aufs Exempel, indem sie zwei Männer, die mittelbar als Kirk und Spock erkennbar waren, in eine schwule Liebesszene verwickelte. Die Idee wurde von den Fans der Serie so begeistert aufgegriffen, dass sich daraus eine Marke entwickelte: Kirk / Spock, abgekürzt K / S oder einfach nur *Slash*. Seitdem ist *Slash* ein Subgenre im Fanfiction-Universum, eine Story, die zwei Figuren gleichen Geschlechts verpaart, etwa Holmes / Watson (die bekannten Detektivfiguren aus den Geschichten von Sir Arthur Conan Doyle) oder Snape / Harry aus der Harry-Potter-Reihe.

Eine weitere Spezialität von Frauen-Fanfiction war die Einführung starker weiblicher Figuren in die Männerwelt von *Raumschiff Enterprise*. Ebenfalls 1974 veröffentlichte Paula Smith eine Geschichte,»A Trekkies Tale«, in der sie mit dem weiblichen Leutnant Mary Sue eine in Aussehen, Charakter und Mut überragende weibliche Figur an Bord schmuggelte, die Kirk, Spock und Dr. McCoy auch noch jeweils das Leben rettet.

Gedacht war das als Parodie; die Schreiberinnen von Fanfiction entwickelten daraus ein weiteres Subgenre, in dessen Mittelpunkt die jeweils nach allen persönlichen Wünschen gestaltete Stellvertreter-Heldin steht, die zudem noch eine oder mehrere Liebesbeziehungen mit dem angestammten Personal des Originalwerkes eingeht. Die zwanghafte Selbstdarstellung solcher Mary-Sue-Figuren gibt in der Fanfiction-Szene mittlerweile Anlass für Spott und Häme.

Den Anteil von Autorinnen in den Gründerjahren von Fanfiction schätzen Beteiligte auf über achtzig, zuweilen an die neunzig Prozent – selbst dort, wo Sex eine Rolle in den Geschichten zu spielen begann. Mit der Übersiedlung von Fan-Magazinen auf Computerplattformen hat sich das etwas zugunsten der Männer verschoben. Es ändert nichts daran, dass Fanfiction der auch in der Welt der Bücher seltene Fall eines genuin weiblichen Phänomens ist. Man kann es sogar etwas genauer sagen: Es sind die jungen und ganz jungen Frauen, die die Szene bestimmen – jene Mädchen, die vor gut zweieinhalb Jahrhunderten etwa Klopstock angeschwärmt hätten; die das Lesen von Romanen als den Königsweg entdeckten, in der Welt einen Platz für sich selbst zu beanspruchen; die sich durch die Literatur von der Wirklichkeit ablenken ließen, um eine eigene Lebensperspektive zu entwickeln. Das Eintrittsalter in die Welt von Fanfiction liegt in der Pubertät; das

Zugehörigkeitsgefühl endet häufig mit der Gründung einer Familie oder hoher beruflicher Beanspruchung. Sie habe mit zwölf angefangen zu schreiben, sagt etwa eine heute zwanzigjährige Fanfiction-Autorin. Fanfiction sei ihr Deutschunterricht gewesen, dort habe sie alles über Sex herausbekommen und ihre besten Freunde kennengelernt. Fanfiction ist mehr als nur die Fortsetzung stiller Lektüre in der Einsamkeit des Schreibens. Es vermittelt ein Gemeinschaftsgefühl in einer Welt der Kommunikation, die ihre eigenen Stars hervorbringt.

*When Hermione Fights von queenie*
*erstellt: 30.12.2010   letztes Update: 10.06.2013*
*381 Kapitel / 2 491 126 Wörter   Geschichte, Allgemein / P18*
*(in Arbeit)   4338 Reviews*
*2 x wöchentliche Updates + der Hinweis, dass diese Story beendet werden wird! Krieg ist düster, Krieg ist kein Kinderspiel und garantiert nicht schön. Krieg bringt keine strahlenden Helden hervor und nur wer bereit ist Grenzen zu überschreiten wird überleben. Diese Story rückt Hermione in den Vordergrund und greift auf was sie eigentlich schon immer war, eine Außenseiterin, aufgrund ihrer Intelligenz und ihrem Können, den anderen weit voraus und wie schon von JKR angedeutet, weniger brav und regeltreu als gedacht. Am Ende des 4. Schuljahres sieht die vorausschauende Hermione den Beginn des Krieges, etwas vor dem ihre Freunde noch die Augen verschließen, daher ist dies der Zeitpunkt, an dem ihr Kampf beginnt, denn sie wird nicht blind und unvorbereitet in diesen Krieg ziehen, schließlich ist sie nie unvorbereitet! Oder doch? HG mit SB, DM, LM und SS auch HP! Gewalt im späteren Verlauf, die Altersangabe mit 18 ist ernst zu nehmen! Ab nun auch noch mit einem Trailer!*

Wie im Internet die Regel, haben sich auch bei Fanfiction Begrifflichkeiten etabliert, die sich Insidern erschließen, Außenstehende jedoch befremden. Das beginnt bei der Sache selbst: Der Freund von Fanfiction spricht stets von »Fanfic«, wenn die Rede auf seine Passion kommt. Die rätselhafte Wendung »HG mit SB, DM, LM und SS auch HP« im obigen Beispiel bezieht sich hingegen einfach auf die vorkommenden Figuren, die Lesern von *Harry Potter* bestens bekannt sind: Hermine Granger mit Sirius Black, Draco Malfoy, Lucius Malfoy und Severus Snape auch Harry Potter.

Eine häufig angewandte Erzählstrategie besteht darin, die Figuren des Ausgangswerkes in neue Konstellationen zu versetzen; so werden sie etwa in ein Verhältnis gebracht, das dort gar nicht vorgesehen oder nur beiläufig angedeutet ist. Handelt es sich um eine romantische beziehungsweise sexuelle Beziehung, spricht der Fanfic-Insider von *Pairing. Canon Pairing* meint, das entsprechende Paar wurde bereits im Originalwerk etabliert und wird innerhalb der Fanfic nicht zerstört. Ein *Crossover* ist ein Mix verschiedener Originalwerke, etwa *Harry Potter* mit *Herr der Ringe.* Die Mischung kann sich darauf beschränken, dass die Figuren des einen Werkes auf die des anderen treffen und sie gemeinsam neue Abenteuer erleben (was im Fanfic-Sprech *Actionadventure* heißt). *Fusion* hingegen ist so etwas wie Hardcore-*Crossover:* Hier vermischen sich die Handlungen der beiden Ausgangswerke, oder die Figuren des einen werden in die Welt des anderen hineinversetzt mit allen Verwirrspielen, die das mit sich bringt. Ein *Post-canon* spielt nach dem Ende des Originals, ein *Prequel* erzählt dessen Vorgeschichte.

Das Fanfic-Universum hat nicht nur ungeheure Ausmaße, es ist auch von enormer Vielfalt. Hier eine kleine Auswahl der Subgenres, die sich herausgebildet haben:

Badfic – *eine mies geschriebene Geschichte, in der Regel*
*vom Autor so beabsichtigt*
Casefic – *eine Geschichte, deren Plot die Untersuchung*
*eines Falls ist, etwa eines Mordfalls*
Crackfic – *oder Acidfic, eine vollkommen sinnlose, hane-*
*büchene Geschichte, wohl unter dem Einfluss von Drogen*
*verfasst*
Darkfic – *kurz DF, eine mysteriöse Geschichte, die den*
*Leser das Gruseln lehrt*
Denialfic – *eine Geschichte, in der bestimmte Geschehnisse*
*des Originalwerkes geleugnet werden*
Horror – *eine Geschichte mit Dutzenden von Zombies*
*und schreienden Jungfrauen, die von Axtmördern nie-*
*dergemetzelt werden*
Musefic – *eine Geschichte, in der der Autor Zwiegespräche*
*mit seinen Musen führt, etwa unbestimmten Mächten*
*oder auch einer seiner Lieblingsfiguren*
Resfic – *resurrection fic, eine Geschichte, in der eine bereits*
*tote Figur wieder zum Leben erweckt wird*
Spamfic – *eine kurze, sinnlose Geschichte, voll schrägen*
*Humors, die unaufhaltsam auf eine Pointe zusteuert*

Verbreitet sind auch Hinweise auf den Charakter der erzählten
Geschichte. Sie sollen die Erwartungshaltung von Leserin und
Leser steuern; nicht selten handelt es sich um Warnungen. CD,
*character death,* weist darauf hin, dass eine Figur stirbt. *Fluff* hingegen bedeutet, dass hier Harmonie und Idylle im Übermaß
zu erwarten sind. *Rating* beinhaltet eine Altersempfehlung;
*Timeline* enthält Hinweise darauf, wann die Fanfic spielt, wie
alt etwa die Figuren zu diesem Zeitpunkt sind. *Torture* bedeutet, dass Folterszenen vorkommen; *Loli-con* ist ein Hinweis auf

Pädophilie, und *Dub-con* steht für *dubious consent*, also zweifelhafte Zustimmung: Es kommt im Verlauf der Geschichte zu sexuellen Kontakten, ohne dass eindeutig klar wird, ob zumindest einer der beteiligten Partner damit einverstanden ist oder nicht; im Zweifelsfall grenzt der sexuelle Kontakt an Vergewaltigung. Wie kaum anders zu erwarten gibt es eine Vorliebe fürs Zwielichtige. Vor allem jedoch gibt es nichts, was nicht auch in den vermischten Nachrichten vorkäme, und in der Regel sehr viel mehr, als davon im Originalwerk vorhanden ist. Gerade die besonders prüden, mit Sex geizenden Werke scheinen dazu einzuladen, die Fortschreibung um das zu erweitern, was Leser gegebenenfalls vermisst haben oder was ihnen ihre pornographische Phantasie eingibt.

Es wäre also naiv zu meinen, Fanfiction sei einfach die Weiterdichtung der Originalwerke im Sinne des Autors. Schon Proust hat den von ihm verspotteten »fetischistischen Respekt vor Büchern« von seiner eigenen Art der maßlosen Identifikation unterschieden, die sich nicht damit abfinden konnte, dass das geliebte Werk ein Ende hat. Aus dieser Überschwänglichkeit heraus entsteht Fanfiction; Respekt vor dem Werk ist ihre Sache gerade nicht. Wo Identifikation mit im Spiel ist, ist unsere Lektüre literarischer Werke in den seltensten Fällen nur braver Nachvollzug dessen, was ein Autor seinem Buch an Botschaften und Atmosphäre mehr oder weniger explizit mitgegeben hat. Stets lesen unsere persönlichen Wünsche, Begierden und Phantasien mit. Und in Fanfiction bekommen sie Gelegenheit, sich zu Wort zu melden und das Ausgangswerk zu bereichern, gegebenenfalls sogar zu konterkarieren, sich jedenfalls anzuverwandeln und es dabei abzuwandeln.

Gerade weil die Autoren von Fanfiction sich in die Welt des Originals mit gesteigerter Intensität hineindenken, entdecken sie dort Lücken, die gefüllt, und »Fehler«, die korrigiert werden müssen. Zuweilen sind sie wahre Meister im Aufspüren von Handlungsfäden, die der Autor nur lose ins Erzählgewebe eingeflochten hat, und machen es sich zur Aufgabe, diese weiterzuspinnen und ihnen Geltung zu verschaffen. Sie versetzen das Originalwerk aus dem Zustand seiner vermeintlichen Abgeschlossenheit wieder in den der ursprünglichen Offenheit. Die Massivität und Alternativlosigkeit fiktionaler Welten besteht bloß auf den ersten Blick. Näher betrachtet, bei zweiter oder gar dritter Lektüre, sind sie porös, voller weißer Flecken und gespickt mit rätselhaften Stellen und unbelichtetem Material. In *Harry Potter und der Feuerkelch*, dem vierten Band der Reihe, gibt es gegen Ende eine Stelle, an der Dumbledore spontan vorschlägt, Sirius Black solle sich eine Weile »bei Lupin versteckt halten«. Gemeint ist Harrys ehemaliger Lehrer Remus Lupin. Was genau stellen Sirius und Remus im Versteck »bei Lupin« (chez Lupin) an? Rowling sagt darüber nichts, aber diese winzige Leerstelle hat eine Lawine von spekulativer Fanfiction hervorgebracht, sodass »Sich verstecken bei Lupin« (im Original: *»lie low at Lupin's«*) zu einer bekannten Wendung im Harry-Potter-Fanfic-Universum geworden ist. Keine Geschichte ist je zu Ende erzählt in dem Sinne, dass alle Implikationen ausgeführt, alle Rätsel gelöst, alle Zweideutigkeiten beseitigt sind.

Die Mutigeren unter den Schreibern von Fanfiction gehen indessen noch weiter: Sie identifizieren die Punkte, an denen die Geschichte einen bestimmten Verlauf nimmt und sich dann eine Zeitlang beinahe alternativlos fortsetzt, bis sie die nächste Gabelung passiert. Die Wahl, die schon der Autor der ursprünglichen Geschichte getroffen hat, geschah zumeist auf Kosten einer anderen Möglichkeit oder unter Ausblendung von Alternativen. Was aber wäre, so fragt sich dieser Leser, der auf dem Weg zum Koautor ist, wenn sich der Schöpfer des Originalwerkes für diese andere Möglichkeit entschieden hätte: Wenn etwa Harry Potter an seinem ersten Tag in Hogwarts ins Haus Slytherin statt nach Gryffindor geraten wäre? Wenn Lord Voldemort nicht versucht hätte, Harry als Baby zu töten, sondern ihn adoptiert und als Harry Marvolo aufgezogen hätte? Wer ein literarisches Werk zu Ende führen will, muss sich für bestimmte unter jeweils vielen möglichen Szenarien entscheiden und andere dementsprechend verwerfen. Fanfiction ist auch der Versuch, die Entscheidungen des Autors zu rekonstruieren und gegebenenfalls zu revidieren.

Vieles von dem, was sich Fanfiction-Autoren ausdenken, mag wie müßige Spielerei, gar wie Gewalt anmuten. Die Respektlosigkeit, die in dem Unterfangen steckt, die Position des Lesers zu verlassen und sich die Rolle des Koschöpfers der fiktiven Welt anzumaßen, schließt Übergriffe bis hin zur feindlichen Übernahme ein. Insbesondere die Einpflanzung von Sex und Gewalt in die Welt ihres Werkes sehen viele Autoren mit Grausen. Manche wenden sich deshalb explizit gegen Fanfiction wie die amerikanische Autorin von Vampirromanen Anne Rice, die auf ihrer Website die folgende Nachricht hinterlässt: »Ich gestatte keine Fanfiction. Meine Figuren unterliegen dem Urheberrecht. Es nimmt mich schrecklich mit, nur daran zu denken, was Fanfiction meinen Figuren antun würde. Ich rate meinen Lesern, ihre eigenen Originalgeschichten mit ihren eigenen Figuren zu verfassen.« Der bekannte Fantasy-Autor George R. R. Martin beruft sich sogar darauf, dass seine Figuren seine Kinder seien. »Ich möchte nicht, dass die Leute mit ihnen durchbrennen, nein danke. Selbst solche Leute nicht, die behaupten, sie würde meine Kinder lieben.«

Was ist von solchen Argumenten zu halten? Bei Figuren wie Odysseus, König Lear, Werther oder Anna Karenina hielten wir derartige Skrupel wohl für unangebracht. Der *Ulysses* von James Joyce, ohne jeden Zweifel große Weltliteratur, erfüllt nicht wenige Kriterien von Fanfiction. Würden wir dem Autor aber allen Ernstes vorwerfen wollen, sich an den Kindern Homers vergriffen zu haben? In vieler Hinsicht sind unsere Vorstellungen von geistigem Eigentum noch von romantischen Vorstellungen der Genieästhetik des 18. und 19. Jahrhunderts geprägt. Aber selbst wenn wir den Vergleich der literarischen Figuren mit den eigenen Kindern ernst nehmen: Kinder gehören zumindest eine Zeitlang *zu* ihren Eltern, aber *gehören* sie ihnen deshalb auch?»Nichtfiktive Personen sind nicht unser Eigentum«, sagt eine Autorin von Fanfiction.»Und letzten Endes glaube ich nicht, dass es sich mit fiktiven anders verhält.«

In *Wie ein Roman*, einem der schönsten Bücher über die Lust zu lesen, hat der französische Lehrer und Schriftsteller Daniel Pennac die zehn unantastbaren Rechte des Lesers formuliert. Sein Anliegen ist es, das wilde Lesen um der Leselust willen gegenüber dem geordneten, literaturbeflissenen, von Lehrplänen gegängelten Lesen zu rehabilitieren. Sein Argument dafür lautet: Jede Leseförderung, die darauf abzielt, das Lesen in guter Absicht und mit guten Gründen zu einer guten Sache zu machen, ist zum Scheitern verurteilt. Um Menschen zum Lesen zu bringen, muss es vielmehr gelingen, die in ihnen schlummernde, lediglich in einen Dornröschenschlaf gefallene anarchische Leselust wieder zum Leben zu erwecken. Am Anfang jeder Leserbiographie steht das wilde Lesen, ohne Plan und ohne Bildungsabsicht. Das war im 18. Jahrhundert so, als

junge Frauen aus den unterschiedlichsten gesellschaftlichen
Milieus das Lesen für ihre individuellen Belange entdeckten und alle Romane verschlangen, derer sie habhaft werden
konnte. Und daran hat sich bis heute nichts geändert.
Hier die ersten neun Rechte des Pennac'schen Dekalogs:

1 *Das Recht, nicht zu lesen*
2 *Das Recht, Seiten zu überspringen*
3 *Das Recht, ein Buch nicht zu Ende zu lesen*
4 *Das Recht wiederzulesen*
5 *Das Recht, irgendwas zu lesen*
6 *Das Recht auf Bovarysmus (die Krankheit, lesen und
   leben zu verwechseln)*
7 *Das Recht, überall zu lesen*
8 *Das Recht herumzuschmökern*
9 *Das Recht, laut zu lesen*

Das zehnte Recht heißt laut Pennac: Schweigen. Leserin und
Leser sind in keiner Weise dazu verpflichtet, Auskunft über
das zu geben, was sie lesen und warum sie es tun. Sie dürfen
sich über ihr Lesen ausschweigen. Das ist, ohne Zweifel, ein
sinnvolles Recht, insbesondere angesichts der herrschenden
Pädagogisierung des Lesens, deren zentrale Frage stets lautet:
»Also, was hast du eben gelesen? Was bedeutet das?« Pennac,
einst selbst »Pauker«, spricht aus Erfahrung: Die Zumutung,
auf diese Frage zu antworten – und das gar im Sinne eines
Leistungsnachweises –, macht der durchaus vorhandenen
Leselust in unzähligen Fällen den Garaus.

Aus der Perspektive der Schreiber von Fanfiction wäre
Punkt 10 des Pennac'schen Zehn-Punkte-Plans allerdings
umzuformulieren. Er müsste stattdessen lauten:

*10 Das Recht, das Gelesene fortzuschreiben, ohne vorher
die Erlaubnis des Autors einzuholen*

Fanfiction ist auch der Name für eine Erweiterung der Rechte
von Lesern. Sie ist ein Beleg dafür, dass wir die Grenzen der
Lesefreiheit seit dem 18. Jahrhundert immer noch weiter aus-
dehnen, bis hin zu dem Punkt, da die Leser selbst zu Akteuren
werden und die geläufigen Grenzen von Autor und Leser zu
verschwimmen beginnen. Fanfiction ist, ein wenig pathetisch
gesagt, ein anarchischer Akt der Überschreitung: der Moment,
in dem Leserin oder Leser die Welt betreten, die ein anderer
geschaffen hat, und diese Welt im eigenen Namen und auf
eigenes Risiko erneuern. Aber hatte der »Akt des Lesens« nicht
immer schon etwas von solcher Unbotmäßigkeit?

Fanfiction ist *zweitens* auch der Name für etwas nicht minder Erstaunliches: für die Rückeroberung der neuen, audio-
visuellen Medien durch das alte Medium der Schrift, durch
Schreiben und Lesen, und das in einem historischen Augenblick, da sich die Medien-, Sozial- und Kulturwissenschaftler
und eine Mehrheit der Zeitgenossen darin einig sind, dass die
neuen den alten Medien längst den Rang abgelaufen haben.
Könnte es sein, dass sie sich irren? Dass die Gewalt der Bilder
und Botschaften, die auf jeden Einzelnen von uns nieder-
prasseln, wieder verstärkt das Bedürfnis entstehen lassen, sich
Distanz zu verschaffen? Indem man die mediale Fertigware
zwar als Anreger nutzt, dann aber daraus etwas macht, das
ausdrücklich den Stempel des Persönlichen trägt? Und wie
ginge das leichter als durch das Hämmern auf der Tastatur?

Fanfiction ist *drittens* ein Beleg für eine tektonische Ver-
schiebung im Literatursystem. Lag dessen Fokus früher eindeutig beim Autor, der von der Genieästhetik in den Rang

eines gottgleichen Schöpfers gehoben wurde, so verlagert er sich zunehmend auf den Leser. Erst jetzt sehen wir, dass die Geschichte der Literatur nicht nur eine Geschichte der Werke und ihrer Autoren, sondern ebenso der Leserinnen und Leser ist. Wir billigen der Lektüre einen neuen Status zu: Sie ist selbst eine schöpferische Tätigkeit und verschwindet nicht einfach im Text. Definierten wir früher etwa einen Frauenroman als einen Roman, der von einer Frau verfasst ist und angeblich eine weibliche Handschrift trägt, so würden wir heute sagen: Frauenromane sind Romane, die von Frauen gelesen werden, unabhängig davon, wer sie geschrieben hat und wie weiblich ihre Protagonisten sind.

Fanfiction ist *viertens* ein Beleg dafür, dass die verschiedenen Mediensysteme wie Literatur, Film, Fernsehserien oder Computerspiele im Verhältnis zueinander immer durchlässiger werden. Eine heutige Rezipientin begegnet einem Stoff beispielsweise zum ersten Mal im Kino, holt sich dann das Buch aus dem Regal des Bruders, spielt mit Freundinnen nächtens das betreffende Computerspiel und verfasst in den Freistunden ihre eigene Story dazu. Diese stellt sie auf FanFiktion.de, informiert ihren Freundeskreis darüber per Facebook, woraufhin sie zahlreiche Reviews erhält, darin enthalten die wiederholte Aufforderung, die Geschichte auch bei Amazon anzubieten, wo sie womöglich ein Verlagslektor entdeckt. *A star is born.* Die Medienindustrie prägt diesen Trend durch die Strategie des »transmedialen Erzählens«, wie es der Medienwissenschaftler Henry Jenkins genannt hat: Aus einem einzigen Stoff wird ein großes narratives Konstrukt geschaffen, das über verschiedene Vertriebskanäle hinweg funktioniert und es dem Konsumenten ermöglicht, über sein Lieblingsmedium einzusteigen. Fanfiction ist auch eine Reaktion auf diese neue Erfahrung der Medienkonvergenz.

Fanfiction ist *fünftens* und letztens ein Beleg dafür, dass die erst in den vergangenen zweihundert Jahren von Wissenschaft und Kritik etablierten Grenzen zwischen E und U, zwischen hoher, kanonischer und Unterhaltungs- und Trivialliteratur ausgedient haben. Leserinnen und Lesern jedenfalls werden diese Barrieren zunehmend egal, und die Autoren folgen ihnen, mal williger, mal zögernder. In den Akt des Lesens gehen viele Faktoren ein, und diese sind unkontrollierbar: Wir wissen einfach nicht, was hinten rauskommt, und können es auch nicht steuern. Es ist schon beinahe Mode geworden, dass Autoren anspruchsvoller Literatur, aber auch professionelle Literaturkritiker ihre geheime Liebe zur Unterhaltungs- und Trivialliteratur bekennen. Das können Romane von Frauen mit Frauen für Frauen sein wie Margaret Mitchells *Vom Winde verweht*, Daphne du Mauriers *Rebecca* oder Vicki Baums *Menschen im Hotel* – allesamt prachtvolle Schinken, die viel subversiver sind als ihr Ruf und deren Lektüre sich bis heute lohnt. Andere haben ihre Lesesucht bei Krimis von Raymond Chandler, George Simenon oder Patricia Highsmith entwickelt. Wieder andere sind den Fotoromanen oder den Comics verfallen. In jüngster Zeit ist Fantasy die jugendliche Einstiegsdroge Nr. 1 in die weite Welt der Literatur.

Gleichviel ob anspruchsvoll, unterhaltsam oder gar trivial – Literatur speichert und erregt Gefühle; sie rechnet mit Leserinnen und Lesern, die ihre häufig mühsam gezähmten Emotionen spielerisch ausagieren und es darin jenen gleichtun, die die Literatur geschaffen haben. Als Katalysator von Gefühlen ist sie alles andere als lebensfern. Aber gibt es überhaupt eine andere Literatur, jedenfalls eine, die wirklich gelesen wird? Ich möchte in diesem Buch eine Lanze für die *good bad books* brechen, wie G. K. Chesterton und George Orwell diese

Bücher genannt haben. Damit ist jene Literatur gemeint, die
wir alle gerne lesen, auch wenn wir sie nicht zu den literarisch
ausgezeichneten, sprich zu den kanonischen Werken zählen
würden. Doch in der Zeit, als der moderne Roman entstand,
im 18. Jahrhundert, gab es einen solchen Kanon noch gar
nicht; er kam erst auf, als die Literatur im Jahrhundert darauf
Gegenstand nationaler Philologien wurde und in den Schul-
unterricht einzog. Ein heute kanonischer Romanautor wie
Charles Dickens wurde Mitte des 19. Jahrhunderts von seinen
Zeitgenossen eher als Satiriker und Gefühlsmensch betrachtet
denn als ernsthafter Künstler. Das heimliche, häufig als Laster
betrachtete Vergnügen, das wir mit der Lektüre von Büchern
verbinden, die wir dafür schätzen, dass sie uns große Gefühle
verschaffen – dieses bei manchen mit Schuldgefühlen verbundene Vergnügen ist jedoch ganz grundsätzlich der Humus, auf
dem der Roman insbesondere für Frauen und Jugendliche seit
dem 18. Jahrhundert wuchs und gedieh. Noch bevor sie sehr
viel später zu kanonischen Werken und zum Gegenstand von
Bildung wurden, waren die Briefromane Samuel Richardsons,
aber auch Rousseaus *Julie oder Die Neue Héloïse* und Goethes
*Werther* nichts anderes als *good bad books*. Sie wurden nicht
gelesen, weil sie so ausgeprägt literarisch waren oder wegen
ihres intellektuellen Raffinements, sondern weil sie Gefühle
beschrieben und diese auch bei ihren Lesern entfesselten, die
in ihrer Darstellung so neuartig waren, dass sie einen Sturm
entweder der Entrüstung oder der begeisterten Zustimmung
auslösten. Auf keinen Fall ließen sie die Zeitgenossen kalt. Für
*good bad books* ist es entscheidend, dass man als Leser von ihnen
bewegt, erregt oder auch nur unterhalten wird, selbst wenn der
Verstand sich weigert, sie ernst zu nehmen. Sie können haar-
sträubend sein, voll von absonderlichen, melodramatischen

Begebenheiten; wichtig ist vor allem, dass sie von ihren Lesern als herzergreifend und im Grunde als wahr, als authentisch betrachtet werden und einen ernsthaften psychologischen oder sozialen Hintergrund haben. Dann kann es geschehen, dass sie noch gelesen werden, wenn sehr viel literarischere Werke längst nur noch Literaturhistorikern etwas sagen.

GEGENWART

*Weiter lesen*

Herrgott, was ist nur mit den lesenden Frauen los? Erst verwandeln sie sich der Liebe halber bei Morgengrauen und Abendrot in einen Vampir. Dann züchten sie Avocados in Feuchtgebieten und murmeln anschließend Schoßgebete. Und schließlich bedienen sie den superattraktiven, leider etwas gestörten Herrn Grey im Baumarkt, der Kreppband, Kabelbinder und Naturfaserseil erstehen möchte. Ist das nun die endgültige Abdankung der Emanzipation im Akt des Lesens, ihre Austreibung aufgrund von Überdruss? Oder steckt doch etwas anderes dahinter?

16

SEATTLE, 2012

# Die Leserin als Grenzgängerin *oder* Shades of Grey

Anastasia Steele, einundzwanzig Jahre jung, eine amerikanische Literaturstudentin, die ihrem Examen entgegensieht, ist hübsch und – schüchtern. Selbstsicherheit zählt nicht gerade zu ihren Stärken; sie ist so ganz das schwache Geschlecht. Dazu passt, dass sie noch Jungfrau ist, was heutzutage in diesem Alter eher selten vorkommt. Fehlendes Selbstbewusstsein kompensiert sie mit einem Übermaß an Selbstkontrolle, die ihr zur zweiten Natur geworden zu sein scheint. Probleme bereitet ihr in dieser Hinsicht höchstens, ihr widerspenstiges Haar zu bändigen und gegenüber ihrer Freundin Kate nicht allzu viel Hilfsbereitschaft an den Tag zu legen. Am liebsten sitzt sie mit einem klassischen englischen Roman allein in der Universitätsbibliothek. Eine solche Leselust und das Nichtvorhandensein sexueller Erfahrung dürften statistisch gesehen vergleichbar häufig auftreten und in nicht wenigen Fällen sogar miteinander korreliert sein. Galten im 18. und 19. Jahrhundert Romanleserinnen noch als so gefährdet wie gefährlich, hat sich ihr Image inzwischen anscheinend ins Gegenteil verkehrt: Zumindest das Klischee will es, dass an ihnen das Leben, insbesondere das Liebesleben, vorüberzieht wie die Landschaft an einer Schnellzugreisenden. Manchmal fragt sich Anastasia, ob mit ihr etwas nicht stimmt. »Vielleicht verbringe ich zu viel Zeit mit den romantischen Helden in meinen Büchern und stecke meine Erwartungen zu hoch.«

Das ändert sich in dem Moment, als sie bei einem solchen romantischen Helden plötzlich im Chefzimmer sitzt. Christian Grey, CEO von Grey Enterprises Holdings Inc. mit Sitz in Seattle, wo sich auch die Zentrale des Internetbuchhändlers Amazon.com befindet, ist ein Mann wie aus einem Trivialroman entsprungen: Er ist nicht nur attraktiv, sondern »der Inbegriff männlicher Schönheit« – »atemberaubend«. Seine Stimme klingt »warm und verführerisch wie dunkler Schokoladenkaramell«, seine Augen »schimmern wie flüssiges Silber«, sein Blick ist durchdringend und unerschütterlich. Was seine körperlichen Reize betrifft, ist Michelangelos David, wie Anastasia nach und nach feststellt, »ein Dreck gegen ihn«. Grey sieht aber nicht nur gut aus. Keine dreißig, ist er auch schon unermesslich reich und verdankt sein Vermögen nicht etwa einer Erbschaft, sondern der eigenen Tatkraft. Er ist eine Figur wie geschaffen für das Sinus-Milieu der jungen, modernen Performer: beruflich hoch motiviert, effizienz- und leistungsorientiert, weltoffen, risikobereit, flexibel, in Konsumverhalten und Lifestyle avantgardistisch. Und wie Anastasia rasch feststellt, ist er ein »Kontrollfreak« wie sie selbst.

Rührend altmodisch in Zeiten von Speed-Dating und Internet-Flirt fühlen sich beide auf den ersten Blick zueinander hingezogen, und das zudem vollkommen ungeplant. Denn eigentlich sollte gar nicht Miss Steele mit Mr Grey ein Interview für die Studentenzeitung führen, sondern ihre Freundin Kate, welche aber, krankheitsbedingt verhindert, Anastasia gebeten hat, für sie einzuspringen. So führt ihre notorische Hilfsbereitschaft doch noch zu mehr als der fortwährenden Bestätigung, dass sie ein guter Mensch ist. Zugleich sagt uns die Eröffnungsszene des Romans aber auch, dass Anastasia keine Verantwortung trägt für das, was Leser und Leserin angesichts des deutschen Titels *Geheimes Verlangen* vom Fortgang der Story erwarten dürfen. Die indiskreten Fragen, die sie ihm stellt –»Sind Sie schwul?« – und die sein Interesse an ihr wecken, sind nicht ihre eigenen Fragen, sondern die ihrer Freundin, die sie nur vom Papier abliest. Sie kann nichts dafür, versteckt sich hinter den Worten anderer, wie sie das als passionierte Leserin wohl gewohnt ist, wenn sie, so jedenfalls das Klischee, ein Leben aus zweiter Hand führt.

Das alles sieht nach einer harmlosen Liebesgeschichte aus, einer romantischen Phantasie, die immer noch dem Strickmuster von E. Marlitts *Goldelse* und vergleichbaren Trivialromanen folgt: Einfache Frau aus prekären Verhältnissen mit schlichtem Gemüt mausert sich aufgrund ihrer Attraktivität, ihres unschuldigen Charmes und ihrer Anstelligkeit zur Geliebten, später zur Ehefrau des Tycoons. Dabei sind es insbesondere die Frische, die Unbeholfenheit und entwaffnende Naivität, die die reichen und mächtigen Herren, die alles schon kennen und sich zu langweilen beginnen, entzücken. Und es sind die Bildsamkeit und Beflissenheit der jungen Frau, die sie zur kongenialen Partnerin an der Seite des Mannes prädestinieren, der sie erzieht und zu einem Produkt von seinen Gnaden macht. Wie der Fortgang der Geschichte zeigt, die hier in immerhin drei dicken Schwarten erzählt wird, ist dieses Schema im Hintergrund in der Tat immer noch präsent. Allerdings hätte es kaum gereicht, um aus der Trilogie von E. L. James einen absoluten Topseller zu machen, der sich weltweit rund siebzig Millionen Mal verkaufte. In Zeiten, in denen Brillanz, Durchsetzungskraft, brennender Ehrgeiz und unbändiger Arbeitswille, bislang Erfolgskriterien für eine männliche Karriere, auch für den Aufstieg von Frauen relevant sind und von diesen durchaus adaptiert werden, muss ein Buch schon mit anderen Zutaten aufwarten, um eine derartige Sogkraft auszuüben. Das Thema, mit dem das gelingt, ist, wen wundert es, Sex. Denn anders als im Berufsleben scheinen auf diesem Terrain nach wie vor altmodische Vorstellungen und Sitten verbreitet zu sein. Eine Feministin hat die sozial akzeptablen Versionen von Männlichkeit und Weiblichkeit einmal so zusammengefasst: Männer, die in der Öffentlichkeit hart sind, seien privat zartfühlend; ehrgeizige, erfolgreiche Frauen hingegen im Herzen kleine Mädchen. Romantik wird so gleichsam die Eintrittskarte, die der Mann lösen muss, um eine Frau ins Bett zu bekommen. Und die Leser von Liebesromanen, die derlei Vorstellungen kultivieren, sind, das wissen wir inzwischen, beinahe ausnahmslos Frauen – so wie Anastasia Steele.

Es ist Christian Grey selbst, der sie vor einer möglichen Dysfunktion dieses Modells in seinem Fall warnt, und wie das in Szene gesetzt ist, gehört zu den literarischen Highlights von E. L. James' Romantrilogie, die sich ansonsten, in fühlbarem Gegensatz zu ihrem Thema, eher durch Beschreibungsimpotenz auszeichnet. Kurz nachdem sie ihn kennengelernt hat, erhält Anastasia ein Päckchen, in dem sich eine Erstausgabe des Romans *Tess* von Thomas Hardy aus dem Jahr 1891 befindet. Bei dem Fototermin für den Artikel in der Unizeitschrift hat sie ihm erzählt, dass sie gerne einmal England besuchen würde, denn das sei »die Heimat von Shakespeare, Jane Austen, den Brontë-Schwestern und Thomas Hardy«. Von *Tess*, dem Thema ihrer Abschlussprüfung, war da gar nicht explizit die Rede, was den Schluss nahelegt, dass Christian Grey selbst ein passionierter Romanleser oder (wahrscheinlich) einfach ein Kenner von Frauenherzen ist. Dem sündhaft teuren Lederbändchen liegt eine schlichte Karte bei, auf der in ordentlicher Schreibschrift steht:

*Warum hast du mir nicht gesagt, dass von Männern Gefahr droht? Warum hast du mich nicht gewarnt? Damen wissen, wovor man sich hüten muss, weil sie Romane lesen, die ihnen solche Listen zeigen.*

Anastasia erkennt das Zitat sofort – wie auch der aufmerksame Leser dieses Buches. Sie weiß, dass die blutjunge Tess diese Sätze an ihre Mutter richtet, nachdem Alec d'Urberville sie brutal verführt hat. Was Hardy da seiner Heldin am Ende des 19. Jahrhunderts in den Mund legt, ist beachtlich – die exakte Umkehrung des seinerzeit verbreiteten Klischees, wonach Romanlektüre den Frauen gefährlich wurde, weil sie ihnen die Unschuld in Liebesdingen raubte.

Die Gefahr, die Anastasia droht, lernen Leserin und Leser bald kennen, wenn sie mit ihr einen Blick in Christians »Spielzimmer« werfen, das dieser der Studentin bei ihrem ersten Besuch in seiner Wohnung zeigt:

*Die burgunderfarbenen Wände und die Decke verleihen dem großen Raum etwas Uterusähnliches. Der Boden besteht aus altem, lackiertem Holz. An der Wand gegenüber der Tür hängt ein großes Andreaskreuz. Es besteht aus poliertem Mahagoni, an allen Ecken sind Ledermanschetten angebracht. Darüber befindet sich ein großes, von der Decke hängendes Metallgitter, an dem Seile, Ketten und glänzende Hand- und Fußfesseln baumeln. Bei der Tür entdecke ich zwei mit Schnitzwerk verzierte Stangen ... daran ein ganzes Sortiment von Paddles, Reitgerten und seltsamen Gegenständen mit Federn ...*

Was ist die angemessene Reaktion, fragt Anastasia sich, wenn man feststellt, dass der potenzielle Lover ein perverser Freak ist? Die naheliegendste Idee, die Flucht zu ergreifen, kommt ihr interessanterweise nicht. Der schlichte Grund dafür ist, dass sie längst entschlossen ist, sich auf das Spiel einzulassen. Der aufmerksame Leser hat da noch Christian Greys Antwort auf ihre Frage im Gedächtnis, warum er ihr ausgerechnet *Tess* geschenkt habe. Einzig und allein, weil sie Thomas Hardy möge? Seine Augen sollen »dunkel und gefährlich« gefunkelt haben, als er sagte: »Es schien mir passend. Ich könnte ein unerreichbar hohes Ideal in dir sehen wie Angel Clare oder dich erniedrigen wie Alec d'Urberville.« Darauf sie, im Flüsterton:

>*»Wenn es nur zwei Wahlmöglichkeiten gibt, entscheide ich mich für die Erniedrigung.*
>*[Pause.]*
>*»Wenn du dich für Alternative zwei, die Erniedrigung, entscheidest, musst du das unterschreiben.« [Er legt ihr eine Verschwiegenheitsvereinbarung vor.]*
>*»Und wenn ich nicht unterschreiben will?«*
>*»Dann geht's um hohe Ideale à la Angel Clare, jedenfalls den größten Teil des Buches.«*

Wir verstehen: Die Aufforderung ist zugleich eine Warnung, gerichtet auch an die Leserin. Wenn sie keinen konventionellen Liebesroman möchte, in dem hohe Ideale anstelle von Sex verhandelt werden, dann möchten Heldin beziehungsweise Leserin bitte hier den Teufelspakt unterschreiben. Ansonsten drohen zur Strafe Konvention und Langeweile. Geschickt nutzt E. L. James den Roman von Thomas Hardy, um ihrem eigenen Werk ein gewisses spielerisches Element und einen literarischen Anstrich zu verleihen.

Trotz aller Anspielungen auf Thomas Hardys Roman hat dessen Beschreibungs- und Fabulierlust auf die Autorin von *Shades of Grey* leider wenig abgefärbt. Insbesondere in den Sexszenen der Trilogie fällt das ständige Rekombinieren eines sehr dürftigen sprachlichen Repertoires auf. Leserinnen und Leser des Romans – zumal solche, die ihn wegen seines anstößigen Inhalts als E-Book gelesen haben, in den USA waren das immerhin die Hälfte – haben sich einen Spaß daraus gemacht zu zählen, mit welcher Häufigkeit bestimmte Wendungen und Wörter auftauchen. Hier ein kleines Ranking, lediglich für Band 1:

*94-mal wird gestöhnt, und zwar von beiden: mit rauer Stimme, in verzweifeltem Staunen, kaum hörbar, erregt oder auch atemlos.*

*44-mal ziehen sich die Muskeln in Anastasias Unterleib auf köstliche Weise zusammen.*

*38-mal kommt ihr Slip ins Spiel, zumeist wird er ausgezogen.*

*35-mal kommt es zu krampfartigen Zuckungen in Körperteilen.*

*34-mal kaut sie genüsslich auf ihrer Unterlippe.*

*18-mal stellen sich Orgasmen ein.*

*10-mal kommt es zum Höhepunkt.*

Statt beim berühmt-berüchtigten Stellen-Lesen haben sich manche Leserinnen und Leser von *Shades of Grey* dabei ertappt, mit der Zeit die Sexszenen zu überblättern, die sich voneinander nur durch den jeweils zum Einsatz kommenden SM-Artikel unterscheiden. Wohl versichert uns die Ich-Erzählerin

Anastasia unentwegt, wie erregend das ist, was ihr da geschieht, diesbezügliche Beschreibungen enthält sie uns jedoch vor. Mit der Zeit merken wir: Die Erregung ist bloße Behauptung, sie teilt sich nicht wirklich mit, geht nicht unter die Haut.

E. L. James, mit bürgerlichem Namen Erika Leonard, Mutter zweier Söhne, Leiterin bei einer TV-Produktionsfirma, hat *Shades of Grey*, wie sie sagt, erst einmal nur für sich selbst geschrieben – ohne jeden literarischen Ehrgeiz. Erste Versionen der Geschichte stellte sie unter dem Pseudonym Snowqueen's Icedragon als Fanfiction zu Stephenie Meyers enorm erfolgreicher *Twilight*-Tetralogie (die deutschen Ausgaben haben die Titel: *Bis(s) zum Morgengrauen, Bis(s) zur Mittagsstunde, Bis(s) zum Abendrot, Bis(s) zum Ende der Nacht*) ins Netz. Ihre Protagonisten trugen ursprünglich dieselben Namen wie die ihres Vorbilds, nämlich Edward Cullen und Bella Swan, und das Opus hatte den Titel *The Master of the Universe*. Bereits im Zentrum der *Twilight*-Saga steht eine junge Frau, die eine Liebesgeschichte mit einem phantastisch gut aussehenden, mächtigen und gleichwohl höchst gefährlichen Mann erlebt. Bei Meyer entpuppt sich der geheimnisvolle Liebhaber als Vampir; ihrer Heldin gelingt das Kunststück, gegenüber den heraufbeschworenen dunklen Mächten ihre Unabhängigkeit und Identität zu behaupten, ohne ihre Liebe preiszugeben. Damit das funktionieren kann, unterscheidet Meyer zwischen guten und bösen Vampiren: Gute Vampire sind Vegetarier (sic!), das heißt, sie trinken kein Menschenblut, und ihr Held Edward Cullen ist selbstredend einer von ihnen.

Dementsprechend prüde und moralisch korrekt geht es auch in ihrer Tetralogie zu, sodass böse Zungen schon behaupteten, die Mormonin Stephenie Meyer benutze den

DIE LESERIN ALS GRENZGÄNGERIN ODER SHADES OF GREY

Roman als Instrument der Propaganda gegen vorehelichen Sex. Wahrscheinlicher ist indes, dass sie einfach die Geschichte von Samuel Richardsons *Pamela* noch einmal neu erzählt und Bella ihren Edward kriegt, indem sie ihn zum Triebaufschub anhält und seine Vorlust ständig steigert. Genau dort war aber auch die Lücke, die Erika Leonard mit ihrer Fanfiction ausfüllen konnte: Wem rund zweitausend Seiten lang vorenthalten wird, wonach doch jeder Vampir *qua definitionem* gieren muss, nämlich die schöne Erdentochter auszusaugen, dessen Bedarf an handfesten Szenen dürfte ins Unermessliche steigen. Nur allzu menschlich verständlich rückte bei Erika Leonard alias E. L. James so der Sex an die Stelle der Vampirmythologie, aus deren Fundus Stephenie Meyer ihre Keuschheitslegende schöpfte. Alles, was den Lesern der *Twilight*-Tetralogie vorenthalten wurde, steht in *Shades of Grey*; kein Wunder, dass sie in Scharen überliefen.

Aber genau hier beginnt andererseits auch das Problem. Während Meyers Mehrteiler die erzählte Liebesgeschichte überhöht, indem sie sie ins Zwielicht des Vampirismus taucht, wird sie bei E. L. James durch das verwendete pornographische Vokabular auf die rein körperliche Ebene reduziert. Unsere Kultur hat eine reichhaltige pornographische Literatur hervorgebracht, die von Alkaios und Ovid über Gianfrancesco Poggio Bracciolini und François Rabelais, Marquis de Sade und Denis Diderot bis zu Georges Bataille und Henry Miller reicht. Dass E. L. James dort nicht fündig geworden ist, mag damit zu tun haben, dass diese Literatur in der Regel von Männern und aus einer männlich-sexistischen Sicht verfasst ist – wobei es mit Anaïs Nin, Pauline Réage (das Pseudonym von Anne Desclos, der Verfasserin der *Geschichte der O*) und Catherine Millet gerade in den vergangenen Jahrzehnten prominente weibliche Ausnahmen gegeben hat. Stattdessen scheint sie sich in der ebenfalls reichlich vorhandenen Ratgeberliteratur zu diesem Thema umgetan zu haben. Ihre kunstlose, aufs Technische fixierte Prosa erweckt den Eindruck, an den Elaboraten der sexualtherapeutischen Industrie geschult zu sein, die, aus Amerika kommend, seit den 1950er Jahren den Markt überschwemmen. Sie geben vor, für jedes sexuelle Problem eine körperliche Lösung zu haben. Jeder Mensch, so ihr Credo, habe das Recht auf guten Sex vom Altar bis zum Grab, und hundertprozentige Befriedigung sei keine Illusion, sondern machbar. Damit verbunden ist allerdings die Tendenz, die menschliche Sexualität auf Stellungen und Techniken zu reduzieren, was man fragwürdig finden kann. Ist Sex tatsächlich in erster Linie eine Begegnung von Körpern, die sich auf rationalem und technischem Wege optimieren lässt, oder hat die Erregung, im besten Fall sogar die Ekstase, in die guter Sex uns geraten lassen kann, damit zu tun, einen Zustand der Intimität herzustellen, der frei ist von den gewöhnlichen Sach- und Kontrollzwängen? Wie dem auch sei, Versachlichung und Formelhaftigkeit scheinen der Preis dafür zu sein, dass wir bei der Darstellung sexueller Vorgänge zunehmend auf Explizitheit Wert legen.

Was Ratgeber in Form von Schaubildern, Checklisten und Anleitungen lösen (»Nehmen Sie den Penis Ihres Partners fest in die Hand...«), kann literarisch Schwierigkeiten bereiten. Sex, egal, ob verschieden- oder gleichgeschlechtlich, ist, aufs Körperliche reduziert, nun einmal recht einförmig; daran ändern auch die sechsunddreißig Stellungen, die es laut einer bekannten deutschen Boulevard-Zeitung allein mit Orgasmus-Garantie geben soll, nicht so viel. Auch was Männer und Frauen im Bett und außerhalb des Bettes während des Aktes zueinander sagen, dürfte insgesamt recht übersichtlich sein. In dieser Notlage mutet die Entscheidung, keine »normale« Liebesgeschichte zu erzählen, sondern eine Frau über ihre Erfahrungen mit den sadomasochistischen Obsessionen eines Mannes berichten zu lassen, fast wie ein Trick an, zu dem Zweck erdacht, das begrenzte Repertoire dessen, was über Sex fernab der poetischen Register überhaupt zu sagen ist, zu erweitern: Mit jedem neuen Gerät, das Christian Grey in seinem Spielzimmer in Betrieb nimmt, kommt immerhin auch eine neue Facette ins Spiel, zumal eine, die der gewöhnlichen Leserin des Buches, die mit derartigen Praktiken wenig Erfahrung haben dürfte, unbekannt ist. Wie drückte es eine Leserin, die das Buch wärmstens empfahl, doch so schön aus: »Man kann damit wunderbar seine Neugier zum Thema BDSM befriedigen – ohne es selbst praktizieren zu müssen. Und das ist genial, oder?« So verschafft man sich als fleißige Bestseller-Leserin auch im Bett Informationsvorsprung.

Für die zweite Welle der Frauenbewegung, die sich seit den 1970er Jahren im Gefolge der Studentenbewegung aufbaute, war eine extrem skeptische, nicht selten ablehnende Haltung zum Sex repräsentativ. Da war die Rede von aggressiver Penetration, von der Ehe als anderer Form der Prostitution und vom Damoklesschwert der ungewollten Schwangerschaft. Keine Frage: Der Feind lag im eigenen Bett. Zeitweise hatte man den Eindruck, als ob die Pille und das neue Körperbewusstsein der Make-Love-not-War-Generation ausschließlich den Männern sexuelle Freiheiten gebracht hätten. Offensichtlich wurde diese Haltung vor allem in der vehementen, übers Ziel hinausschießenden Ablehnung jeder Form von Pornographie. Pornographie, das war aus der Sicht vieler

Feministinnen das schlechthin Böse: nicht nur Ausdruck einer
für unsere Gesellschaft charakteristischen Herabwürdigung
der Frau, sondern auch Anstachelung zur Gewalt gegen sie.
Unterschiede wurden da gar nicht erst gemacht: Das Verdikt
traf die Titelgestaltung von Illustrierten, Helmut Newtons
Aktfotografie, Pornofilme und die *Geschichte der O* gleichermaßen. Kurz und kategorisch galt: PorNo.

Die Generation der nachwachsenden jüngeren Frauen sieht
darin nicht nur eine Neuauflage jener Prüderie, gegen die
etwa schon Thomas Hardy angeschrieben hatte, sondern auch
einen Akt der Bevormundung. Feminismus, so ihr Argument,
sei nicht gleich Blümchen- oder Kuschelsex, im Gegenteil
müsse er größtmögliche Liberalität bei der Frage einschließen, welcher Sex für eine Frau gut sei und wie sie an Sex zu
denken habe. Viele zweifeln mittlerweile daran, ob es in dieser
Hinsicht überhaupt ein »richtig« geben kann beziehungsweise
darf. Die geforderte Freiheit dürfe, ja, müsse sogar sadomasochistische Phantasien einschließen. Diese als Frau ins Spiel zu
bringen, gilt bis heute als Provokation. Kategorisch hat etwa
Alice Schwarzer verkündet: »Die Propagierung des weiblichen
Masochismus durch Männer ist ein Angriff, durch Frauen ist
es Kollaboration mit dem Feind.« Sadomasochistische Praktiken, wie sie in *Shades of Grey* geschildert werden, scheinen
in der Tat der Prüfstein zu sein, an dem sich zeigt, wie weit
die Frauenbewegung in Sachen Liberalität wirklich zu gehen
bereit ist. Meredith Haaf, Susanne Klingner und Barbara Streidl
etwa, drei junge deutsche Feministinnen, schrieben in ihrem
2008 erschienenen Buch *Wir Alpha-Mädchen. Warum Feminismus das Leben schöner macht:* »Unsere Sexualität definieren
wir und niemand anders. Nicht die Porno-Regisseure in der
Mainstream-Industrie. Aber auch nicht Feministinnen, die uns

erzählen, wie wir Lust empfinden, und was uns erniedrigt.« Daraus ergibt sich für sie als schlüssige Forderung, es müsse mehr und bessere Pornos geben, mit denen Frauen ihr sexuelles Repertoire erweitern könnten.

Kann die Lektüre von *Shades of Grey* dazu führen, das eigene sexuelle Repertoire zu erweitern? Der Kick, den das Buch auf das Gros seiner Leserinnen ausübt, dürfte eher darin liegen, die Grenzen ihrer Vorstellungen von sexueller Freiheit auszudehnen. Man mag gegen *Shades of Grey* sagen, was man will: E. L. James gelingt immerhin das Kunststück, die unheimlichen Seiten der menschlichen Sexualität – Grausamkeit, Grenzüberschreitungen und das Verlangen nach Unterwerfung und Demütigung – vom geläufigen Image der Perversität und Menschenverachtung zu befreien und als zwar ein wenig absonderliche, womöglich aber durchaus luststeigernde und unter Umständen sogar hilfreiche Erweiterungen der Sexualität darzustellen, die sie mit den dunklen Seiten unserer Persönlichkeit verknüpft. Zu diesem Zweck versäumt sie nicht, für Christian Greys sadomasochistische Obsessionen eine psychologische Erklärung zu liefern, die ihn beinahe zum Gegenstand unseres Mitleids macht. Seine Mutter, eine rauschgiftsüchtige Prostituierte, starb, als ihr Sohn vier Jahre alt war. Die ihm dadurch verbleibende Unsicherheit machte ihn zur leichten Beute einer Freundin seiner Adoptivmutter, die ihn mit fünfzehn verführte. Sechs Jahre lang war er ihr Sklave in einer SM-Beziehung. Nie ist er mit einem Mädchen ausgegangen. Nun als Erwachsener hat er die Struktur dieser ihn nachhaltig prägenden Beziehung beibehalten, die Bedingungen aber einfach umgekehrt und versucht, seine Sexpartnerinnen so knochenhart zu beherrschen, wie er seinen multinationalen Konzern führt. Er sei »komplett abgefuckt«, und zwar »in fünfzig verschiedenen Facetten«, erläutert er Anastasia und erklärt damit gleich auch den Originaltitel des Romans: *Fifty Shades of Grey*. Dieser Defekt lässt sich, der Leser ahnt es, natürlich heilen. Und wem sollte dies besser gelingen können als der hilfsbereiten, tapferen Anastasia, die sich nicht nur auf seine Spielchen, sondern auf Christian als Person einlässt, ihn durch ihre Unschuld aber zugleich entwaffnet. Das, was in Liebesbeziehungen ansonsten nie gelingt, dass ein Partner den anderen therapiert, hier wird es Ereignis.

Dem alten literarischen Motiv von der Frau als Seelenführerin des Mannes waren wir schon annähernd dreihundert Jahre zuvor in Samuel Richardsons Roman *Pamela* begegnet, der die Leselust der europäischen Frauen seiner Epoche anstachelte. Pamela gelang es, Mr B. von seiner Sexsucht zu heilen und ihn zu ihrem Ehemann zu machen, indem sie sich ihm permanent entzog, also gerade nicht das Bett mit ihm teilte – auch Stephenie Meyers Vampirromane folgten noch diesem Schema, und das blieb nicht ohne Folgen für *Shades of Grey*. Auch Grey droht Anastasia das gesamte Repertoire an, mit dem Mr B. seinerzeit Pamela seine Macht aufzwingen wollte: Verfolgungsjagden, Entführung, Gefangennahme. »TPE, *Total Power Exchange*«, erläutert Grey zeitgemäß sein Programm: »die vollkommene Unterwerfung rund um die Uhr«. Seine Augen flackern dabei wie die von Mr B., als er einst Pamela nachstellte. Der Unterschied im Verhalten der beiden jungen Frauen zu dieser Herausforderung ihrer Unschuld ist auf den ersten Blick fundamental: Die Zeit, die Richardsons Pamela dafür aufwendet, in Briefen an die Eltern ihr Schicksal auszufabulieren, nutzen unsere Zeitgenossen, um es miteinander zu treiben; und tun sie das einmal nicht, schreiben sie sich

E-Mails. Das zumindest hat sich seit 1740 geändert: Tippen statt Schönschrift und einfach sehr viel mehr Sex. Im Ergebnis hingegen weichen beide Romane kaum voneinander ab. Zur Überraschung vieler Leser sind Anastasia und Christian, kaum hat *Befreite Lust*, der dritte Band von *Shades of Grey*, begonnen, bereits verheiratet. Bald erwarten sie das erste Kind. Und der Rest der Handlung kreist dann vor allem darum, dass Grey seine Vaterschaft akzeptieren lernen muss und ihn seine Herkunft aus prekären Verhältnissen noch einmal einholt. Selbst der eingeschlagene Weg in die gutbürgerliche Ehe unterscheidet sich von *Pamela* weniger, als der viele Sex vermuten lässt. Am Ende des ersten Bandes verlässt Anastasia Christian schweren Herzens. Und das nicht etwa, weil er sie beim Sex schlägt, sondern wegen der anhaltenden Asymmetrie in Sachen Liebe zwischen ihnen: Sie erträgt es nicht länger, dass bei ihr der Sex mit dem Gefühl von Liebe verbunden ist, er hingegen immer nur Sex haben will, ohne dass er sie zu lieben scheint. Die Trennung ist natürlich ein Cliffhanger – wie ihn auch schon Richardson bei seinem Roman eingesetzt hat, um seine Leser bei der Stange zu halten. Und sie ist zugleich die Peripetie: Während sie auf diese Weise zu spüren bekommt, was Seelenqual ist (die Christian längst bekannt ist), lernt der verletzte und jetzt auch noch verlassene Mr Grey die Liebe kennen (und schätzen). Wie schon Mr B. wandelt er sich im zweiten Band von einem Saulus in einen Paulus in Sachen Geschlechtsliebe. Zum Schluss ist es eher sie, die auf wildem Sex besteht, während er ganz auf Zärtlichkeit geeicht ist, ihr bloß nicht wehtun will. Aus dem Alec, der seine Frauen zwanghaft erniedrigt, ist schlussendlich ein Engel geworden, der die eine Unvergleichliche über alle stellt. So schön kann Sadomasochismus sein.

Trotz seiner BDSM-Attitüden ist *Shades of Grey* letztlich
ein Ehe- und Tugendroman, ganz im Sinne des Aufklärers
Richardson. Er beginnt mit einer Aufteilung der Geschlechterrollen, wie sie konventioneller kaum sein könnte: sie jung,
unschuldig, naiv, schüchtern, verträumt; er erfahren, reich,
machtbewusst, gefährlich. Doch mit der Zeit beginnen diese
klaren Profile zu verschwimmen: Im Auf und Ab der Sexszenen erobert zuweilen sie die Position männlicher Stärke.
Nicht er verlässt sie vorübergehend, sondern sie ihn. Und
in dem Maße, wie er seine Liebe zu ihr entdeckt, ist sie es,
die den Fortgang der Beziehung diktiert. Auch das kennen
wir alles schon aus *Pamela*. Zum Schluss scheinen sich die
Ausgangs- wie die Machtverhältnisse beinahe umgekehrt zu
haben, und folgerichtig endet der dritte Band von *Shades of
Grey* mit einem Epilog, in dem die Szene des Kennenlernens
noch einmal, nun aus seiner Sicht, erzählt wird.

*Shades of Grey* bildet einen vorläufigen Endpunkt in der
Entwicklung des modernen, auf eine weibliche Leserschaft
zielenden Romans. Zu der weiblichen Leselust, die sich seit
Richardson mit dem neuen Genre verband, gehörte stets
eine gehörige Portion Lustlesen. Die in der Regel männlichen Kritiker dieses seinerzeit neuen Phänomens haben
das schnell bemerkt und heftig dagegen polemisiert. Insbesondere dort, wo die sinnlichen Schilderungen der Liebe
mit ihrer verführerischen Sprache die Leserinnen in Bann
schlugen, witterten sie Unheil. Direkte Worte, worin das
»Unheil« konkret bestehen sollte, fielen selten, aber es war
schon klar, worum es ging. Phantasien beim und nach dem
Lesen, die gegebenenfalls in sexuelle Handlungen münde-
ten: Selbstbefriedigung im Fall der einsamen Lektüre oder

körperliche Liebe, wenn Paare gemeinsam lasen, was sehr häufig vorkam.

Was als sexuell erregend, gar als obszön wahrgenommen wurde, hat sich dabei im Laufe der vergangenen dreihundert Jahre verändert. Grundsätzlich wird man sagen dürfen, dass die Dosierung zunehmend erhöht wurde, während die Scham- und Peinlichkeitsschwelle sank. 1799, kurz vor der Wende zum 19. Jahrhundert, galt ein Satz wie der folgende, je nachdem, als unzüchtig oder scharf.»Wenn er sie«, so berichtet ein Julius aus dem Schlafzimmer,»im Zauberschein einer milden Dämmerung hingegossen sah, konnte er nicht aufhören, die schwellenden Umrisse schmeichelnd zu berühren; und durch die zarte Hülle der ebenen Haut die warmen Ströme des feinen Bluts zu fühlen.« So steht es in Friedrich Schlegels Roman *Lucinde* mit dem vielsagenden Titel *Bekenntnisse eines Ungeschickten.* Zu den Ungeschicktheiten und Unschicklichkeiten, von denen der kleine Roman handelt, zählt auch, dass Julius»oft« die Kleider »von der Geliebten riss und in schöner Anarchie umherstreute«. Das Vorbild dieser Geliebten war keine andere als Caroline, die Gattin seines Bruders. Der Höhepunkt des Liebesspiels von Julius und Lucinde bestand darin, dass sie»die Rollen vertauschten« und mit Lust wetteiferten, ob ihr»die schonende Heftigkeit des Mannes besser gelingt« oder ihm die»anziehende Hingebung des Weibes«. Hinter diesen Andeutungen verbargen sich gewiss keine sadomasochistischen Praktiken, aber es war doch auch mehr und anderes gemeint als bloßes Herumtändeln. Insbesondere die propagierte Austauschbarkeit der Geschlechterrollen im Liebesakt galt der zeitgenössischen Leserschaft als Gipfel der Anstößigkeit.

Zwischen der Zartheit, mit der in *Lucinde* über Sex gesprochen wird, und der Bewegungswut, mit der Leon die Kutsche mit Emma Bovary und ihm durch die hart gepflasterten Straßen von Rouen treibt, scheinen Welten zu liegen; und nochmals solche zwischen dem Erdbeermund von Tess und den silbernen Kugeln, die Anastasias Vagina ausfüllen, während ihr Dom ihr den Arsch versohlt. Die Leserin auf der anderen Seite des Buches hingegen ist in vieler Hinsicht die gleiche geblieben: getrieben von dem Wunsch, mehr von den verborgenen, gefährlichen Seiten des Lebens zu erfahren.

## DANK

Ich widme dieses Buch all jenen Leserinnen und Lesern, die mir mit Rat und Tat, Ermutigung und Geduld, Anregung und Kritik, Kenntnis und Professionalität zur Seite standen bei seiner Konzeption, seinem Fortgang und hoffentlich seinem Gelingen. Namentlich möchte ich erwähnen: Antonia, Barbara, Christiane (Du vor allen), Elke, Elisabeth, Eva, Juliane, Karin, Marie Elisabeth, Marion, Regina, Tanja sowie last but not least Wolfgang Beck und Thomas Rathnow.

# AUSWAHLBIBLIOGRAPHIE

Dieses Buch fußt auf zahlreichen literarischen Werken, Biographien sowie kulturgeschichtlichen Darstellungen und Quellen. Nachfolgend findet sich eine Auswahl der Werke, denen der Autor wichtige Hinweise verdankt. Ältere Ausgaben, die sich als E-Book kostenlos über Amazon beziehen lassen, werden als Kindle-Edition angeführt.

Andreas-Salomé, Lou: Fenitschka. Eine Ausschweifung. Zwei Erzählungen. Kindle-Edition 2011.

Appel, Sabine: Caroline Schlegel-Schelling. Das Wagnis der Freiheit. Eine Biographie. München 2013.

Austen, Jane: Die Watsons, Lady Susan, Sanditon. Die unvollendeten Romane. Stuttgart 2011.

Austen, Jane: Kloster Northanger. Stuttgart 2007.

Austen, Jane: My dear Cassandra. Ausgewählte Briefe. Frankfurt a. M. und Berlin 1993.

Balzac, Honoré de: Die Frau von dreißig Jahren. Modeste Mignon. Der Ehevertrag. Oberst Chabert. München 1976.

Barchas, Janine: The Annotations in Lady Bradshaigh's Copy of Clarissa. Victoria, B. C., 1998.

Beach, Sylvia: Treffpunkt – ein Buchladen in Paris. München 1963.

Beauvoir, Simone de: Vorwort. In: Gisèle Freund: James Joyce in Paris. His Final Years. New York 1965.

Bell, Quentin: Virginia Woolf. Eine Biographie. Frankfurt a. M. 1977.

Benstock, Shari: Women of the Left Bank. Paris 1900–1940. Austin, Texas, 1986.

Bock, Gisela: Frauen in der europäischen Geschichte. Vom Mittelalter bis zur Gegenwart. München 2000.

Böttiger, Helmut: Die Gruppe 47. Als die deutsche Literatur Geschichte schrieb. München 2012.

Botton, Alain de: Wie man richtig an Sex denkt. Kleine Philosophie der Lebenskunst. München 2012.

Boyle, Nicholas: Goethe. Der Dichter in seiner Zeit. Band 1: 1749–1790. München 1995.

Brontë, Charlotte: Jane Eyre. Eine Autobiographie. Mit einem Essay und einer Bibliographie herausgegeben von Norbert Kohl. Frankfurt a.M. und Leipzig 1986.

Brüggemann, Fritz (Hg.): Der Anbruch der Gefühlskultur in den fünfziger Jahren. Leipzig 1935.

Burke, Edmund: Betrachtungen über die Französische Revolution. Einleitung von Dieter Henrich. Frankfurt a.M. 1967.

Byrne, Paula: The Real Jane Austen. A Life in Small Things. London 2013.

Chard, Leslie F.: Joseph Johnson: Father of the Book Trade. In: *Bulletin of the New York Public Library*, 79 (1975): 51ff.

Chartier, Roger: Die kulturellen Ursprünge der Französischen Revolution. Frankfurt a.M. und New York 1995.

Chartier, Roger, und Cavallo, Guglielmo (Hg.): Die Welt des Lesens. Von der Schriftrolle zum Bildschirm. Frankfurt a.M. 1999.

Chopin, Kate: Das Erwachen. Cadolzburg 1996.

Cruse, Amy: The Englishman and His Books in the Early Nineteenth Century. London 1930.

Defoe, Daniel: Every-Body's Business is No-Body's Business; or, Private Abuses, Public Grievances. Exemplified in the Pride, Insolence, and Exorbitant Wages of our Women-Servants, Footmen, &c. London 1725.

Dingeldey, Erika: Luftzug hinter Samtportieren. Versuch über E. Marlitt. Bielefeld 2007.

Dobson, Austin: Samuel Richardson. Honolulu 2003.

Eliot, George: Adam Bede. Berlin und Weimar 1971.

Ellmann, Richard: James Joyce. Revidierte und ergänzte Ausgabe. Frankfurt a. M. 1994.

Engelsing, Rolf: Der Bürger als Leser. Lesergeschichte in Deutschland, 1500–1800. Stuttgart 1974.

Enzensberger, Hans Magnus: Bescheidener Vorschlag zum Schutze der Jugend vor den Erzeugnissen der Poesie. In: *Frankfurter Allgemeine Zeitung*, 11. September 1976.

Fitch, Noel R.: Sylvia Beach. Eine Biographie im literarischen Paris 1920–1940. Frankfurt a. M. 1988.

Flaubert, Gustave: Briefe. Herausgegeben und übersetzt von Helmut Scheffel. Zürich 1977.

Flaubert, Gustave: Madame Bovary. Sitten in der Provinz. Herausgegeben und übersetzt von Elisbeth Edl. München 2012. Und: Madame Bovary. Sitten der Provinz. Deutsch von René Schickele und Irene Riesen. Zürich 1979. (Ich zitiere aus beiden Übersetzungen.)

Foer, Franklin: Susan Superstar. How Susan Sontag Became Seduced by Her Own Image. In: *New York Magazine,* 14. Januar 2005.

Frick-Gerke, Christine (Hg.): Inspiration Bloomsbury. Der Kreis um Virginia Woolf. Frankfurt a. M. 2003.

Goethe, Johann Wolfgang: Sämtliche Werke. Band 8: Die Leiden des jungen Werthers, Die Wahlverwandtschaften, Kleine Prosa, Epen. Herausgegeben von Waltraud Wiethölter. Frankfurt a. M. 1994.

Goulemot, Jean Marie: Gefährliche Bücher. Erotische Literatur, Pornographie, Leser und Zensur im 18. Jahrhundert. Reinbek 1993.

Grawe, Christian: »Darling Jane«. Jane Austen – eine Biographie. Stuttgart 2010.

Gray, Francine du Plessix: Was wir träumen, wenn wir lieben. Das Leben der Louise Colet – Literatin, Feministin, Geliebte Flauberts. München 1995.

Greene, Graham: Die verlorene Kindheit. Und andere Essays. Zürich 1953.

Griffin, Richard: Specimens of the Novelists and Romancers; with Critical and Biographical Notices of the Authors. Glasgow 1837.

Grossman, Lev: The Boy Who Lived Forever. In: *Time*, 7. Juli 2011.

Haaf, Meredith; Klingner, Susanne, und Streidl, Barbara: Wir Alpha-Mädchen. Warum Feminismus das Leben schöner macht. München 2009.

Hardy, Thomas: Tess. München 2002.

Harris, Alexandra: Virginia Woolf. London 2011.

Hellekson, Karen, und Busse, Kristina (Hg.): Fan Fiction and Fan Communities in the Age of the Internet. New Essays. Jefferson, North Carolina, 2006.

Hemingway, Ernest: Paris, ein Fest fürs Leben. Die Urfassung. Reinbek 2011.

Hirsch, Edward: Susan Sontag – The Art of Fiction No. 143. In: *The Paris Review*, 137 (1995).

Hobohm, Cornelia: Die Bestsellerautorin Marlitt. Erfurt 2010.

Hofmann, Werner (Hg.): Johann Heinrich Füssli. Kunst um 1800. München 1974.

Humm, Maggie (Hg.): The Edinburgh Companion to Virginia Woolf and the Arts. Edinburgh 2010.

Hurlebusch, Klaus: Friedrich Gottlieb Klopstock. Hamburg 2003.

Jack, Belinda: The Woman Reader. New Haven und London 2012.

James, E. L.: Shades of Grey. Band 1: Geheimes Verlangen; Band 2: Gefährliche Liebe; Band 3: Befreite Lust. München 2012.

Jean, Raymond: Die Vorleserin. München 1991.

Jenkins, Henry: Transmedia Storytelling 101. 22. März 2007. In: www.henryjenkins.org/2007/03.

Johnson, George: Die zehn schönsten Experimente der Welt. Von Galilei bis Pawlow. München 2009.

Kaiser, Reinhard: Der kalte Sommer des Doktor Polidori. Frankfurt a. M. 1991.

Kaplan, Cora: Lesen, Phantasie, Weiblichkeit. In: Karen Nölle-Fischer (Hg.): Mit verschärftem Blick. Feministische Literaturkritik. München 1987: 173–206.

Keul, Thomas (Hg.): Unwürdige Lektüren. Was Autoren heimlich lesen. München 2008.

Kindlers Neues Literaturlexikon. Herausgegeben von Walter Jens. München 1998.

Kleßmann, Eckart: »Ich war kühn, aber nicht frevelhaft«. Das Leben der Caroline Schlegel-Schelling. München 1975.

Kleßmann, Eckart: Universitätsmamsellen. Fünf aufgeklärte Frauen zwischen Rokoko, Revolution und Romantik. Frankfurt a. M. 2008.

Klopstock, Meta: »Es sind wunderliche Dinger, meine Briefe«. Briefwechsel mit Friedrich Gottlieb Klopstock und mit ihren Freunden 1751–1758. München 1988.

Klüger, Ruth: Frauen lesen anders. Essays. München 1996.

Klüter, Heinz (Hg.): Facsimile Querschnitt durch die Gartenlaube. Eingeleitet von Friedrich Sieburg. Bern, Stuttgart und Wien 1963.

Kuhlbrodt, Peter: Die Französische Revolution und die Frauenrechte in Deutschland. In: Zeitschrift für Geschichtswissenschaft, 38 (1990): 409ff.

Laukhard, Friedrich Christian: F. C. Laukhards Leben und Schicksale. Band 1, Halle 1792. Kindle-Edition.

Lee, Hermione: Virginia Woolf. Ein Leben. Frankfurt a. M. 1999.

Lehmann, Christine: Das Modell Clarissa. Liebe, Verführung, Sexualität und Tod der Romanheldinnen des 18. und 19. Jahrhunderts. Stuttgart 1991.

Lentzsch, Franziska: Füssli. The Wild Swiss. Zürich 2005.

Lettau, Reinhard (Hg.): Die Gruppe 47. Bericht, Kritik, Polemik. Ein Handbuch. Neuwied und Berlin 1967.

Lidderdale, Jane, und Nicholson, Mary: Liebe Miss Weaver. Ein Leben für Joyce. Frankfurt a. M. 1974.

London, Jack: Martin Eden. Berlin 1927.

Macdonald, D. L.: Poor Polidori. A Critical Biography of the Author of The Vampyre. Toronto 1991.

Maddox, Brenda: Nora. Das Leben der Nora Joyce. Köln 1988.

Manguel, Alberto: Eine Geschichte des Lesens. Reinbek 1998.

Marlitt, Eugenie: Das Geheimnis der alten Mamsell/Die zweite Frau/Goldelse/Heideprinzeßchen. Alle: Kindle-Edition 2011.

Matz, Wolfgang: 1857. Flaubert, Baudelaire, Stifter. Frankfurt a. M. 2007.

Mercier, Louis-Sébastien: Bücher, Literaten und Leser am Vorabend der Revolution. Auszüge aus dem »Tableau de Paris«. Göttingen 2012.

Mielsch, Hans-Ulrich: Sommer 1816. Lord Byron und die Shelleys am Genfer See. Zürich 1998.

Mirabeau: Mirabeaus Briefe an Sophie aus dem Kerker von Vincennes. München und Leipzig 1910.

Monnier, Adrienne: Aufzeichnungen aus der Rue de l'Odéon. Frankfurt a. M. 1995.

Moretti, Franco: Atlas des europäischen Romans. Wo die Literatur spielte. Köln 1999.

Moretti, Franco: Kurven, Karten, Stammbäume. Abstrakte Modelle für die Literaturgeschichte. Frankfurt a. M. 2009.

Mudrick, Marvin: Jane Austen. Irony as Defence and Discovery. Princeton 1952.

Naumann, Ursula: Auf Forsters Canapé. Liebe in Zeiten der Revolution. Berlin 2012.

Origo, Iris: Allegra. Berlin 1993.

Orwell, George: Good Bad Books. In: Tribune, 2. November 1945.

Pamuk, Orhan: Der naive und der sentimentalische Romancier. München 2012.

Pape, Helmut: Klopstock. »Die Sprache des Herzens« neu entdeckt. Die Befreiung des Lesers aus seiner emotionalen Unmündigkeit. Frankfurt a. M. 1998.

Parks, Tim: »Why So Popular?«, In: *The New York Review of Books*, Vol. 60, Nr. 2, 7. Februar 2013.

Pennac, Daniel: Wie ein Roman. Köln 1994.

Pirandello, Luigi: Die Ausgestoßene. Berlin 2002.

Polidori, John: The Diary of Dr. John William Polidori, 1816, Relating to Byron, Shelley, etc. London 1911.

Polidori, John William: Der Vampyr. Eine Erzählung. München 1991.

Proust, Marcel: Tage des Lesens. 3 Essays. Frankfurt a. M. 1974.

Richardson, Samuel: Clarissa Harlowe. Roman. Zürich 1966.

Richardson, Samuel: Pamela; or, Virtue Rewarded. Oxford 2001.

Roßbeck, Brigitte: Zum Trotz glücklich. Caroline Schlegel-Schelling und die romantische Lebenskunst. München 2008.

Rousseau, Jean-Jacques: Julie oder Die neue Héloïse. Briefe zweier Liebender aus einer kleinen Stadt am Fuße der Alpen. München 1978.

Rürup, Reinhard: Eine »Universität für das schöne Geschlecht«? Göttinger Phantasien um die Mitte des 18. Jahrhunderts. In: Barbara Duden u. a. (Hg.): Geschichte in Geschichten. Frankfurt a. M. 1973.

Saint-Pierre, Bernardin de: Paul et Virginie. Kindle-Edition 2011.

Schenk, Herrad: Die Rache der alten Mamsell. Eugenie Marlitts Lebensroman. Köln 1996.

Schlegel, Friedrich: Lucinde. Frankfurt a. M., Berlin und Wien 1980.

Schlegel-Schelling, Caroline: Caroline. Briefe aus der Frühromantik. Nach Georg Waitz vermehrt herausgegeben von Erich Schmidt. Leipzig 1913.

Schlegel-Schelling, Caroline: Die Kunst zu leben. Herausgegeben und mit einem Essay von Sigrid Damm. Frankfurt a. M. und Leipzig 1997.

Schön, Erich: Weibliches Lesen: Romanleserinnen im späten 18. Jahrhundert. In: Gallas, Helga, und Heuser, Magdalena (Hg.):

Untersuchungen zum Roman von Frauen um 1800. Tübingen 1990, S. 20–40.

Schreiber, Daniel: Susan Sontag. Geist und Glamour. Biographie. Berlin 2007.

Shelley, Mary: Frankenstein oder Der moderne Prometheus. Stuttgart 2011.

Shelley, Mary, und Shelley, Percy B.: Flucht aus England. Reiseerinnerungen & Briefe aus Genf 1814–1816. Hamburg 2002.

Solitary pleasures. In: *The Guardian*, 29. April 2006.

Sontag, Susan: Kunst und Antikunst. 24 literarische Analysen. Frankfurt a. M. 1982.

Sontag, Susan: Wiedergeboren. Tagebücher 1947–1963. München 2010.

Sontag, Susan: Worauf es ankommt. Essays. Frankfurt a. M. 2007.

Spacks, Patricia Meyer: On Rereading. Cambridge, Mass., 2011.

Spacks, Patricia Meyer: Privacy. Concealing the Eighteenth-Century Self. Chicago 2003.

Spalding, Frances: The Bloomsbury Group. National Portrait Gallery Insights. London 1995.

Spater, George, und Parsons, Ian: Porträt einer ungewöhnlichen Ehe. Virginia und Leonard Woolf. Frankfurt a. M. 2002.

Spielhagen, Friedrich: Problematische Naturen. Kindle-Edition 2011.

Steiner, George: Der Garten des Archimedes. Essays. München 1997.

Sue, Eugène: Die Geheimnisse von Paris. Mit einem Nachwort von Norbert Miller und Karl Riha. München 1970.

Todd, Pamela: Bloomsbury at Home. New York 1999.

Tomalin, Claire: The Life and Death of Mary Wollstonecraft. London 1992.

Tomalin, Claire: Thomas Hardy. The Time-Torn Man. London 2007.

Touaillon, Christine: Der deutsche Frauenroman des 18. Jahrhunderts. Leipzig 1919.

Vollmann, Rolf: Die wunderbaren Falschmünzer. Ein Roman-Verführer. Frankfurt a. M. 1997.

Watt, Ian: Der bürgerliche Roman. Aufstieg einer Gattung. Defoe –
Richardson – Fielding. Frankfurt a. M. 1974.

Willes, Margaret: Reading Matters. Five Centuries of Discovering
Books. New Haven 2008.

Wittmann, Reinhard: Geschichte des deutschen Buchhandels. München 1991.

Wolf, Maryanne: Das lesende Gehirn. Wie der Mensch zum Lesen
kam – und was es in unseren Köpfen bewirkt. Heidelberg 2009.

Wollstonecraft, Mary: The Works of Mary Wollstonecraft. Band 7:
Contributions to the Analytical Review, 1788–1797. London 1989.

Wollstonecraft, Mary: A Vindication of the Rights of Women.
Herausgegeben von Miriam Brody. London 2004.

Wollstonecraft, Mary: Das Unrecht an den Frauen oder: Maria.
Ein Fragment. Mit: Godwin, William: Erinnerungen an Mary
Wollstonecraft. Frankfurt a.M. und Berlin 1993.

Woolf, Leonard: Mein Leben mit Virginia. Erinnerungen. Frankfurt a. M. 1991.

Woolf, Virginia: Ein eigenes Zimmer. Drei Guineen. Zwei Essays.
Frankfurt a. M. 2001.

Woolf, Virginia: Der gewöhnliche Leser. Essays. Frankfurt a. M. 1990.

Woolf, Virginia: Das Mal an der Wand. Gesammelte Kurzprosa.
Frankfurt a. M. 1989.

Woolf, Virginia: A Passionate Apprentice. The Early Journals
1897–1909. London 1990.

Zola, Émile: Das Werk. Roman. Kindle-Edition 2012.

EDITORISCHE NOTIZ: Um der besseren Lesbarkeit willen
wurden Orthographie und Zeichensetzung der historischen Zitate
im Text behutsam modernisiert, Auslassungen nicht immer gekenn-
zeichnet und Abkürzungen in der Regel aufgelöst.

# BILDNACHWEIS

Mr and Mrs Lawrence A. Fleischman funds/The Bridgeman
Art Library

144 Cassandra Austen, Porträt von Jane Austen, ca. 1810,
© De Agostini Picture Lib./akg-images

168 William Chevalier,»Frontispiz von Frankenstein von Mary
Shelley«, Kupferstich nach einer Zeichnung von Theodor
von Holst aus Mary Shelley: Frankenstein. London (Colburn
and Bentley), 1831, © British Library/akg-images

177 F. Finden,»Villa Diodati«, Stahlstich nach einem Gemälde
von W. Purser von 1816; 1833, © The Granger Collection/
ullstein bild

190 Samuel John Stump,»Unknown woman, formerly known
as Mary Wollstonecraft Shelley«, 1831, © National Portrait
Gallery, London

196 Gustave Courbet,»Die Amazone«, 1856, © The Metropolitan
Museum of Art/bpk

211 August Leopold Egg,»Vergangenheit und Gegenwart«, 1858,
© United Archives/picture-alliance

212 Antoine Wiertz,»Die Romanleserin«, 1853, © akg-images

224 Urheber unbekannt, Eugenie Marlitt: Schmuckblatt mit Porträt,
1887, © akg-images

246 John Lavery,»Girl in a red dress reading by a swimming pool«,
1887, © Christie's Images/The Bridgeman Art Library

272 Lady Ottoline Morrell,»Virginia Woolf«, 1926, © National
Portrait Gallery, London

278 Leslie Stephen, Reproduktion eines Bildes aus seinem Foto-
album, Entstehungsjahr unbekannt, © Mortimer Rare Book
Room, Smith College

296 Titelblatt von Woolf,Virginia:Two Stories. Richmond 1917

297 Seiten aus Woolf,Virginia:Two Stories. Richmond 1917; mit
Holzschnitten von Dora Carrington

301 Woolf,Virginia:The Common Reader. London 1925,
© Mortimer Rare Book Room, Smith College

306 Heinrich Guttmann,»Die Buchhändlerin Sylvia Beach vor
ihrem Buchladen Shakespeare and Company in der Rue

de l'Odéon, Paris«, veröffentlicht in Tempo, 28.01.1929,
© Heinrich Guttmann/ullstein bild

321    Urheber unbekannt,»Author of Ulysses James Joyce and his
publisher Sylvia Beach in an office in Paris«, 1922, © Sylvia
Beach Papers, Manuscripts Division, Princeton University
Library

336    Eve Arnold,»Marylin Monroe«, 1955, © Eve Arnold/Magnum
Photos/Agentur Focus

352    Fred W. McDarrah,»Susan Sontag«, 1962, © Fred W. McDarrah/
Premium Archive/Getty Images

357    Bob Peterson,»Walter Höllerer, Susan Sontag, H. Magnus
Enzensberger«, 1966, © Bob Peterson/TIME & LIFE
Images/Getty Images

372    Michael Bowles,»Kate Winslet«, 2011, © Michael Bowles/
Rex Features

396    Naomi Wilkinson,»Reading on the beach«, 2013,
© Eastwing

2. Auflage 2013
Copyright © 2013 by Deutsche Verlags-Anstalt, München,
in der Verlagsgruppe Random House GmbH
Alle Rechte vorbehalten
Typographie und Satz: DVA/Brigitte Müller
Gesetzt aus der Bembo
Druck und Bindung: GGP Media GmbH, Pößneck
Printed in Germany
ISBN 978-3-421-04561-4

www.dva.de